中国人民大学法律文化研究中心
北京市法学会中国法律文化研究会　主办

曾宪义法学教育与法律文化基金会　资助

《法律文化研究》编辑部

主　任： 马小红（中国人民大学）
副主任： 姜　栋（中国人民大学）
　　　　　尤陈俊（中国人民大学）
　　　　　李　伟（山东科技大学）

成　员（以姓氏拼音为序）：

曹　磊（中国人民大学）
柴　荣（北京师范大学）
陈新宇（清华大学）
邓建鹏（中央民族大学）
范晓薇（北京联合大学）
方　明（中国人民大学出版社）
高汉成（中国社会科学院法学研究所）
高仰光（中国人民大学）
顾文斌（东华理工大学）
何志辉（澳门科技大学）
黄春燕（山东政法学院）
黄东海（北京邮电大学）
姜　栋（中国人民大学）
姜晓敏（中国政法大学）
蒋旭杲（澳门科技大学）
李启成（北京大学）
李　伟（山东科技大学）

刘婷婷（云南大学）
马凤春（山东政法学院）
马泓波（西北大学）
马小红（中国人民大学）
娜鹤雅（中国人民大学）
芮素平（社会科学文献出版社）
王振东（中国人民大学）
吴佩林（西华师范大学）
谢耿亮（澳门科技大学）
杨　梅（中国联合网络通信股份有限公司）
尤陈俊（中国人民大学）
张琮军（中国社会科学院法学研究所）
张世明（中国人民大学）
张　龑（中国人民大学）
张勇凡（中国人民大学）
周大伟（旅美法律学者）
朱伟一（中国政法大学）

国家社会科学基金重点项目"法律文明史"（批准号：11AZD050）中期成果

法律文化研究

RESEARCH ON LEGAL CULTURE

第七辑

中华法系专题

Symposium on
Chinese Legal System

马小红　刘婷婷　主编

社会科学文献出版社
SOCIAL SCIENCES ACADEMIC PRESS (CHINA)

原序
从传统中寻找力量

出版发行《法律文化研究》（年刊）酝酿已久，我们办刊的宗旨当然与如今许多已经面世的学术刊物是一致的，这就是繁荣法学的教育和研究、为现实中的法治实践提供历史的借鉴和理论的依据。说到"宗旨"两字，我想借用晋人杜预《左氏春秋传序》中的一段话来说明："其微显阐幽，裁成义类者，皆据旧例而发义，指行事以正褒贬。"即通过对历史上"旧例"、"行事"的考察，阐明社会发展的道理、端正人生的态度；记述历史、研究传统的宗旨就在于彰显复杂的历史表象背后所蕴含的深刻的"大义"。就法律文化研究而言，这个"大义"就是发掘、弘扬传统法的优秀精神，并代代相传。

然而，一部学术著作和学术刊物的生命力和影响力并不只决定于它的宗旨，在很大程度上，它是需要特色来立足的，需要用自身的特色力争最好地体现出宗旨。我们定名为《法律文化研究》（年刊）有这样几点考虑，第一，我们研究的对象是宽阔的，不只局限于"法律史"，从文化的角度，我们要探讨的甚至也不仅仅是"法"或"法律"。我们的研究对象包括法的本身与产生出不同模式的法的社会环境两个方面。因此，我们在考察法律的同时，要通过法律观察社会；在考察社会时，要体悟出不同国家和地区的法律特色之所在，以及这些特色形成的"所以然"。第二，在人类的历史长河中，传统文化的传承、不同文化间的交流与融合，构成了人类文明不断发展的主旋律。一个民族和国家的传统往往是文化的标志，"法律文化"研究的重点是研究不同民族和国家的不同法律传统及这些传统的传承；研究不同法律文化间的相同、相通、相异之处，以及法律文化的融合、发展规律。

因此，我们的特色在于发掘传统，利导传统，从传统中寻找力量。

在此，我们不能不对近代以来人们对中国传统法律文化的误解作一辩白。

与其他学科相比，法学界在传统文化方面的研究显得比较薄弱，其原因是复杂的。

首先，近代以来，学界在比较中西法律文化传统时对中国传统法律文化基本持否定的态度，"发明西人法律之学，以文明我中国"是当时学界的主流观点。对传统法律文化的反思、批判，一方面促进了中国法律的近代化进程，另一方面也造成了人们的误解，使许多人认为中国古代是"只有刑，没有法"的社会。

其次，近代以来人们习惯了以国力强弱为标准来评价文化的所谓"优劣"。有一些学者将西方的法律模式作为"文明"、"进步"的标尺，来评判不同国家和地区的法律。这种理论上的偏见，不仅阻碍了不同法律文化间的沟通与融合，而且造成了不同法律文化间的对抗和相互毁坏。在抛弃了中国古代法律制度体系后，人们对中国传统法律的理念也产生了史无前例的怀疑和否定。

最后，受社会思潮的影响，一些人过分注重法学研究的所谓"现实"性，而忽视研究的理论意义和学术价值，导致传统法律文化虚无主义的泛滥。

对一个民族和国家来说，历史和传统是不能抹掉的印记，更是不能被中断或被抛弃的标志。如果不带有偏见，我们可以发现中国传统法律文化中凝聚着人类共同的精神追求，凝聚着有利于人类发展的巨大智慧，因此在现实中我们不难寻找到传统法律文化与现代法律文明的契合点，也不难发现传统法律文化对我们的积极影响。

就法的理念而言，中西传统是不谋而合的。东西方法治文明都承认"正义"是法律的灵魂，"公正"是法律追求的目标。只不过古今中外不同的文化对正义、公正的理解以及实现正义和公正的途径不尽相同。法国启蒙思想家伏尔泰说："在别的国家法律用以治罪，而在中国其作用更大，用以褒奖善行。"西方文化传统侧重于强调法律对人之"恶性"的遏制，强调通过完善的制度设计和运行来实现社会公正与和谐。中国传统法律文化的主流更侧重于强调人们"善性"的弘扬、自觉的修养和在团体中的谦让，通过自律达到和谐的境界。在和谐中，正义、公正不只是理想，而且成为可望也可及的现实。

就法律制度而言，中国古代法律制度所体现出的一些符合人类社会发展、符合现代法治原则的精华也应该引起我们的关注。比如，尊老恤弱精神是传统法律的一个优秀之处。历代法律强调官府对穷苦民众的冤屈要格外关心，为他们"做主"。自汉文帝时开始，中国古代"养老"（或敬老）制度逐渐完善，国家对达到一定岁数的老者给予税役减免，官衙还赐予米、布、肉以示敬重。竞争中以强凌弱、以众暴寡在中国传统文化中被视为大恶，也是法律严惩的对象。这种对困难群体的体恤和关怀，不仅有利于社会矛盾的缓和，而且体现了法律的公正精神，与现代法律文明完全一致。再比如，中国古代法律中对环境开发利用的限制也值得我们借鉴。《礼记》中记载，人们应顺应季节的变化从事不同的工作和劳动，春天不得入山狩猎，不得下湖捕捞，不得进山林砍伐，以免毁坏山林和影响动植物生长。这一思想在"秦简"和其他王朝的法律典籍中被制度化、法律化。这种保护自然、保护环境的法律法规，反映的是"天人合一"的观念、对自然"敬畏"的观念及保护和善待一切生命的理念等，而这些观念与现代法治中的环境保护、可持续发展精神也是吻合的。

在现代法治的形成过程中，从理念到制度，我们并不缺乏可利用的本土资源，我们理应对中国源远流长的传统法律文化充满信心。我们进行研究的目的，也是希望能够充分发掘传统法律文化的价值，从中找到发展现代法治文明的内在力量。

我们也应该切忌将研究和弘扬传统法律文化理解为固守传统。任何一种传统的更新都不可能在故步自封中完成。只有在与现实社会相联系的淘汰与吸收中，传统才能充满活力，完成转型。传统法律文化也是如此，古今中外，概莫能外。

就中国法律而言，现代社会已经大不同于古代社会，我们的政治、经济环境和生活方式已经发生了巨大的变化，古代的一些法律制度和理念在确立和形成的当时虽然有其合理性，但随着时代的变迁，这些制度和理念有些已经失去了效用，有些甚至走向发展的反面，成为制约社会进步的阻力。在对传统法律文化进行改造和更新时，我们要注意积极地、有意识地淘汰这样的制度和理念，注意学习和引进外国的一些先进的法律文化，并不断总结引进外国法律文化的经验教训。近代以来，我们在引进和学习西方法律文化方面有过成功，也有过失败。比如，罪刑法定主义的确立就值得肯定。1764年，意大利法学家贝卡利亚发表了《论犯罪与刑罚》一书，对欧洲封建刑事法律制度的野蛮性和随意性提出了谴责，从理论上提出了一些进步的刑法学说，其中罪刑法定的原则影响最大。罪刑法定，即犯罪和刑罚应由法律明文规定，不能类推适用。近代以来，这一原则逐渐为各国刑法承认和贯彻。1948年联合国大会通过的《世界人权宣言》和1966年的《公民权利和政治权利国际公约》都规定了罪刑法定原则。罪刑法定主义的学说在清末传入中国，此后，在颁行的一些刑法中也得到原则上的承认。但是，由于种种原因，这一原则在司法实践中或难以贯彻实行，或类推适用一直被允许。直到1997年刑法修订，才明确规定了"法律明文规定为犯罪行为的，依照法律定罪处刑；法律没有明文规定为犯罪行为的，不得定罪处刑"。类推适用在立法上被彻底废止，司法实践则在努力的贯彻之中。罪刑法定原则的确立，对促进中国法律的发展和提升中国的国际形象有着重要的意义。

世界文明兴衰史雄辩地证明，一个民族、一种文明文化唯有在保持其文化的主体性的同时，以开放的胸襟吸收其他文明的优秀成果，不断吐故纳新，方能保持其旺盛的生命力，保持其永续发展的势头，并创造出更辉煌的文明成果。其实，近代西方法律传统转型时也经历过一个反思传统——淘汰旧制——融合东西——形成新的传统并加以弘扬的过程。在许多启蒙思想家的法学经典著作中，我们可以看到西方法学家对中国法律的赞扬和批判、分析和评价。孟德斯鸠《论法的精神》、伏尔泰《风俗论》、魁奈《中华帝国的专制制度》、梅因《古代法》、黑格尔《历史哲学》等都对中国的法律有着精湛的论述。即使现代，西方的法治传统仍然处在变化"扩容"之中，中国的一些理念不断地融入西方法治中。一些现代欧美法学家或研究者更是将中国法律制度作为专门的领域精心地进行研究。比如费正清《中国：传统与变迁》、C.莫里斯等《中华帝国的法律》、高道蕴《中国早期的法治思想？》，以及欧中坦《千方百计上京城：清朝的京控》、史景迁《王氏之死》等。一些中国传统法律的理念，比如顺应而不是"征服"自然，弱者应该得到或享有社会公正，以和睦而不是对立为最终目标的调解，等等，在吸纳现代社会气息的基础上，在西方法治体系中被光大。如同历史上的佛教在印度本土式微而在中国的文化中被发扬一样，这些具有价值的思想和理念在中国却常常因为其是"传统"而受到漠视或批判。

因此，我们应该发扬兼容并蓄、与时俱进的精神，在融合中西、博采古今中改造和更新传统法律文化，完成传统法律文化的现代转型。

近代以来，中国传统法律文化的断裂是一个不争的事实，但是，另外一个不争的事实是，近年以来，中国传统文化越来越受到社会的广泛重视。不仅政府致力于保护各种文化遗产，学术界也从哲学、史学、社会学等各个方面对传统文化进行研究。中国人民大学首创全国第一所具有教学、科研实体性质的"国学院"，招收了本科学生和硕士研究生、博士研究生，受到国人的广泛关注；此前，武汉大学在哲学院建立了"国学班"，其后，北京大学建立了"国学研究院"和"国学教室"，中山大学设立了"国学研修班"，国家图书馆开办了"部级干部历史文化讲座"。鉴于各国人民对中国传统文化的热爱和兴趣，我国在世界许多国家和地区设立了近百所"孔子学院"。2005年年底，教育部哲学社会科学重大攻关项目"中国传统法律文化研究"（十卷）正式启动，这个项目也得到国家新闻出版总署的重视，批准该项目为国家重大图书出版项目，从而为传统法律文化的研究工作注入了新的推动力。我作为项目的首席专家深感责任重大。孔子曾言："人能弘道，非道弘人"，我们希望能从传统中寻找到力量，在异质文化中汲取到法治营养，并为"中国传统法律文化研究"（十卷）这个项目的顺利进行营造学术环境，努力将这一项目做成不负时代的学术精品。

《法律文化研究》是学术年刊，每年出版一辑，每辑约50万字，这是我们献给学人的一块学术园地，祈望得到方家与广大读者的关爱和赐教。

曾宪义
2005 年

改版前言

《法律文化研究》自 2005 年至 2010 年已经出版六辑。时隔三年，我们改版续发，原因是多方面的。

本刊停发最为直接的原因是主编曾宪义教授的不幸去世。此外，近年来我本人新增的"做事"迟疑与拖沓的毛病以及出版社方面的出版困难也都是这项工作停顿的原因。

2004 年我调入中国人民大学不久，曾老师告诉我他有一个计划，就是用文集的方式整合全国法史研究的资源，展示法史研究成果。不久曾老师就联系了中国人民大学出版社并签订了六辑出版合同。后来，作为教育部重大攻关项目"中国传统法律文化研究"的首席专家，曾老师明确将年刊与《百年回眸——法律史研究在中国》定位为重大攻关项目的配套工程。

在确定文集的名称时，曾老师斟酌再三，名称由"中国传统法律文化研究"改为"传统法律文化研究"，再改为"法律文化研究"。对此，曾老师在卷首语《从传统中寻找力量》中解释道："我们研究的对象是宽阔的，不只局限于'法律史'，从文化的角度，我们要探讨的甚至也不仅仅是'法'或'法律'。我们的研究对象包括法的本身与产生出不同模式的法的社会环境两个方面。因此我们在考察法律的同时，要通过法律观察社会；在考察社会时，要体悟出不同国家和地区的法律特色之所在，以及这些特色形成的'所以然'。"

时光荏苒，转眼近十年过去了，当时我所感受到的只是曾老师对法史研究抱有的希望，而今天再读"卷首语"中的这段话，则更感到曾老师对法史研究方向或"出路"的深思熟虑。

感谢学界同人的支持与关注，《法律文化研究》自出版以来得到各位惠赐大作与坦诚赐教。近十年来"跨学科"、"多学科"研究方法的运用，已然使曾老师期冀的法律文化研究"不只局限于'法律史'"的愿望正在逐步成为现实，而唯有此"法律史"才能与时俱进，在学术与现实中发挥它应有的作用。我本人在编辑《法律文化研究》的过程中，在跟随曾老师的学习中，也认识到"学科"应是我们进入学术殿堂的"方便门"，而不应是学术发展的桎梏，研究没有"领地"与"边界"的限制，因为研究的对象是"问题"，研究的目的是解决学术和实践中的问题而不只是为了在形式上完善学科。

为此，在本刊再续时，我与学界一些先进、后锐商议，用一个更为恰当的方式反映法律文化研究的以往与现实，于是便有了这次的改版。改版后的《法律文化研究》，不再设固定的主编，每辑结合学术前沿集中于一个专题的研究，由专题申报者负责选稿并任该辑主编，每一辑都力求能反映出当前该专题研究所具有的最高学术水准与最新研究动向。每辑前言由该辑主编撰写"导读"，后附该辑专题研究著作与论文的索引。这样的形式不仅可以使研究集中于目前的热点、难点问题，而且可以使更多的学者在《法律文化研究》这个平台上发挥作用，同时出版社也可以摆脱出版负担过重等困境。

编委会与编辑部的工作机构设于中国人民大学法律文化研究中心与曾宪义法律教育与文化研究基金会。希望改版后的《法律文化研究》能一如既往地得到学界的赐稿与指教。

马小红

初稿于 2013 年仲夏

再稿于 2014 年孟春

目 录

主编导读：中华法系研究评析 / 1

梁启超：中国法理学发达史论（1904）/ 1
  绪　论 / 1
  一　法之起因 / 3
  二　法字之语源 / 8
  三　旧学派关于法之观念 / 11
  四　法治主义之发生 / 24

杨鸿烈：中国法律发达史（1930）/ 45
  导　言 / 45
  一　中国法律之特点与其在世界文化的位置 / 45
  二　本书研究的范围和目的 / 50
  三　研究的方法 / 54
  四　法律史的史料 / 55

陈顾远：中国固有法系与中国文化（1952）/ 60
  引　言：文化与法律 / 60
  一　中国固有法系的基础 / 63
  二　中国固有法系的全貌 / 69
  三　中国法系的使命所在 / 74
  四　中国固有法系的特征 / 80
  五　余言 / 85

陈朝璧：中华法系特点初探（1980）/ 90

张晋藩：再论中华法系的若干问题（1984）/ 100
 一　关于中华法系的概念 / 100
 二　关于中华法系的断限，亦即起讫年代 / 101
 三　中华法系的特点 / 102
 四　研究中华法系的意义 / 113

张国华：中国法律思想史新编（1991）/ 115
 绪　论 / 115
 一　中国法律思想史的研究对象 / 115
 二　中国法律思想的历史发展 / 116
 三　中国法律思想史的特点与规律 / 122
 四　学习中国法律思想史的意义 / 125

郝铁川：中华法系研究（1997）/ 130
 绪　论 / 130
 一　关于中华法系特点的研究 / 131
 二　关于中华法系断限的研究 / 137
 三　本书的研究思路 / 138

张中秋：回顾与思考：中华法系研究散论（1999）/ 143
 历史与现状：中华法系研究的回顾 / 143
 问题与认识：中华法系研究的思考 / 146
 继承与出新：中华法系研究的发展 / 162

范忠信：中华法系的亲伦精神（1999）
 ——以西方法系的市民精神为参照系来认识 / 165
 一 / 166

二／168
三／169
四／171

王立民：也论中华法系（2001）／177
一／177
二／182
三／187

杨一凡：中华法系研究中的一个重大误区（2002）
——"诸法合体、民刑不分"说质疑／193
一 围绕"诸法合体、民刑不分"说的探讨／193
二 "诸法合体、民刑不分"不是中华法系的特征／196
三 律典"诸法合体、民刑不分"说值得商榷／206
四 重新认识中华法系／213

俞荣根，龙大轩：中华法系学述论（2006）／220
一 法系、中华法系和中华法系学／220
二 中华法系学的发轫／221
三 中华法系学走向兴盛／224
四 中华法系学的复兴和繁荣／227
五 中华法系学的发展趋向／233

朱景文：古代中国的朝贡制度和古罗马的海外行省制度（2007）
——中华法系和罗马法系形成的制度基础／235
一 古代中国的朝贡制度／235
二 古罗马的行省制度／240

赖骏楠：民族主义视野下的近代"中华法系"学说（1900～1949）（2008）／244
一 引言／244

二　"法系"概念的来源 / 246
　　三　从"支那法系"到"中国法系" / 251
　　四　威格摩尔的影响 / 257
　　五　"中华法系"学说的兴盛 / 262
　　六　"中华法系"近代学说史反思 / 272
　　七　结语 / 278

刘广安：中华法系生命力的重新认识（2011）/ 280
　　一　两类概念导致对中华法系生命力的不同认识 / 280
　　二　中华法系发展中具有生命力的因素的重新认识 / 283
　　三　重新认识中华法系生命力的几点意义 / 285

武树臣：论中华法系的社会成因和发展轨迹（2012）/ 289
　　一　中华法系的社会成因 / 289
　　二　中华法系形成的历史轨迹 / 293
　　三　中华法系的积极成果与当今法律文化建设 / 298

马小红：律、律义与中华法系关系之研究（2013）/ 300
　　一　律与中华法系的概念 / 301
　　二　律学：律义的阐释由法而儒的转变 / 307
　　三　礼的拟制：律制日益简约，律义日益深邃 / 315
　　四　对本文开篇提出问题的解答 / 320

中华法系论文研究目录索引 / 322

编辑部章程 / 333

征稿启事 / 335

注释体例 / 336

主编导读：中华法系研究评析

"中华法系"是从 20 世纪初就备受法学界关注的论题，而每过一段时间，对相关的研究成果进行学术史梳理的论著也屡见不鲜①。我们是否还有必要对这样一个由来已久的研究论题进行再探究和再总结，这本《中华法系专题》与以往已经取得的丰富的研究成果相比有何不同，这是我们应该首先向诸位读者交代的。

此外，我们认为还有必要向各位读者解释的是，在大量的研究成果中，我们为什么要选择这 17 篇研究论著结集成书。我们需要向读者一一介绍被选编在册的这些研究成果有着怎样的学术贡献，以及和同期研究成果相比有着怎样的特点。

限于笔者的学术能力，一些精品的论著未必被列入其中，但我们所能把握的是，在编者"经眼"的相关研究成果中，所选的这 17 篇论著或属于同时研究成果中的上乘之作，或其观点有着突破性的贡献。

一 "中华法系"的研究应该回归于学术

1. "法系"研究的由来

"法系"是近代比较法研究中出现的概念。根据《简明不列颠百科全

---

① 对"中华法系"研究成果进行学术史梳理的最近成果是张晋藩主编的《中华法系的回顾与前瞻》一书，由中国政法大学出版社 2007 年出版。

书》"比较法研究"（comparative law, study of）条叙述，比较法研究肇始于19世纪初期的欧洲，1829年在德国、1834年在法国都发行了对外国法研究的法学杂志。1850年至1852年，英国的利维发表了一部书，题为《商法，它的原则及实行，英国商法和罗马法及59个其他国家法典或法律的比较》。在"比较法研究"条目下的分词条"法系"则明言："法系的分类是有争论的。因为一个国家的法律制度可能与几个法系发生联系。特别是中东和非洲的法律更是如此。""甚至在同一法系内各种法律制度也可能有很大的区别，例如普通法系中的美国法律就不同于英国法律。"① 中国学界一般认为，"法系"划分最早是出自日本的法学家穗积陈重的研究。② 笔者根据各研究论著提供的线索，寻找到穗积陈重发表于1884年日本《法学协会杂志》第一卷第五号（日本明治十七年三月）上的《法律五大族之说》③，重新研读，深感有厘清源头、正本清源之必要。

穗积陈重在《法律五大族之说》中认为，世界不同地区，有不同的君主制度、不同的宗教信仰、不同的自然环境，而风土、宗教、民俗相类似的不同国家，法律制度也大致相同。由此，世界所有的法律有五"族"，即"印度法族""支那法族""回回法族""英国法族""罗马法族"。正如此后许多学者指出的那样，这里的"法族"即为"法系"，"支那法族"即为"中华法系"（有学者亦称"中国法系"）。但值得注意的是，穗积陈重的"法系说"不只是不同地区不同法律特征的客观陈述，而是带有强烈的价值判断。他用图表表示不同法系的不同现状，英国法系与罗马法系是"进行法"（发展或进步的法），中华法系是"迟进法"（缓慢发展的法），印度法系和回回法系则是"静止法"（已经停止发展的法）。穗积陈重将中华法系的法源简单甚至可以说是错误地归为"诸律"。

---

① 《简明不列颠百科全书》（中译本），中国大百科全书出版社，1985。
② 参见何勤华《关于大陆法系研究的几个问题》，《法律科学》2013年第4期。但何文未引穗积陈重的原文，而是引1975年日本评论社刊发的潮见俊隆、利谷义信的《日本的法学家》中的介绍为据，并认为穗积陈重在《法律五大族之说》中所说的"法族"，就是法系，"支那法族"就是中华法系。又参见张晋藩主编《中华法系的回顾与前瞻》，法律出版社，2007。张著确定"关于法系问题的提出，是19世纪末日本著名法学家穗积陈重发端的"，但亦无原文的征引。
③ 〔日〕穗积陈重：《法律五大族之说》，收于《穗积陈重论文集》第一册，岩波书店，1933。

归纳《简明不列颠百科全书》"比较法研究"有关"法系"研究的介绍和穗积陈重的观点,我们可以得出如下的结论:

第一,穗积陈重"法系"说的渊源很容易让人联想到英国思想家梅因有关法律的分类。曾有留学欧洲经历并深受达尔文进化论影响的穗积陈重,直接受到当时欧洲大陆比较法研究的影响。梅因同样深受进化论的影响,他发表于1861年的巨著《古代法》即将法分为"进步社会"与"静止社会"两类,他认为:"如果我们注意到,在法典时代开始后,静止的社会和进步的社会之间的区分已开始暴露出来的事实,我们的工作就比较容易进行。"① 深为西方的法律骄傲的梅因这样比较世界各地的法律:印度法律一直处在原始阶段,是宗教与法律不分的;中国法律虽然已经脱离法的原始阶段,但发展却就此停止,"因为在他的民事法律中,同时又包括了这个民族所可能想象到的一切观念"。② 由此可见,穗积陈重有关法律"进行法""迟进法""静止法"的分类直接继承了梅因的思想。

第二,穗积陈重研究"法系"的目的在于为当时的日本法律变革提出方向,为日本现实的立法寻求出路。通过法律"五大族"的系统比较,穗积陈重提出了日本法律改革的明确目标,即弃中学西,弃旧从新,向罗马法系靠拢。根据梅因《古代法》的观点,西方法律不同于其他国家和地区的先进之处在于民法的发达,③ 所以近代日本的法律变革有着明显的重视民法的倾向。如在1904年美国的学术会议上,穗积陈重就发表了《作为比较法学研究资料的日本民法典》一文。由于穗积陈重关于"法系"的研究有着明确的变法目的和现实使命,所以其在研究中带有强烈的价值判断是不可避免的。这种"法系"的分类,由于过于笼统,在西方法学界并没有得到普遍的认可。这也就是我们上文所引《简明不列颠百科全书》中所说明的那样,法系的分类是有争论的。现实中一个国家的法律制度有可能与几个法系发生联系,而同一法系的各种法律制度也存在很大的区别。另外,许多学者认为,比较法研究的原则应该是客观事实的陈述,而不应该

---

① 〔英〕梅因:《古代法》,沈景一译,商务印书馆,1984,第13页。
② 〔英〕梅因:《古代法》,沈景一译,商务印书馆,1984,第14页。
③ 参见〔英〕梅因《古代法》,沈景一译,商务印书馆,1984,李祖荫"小引":"梅因在他的著作中有这样的错误论调:一个国家文化的高低,看他的民法和刑法的比例就能知道。大凡半开化的国家,民法少而刑法多,进化的国家民法多而刑法少。"

是价值优劣的评价。按"适应的就是合理的"来阐述不同类型的法，每一种类型的法都有其存在的合理性。

第三，与西方学界不同，"法系"之说在中国几乎得到了学界的全面认可。最早将法系的理论引入中国并率先展开研究的是梁启超。1904年梁启超发表《中国法理学发达史论》认为："近世法学者称世界四法系，而吾国与居一焉，其余诸法系，或发生蚤（早）于我，而久已中绝；或今方盛行，而导源甚近。然则我之法系，其最足以自豪于世界也。夫深山大泽，龙蛇生焉，我以数万万神圣之国民，建数千年绵延之帝国，其能有独立伟大之法系，宜也。"① 但在同年的《论中国成文法编制之沿革得失》中却又自相矛盾的认为"我国法律界，最不幸者，则私法部分全付阙如之一事也。罗马法所以能依被千祀，擅世界第一流法系之名誉者，其优秀之点不一，而最有价值者，则私法之完备是也。"② 由此，我们可以发现梁启超对穗积陈重思想的继承与不同。梁启超认为就制度而言，中华法系的私法阙如，是落后于西方的原因，这一点与穗积陈重并无二致。但是，梁启超没有或不便直接将中华法系归为"静止法"或"迟进法"，而是顺应了中国"祖述尧舜，宪章文武"的社会习惯，以中华法系独树一帜而自豪。这种顺应也许是出于无奈，也许是其真意的表达。无论是出于怎样的因由，梁启超对中国古代文化、对中华法系的矛盾心理，因其执学界牛耳的翘楚地位而风靡学界，他的矛盾成为整个学界的纠结。民国时期，学界一方面不得不承认中华法系已经如印度法系、回回法系一样，行将就寝；另一方面，对中华法系能居世界法系之林又十分自豪和不舍，希望中华法系能重振雄风，与英美法系、罗马法系并立，这就是当时许多学者不遗余力鼓吹的在三民主义的指导下"复兴中华（国）法系"。③

2. 中日学界"法系"研究的不同目的

对法系研究，尤其是"中华法系"研究由来的梳理，可以使我们认识到，"法系"的研究从日本传到中国，宗旨和目的已然改变。穗积陈重在

---

① 《饮冰室合集》第2册，《文集之十五》，中华书局，1989，第42页。
② 《饮冰室合集》第2册，《文集之十六》，中华书局，1989，第52页。
③ 阅读20世纪30年代学人的文章，可以看到当时的学人对在"三民主义"思想指导下复兴或重新建立一个与英美法、罗马法并立的"法系"之信心。参见张晋藩主编《中华法系的回顾与前瞻》，附录中马存坤《建树新中华法系》（1930年）、王汝琪《中华法系之复兴》（1933年），程树德《论中国法系》（1934年）等皆反映了这种情绪。

不同法系的比较中寻求日本法律效法的对象，而中国学界则是在其中寻求着中华法系自立或复兴的依据。这种研究目的的不同，是中日两国文化的不同所致。

这里有必要分析一下中日两国的"国民性"和文化的特点，因为对"法系"认识的差异以及研究目的的不同与此有着密切的关系。中日两国虽是一衣带水的邻邦，但"国民性"的差异却可以用咫尺天涯来表述。就地理环境而言，中国东、南面海，西、北则是辽阔的大陆。自古以来，生活在中原地区的人便以王朝物宝天华、地杰人灵自豪，以为自己处天下"中央"。地理与文化的优越感早在春秋时期先哲的经典中就表露无遗。孔子说："夷狄之有君，不如诸夏之亡也。"① 汉以来"大一统"成为中国历史发展的主流，政治一统、思想一统、文化一统，甚至辽阔疆域中不同地区的生活模式都几乎一统。即使在三国鼎立、南北朝对峙的政权分裂时期，天下须"定于一"的思想也从来不曾从主流地位退居，政权"分裂"会被认为是非正常的"乱世"，"统一"则被认为是"治世"与"盛世"的必要前提。可以说文化的一统、思想价值观的一统是中国政权一统的基础。近代中国正是这种一统文化的"主创国"，这一文化经过中国历代人数千年的精心琢磨，在每一个中国人的身上打上了深深的烙印。由此我很赞同费正清的观点："中国的文化（生活方式）是比民族主义更为基本的东西。"② 中国是一个文化崇拜的国度。因为文化崇拜，在中国人的眼中，不同的族群没有高低贵贱之分。即使异族的首领，只要他接受了中土的教化，信奉了孔孟之道，也可以成为"天朝"的皇帝，甚至可以像元、清那样建立强大统一的政权。作为民族主义缺失的补偿，历史上除汉族之外，入主中原建立政权的其他民族几乎无一例外地被汉（中华）文化所同化，成为"化内"之人，甚至成为"新汉人"。③ 中华文化的包容性和融合性确实是举世无双，令世人叹为观止。由于对文化的珍视，中国人在学习外来文化时，会以自身文化的价值观为标准，衡量外来文化的善与恶、是与非；所以在学习和吸纳"异质"文化因素时，中国人格外强调"融会贯

---

① 《论语·八佾》。
② 〔美〕费正清：《美国与中国》，张理京译，世界知识出版社，2002，第93页。
③ 《唐律疏议·名例律》中有对"化外人"的解释："谓蕃夷之国，别立君长者，各有风俗，制法不同。"

通"，即在寻找不同文化与中华文化相同或相通"精义"的基础上，将外来文化的精髓融化为本土文化中的有机组成部分。在学习与吸收中，中国人无法也不会放弃自我。这种学习，与其说是"学习"，不如说是"再创造"更为贴切。

与中国的"创造"不同，作为岛国的日本则是一个典型的善于学习的民族。明治维新前的幕府政治，使日本的政治传统与社会结构更接近西方的贵族传统；而传统的武士精神造就了日本人的服从习惯，这些都是日本学习西方的有利因素。但更为重要的是，日本有着务实而精准的"学习"特长，他们能准确地选择学习对象，并对学习对象的"所长"有着敏锐的认识和把握。作为"学习型"的国家，日本只是中华文化的接受者，所以在放弃以往的传统时也没有像中国那样的不舍之情。与中国相比，日本更在乎于学习中得到什么，而不太留意在学习中会失去什么。因为这样的文化和国民性，古代的日本几乎可以直接搬用唐代的法律作为他们的国法，而近代的日本对西方的法律也几乎可以像日语中出现的"外来语"一样直接套用。

简言之，中国是一个"创造型"的国度，是中华文化的"主创国"。而日本则是一个"学习型"的国家，在古代它接受了中华文化，取得了成功；在近代，当中国人纠结于历史与现实，艰难地探索中西结合之道时，日本接受了西方文化并迅速地取得了成功。

当我们从"国民性"与"文化"的角度认识了中日的差异后，我们就可以明白为什么导引日本"弃中学西"的法系之说传到中国却结出了试图复兴中华法系的学术之"果"。同时，我们也就能理解当年"梁启超们"在批判中国法律种种不足时却又言："我之法系，其最足以自豪于世界也。……既有法系，则必有法理以为之原。故研究我国之法理学，非徒我国学者所当有事，抑亦全世界学者所当有事也。"[1]

面对现实，我们无法不认可这样一种观点：近代日本对罗马法系的学习或仿效是卓有成效的，它几乎成为法律移植成功的典范。近代日本能跻身于世界强国之列，与法律的这种彻底转变是不可分的。反观中国，近代法律的变革举步维艰，历经曲折。时至今日，法治观念的养成不仅尚在进

---

[1] 《饮冰室合集》第 2 册，《文集之十五》，中华书局，1989，第 42 页。

行中，而且似乎距离尚很遥远。我们需要对近代日本的学习成效与经验进行分析总结，需要对自身的学习缺陷进行反思反省。但是，我们却不能就此得出结论，认为相对于近代日本而言，中国的探索或创造是多余的，甚至是负面的。因为从历史发展的角度考察，多元文化的并存发展才是健康的长久之道。中国人对自身文化的珍惜，近代中国对融合中西法律文化的艰难探索，目前的结果虽然不尽如人意，但也许在未来会为丰富世界法治模式做出文明古国应有的贡献。这种贡献对于法治的发展，对于人类社会的最终福祉也许更具有意义。

3. 中华法系研究中存在的问题

由于法系的研究，在中日学界一开始便带有强烈的价值评判的色彩，所以在这一问题的探讨中，人们便很难对学术与现实（或政治）做一明确的区分。而这种基于价值判断的"比较"研究，难免陷入误区，造成对中华法系非客观的描述。

穗积陈重《法律五大族之说》几乎完全继承了梅因在《古代法》中对不同地区法律的评价，即欧陆的法律促进了社会的发展，是进步社会的法；世界其他地区的法则制约着社会的发展，印度的法是尚未开化的法，中国的法是半开化的法。为了证明中华法系制度上"私法"的缺陷，穗积陈重将中华法系的法源归为"诸律"。这就是至今学界尚未能纠正的所谓中华法系"以刑为主"之"通说"的来源。① 问题不仅仅如此，因为穗积陈重及日本学界对近代中国学界的影响巨大，这种带有强烈价值评判的研究方法也成为中国学界在研究中华法系时所普遍使用的方法。只不过中国学界基于文化的不舍和民族的情绪而与日本学者在观点上有些"汉贼不两立"的对抗。承认了日本学者有关中华法系法源为"诸律"的观点，又不甘自认为是"半开化"，这种纠结造成了许多基础问题的研究无法深入，而在"活法"与"死法"、"复兴"与"放弃"这些"见仁见智"观点上的纠缠甚至偏激。

张晋藩教授在总结民国时期中华法系研究中存在的问题时指出："受政治影响较大。中华法系研究之所以成为热点是与当时的政治形势密切联

---

① 早在1959年商务印书馆出版的中译本《古代法》（沈景一译）的"小引"中，李祖荫就对这种观点进行了批评，认为"诸法合体"是古代法（无论中西）的普遍特征。日本学者据梅因的论点认为中国古代"只有刑法而没有民法"是没有根据的偏见。

系着的。民族情感凝聚的文章,备受欢迎,也鼓舞了研究者加入到这个领域中来。但是也带来了负面效应,就是将中华法系的研究当做政治思想的载体,其中有的宣扬三民主义,抵制甚至贬损其他的思想。更有甚者,还在文章中,将共产主义思想摆在了爱国主义的对立面,大有只要不信奉三民主义者,均是卖国贼的意味。这样的政治气氛实非研究之福。"① 张晋藩先生的这一总结,适合于迄今为止的中华法系研究中的全过程。正是由于"中华法系"研究的这种特殊背景,致使研究中本应该最受重视的基础问题反被淡漠。比如,中华法系的学理基础是什么?居中华法系核心地位的究竟是礼还是律?源于法家的制度与儒家的思想是如何磨合为有机体的?除律之外,令、典、例等在中华法系中的地位是什么?学界共识的以儒家思想为皈依的中华法系与中国古代法是什么关系?其是比较法中"中国古代法"的代名词,还是专指汉以来的中国古代法?等等。在这些具体的学术问题尚未厘清的状况下,如何能言在复兴中华法系的基础上建立一个"中国法系"。时至今日,中华法系的研究确实是落入了傅斯年在1918年就批判过的中国学术思想界的陷阱:"中国学人,好谈致用,结果乃至一无所用。学术之用,非必施于有政,然后谓之用。"②

至此,我认为已经回答了开篇第一段所提出的问题。即尽管中华法系的研究自 20 世纪出现以来一直为学界所关注,也取得了不菲的成果,但由于这一问题提出的背景和目的并非是出自学术的原因和考量,而是基于现实的迫切需要,所以一些基本的学术问题在研究中被忽略。这种忽略造成的结果是,对立的"观点"——或以为中华法系已然成为过去,或以为中华法系是世界尚存的最古老并能复兴的法系,等等,由于缺乏理智、客观的学术评判而纠结并各自都难以自圆其说。我们不能否认前人的研究成就,更理解先辈在"保国、保种、保教"为第一要务的非常的历史环境中,将中华法系的研究与现实社会的需要密切相连的非学术化研究倾向。但中华法系的研究,本质上毕竟是学术研究,而学术的发展自有其规律的制约,这就是研究者须有"学者的人格",用梁启超的话说就是:"为学问而学问,断不以学问供学问以外之手段。故其性耿介,其志专一,虽若不

---

① 张晋藩主编《中华法系的回顾与前瞻》,中国政法大学出版社,2007,第 43~44 页。
② 傅斯年:《中国古代思想与学术十论》,广西师范大学出版社,2006,第 192 页。

周于世用，然每一时代文化之进展，必赖有此等人。"① 梁启超的话道出了近代中国学界所缺少的学术独立之精神，② 这在今后的中华法系研究中是应该引以为戒的。

这本《中华法系专题》不同于以往的地方是，编者力求将自20世纪以来的中华法系研究成果的客观现实展现给各位读者，期望在今后学术研究日益自由、独立的环境中，中华法系的研究能够更加学术化，学者能够"一面申自己所学，一面仍尊人所学"，形成真正的学术争鸣。

二 中华法系研究的基础性成果举例评析

肇始于梁启超的"中华法系"研究，20世纪在中国学界有两次研究的高潮，一次是始于30年代的"中华法系复兴"之研究；另一次是始于80年代，大陆在中华法系研究中断近三十年后展开的再续研究。

梁启超发表于1904年的《中国法理学发达史论》实际上是一部先秦法思想的归纳与总结之作。自该文公之于世，中国法学研究中便有了许多为今日学界耳熟能详却不知出自何人何时的法学术语。比如法理、法系、自然法、礼治主义、放任主义、法治主义、人治主义、势治主义等。名曰"中国法理学"，作者却在阐述完先秦后戛然而止，其中原因在于作者认为自秦思想一统后，中华法律"退化复退化，驯至今日，而固有之法系，几成僵石"。与《中国法理学发达史论》同时发表的《论中国成文法编制之沿革得失》③ 则全面叙述了先秦以至于清代的"成文法"。作者言此为《中国法理学发达史论》之附录，因其所论属于"法理学范围外"，故"析之别自为篇"④。所以，《中国法理学发达史论》与《论中国成文法编制之沿革得失》可以视为姊妹篇，前篇言中国古代法律思想之黄金时代，后者言中国古代法律制度之两千余年的发展。值得注意的是，作者发表这两篇

---

① 梁启超：《清代学术概论》，上海古籍出版社，1998，朱维铮导读，第105页。
② 梁启超曾自我反省，言："将现在学风与前辈学风相比照，令吾曹可以发现自己种种缺点。知现代学问上笼统影响凌乱肤浅等等恶现象，实我辈所造成。此等现象，非彻底改造，则学问永无独立之望。"见梁启超《清代学术概论》，朱维铮导读，上海古籍出版社，1998，第105~106页。
③ 收于《饮冰室合集》第2册，《文集之十六》，中华书局，1989。
④ 《饮冰室合集》第2册，《文集之十六》，中华书局，1989，第1页。

文章时，中国固有法系尚未被废除。以沈家本、伍廷芳为修律大臣的清廷修订法律馆于1902年设立，1904年开始修律的工作。在修律工作基本完成时，清政府也被辛亥革命推翻了。① 作者的这两篇文章实为"当世人写当世事"，从中可以看出作者对"中华法系"改造的设想，即对于先秦法思想，尤其是儒家的法思想，在作者看来既深邃又充满了朝气，所以作者竭力倡导之；而对秦以后的法律制度，作者却感到深深的失望。这也是在我们今人看来这两篇同时发表的文章似乎充满了矛盾的原因所在。与春秋战国时期孔子弘扬礼治精神、改良礼仪的思路相比，梁启超的思路有同有不同。同者，梁启超认为中国的法律变革必须在"法文"（法律制度）之外，求得真正的"法理"，先贤的思想必须继承；不同者，梁启超对中国古代法律制度的失望几乎是全面的，所以就中国法律制度而言，他认为应该"改革"而不是如儒家对礼制那样仅仅是"改良"。在梁启超看来，中国成文法除公开之外，几乏善可陈，诸如"种类不备""固定性太过""体裁不完善""文体不适宜"② 等。继承甚至弘扬儒家的思想，但全面地变革法律制度是梁启超的改革思路。正是这两篇文章开启了中国法制史学与中国法律思想史学的研究之门，奠定了"中华法系"研究的基调。③ 直到今天，学界的研究仍不能脱其窠臼。

杨鸿烈继承了梁启超的学术思想但其观点却与梁启超不尽相同。杨鸿烈在1930年出版了《中国法律发达史》后，又于1936年出版了《中国法律思想史》。前者显然是梁启超《论中国成文法编制之沿革得失》的继续，后者则是《中国法理学发达史论》的续篇。相较而言，在学界《中国法律发达史》远比《中国法律思想史》影响深远。在《中国法律发达史》的"导言"中，杨鸿烈明言西方学者对《大清律例》有着深邃的研究和确当

---

① 修订法律馆仿效西方的法律制度先后制定了：《大清刑事民事诉讼法》（1906年）、《大清刑事诉讼律草案》（1910年）、《大清民事诉讼律草案》（1910年）、《法院编制法》（1910年）、《大清商律草案》（1910年农工商部提出）、《大清新刑律》（1911年1月）、《大清民律草案》（1911年8月）。
② 参见《饮冰室合集》第2册，《文集之十六》"第十一章"，中华书局，1989。
③ 关于中国学者法系研究最早的学者与论著，参见本书所收录的赖俊楠《建构中华法系——学说、民族主义与话语实践（1900~1949）》。赖文认为，最早从事法系研究的中国学者文章为攻法子1903年发表于留日学生刊物《政法学报》上的《世界五大法系比较论》。攻法子的文章未就专门的中华法系问题进行研究，在学界的影响也远不能与当时在学界拥有执牛耳地位的梁启超相比。

的批评，同时他还归纳了当时国内外学者对"中华法系"特点的论述：道德与法律不分，私法的规定少（注意：不是如梁启超所言的"全付阙如"①）而公法的规定多，法典所载之文未必都是当时的现行法律，等等。尽管杨鸿烈形式上继承了梁启超将中华法系分为制度与思想两个部分加以研究的方法，但是杨鸿烈的结论与目的却显然与梁启超肯定儒家思想，批判秦以来的制度大不同。在"导言"中，他坦言："中国法律虽说从现代法学的眼光看来并不算完美，而其自身却是很有条理统系的，绝无混乱矛盾的规定。……经我几年重新爬梳整理之后，更觉得中国法律在全人类的文化里实有它相当的——历史上的位置，不能说它不适用于今日个人主义、民权主义的世界便毫无价值。"因为杨鸿烈的力倡，20世纪30年代至今，有关"法律制度史"的研究成果远远多于"法律思想史"的研究成果。② 这与梁启超的改良设计有些南辕北辙，但杨鸿烈对已经解体的中国古代法律制度的怀念和重塑的信心却契合了那个时代法律史学人的诉求。从本书后所附录的研究目录索引中即可以看出，推陈出新并在三民主义指导下重建"中国法系"是当时法律史学界的主流呼声。③ 杨鸿烈的《中国法律发达史》与《中国法律思想史》堪称中国法律史学科的奠基之作，也为当时及其后很长一个时期的中华法系研究奠定了基调。

陈顾远写于1952年、载于1982年出版的《陈顾远法律论文集》中的《中国固有法系与中国文化》一文是值得读者反复阅读的有关中华法系研究的经典论文。在此文中，陈顾远对学界，尤其是法学界对中华法系的误解进行了纠正，认为"一般人谈起中国固有法系，总是想到汉律、唐律、清律方面去，尤其外国学者对中国法系的认识是这样的"，而学界对中国

---

① 参见《饮冰室合集》第2册，《文集之十六》"第十一章"，中华书局，1989。
② 笔者曾对1904年至1949年中国法律史研究的状况作过梳理，在梁启超后的民国时代，中国法制史的教材与研究著作出版者大约有50余种，而有关中国法律思想史的研究则寥寥无几。参见刘海年、马小红《五十年来的中国法制史研究》，载韩延龙主编《法律史论集》第3卷，法律出版社，2001；马小红《中国法律思想史学科的设置和发展》，载韩延龙主编《法律史论集》第4卷，法律出版社，2002。
③ 参见书后"中华法系研究论文目录索引"，1904年至1950年中华法系研究中大部分论文在指出中华法系相对于现代社会之不足或缺陷后，基本持有"改造"或"重建"的观点，即认为中华法系不同于回回法系和印度法系，而是有着重生希望的法系。此外，还有一个值得人们注意的地方是，主张重建法系的大部分学者将"中华法系"称为"中国法系"，以示古今之别及中华法系所涵盖的地域与将要重建的中国法系之不同。

固有法系的偏见在于"重视了刑而忘记了礼"。如果追根寻源，造成国际学界这种深深误解的原因，正如前文所述在于日本法学家穗积陈重的《法律五大族之说》，将中国（华）法系的法源简单地定位于"诸律"。在近代国际法学界日本有着较强的话语权，穗积陈重对国际法学界的影响较中国学者广泛，这就是为什么国际学界，包括中国法学界对中华法系的误解如此难以纠正的原因。在描述了中国固有法系与文化间的关系后，陈顾远在文中兼容了当时学界的两种对立观点：一是"建立中国本位新法系"。如果要向这方面努力的话，陈顾远认为："创造一个新法系然仍以中国为本位，那么，实际上就是中国固有法系的更新重建，仍然与中华民族所表现的中国文化一脉相承，不能另起炉灶。因为陌生的法律绝不能有助于固有文化的延续光大，而固有文化也断不会为陌生的法律的（所）表现。"二是"不以建立中国本位新法系为说"。陈顾远认为即使如此，也应温故知新。陈顾远的结论值得注意，即对两者来说中国固有法系都"非毫无一顾的价值"。这显然与三四十年代的信心与口气有了不同，文章最后说："但在今日立国，期望其工业化，虽应保留中国固有法系的真值，却也不能讳疾忌医，除法治外，只重视礼治人治而忽略了器治。"这显然是对杨鸿烈以来研究的反思，也是对梁启超改良设计的回归，重要的是这篇文章已经体现出法史学界对 30 年代以来"复兴"中华法系之说的反省。这一反省在作者写于1966年的《中华法系之回顾及其前瞻》一文中有了进一步的解释："国人曾在抗战前，提倡建立中国本位新法系，拟将固有法系之不合时代成为僵石者去之，将其仍有价值而得使用者保留之，发扬之，光大之。微论法系观念已有改变，欲恢复固有法系之全盛地位殊不可能。且在事实上欧美法律体系已成天之骄子，我国清末变法随同之。无论在学说上，在政策上，在条文上，大部分仍以此种实力所笼罩，不得自拔，能否断然建立中国本位新法系，尤为困难。"① 在此作者已经"不奢言建立中国本位新法系"② 了。

陈朝璧发表于 1980 年《法学研究》中的《中华法系特点初探》是一篇经历了十年"文化大革命"特殊时期后的"破冰"之作。从这篇发表于

---

① 陈顾远：《中国文化与中国法系——陈顾远法律史论集》，范忠信、尤陈俊、翟文喆编校，中国政法大学出版社，2006，第 549～550 页。
② 陈顾远：《中国文化与中国法系——陈顾远法律史论集》，范忠信、尤陈俊、翟文喆编校，中国政法大学出版社，2006，第 550 页。

权威刊物上的论文中，我们可以看出1950年到1980年这三十年间有关中华法系的研究在中国大陆是空白区。作者使用"初探"这个词，用意也许在此。产生于刚过"文化冰点"时期的这篇文章，它的突出贡献并不在于它肯定了法系划分的可取之处，提出了中华法系与印度法系、阿拉伯法系、罗马法系、英吉利法系一样属于"活的法系";[①] 提出了广义地理解中华法系，应将"历三千年之久的封建法制，近代史上昙花一现的半封建法制，后来居上的社会主义法制"共同作为中华法系的内涵；提出了中华法系"重视成文法典"、"以天理作为法的理论依据"、"礼法并重"的特点；而在于作者提出了作为"法制史和法律思想史研究的工作者"应该以大量的古籍证实中国古代法的完备并有不少值得借鉴的特点。尽管我们现在可以轻易地从这篇少有引证、全无注文，并且充满了政治性词汇和思维的文章中看出当时中国法学界与国际学界的隔膜，与对岸台湾地区研究的巨大差距，但仅仅是这种对古代法的肯定，对当时已经习惯了否定、批判思维的学界来说，实在堪称是振聋发聩之音。应当说，这篇文章掀起了80年代以后中国学界对中华法系研究的新高潮。

张晋藩发表于1984年的《再论中华法系的若干问题》便是一篇继陈文之后有关中华法系研究的力作，从中可以看出短短的四年间当时中国法学界取得了几乎可以说是飞跃性的进步。无论是从中国法律史研究的角度而言，还是从中华法系研究的再度兴盛而言，张晋藩的成果对当今的研究来说都是具有标志性意义的。这篇发表于30年前的论文，在30年后现行的"中国法制史"各种版本的教材中，在许多法史研究的成果中，都有着不可忽视的影响。文章对以往研究成果所进行的学术史梳理为此后的进一步研究打下了基础，同时也唤醒了学界在浓郁的"学术服务于政治"气氛中久已淡忘了的学术通行规范和研究方式。作者对中华法系的"概念""起止年代""特点""意义"的论证至今仍为学界的许多研究者所沿用。更重要的是，在此文中作者对有关中华法系特点的传统描述"诸法合体，民刑不分"提出了质疑。这与当时流行于教科书中的观点是大相径庭的。这种质疑实质上也标志着中华法系研究的一种学术回归。张晋藩关于中华

[①] 作者认为"世界文化史上公认的法系，一般分为两大类"，即"活的法系"与"死的法系"。死的法系包括埃及法系、巴比伦法系、犹太法系、波斯法系和希腊法系。

法系的论述颇丰,本书之所以选择此篇作为作者的代表作,原因之一是在于其发表的时间早,但更重要的是它有着范本的作用。

张国华于1991年出版的《中国法律思想史新编》一书中的"绪论"对于迄今为止的学界来说同样有着范本的作用。本文所言的"范本",并不是"统一"之义,而是学术研究中不可缺少的创新。自杨鸿烈始,中国法制史的研究一直领先于中国法律思想史,而50年代以来学术界主流意识形态的加强,更使得"思想史"的研究跌落低谷,专门的"中国法律思想史"研究几付阙如。《中国法律思想史新编》是张国华在编写了多部中国法律思想史教材后,积累了丰富教学与科研经验的学科奠基之作。可以说现在通行于各高等院校的多种版本的中国法律思想史教材大都受到这本教材的影响。而"绪论"反映出作者对中华法系的深邃见解,至今仍被学界奉为圭臬。作者对中国法律思想史研究范围的界定,对法律思想研究与法律制度、法理、法哲学研究的区别,对中国法律思想发展的历史分期,对于中国法律思想产生背景的解析,终于使中华法系的研究从制度深入到了思想。作者透彻地指出,中华法系思想上的特点在于儒家的法律主张长期占据统治地位,这一特点有利于统治秩序的稳定,却不利于商品经济以及与商品经济相适应的私法观念的发展,所以中国古代根本无法像西方那样"形成一个法学家阶层"。作者同时指出,中华法系的这一特点,决定了中国法律近代化的道路无法照搬西方模式,而必须另辟蹊径。

以上6篇论著是中华法系研究的基础之作。从这6篇论著中,我们可以看出中华法系研究内涵的演变与发展趋势。梁启超在中华法系尚未解体的情况下,设计了中华法系改良的路径——保留中华法系合理的价值观,改造过时的制度,建立起可以与世界对话的法律体系。按照梁启超的设想,制度将成为静止的过去,而先贤的思想将在改良中与时代接轨并得以弘扬。但,接下来的研究却发生了变化。30年代开始的民族危机,使中华法系的研究寄托了更多的民族独立自强的诉求,于是研究的主题从"改良"变成了"复兴"。从1926年高维廉发表于《法学季刊》的《建设一个中国法系》到1946年居正的《为什么要重建中国法系》(大东书局出版),复兴成为了中华法系研究的主旋律。① 从梁启超的批评与改良到杨鸿

---

① 参见书后"中华法系论文研究目录索引"。

烈的肯定与重建，与日本学界不同的是，中国法律史学界的研究与已经"旧貌变新颜"的法学界其他学科日益脱节，也与整个法学界日益脱节。在旧制度已经解体，部门法研究学术性日益深入的状况下，中华法系的研究却似乎承担了越来越多的文化复兴使命。这种法学界与法史学界不自觉的隔膜，造成了法学界的矛盾：对于大多数法学研究者而言，或对法学的其他学科而言，研究者往往认为中华法系已经解体，中国古代法或传统的价值观是近现代法学发展的阻力，是批判的对象；而对法史学界而言，古代法，尤其是已经解体了的古代法律制度是可以提供解决现实法律弊病方法的宝藏，新的"中国法系"形成必以固有的中华法系为本位，复兴固有法系才是中国法治发展的方向。这种矛盾一方面使法学缺乏传统的支持而显得"幼稚"；另一方面由于过于附庸政治与关注现实，也淡化了法史学本应拥有的学术性。这一复兴的思潮，由陈顾远在50年代进行了反思，60年代进行了总结而告一段落。顾远研究，对中华法系而言有两个意义：一是将中华法系的研究纳入学术研究的领域，强调学术研究的理性与客观性，使研究与现实保持了必要的距离——这是学术研究的必要条件；二是使中华法系的研究回归到梁启超的最初设计。尽管梁启超的研究也有着明显的现实目的，但是梁启超对中华法系的研究显然较 30 年代后的研究理智。在总结春秋战国以来中国改良经验的基础上，在与西方法律的比较中，梁启超"改良"途径的设计也显然比 30 年代后的"复兴"的口号与努力更符合学术研究的本质，更符合法律发展的规律。①

20 世纪 80 年代大陆有关中华法系的研究，是中断了 30 年后的研究再续。客观地说，本书选录的这三篇文章，在观点语言方面不免有一些时代的烙印，但却清晰地展现了研究回归学术的路径。

---

① 需要说明的是，我们应该充分理解并尊重 30 年代后法史学人复兴中华法系的努力。但是同时，我们也应该注意到学术研究的规律，即学术须与现实、政治保持一定的距离，应该客观冷静，应该有其自己独立的空间，唯有此才能做到实事求是。笔者赞同马克斯·韦伯的观点，政治与学术是两个完全异质的问题。"如果是在公众集会上讲民主，他无需隐瞒自己的态度；在这种场合，立场鲜明甚至是一个人难以推卸的责任"；但"如果要在课堂上讨论民主，就应当考虑民主的不同形态，分析它们的运行方式，以及为每一种形态的生活条件确定具体的结果"；"课堂里没有政治的位置"。（参见〔德〕马克斯·韦伯《学术与政治》，冯克利译，三联书店，1998，第 36～38 页。）

三 90年代后中华法系研究成果举例评析

90年代后期以来中华法系的研究开始深入细化,观点的多元是这一时期研究的特征,但这一时期更为显著的特点似乎是对以往研究"通说"或"定论"的反思。

郝铁川的《中华法系研究》是80年代以来大陆第一本系统全面研究中华法系的专著。在该书"绪论"中,作者归纳了自杨鸿烈到张晋藩诸学者有关中华法系特点的论述,指出儒家思想的支配,即认为中华法系的价值观皈依儒家的观点,是学界的通识,但作者对这种权威的定论提出了质疑。作者认为,中华法系的价值观由儒、法、道三家组成,其表现为法官的儒家化、法典的法家化、大众法律意识的鬼神化。作者在中华法系究竟是"死法"还是"活法"的问题上,也有鲜明的见解,即从社会形态的角度审视,中华法系已经是死法系;但从文化价值观的相对独立性与传承性来说,中华法系的价值观仍在延续并永远不会死亡。也许正是基于此,作者提倡要更多地从思想史的角度对中华法系做出阐释。作者提出的"法典的法家化"观点可以说与30年代以来史学、法史学的传统权威观点针锋相对。学界对中国古代秦以来成文法发展有着这样的描述:秦在法家思想指导下制定了严密的成文法,汉武帝独尊儒术以后便开始了儒法合流的过程。先是司法上的"《春秋》决狱";东汉时以经注律,即在立法上开始法律儒家化的过程;曹魏开辟了将礼直接入律的先河,终于在晋时形成了中国第一部儒家化的法典《泰始律》;法典(主要指律)儒家化的过程至唐臻于完善,故清代《四库全书总目提要》评唐律是"一准乎礼"。作者对这种几乎为不刊之论的法律儒家化的观点提出质疑,无疑对当时的研究有着推动的作用。正如陈鹏生在该书"序"中评价的那样,这一研究"为中华法系的深入研究提供了一种新思路。"作为法史学界的元老,陈鹏生对郝铁川的研究角度予以了充分的肯定,认为作者"依靠其坚实的史学理论基础,站在思想史的高度,深入到封建法律的法条和制度背后的价值观念"。作者的研究思路与方法,对权威观点的大胆质疑使作者在中华法系的研究中独树一帜。但是,传统权威的观点并不容易推翻。法典的儒家化与法典的法家化的区别在于法典的发展"趋势"上。汉代以后,法典的制定究竟是以儒家为导向还是以法家为导向，是儒家为本法家为用，还是法家为本儒家为用？对此，作者在文中并未能给出明确的答案。

与郝铁川研究有着密切关系的另外两篇论文，是载于《南京大学法学评论》1999年春季号的张中秋的《回顾与思考：中华法系研究散论》与范忠信的《中华法系的亲伦精神——以西方法系的市民精神为参照系来认识》。这两篇论文原本是应郝铁川之约而作，① 意在通过不同学者不同角度的梳理与分析，为近一百年的中华法系研究做一总结。张中秋的《回顾与思考：中华法系研究散论》一文就"中华法系"的名称、时间、空间、结构、价值观、解体等方面进行了全面的思考。在当时的情况下，作者的建议尤具学术价值：比如，"能以中华法系为题汇编出版一套资料和有学术价值的文丛"以改变"早期和近年来的研究，多少给人以方法单一、材料有限、理论单薄的印象"；同时要在"法理特别是法系理论的研究上付出更大的努力"。范忠信的文章则是从"伦理"的角度深入阐述了中华法系的特征。值得注意的是，这是一篇运用比较方法，学术视野开阔的论文。作者认为任何一个民族都有自己的伦理，诸如欧美法系的市民伦理、印度与伊斯兰法系的宗教伦理等。中华法系则是一种"亲伦"主导的法系。在西方法系中，亲伦几乎被吸收入市民伦理，在印度、伊斯兰法系中亲伦则被吸收入宗教伦理中，而在中华法系中却是"几乎一切伦理（包括政治伦理、宗教伦理）都被吸入亲属伦理之中"。"亲属伦理""市民伦理""宗教伦理"类型的提出，改变了研究中人们对"伦理"粗放的认识。作者认为在自20年代开始的中华法系的讨论中，学者们提出的中华法系"君权至上，法自君出""礼法结合，以刑弼教""民刑不分，诸法合体"等观点基本是对的；但是这些不能作为中华法系的本质特征，因为古罗马帝政时代也是"君权至上，法自君出"的，欧洲中世纪也是"民刑不分，诸法合体"的，唯有"亲伦"才是中华法系区别于其他法系的本质特征。作者的观点，很容易使人们联想到清末"礼法之争"中礼教派劳乃宣对当时世界不同地区法律所做的区别。劳乃宣的结论是明确的。针对法理派变革法律以与国际接轨，收回治外法权的观点，劳乃宣认为法律的主要作用在于解决自身社会的问题，人伦秩序是农居社会的根本，这是中国不同于西方契

---

① 见张中秋文注释。

约社会，也不同于中东宗教社会的原因；所以中国法律的主体与精神应该符合自身的国情。而作者虽然在中国"特色"的描述上，与劳乃宣一致，但在观点上却相反。对于这一问题的认识，真可谓见仁见智。

王立民发表于 2001 年的《也论中华法系》是 20 世纪 80 年代以来研究的继续。作者的贡献在于明快地区别了什么是中华法系的特点，什么是各个法系中所共有的形式和内涵。"同"与"不同"的比较，是寻找中华法系"特点"的唯一途径。通过比较，作者提出的观点之一是礼法结合是中华法系的特点，这也是学界普遍认可的传统观点。作者的观点之二是"诸法合体"不是中华法系的特点，因为"诸法合体"是古代社会法律的普遍现象。作者罗列了不同国家和地区古代的成文法，几乎无一不是诸法合体。这一观点对于当时的学界来说，确实具有创新意义。作者的观点之三是认为中华法系"最早拥有部门法法典——刑法典唐律"。从作者的论述中，我们似乎可以得出这样一个结论：诸法合体是法律发展的一个必经阶段，是不同文明中法律发展的共同规律。如果说诸法合体是一个"特点"，那么，这个特点应该是相对近代而言的古代社会的"特点"。

杨一凡发表于 2002 年的《中华法系研究中的一个重大误区——"诸法合体、民刑不分"说质疑》进一步对 20 世纪 50 年代前中华法系特征的描述进行了质疑。值得关注的是，这篇论文首先梳理了"诸法合体、民刑不分"说的来源。从作者的梳理中我们可以看出法史学界对"民刑不分"的观点一直就存有异议，但是大陆 80 年代的中国法制史教科书却忽略了学界的争论，将"诸法合体、民刑不分"或"诸法合体、以刑为主"这一观点作为不刊之论写入了大学本科的教科书。早在 1984 年，张晋藩在《再论中华法系的若干问题》中就对此提出过质疑和修正。[①] 该文作者进一步肯定了张晋藩的观点，认为"诸法合体、民刑不分"不是中华法系的特征。其次，作者运用了表格的形式将历代有关法律法规汇集一处，进行比较，得出结论："律典是刑法典，其内容属于刑事法律的范畴，绝非是刑事、行政、军事、民事等法律规范的诸法合编。律典与其他形式的法律，是分工协调、诸法并用、相辅相成的关系。"作者对一手资料的大量引用

---

① 这篇文章最初发表于《中国政法大学学报》（1985 年改名为《政法论坛》）1984 年第 2 期。该文作者之所以认为是 1988 年，原因在于该文作者的引文出处为张晋藩于 1988 年群众出版社出版的《法史鉴略》。

可以说一改当时大陆法史研究"以论带史"的弊病,"有一份资料说一分话"的史学严谨之风在文中得以充分的体现。但是,这篇文章的遗憾之处在于文中所涉及的关键性问题——为什么一直存有歧义的学术观点在80年代会成为流行的通说和权威的定论——却没有得到深入的解析。

俞荣根、龙大轩发表于2006年的《中华法系学述论》是一篇从"学"的角度归纳、总结中华法系研究成果的文章。2000年以来中华法系研究的特点是几乎所有的论文都会有一段专题学术史的回顾。这也许是因为"法系"这一研究确实有些说来话长,而且观点纷呈,非慢慢从头道来,很难将自己的观点说清楚。但是,全面系统地进行专题学术研究成果梳理的文章,在当时并不多见。作为对中华法系研究的贡献,作者不但将20世纪初以来研究力作的内容一一介绍,而且提出了"中华法系学"的概念。作者言:"学界对中华法系研究历久弥新、从者如云,仁智之见迭出";"有这样千多年的史实,加上百多年的研究,称它已成为一门学问,冠之以'学',恐不为过"。这篇文章还出现了"前中华法系学"这样一个概念:"20世纪初以前,并无'中华法系'之名。但自唐以降,人们对中华法系之'实'的研究,史不绝缕。……我们不妨称之为'前中华法系学'阶段。"对于作者"前中华法系学"的观点是否可以成立,学界见仁见智,而将"前中华法系学"纳入"中华法系学"的范畴则更是有待商榷。但是,作者从"学"的角度,考察中华法系研究的发展历程和已经取得的成果,则是清楚地告知学界,对于中华法系这样一个宏大的论题,非专题研究与学术史的研究齐头并进不能推进。"中华法系学"的提出,对于避免中华法系研究中的重复研习之作有着特殊的意义。

朱景文发表于2007年的《古代中国的朝贡制度和古罗马的海外行省制度——中华法系和罗马法系形成的制度基础》[①] 一文,运用翔实的资料描述了中国古代朝贡制度和古罗马的海外行省制度,同时就两者的特征进行了论述和比较。这是在中华法系研究中独有的一类基于两种具体制度,却又着眼于整体法系的"比较"研究,是典型的以小见大。这种通过"比较"后的理论分析,而得出的中华法系与罗马法系的不同"特点",当然更具说服力。文章认为:"古代中国没有现代意义上的国家观念,即建立

---

① 《法学杂志》2007年第3期。

在领土和主权平等、独立基础上的国家观念。"中国古代朝贡制度的基本功能在于建立中华帝国和朝贡国之间的一元化上下等级关系。各朝贡国是中华帝国的藩属或藩国,它们只与王朝发生纵向的关系,而各自之间并不发生横向关系。这种基于"家"的价值观的交往,更适合儒家的德治思想。所以帝国与朝贡国间的关系是和谐但却等级有序的。正是通过朝贡,东亚各国逐渐形成了以中国古代法为中心的中华法系。与古代中国的朝贡制度比较,古罗马的行省制特点是:第一,军事征服,每个行省都由罗马派总督统治;第二,经济掠夺;第三,从等级制向平等关系的转变,"反映在法律上则是,罗马法在市民法和万民法统一以后,逐渐成为以私法为中心的适用于平等主体之间关系的法律"。文章的结论是:"古代中国的朝贡制度和古罗马海外行省制度是两个古代大帝国把自己周围世界、周边国家联系起来的制度,在此基础上分别形成了中华法系和罗马法系。作为前现代的全球化的形式,它们虽然有许多相似之处,但是在它们的成因、实现方式、目的等方面却有着重大的差别,对后世,包括近代、现代以至当代有着不同的影响。"这篇文章提醒了法史研究的同人,中华法系与罗马法系以往的辉煌以及在近代的不同历史命运应该成为我们深究的课题。

赖骏楠发表于 2008 年的《民族主义视野下的近代"中华法系"学说(1900~1949)》也是一篇学术史性质的文章。与俞、龙文不同的是,赖骏楠明确地提出了自己回顾与研究的视角,即认为"民族主义思潮是理解清末与民国时期'中华法系'学说的关键"。作者明言,其所论的是中华法系学说的研究,而不是中华法系的本身。许多文章认为中华法系已经存在二千余年,而"中国法系"概念的出现,据作者言不过是七十多年的历史。在这篇文章中,我们看到了较之于以往更加精准的考证,比如早于梁启超而将"法系"之说引入中国学界的"攻法子"的身份与观点,清廷官员接受"法系"之说的过程,从日本法学界穗积陈重的"支那法系"到中国学者的"中国法系"、再从"中国法系"到"中华法系"演变的国内外学界背景。作者认为"中华法系"学说构建的过程弥漫着民族主义的潜台词,它服务于整个民族建构的目的。从这一方面来说,中华法系的复兴已经超越了"法系"范围,而成为整个中华文化复兴的一个子工程。但不幸的是,这种建构由于过分依赖西方法学概念和思维而无法达到研究者"呈现中国法律传统的真正形态"之目的,所以它成为民族历史想象的一部分。这种想象一直影响到 20 世纪 80 年代后的研究。笔者看到这篇出自尚在攻读博士学位的青年才俊之手的文章时，感到欣慰的同时，也有些许的不安。是否因 20 世纪 80 年代后学界的研究有太多的人云亦云或沿袭，以致这篇文章对前人研究的总结终结于 1949 年？

刘广安发表于 2011 年的《中华法系生命力的重新认识》一文，针对中华法系在现实，甚至未来是否还有"生命力"的问题进行了研究。对"有"与"无"的争论，作者认为是定义"中华法系"概念时的差异而造成的。其中认为中华法系已经成为过去的观点是从"成文法传统的角度认识中华法系的概念"，即如果以《唐律疏议》作为中华法系的代表作，中华法系在清末修律后便已告解体。对中华法系的另一种定义则是"从民族文化传统的角度认识中华法系的概念"，从这一角度考察中华法系，中华法系应该是随着民族文化的复兴而复兴的。两者比较，作者显然更倾向于后者，但是作者认为即使从两者结合的角度加以考察，"中华法系仍有不少具有生命力的因素"。对此，作者列举了"重视亲情关系的法律调整""重视民族关系的法律调整""重视民间纠纷的调处解决"三方面的内容以证实自己的观点。我们应该注意到作者这篇文章的贡献：一是力求从价值观与制度两方面全面地定义中华法系的概念，但也有自己的倾向，即更倾向于中华法系的理论内涵；二是在论证中华法系的生命力时，作者用词的谨慎与恰当，即"中华法系仍有不少具有生命力的因素"之表述。这一表述，实际等于委婉地承认了中华法系制度的整体终结，但其中的一些"因素"会影响到现在以至未来。其实，这篇文章最能给人留下深刻印象和思考的是：持中华法系已经终结的法理学大家沈宗灵的观点为法学界普遍接受的事实，以及持复兴"中国固有法系"的法律史学大家陈顾远后来观点的改进，即"建立中国本位新法系已势所不能"。在法学的研究中，自 20 世纪始法律史学人的观点便鲜有为法学界广泛接纳者，这其中原委的探讨也许更具意义。

武树臣发表于 2012 年的《论中华法系的社会成因和发展轨迹》，重点在于探讨中华法系形成的社会原因、发展轨迹与对当今法制的影响。虽然作者没有定义"法系"和"中华法系"的概念，但从行文中可以看出作者显然是将中华法系等同于中国古代的法律文明了。值得注意的是，作者认为宗法伦理主义的礼自西周至清末一以贯之，孔子与孟子对"古代法律传统做出新的理论诠释，标志着古代法律精神的首次'儒家化'"。这一观点显然不同于学界权威观点对"法律儒家化"过程的描述。与这一观点相辅相成的是，作者认为汉武帝以后司法官吏群体并非是"儒家化"的，而是"儒法化"的，即"法家式的文吏向儒家学术靠拢，儒家知识分子向深层次司法领域靠拢"。作者认为这种互相靠拢完成了司法群体的专业化即"儒法化"。就制度而言，作者重提多年来形成的观点，认为中华法系真正区别于其他法系的特点是与"法律儒法化"相呼应的"混合法"样式。无论如何，这是一篇在学界应该引起争论的文章，无论是对中华法系形成及中华法系儒家化之开端的论述，还是将西周贵族政体下的"议事以制"视为"判例法"；无论是以"儒法化"来描述汉以来司法官吏群体的专业化，还是以"混合法"作为汉以来中华法系的特征，都需要学界给予研讨与辨正。

马小红于2013年发表的《律、律义与中华法系关系之研究》，从律的演变切入，主要目的在于阐释中华法系的结构与儒法两家在中华法系中的地位。律源于"刑"，中经战国与秦法家思想的阐述而发达，其与汉中期形成的以儒家思想为主导、礼为核心的中华法系的价值观殊为不符。因此，在中华法系的结构中，律较之于令、典等非刑事法律制度的儒家化转变显得尤为困难。律的儒家化是中华法系儒家化过程中的难点和关键。汉之后兴起的以儒释律的律学，发展到唐代成功地完成了以儒家律义置换法家思想的过程，律的儒家化过程的完成是中华法系儒家化的重要组成部分，但并非是全部。作者提出了律自汉以后的"经化"过程：律制日益简约，律义日益深邃；提出"律"属于古代法的研究范畴而"中华法系"则是近代比较法学研究的成果。作者在文中尝试从"中国古代法"与"中华法系"、"律"与"律义"、"律义"与"礼"的异同与关系的角度解读中华法系的核心与特点，力图能呈现中华法系的全貌，并由此确定律在中华法系中的地位。

通过以上对百余年来中华法系研究成果的客观陈述与简单的评价，我们可以认识到，中华法系的研究正在逐步深入，从20世纪30年代的对中华法系特点的探讨，到现在对中华法系形成背景、学术发展史的探讨，研究正向更学术、更客观的方向发展。但是，这一专题的研究尚任重道远，目前为学界以至社会所认可的一些关于中华法系的特点，多出自法理学和部门法学。无论是 20 世纪 30 年代复兴中华法系的观点，还是现今主张借鉴中华法系中具有生命力的因素的呼声似乎都只是法史学界的自说自话。将"诸法合体，民刑不分"、"诸法合体，以刑为主"作为中华法系特点的观点，虽然早在三十年前就被法史学界的同人反驳、批判，但这些研究成果，在学界，甚至在法史的教材讲义中都未能体现。如法史学研究一样，中华法系的研究一直处在史学与法学的"边缘"，而受到忽视——法学认为其无理论并缺少实用价值，而史学则认为其无学问并缺少史学应有的严谨。除了抱怨法史的生不逢时，也许我们更应该反躬自问，我们是否为中国法学的发展提供了摆脱幼稚的传统资源，为中国史学的发展拓展了一个能为史学界认可的新视角？孔子言："人能弘道，非道弘人"，此之谓也。

马小红

2014 年 5 月 1 日

中国法理学发达史论

梁启超　（1904）

绪　论

　　近世法学者称世界四法系，而吾国与居一焉。其余诸法系，或发生蚤于我，而久已中绝；或今方盛行，而导源甚近。然则我之法系，其最足以自豪于世界也。夫深山大泽，龙蛇生焉，我以数万万神圣之国民，建数千年绵延之帝国，其能有独立伟大之法系，宜也。然人有恒言，学说者事实之母也。既有法系，则必有法理以为之原。故研究我国之法理学，非徒我国学者所当有事，抑亦全世界学者所当有事也。

　　法律先于法理耶？抑法理先于法律耶？此不易决之问题也。以近世学者之所说，则法律者，发达的而非创造的也。盖法律之大部分，皆积惯习而来，经国家之承认，而遂有法律之效力。而惯习固非一一焉能悉有理由者也。谓必有理而始有法，则法之能存者寡矣。故近世解释派（专解释法文者谓之解释派）盛行，其极端说，至有谓法文外无法理者，法理实由后人解剖法文而发生云尔。虽然，此说也，施诸成文法大备之国，犹或可以存立，然固已稍沮法律之进步。若夫在诸法樊然淆乱之国，而欲助长立法事业，则非求法理于法文以外，而法学之效用将穷。故居今日之中国而治法学，则抽象的法理其最要也。

　　我国自三代以来，纯以礼治为尚。及春秋战国之间，社会之变迁极剧烈，然后法治思想乃始萌芽。法治主义者，应于时势之需要，而与旧主义宣战者也。夫礼治与法治，其手段固迥然不同，若其设为若干条件以规律一般人之行为，则一也。而凡持旧主义者，又率皆崇信"自然法"（说详

第四章)。其所设条件，殆莫不有其理由，其理由之真不真适不适且勿论，要之谓非一种之法理焉不得也。而新主义之与彼对峙者，又别有其理由。而旗帜甚新，壁垒甚坚者也。故我国当春秋战国间，法理学之发达，臻于全盛。以欧洲十七世纪间之学说视我，其轩轾良未易言也。

顾欧洲有十七八世纪之学说，而产出十九世纪之事实。自拿破仑法典成立，而私法开一新纪元；自各国宪法公布，而公法开一新纪元。迄于今日，而法学之盛，为有史以来所未有。而我中国，当春秋战国间，虽学说如林，不移时辄已销熄。后此退化复退化，驯至今日，而固有之法系，几成僵石。则又何也？礼治主义与夫其他各主义（如放任主义、人治主义等），久已深入人心，而群与法治主义为敌。法治主义虽一时偶占势力，摧灭封建制度、阶级制度（战国秦汉之交，吾国固有之封建制度、阶级制度一时摧灭。虽儒法两家并有力，而法家功尤伟。说详第六章）。然以吾国崇古念重，法治主义之学说，终为礼治主义之学说所征服。门户之见，恶及储胥，并其精粹之义而悉吐蔑之。而一切法律上事业，悉委诸刀笔之吏。学士大夫，莫肯从事。此其所以不能发达者一也。又法家言，主张团体自身利益过甚，遂至蔑视团体员利益。虽能救一时之敝，而于助长社会发达，非可久适。其道不惬于人心，虽靡旧说之反对，势固将敝。而儒墨家言，又主张团体员利益过甚，于国家强制组织之性质，不甚措意。故其制裁力有所穷，适于为社会的而不适于为国家的。夫以两派各有缺点，专任焉俱不足以成久治。而相轻相轧，不能调和，此其所以不能发达者二也。坐此二弊，故虽于一时代百数十年间，有如火如荼之学说，而遂不足以开万世之利，造一国之福也。

迄于今日，万国比邻，物竞逾剧，非于内部有整齐严肃之治，万不能壹其力以对外。法治主义，为今日救时惟一之主义。立法事业，为今日存国最急之事业。稍有识者，皆能知之。而东西各国之成绩，其刺戟我思想供给我智识者，又不一而足。自今以往，实我国法系一大革新之时代也。虽然，法律者，非创造的而发达的也。固不可不采人之长以补我之短，又不可不深察吾国民之心理，而惟适是求。故自今以往，我国不采法治主义则已，不从事于立法事业则已，苟采焉而从事焉，则吾先民所已发明之法理，其必有研究之价值，无可疑也。故不揣梼昧，述其研究所粗得者，以著于篇。语不云乎，层冰为积水所成，大辂自椎轮以出。此区区数章，苟能为椎轮积水之用，则吾之荣幸，宁有加焉？

一　法之起因

我国言法制之所由起，大率谓应于社会之需要而不容已，此儒墨法三家之所同也，今刺取其学说而比较之。

（一）儒家

《荀子·礼论篇》：人生而有欲，欲而不得，则不能无求。求而无度量分界，则不能不争。争则乱，乱则穷。先王恶其乱也，故制礼义以分之。以养人之欲，给人之求，使欲必不穷乎物，物必不屈于欲，两者相持而长，是礼之起也，故礼者，养也。

（又）《王制篇》：水火有气而无生，草木有生而无知，禽兽有知而无义，人有气有生有知亦且有义，故最为天下贵也。力不若牛，走不若马，而牛马为用。何也？曰：人能群，彼不能群故也。人何以能群？曰：分。分何以能行？曰：义。故义以分则和（杨注：言分义相须也），和则一，一则多力，多力则强，强则胜物。……故人生不能无群，群而无分则争，争则乱，乱则离，离则弱，弱则不能胜物。君者，善群者也。

（又）《富国篇》：人伦并处（杨注：伦，类也），同求而异道，同欲而异知。生也，皆有可也。知愚同，所可异也。知愚分（杨注：可者遂其意之谓也），势同而知异。行私而无祸，纵欲而不穷，则民心奋而不可说也。如是则知者未得治也。知者未得治，则功名未成也。功名未成，则群众未县也（案：县同悬，谓悬隔也）。群众未县，则君臣未立也。无君以制臣，无上以制下，天下害生纵欲，欲恶同物，欲多而物寡，寡则必争矣。……离居不相待则穷，群而无分则争。穷者患也，争者祸也。救患除祸，则莫若明分使群矣。

（二）墨家

《墨子·尚同篇上》：古者民始生，未有刑政之时，盖其语，人异义。是以一人则一义，二人则二义，十人则十义。其人兹众，其所谓义者亦兹众（案兹同滋，益也）。是以人是其义以非人之义，故交相非也。是以内者父子兄弟作怨恶，离散不能相和合。天下之百姓，皆以水火毒药相亏害，至有余力不能以相劳，腐朽余财，不以相分，隐匿良道，不以相教。天下之乱，若禽兽然。夫明乎天下之所以乱者，① 生于无政长，是故选天下之贤可者，立以为天子。……天子惟能壹同天下之义，是以天下治也。

按：荀子之所谓礼所谓义，墨子之所谓义，其实皆法也。盖荀子言礼而与度量分界相丽，言义而与分相丽。墨子言义而与刑政相丽，度量分界也，刑政也，皆法之作用也。

（三）法家

《管子·君臣篇下》：古者未有君臣上下之别，未有夫妇妃匹之合，兽处群居，以力相征。于是智者诈愚，强者凌弱，老幼孤独，不得其所。故智者假众力以禁强虐而暴人止，为民兴利除害，正民之德而民师之。……名物处违是非之分，则赏罚行矣，上下设，民生体，而国都立矣。是故国之所以为国者，民体以为国。君之所以为君者，赏罚以为君。

《商君书·君臣篇》：古者未有君臣上下之时，民乱而不治，是以圣人列贵贱，制节爵秩，② 立名号，以别君臣上下之义。地广民众万物多，故分五官而守之。民众而奸邪生，故立法制为度量以禁之。

又《开塞篇》：天地设而民生之。当此之时也，民知其母而不知其父，其道亲亲而爱私。亲亲则别，爱私则险。民生众，而以别险为务，则有乱。当此之时，民务胜而力征，务胜则争，③ 力征则讼。讼而无正，则莫得其性也。故贤者立中正，④ 设无私，而民说⑤仁。当此时也，亲亲废上贤立矣。凡仁者以爱利为道，而贤者以相出为务。民众而无制，久而相出为道则有乱，故圣人承之，作为土地货财男女之分。分⑥定而无制，不可，故立禁。禁立而莫之司，不可，故立官。官设而莫之一，不可，故立君。既立其君，则上贤废而贵贵立矣。

《韩非子·五蠹篇》：古者丈夫不耕，草木之实足食也；妇女不织，禽兽之皮足衣也。不事力而养足，人民少而财有余，故民不争。是以厚赏不

---

① 原文为"明夫天下之乱"，引误。——编辑校注
② 原文为"制节爵位"，引误。
③ 原文为"负胜则争"，引误。
④ 原文漏"正"字。
⑤ 原文为"而民曰仁"，引误。
⑥ 原文漏"分"字。

行，重罚不用，而民自治。今人有五子不为多，子又有五子，大父未死而有二十五孙。是以人民众而货财寡，事力劳而供养薄，故民争。虽倍赏累罚而不免于乱。

以上三家五子之说，皆以人类之有欲为前提。谓生存竞争，为社会自然之现象，而法制则以人为裁抑自然，从而调和之。而荀墨商三家，谓人始为群，即待法治。韩则谓地广人稀时，无取于法，法必缘民众而需要始亟。是其微相异者也。韩子殆只认形成国家后之强制组织，而不认社会的制裁力，是其缺点也。盖韩子之学，渊源于老子。而老子谓郅治之极，无法而能治也（韩子谓人民少而财有余，故民不争。然人民少之时，财亦决非能有余。此可以生计学理说明之也。故韩子此前提实不正确）。人类有欲之一前提，亦老子所承认。然其所以解决此问题之方法，则与诸家异。儒墨法诸家，皆以节欲为手段，故礼也义也法也，从此生焉。老子则以绝欲为手段。欲苟绝，则一切皆成疣赘矣。故其言曰，不见可欲，使民心不乱。又曰，常使民无知无欲，故无为而无不治。又曰，少私寡欲。又曰，不欲以静，天下将自定。皆其义也。虽然，人类之欲，果可得绝乎？不可得绝，则老子之说不售。以今语说之，则生存竞争者，果为人类社会所得逃之公例乎？不可逃，则法制之起，其决不容已也。

荀子，社会学之巨擘也。其示人类在众生界之位置，先别有生物于无生物，次别有知物于无知物，次别有理性物与无理性物。谓人类者，其外延最狭，而其内包最广，与欧西学者之分类正同。彼之所谓理性，荀子所谓义也，亦谓之普通性，亦谓之大我（附注：义从我，从羊，会意字也。董子云：义者我也。其从羊者，所以别于小我。羊能群者也。故我国文字凡形容社会之良性质者，皆从之。"群""善""美""义"等是也。考工记注曰：羊，善也。义从我从羊，所以示我之结集体，即所谓大我也）。此大我之普通性，即人类所以能结为团体之原因也（小野冢博士言：国家所由起，根于人类之普通性。而筧博士言：国家社会之最高原因，根于自我之自由活动。其所谓自我者，谓人类共通之大我也。与佛学之华严、性海相合。他日更详细介绍之）。荀子以义为能群之本原，洵扑隙导窾之论矣。其《富国篇》所论，由经济的（生计的）现象，进而说明法制的现象，尤为博深切明。谓离居不相待则穷，故经济的社会，为社会之成始。谓群而无分则争，故国家的社会，为社会之成终。其言争之所由起，谓欲恶同物，欲多而物寡。欲者，经济学所谓欲望（德语之 Begierde，英语之 Desire）。欲多而物寡，即所谓欠乏之感觉（德语之 Empfindung des Mangels）。而欠乏之感觉，由于欲恶同物，人类欲望之目的物，如衣食住等，大略相同故也。荀子此论，实可为经济学、社会学、国家学等之共同根本观念也。

诸家之说，皆谓法制者由先圣先王之救济社会之一目的而创造之。语其实际，则此创造法制之人，即形成国家时最初之首长也。而此首长，以何因缘而得有为首长之资格？诸家所论，微有不同。墨子言选天下之贤可者，立以为天子。是谓最初之首长，由选举而来。然法制未立以前，何从得正确之选举，是不免空华之理想也。儒家皆言天生民而立之君，又曰亶聪明作元后。是谓由天所命，然兹义茫漠，不足以为事实也。荀子亦儒家，而所言稍趋于实，谓必功名成然后群众悬，必知者得治然后功名成。盖当社会之结合稍进，则对内对外之事件日赜。其间必藉有智术者或有膂力者，内之以维持社会之秩序，外之以保障社会之安宁，于是全社会之人德之，而其功名成焉，浸假其人及其辅翼者，遂独占优势于社会，此君主贵族所由起也。故曰群众悬而君臣立矣。

管子言智者假众力以禁强暴，其说明社会形成国家之现象，尤为盛水不漏。夫虽有智者，苟非假众力而国无由成。盖国家为人类心理之集合体。苟其人民无欲建国之动机，则国终不可得建也。而又非如民约论者流，谓国纯由民众建也。虽有众力，苟无假之以行最高权者，则国亦无由成。两相待而国立焉，制定焉。管子此语，今世欧西鸿哲论国家起原者，无以易之也。

又管子所谓"上下设民生体"。所谓"民体以为国"，实"最古之团体说"也（房注谓：上下既设，则生贵贱之礼，贵贱成礼方乃为国。以礼释体，实曲解也。民礼以为国，岂复成文义耶？管子又云：先王善与民为一类，与民为一体。则是以国守国，以兵守民也。君臣篇上正可与此文相发明。故管子实国家团体说之祖也）。盖上之对下，即全部对一部之意也，即拓都对么匿之意也。[①] 上下既设而肢官各守其机能，如一体然，而此人民结集之一体，则谓之国家也。商君《开塞篇》之论，言国家发生成长之

---

① 拓都，即英文 Total。么匿，即英文 Minim。皆为音译。

次第，尤为博深切明：盖由家族进为社会，由社会进为国家；由爱治进为礼治，由礼治进为法治。其所经过之阶级，实应如是也。其所论亲亲、上贤、贵贵之三时代，亦与历史相吻合。其上贤之一时代，即由图腾社会形成国家之过渡也。而所谓贤者，谓智力优秀于其侪者也。盖虽在未成国家以前，而社会上优秀者之地位已渐显，即所谓上贤时代也。及优秀者之地位被确认，则所谓贵贵时代也。

商君言制之兴，在未立君以前。夫在原始社会，其未立君者，即其未形成国家者也。谓未形成国家而先有法制，似不衷于理论。虽然，未有国家以前，夫既有社会之制裁力，商君所谓制者，盖指此也。故别前者谓之制，而后者谓之禁。制者相互的，而禁者命令的也。故禁也者，即国家之强制组织也。而禁之与官，官之与君，同时并起，非谓先有禁而后有官，先有官而后有君，精读原文，自不至以辞害意焉矣。

小野冢博士者，日本第一流之学者也，今引其言以证管、商二子之说。其言曰："原人最始为徽章（图腾）社会。而此种社会，由家庭团体时期，渐进于地域团体时期……当其未形成国家以前，亦固思所以调和冲突，维护内部之平和。其间自有规律之发生，略约束其分子。但此规律，无组织的强制力之后援，苦失诸微弱。洎夫内部之膨胀日增，对外之竞争日剧，于是社会之组织，分科变更，而强制的法规起焉。强制法规既具，不可无统一之机关。群中之优秀者，则膺其任而执行之。始犹不过暂置，既而内外之形势继续，而机关遂不得不继续，而所谓优秀者，遂得继续以保其优势之地位。故原始国家与君主国体，常有密接之关系，非偶然也。"（《政治学大纲》上卷第一四五至一五〇页）此与商君之言，抑何相类之甚耶？而其所谓优秀者，亦即管子所谓假众力以禁强暴之智者也。荀墨两家，仅言礼言义言分，是所重者，仍在社会之制裁力也，混道德与法律为一也，所谓礼治主义德治主义也。管商皆言禁，则含有强制组织之意义，而法治主义之形乃具矣。此法家之所以独能以法名其家也。

《汉书·刑法志》：夫人宵天地之貌（颜注云：宵，义与肖同。貌，古貌字），怀五常之性，聪明精粹，有生之最灵者也。爪牙不足以供耆欲，趋走不足以避利害，无毛羽以御寒暑，必将役物以为养，任智而不恃力，此其所以为贵也。故不仁爱则不能群，不能群则不胜物，不胜物则养不足。群而不足，争心将作。上圣卓然先行敬让博爱之德者，众心说而从之。从之成群,是为君矣。归而往之,是为王矣。洪范曰:天子作民父母以为天下王。圣人取类正名,而谓君为父母。明仁爱德让,王道之本也。爱待敬而不敝,德须威而久立,故制礼以崇敬,作刑以明威也。圣人既躬明哲之性,必通天地之心,制礼作教,立法设刑,动缘民情,而则天象地。

此文言法制起原,兼采儒墨法诸家之说而贯通之,明社会制裁力,与国家强制组织,本为一物。礼治与法治,异用而同体,异流而同源,且相须为用,莫可偏废。此诚深明体要之言也。读此,而我国人关于法之起因之观念,可以大明。

二　法字之语源

我国文"法"之一字,与刑、律、典、则、式、范等字,常相为转注,今释其文以求其义。

一释"法"。法本字为灋,说文"灋"下云"刑也,平之如水,从水。廌,所以触不直而去之,从廌去。"今案说文廌下云,"解廌,兽也,似牛,一角。古者决讼,令触不直者。"然则"水"取平之意,从廌去,取直之意。实合三之会意字也。法之语源,实训平直,其后用之于广义,则为成文法律之法。用之于最广义,则为法则、方法之法,实展转假借也。释名云,"法,逼也,莫不欲从其志,逼正使有所限也。"此虽非最初义,然与近世学者所言法之观念甚相接近。所谓莫不欲从其志者,言人人欲自由也。使有所限者,自由有界也。逼者,即强制制裁之意。而制裁必轨于正,盖我国之观念则然也。

二释刑。说文灋下云,荆也。而刀部有刑字,无荆字。刑下云,到也。到下云:刑也。二字转注。然则刑之本义甚狭,谓到人之颈而已。段注云:"荆罚、典荆、仪荆等字,以刑当之者,俗字也。造字之旨既殊,井声开声各部。凡井声在十一部,凡开声在十二部也。"然则刑不足以当荆。而荆之义究云何?说文土部型下云,"铸器之法也。"是正与法为转注。段注云:"以木为之曰模,以竹曰笵,以土曰型。"而许书木部"模"下竹部"笵"下,皆训法。是亦转注也。《诗》毛传屡云荆,法也,亦转注也。《易》曰"利用荆人,以正法也。"是荆含有正之意。荀子《强国篇》云,"荆笵正,金锡美。"是荆以正为贵也。《记》王制云："荆，俐也。俐，成也，一成而不可变，故君子尽心焉。"一成不变，正与型之性质相合，其字又与形通。《左传》引《诗》，"形民之力而无醉饱之心。"杜注云："形，同刑。程量其力之所能为而不过也。"然则荆有形式之意，模范之意，程量之意，故典荆仪荆等字，皆备此诸义。所以从井者，井之语源，出于井田，说文井下云，"八家为一井，象构韩形"。盖含有秩序意。故"井井有条""井然不紊"，皆以井为形容词。又《易》井卦："改邑不改井"，王注云："井以不变为德者也"。然则井也者，具有秩序及不变之两义者也。从刂者，刀以解剖条理，故"制"字"则"字等皆从之也。然则说文虽无荆字，今可以意补之云："荆，法也，从刀从井。井亦声。"而下其定义，则当云：荆也者，以人力制定一有秩序而不变之形式，可以为事物之模范及程量者也。是与法之观念极相合也。

三释律。说文"律"下云，"均布也"，段注云，"律者，所以笵天下之不一而归于一，故曰均布。"桂氏馥《义证》云，"均布也者，义当是均也布也。《乐记》：'乐所以立均。'《尹文子·大道篇》：'以律均清浊。'《鹖冠子》：'五声不同均。'《周语》：'律所以立均出度也。'"案《说文》之训，桂氏之释，皆能深探语源，确得本意。盖吾国科学发达最古者，莫如乐律。史记律书云："王者制事立法，物度轨则，壹禀于六律，六律为万事根本焉。"书言同律度量衡，而度量衡又皆出于律（《汉书·律历志》云：夫律者，规圆矩方，权重衡平，准绳嘉量，探赜索隐，钩深致远，莫不用焉。故曰万事根本也）。夫度量衡自为一切形质量之标准，而律又为度量衡之标准。然则律也者，可谓一切事物之总标准也。而律复有其标准焉，曰黄钟之宫。黄钟之宫者，十二律中之中声也，以其极平均而正确，故谓之中声，所以能为标准之标准者，以其中也。故律者，制裁事物之最严格者也。《左传》云："先王之乐，所以节百事。"是其义也。孟子又言：不以六[①]律不能正音。盖乐之为理，十二律固定不动，而五音回旋焉，若众星之拱北辰。然则律者，非徒平均正确，而又固定不动者也。综上诸义以下其定义，则律也者，平均正确，固定不动，而可以为一切事物之标准者也（《国语》云：律所以立均出度，是明其平均正确之义。《释名》云：

---

① 原文漏"六"字。

律累也，累人心使不得放肆也。是明其为事物标准之义）。其后展转假借，凡平均正确固定可为事物标准者，皆得锡以律之名，《易》曰"师出以律"，孔疏云，律：法也。是法、律通名之始。自汉以还，而法遂以律名（《史记·萧相国世家》云：独先入，收秦律令。《杜周传》云：前主所是著为律。《汉书·刑法志》云：不若删定律令。是皆以律名法也）。

四释典。《诗》："仪式刑文王之典。"毛传云："典，常也。"《广韵》"典"下云："主也，常也，法也，经也"。《说文》"典"下云，"五帝之书也，从册在兀上，尊阁之也。"是典之本义，为尊贵之书册，而吾国人有尊古之习，视之与法同科也（下方更详述其理例）。训常训经，皆示固定性也。

五释则。《说文》"则"下云，"等画物也，从刀贝。贝，古之物货也。"段注云，"等画物者，定其差等而各为介画也。物货有贵贱之差，故从刀介画之。"余谓古者以贝为货币，而货币之用，在于《易》中（《易》中义，见严译《原富》）。故能权物之贵贱而等差之者，莫如贝。故曰等物，齐之如刀，切焉，故曰画物。从贝以示等，从刀以示画。会意字也，盖含均齐秩序之意。既差等而犹命之曰均齐者，孟子曰，物之不齐，物之情也。本不齐者，因其等而等之，是即所谓齐也。故吾国文所谓"则"，常以为"自然法"之称。《易》"乃见天则"，《诗》"天生烝民，有物有则"，是其义也。然既从刀，则人事寓焉，故"人为法"亦得适用之。《周礼》"以八则治都鄙"，郑注云，"则亦法也"。

六释式。《说文》"式"下云："法也，从工弋声。"又云："工，巧饰也，象人有规矩。"段注云："直中绳，二平中准，是规矩也。"是则"式"之取义在"工"，而"工"含有衡度之意。衡度者，以中正平均为体用者也。《周礼》"以九式均节财用"，郑注云，"式谓节度"，实确诂也。

七释範。《说文》无"範"字。竹部笵下云："法也，竹简书也。古法有竹刑。"段注云："通俗文曰规模曰笵。元应曰，以土曰型，以金曰镕，以木曰模，以竹曰笵。一物材别也。说与《说文》合。"然则笵与型同义。型即刑也。《考工记》"轨前十尺。"郑注云，"书或作軓，軓，法也"，然则在车曰軓，範乃后定之字，媘合笵軓二文而成也。《易·系辞》："範围天地之化而不过。"郑注云："範，法也。"《书·洪范》伪孔传云："洪，大。範，法也，言天地之大法。"（《史记·宋世家》集解引郑玄曰：不与天道大法。是伪孔本于郑也)。然则範亦为法之名,而其义又全与法同也。

此外与法互训之字尚夥,匪暇殚述。综上所举,则吾国古代关于法之概念,可以推见焉。曰:法也者,均平中正,固定不变,能为最高之标准,以节度事物者也。

其在希腊,毕达哥士曰:法律者,正义也。柏拉图曰:正义一称法律。喀来士布曰:法律者,正不正之鹄也。其在罗马,锡尔士曰:法律者,术之公且善者也。哥克曰,法律不外正理。凡此者,近世学者字之曰"正义说"。此与吾国法语源皆略同。而吾国更有固定不变之意,是其特色也。当法治主义未兴以前,吾国人关于法字之解释,率类是。

三 旧学派关于法之观念

我国法律思想,完全发达,始自法家。吾故命法家为新学派。命法家以前诸家为旧学派。而旧学派中,复分为三,一曰儒家,二曰道家,三曰墨家。其关于法之观念,亦各各不同,今以次论之。

(一) 儒家

吾前述法字之语源,而解释其定义,谓法也者,均平中正、固定不变、可以为最高之标准,以节度事物者也。儒家关于法之观念,即以此定义为衡者也。夫既以均平中正、固定不变为法之本质,然则此均平中正、固定不变者,于何见之?于何求之?是非认有所谓自然法者不可。而儒家则其最崇信自然法者也。《诗》曰:"有物有则",言有物斯有"则","则"存于物之自身也。此其义之最显著者也。是故儒家关于法之观念,以有自然法为第一前提。今述其说。

《易·系辞》:天尊地卑,乾坤定矣。卑高以陈,贵贱位矣。动静有常,刚柔断矣。方以类聚,物以群分,吉凶生矣。在天成象,在地成形,变化见矣。

(又)圣人有以见天下之赜,而拟诸形容,象其物宜,圣人有以见天下之动,而观其会通,以行其典礼。言天下之至赜,而不可恶也,言天下之至动,而不可乱也。

(又)是以明于天之道,而察于民之故,是兴神物,以前民用。一阖一辟谓之变，往来不穷谓之通，见乃谓之象，形乃谓之器，制而用之谓之法。

《记·乐记》：天高地下，万物散殊，而礼制行矣。流而不息，合同而化，而乐生焉。

儒家极崇信自然法，凡一切学说，靡不根于此观念，不可殚述。而《系辞传》二篇，其发之最邕者也。孟德斯鸠云，靡异不一，靡变不恒（严译为：其参差者，其一定也；其变化者，其不易也）。而《易》之一书，实专阐此理。观其异者变者，而思于其间焉求其一者恒者。曷为思求之，谓求而得焉，则可据之以制定平均中正、固定不变之法，以福利天下也。孔子五十以学易，学此物而已。盖孔子认此物为客观的具体的独立而存在，而自苦人智之有涯，不足以穷之，故虽学至老而犹欿然也。孔子之志，在求得自然法之总体，以制定人为法之总体。即未能得，亦当据其一部分，以制定一部分。要之，凡人为法不可不以自然法为之原。此孔子所主张也。

法之最广义，举一切物之伦脊皆是也。其次广义，则限于人类社会。人类社会之自然法，于何求之，亦曰求诸人类社会之自身而已。今述其学说。

《记·中庸》：率性之谓道。道也者，不可须臾离也。

（又）子曰，道不远人，人之为道而远人，不可以为道。

《孟子·告子上》：恻隐之心，人皆有之；羞恶之心，人皆有之；恭敬之心，人皆有之；是非之心，人皆有之。恻隐之心，仁也；羞恶之心，义也；恭敬之心，礼也；是非之心，智也。仁义礼智，非由外铄我也，我固有之也。

（又）故凡同类者，举相似也。何独至于人而疑之。……口之于味也，有同嗜也。易牙先得我口之所嗜者也，如使口之于味也，其性与人殊，若犬马之与我不同类也，则天下何嗜皆从易牙之于味也。至于味，天下期于易牙，是天下之口相似也。……至于心独无所同然乎？心之所同然者何也，谓理也、义也。

孟子此论，证明人类之有普通性，而普通性即自然法之所从出，此最完满之理论也。故自然法亦称性法（荀子不认有自然法，下方论之）。

既有自然法，则自然法必先于人定法，至易明也（孟德斯鸠《法意》

云：物无论灵否，必先有其所以存。有其所以存，斯有其所以存之法。又曰：公理实先于法制。其言所以存之法，即公理也。所谓自然法也。法制，则人定法也。根本观念与儒家正同）。《系辞传》称"仰以观于天文，俯以察于地理，近取诸身，远取诸物，于是始作八卦"，此所谓自然法也。下复言盖取诸离，盖取诸益，盖取诸噬嗑，盖取诸乾坤，盖取诸涣，盖取诸随，盖取诸豫，盖取诸小过，盖取诸睽，盖取诸大壮，盖取诸夬。离、益、噬嗑、乾坤、涣、随、豫、小过、睽、大壮、夬，皆自然法也。取之而制定种种事物，所谓人定法也。故《记·礼运》曰："夫礼之初，始于饮食。"又曰："饮食男女，人之大欲存焉；死亡贫苦，人之大恶存焉。"此言人类受生伊始，即有普通性，及既为群，此普通性益交错而现于实，遂成所谓自然法者。而当由何道焉得应用此自然法以制为人定法，正立法者所当有事也。

欧西之言自然法者，亦分二宗。一曰有为之主宰者，孟德斯鸠之徒是也。二曰莫为之主宰者，赫胥黎之徒是也。而我国儒家之自然法，则谓有主宰者也，学说甚繁，略举一二。

《易·象传》：乾元用九，乃见天则。

《诗》：天生烝民，有物有则。

《左传》：民受天地之中以生，所谓命也，是以有动作威仪之则，以定命也。

《易·系辞传》：天垂象，圣人则之。

《书》：天叙有典，敕我五典五惇哉！天秩有礼，自我五礼有庸哉！

（又）永畏惟罚，非天不中。

《诗》：不识不知，顺帝之则。

《书》：天乃锡禹洪范九畴，彝伦攸叙。

其他儒家言天者甚多，不可悉举。仅举经传中言关于法之观念者如上。盖宇宙有自然法，存于人物之自身。而人物自身，何以能有此自然法，则天实赋之。故天为自然法之渊源，此儒家之说也。天亦谓之命，故曰，天命之谓性。《记》称夏道尊命，即此物也。《论语》曰，不知命无以为君子。《记·中庸》曰，思知人不可以不知天。皆欲知此自然法之所从出，而体之以前民用也（儒家屡言命，若非以此解之几不知其所谓）。

儒家言人为法不可不根本于自然法。顾自然法本天，非尽人所能知也，则其道将穷。于是有道焉使自然法现于实者，曰圣人。圣人之言，即自然法之代表也。圣人之言何以能为自然法之代表？儒家谓圣人与天同体者也，否则直接间接受天之委任者也，否亦其智足以知天者也。六经六纬之微言，皆称圣人无父，感天而生，故有青帝灵威仰、赤帝赤熛怒、黄帝含枢纽、白帝白招拒、黑帝汁光纪，谓之五感生帝，而太昊、炎帝、黄帝、少昊、颛顼配之，为五人帝。是圣人为天之化身，圣人即天也。故直以其意为天之意，其言为天之言，其法为天之法。"典"本五帝之书，而竟变成为一种法之名，盖以此也。此种观念，视他国之神意说，其程度之强，尚有过之，惟耶稣新约差可比伦耳。所谓直接受天之委任者，《书》曰：天乃锡禹洪范九畴。《诗》曰：帝谓文王，不大声与色，不识不知，顺帝之则。《汉书·五行志》曰：虙牺氏继天而王，受河图，禹治洪水，赐雒书。《春秋元命苞》曰：河以通乾出天苞，洛以流坤吐地符，河龙图发，洛龟书成。河图有九篇，洛书有六篇，隋书经籍志纬书类，有河图二十卷，河图龙文一卷，注云，河图九篇，洛书六篇，自黄帝至周文王所受本文。又别有三十篇，云自初起至孔子九圣所增演。《宋书·符瑞志》曰；成王周公时，洛出龟书。而《书·顾命》亦言天球河图在东序。《记·礼运》亦言河出马图。《论语》述孔子语，乃"云河不出图，吾已矣夫"。计河洛图书之为物，见于经纬者不下百数（《洪范》一篇，古说皆认为即洛书之文。自初一曰五行，至威用六极，凡六十五字。谓禹所受本文。其以下则后圣之解释也。）即不信纬，安能不信经记！即不信经记，安能不信论语！而其怪诞既若是！以今日理想衡之，虽扶床之孙，犹不能起信，而孔子及两汉大儒津津言之何也？乃读西史，见来喀瓦士制斯巴达法典，云直受诸阿波罗神；摩哈默德之造《可兰经》，云直受诸天使加布里埃。① 乃至犹太之《摩西法典》，印度之《摩奴法典》，希腊之绵尼法典，② 语其来历，莫不皆同。乃知此实初民之共通观念，非惟我国有之，而我国所流传，实本诸口碑，非出自臆说也。然以孔子而犹迷信之何也？孔子之学说，既认有自然法，复认自然法之出于天，然则宜操立法权者惟天耳。天既不言而感生化身之帝王，又绝迹于后世，然则后之有天下者，必天牖其

---

① 又译哲布勒伊。
② 待考，盖即迈锡尼时代之法典。

衷，乃可创法改制。故六经大义，皆言应天受命，制礼作乐（儒家视礼乐法制同物。前已屡言之）。凡以法之渊源出于天也（董子曰：道之大原出于天道。即自然法也）。而受命必有符，则龙龟鸟书等是也。受命之符，口碑所传也，必受命而后立法。则儒家之大义，与自然法天定法之主义相一贯者也，申而言之，则非为受命故改制，实为改制故受命也。孔子学易以求自然法，既有所得，思欲据之，制为人定法以易天下。然受命之符，久而未至，沉吟不敢自信，故叹曰，凤鸟不至，河不出图，吾已矣夫！洎夫麟获西狩，书降端门，然后制作之业托始焉，此其义必有所受，而非可尽指为秦火以还之附会者也（西狩获麟，受命之符，此明见于经传，不容疑者也。然汉儒言孔子受命者，犹不止此。《公羊》哀公①十四年解诂引《春秋演孔图》云：天降血书，鲁端门内，子夏明日往视之，血书飞为赤鸟，化为白书，署曰演孔图，中有作法制图之象。孔子仰推天命，俯察时变，却观未来，豫解无穷。故作拨乱之法。诸如此类，不遑殚述。盖前汉儒者无不笃信受命改制之说。至后汉始渐有疑者。而郑康成据以注群经。此实犹孔门家法。非汉儒附会也）。夫在程度幼稚之社会，固不能无所托以定民志，而况夫既持"道本在天"之说，则一切制作，自不得不称天而行，理论相因所当然也。犹之大权在君主之国，一切法律，不得不以君主之名行之，亦理论相因所当然也。故不得以此等神秘之说为儒家诟病也。

夫与天同体之圣人，其最贵者也。直接受天委任之圣人，其次贵者也。然直接受天委任之圣人，亦间世而不一遇，于是乎有知足以知天者，亦称为圣人，认其有立法及解释法之权，盖谓其能知自然法也。故《易·系辞传》曰：天地设位，圣人成能。又曰：知变化之道者，其知神之所为乎？又曰：参伍以变，错综其数，通其变遂成天下之文，极其数遂定天下之象。又曰：天生神物，圣人则之，天地变化，圣人效之，天垂象见吉凶，圣人象之。河出图，洛出书，圣人则之。凡此所谓圣人，皆谓其知足以知天者也。而《记·中庸》所论，尤为博深切明，今述而引申之。

《记·中庸》：惟天下至诚为能尽其性。能尽其性，则能尽人之性。能尽人之性，则能尽物之性。能尽物之性，则可以赞天地之化育。可以赞天地之化育，则可以与天地参矣。其次致曲，曲能有诚，诚则形，形则著，

---

① 原文漏"公"字。——编辑校注

著则明，明则动，动则变，变则化，惟天下至诚为能化。

（又）至诚之道，可以前知：国家将兴，必有祯祥；国家将亡，必有妖孽。见乎蓍龟，动乎四体，祸福将至，善必先知之，不善必先知之，故至诚如神。

（又）惟天下至诚为能经纶天下之大经，立天下之大本。

《中庸》所谓至诚，即圣人也。惟至诚能经大经立大本，言惟圣人乃能立法也。然所以能立法者非他，以其如神也，以其与天地参也。其何以能如神，何以能与天地参，则全以能尽其性故。此实甚深微妙之论也。盖人类莫不有普通性，人类与众生，又有其相共之普通性（人类既有与众生相共之普通性，又自有其普通性。以人类自有普通性，对于人类众生共有之普通性，则彼自有之普通性亦可谓人类之特别性也。明论理学上内包外延之公例，自能知之。日本法学博士笕克彦氏所著《法学通论》最能发明此义。可参观）。此普通性，有赋命之者，维持之者，则天是也（不认有造化主者，则谓别无一主体焉以赋命之维持之。而儒家则认有造化主者也）。圣人亦人类也。故圣人之性，即人类之普通性亦即众生之普通性（笕博士所谓自我），性体无二（华严所谓性海），故能尽其性者，必能尽人类之性，随即能尽众生之性（如人类有能饮食之机能众生亦有能饮食之机，能我既能饮食则人类之此机能乃至众生之此机能，我皆具之矣。故孟子曰万物皆备于我）。而性之大原出于天，故能尽其性以尽普通性者，即其与天合德而与天参者也。故《易·文言传》又曰：夫圣人者，与天地合其德，先天而天弗违，后天而奉天时也（佛说言一切众生，有起一念者，佛悉知之。何以能如此？因性体本普通而无二也。是即能尽人性即能尽物性之说也，是即至诚可以前知之说也。夫既认有自然法，复认自然法存于人物之自身，而自然法则固定不变者也。然则能前知不亦宜乎？儒佛皆认自然法存于众生之自身，而儒家则谓天实赋之，佛家则谓自造因而自受果也，此其所以异也。儒家则认有客观的为之主宰者，佛家则全尊主观而不认主宰者之独立存在也）。

故儒家之论，其第一前提曰，有自然法；其第二前提曰，惟知自然法者为能立法；其第三前提曰，惟圣人为能知自然法。次乃下断案曰，故惟圣人为能立法。而第三前提所谓圣人者，复分三种。第一种，为天化身之圣人；第二种，受天委任之圣人；第三种，与天合德之圣人。盖自然法出于天，故能知自然法之圣人，必其与天有关系者也。此其论理之一贯者也。夫第三种之圣人，则其范围甚广矣。凡属人类，皆可以为圣人。孟子曰，人皆可以为尧舜是也。夫谓凡属人类，皆可以为圣人者何也？吾有此普通性，圣人亦有此普通性。普通性既同，自可以相学而能。此亦其论理之一贯者也。盖儒家之意，欲使人人皆为能立法之人，特未达其程度，则不能有其资格耳。而孔子立教之目的，则在是也。

《中庸》谓至诚之道可以前知，闻者或疑焉。不知此亦其论理之一贯者也。盖既认有自然法，而自然法实先于宇宙万有而存立，取宇宙万有而支配之者也。宇宙万有，生存运动于自然法之下，有一定之格、一定之轨而不能逾越。然则既能知自然法者，其于宇宙万有之若何生存、若何运动，岂不较然若指诸掌乎？夫知天文学公例者，则于日食星孛，可以前知；知物理学公例者，则于鹰化虹见，可以前知；皆以自然法绾之而已，近世学者于自然界现象，靡不信有自然法。至心理界现象，则或疑自然法之不能成立（自然界现象，指凡一切物有客观的一体之存在者也。如动植物体，乃至天体、人体等皆是也。心理界现象者，不能截然有客观的一体之存在者也。如人类社会中之各现象是也。人类社会由人类心理合集而成，而心理能自由活动，故或疑其不能有一定之自然法）。若儒家言，则谓心理界现象，亦支配于自然法之下，与自然界现象无异，故曰一切可以前知。而研究此自然法，则儒家所认为最大之事业也。

然儒家因非绝对的不认心理界现象与自然界现象之区别，故其研究支配人类之自然法，亦常置重于人类心理。孟子所谓心之所同然者是也。然其此论，又未尝不与"自然法本天"之观念相一贯，盖谓人心所同然者，受之于天。故人心所同然，即天之代表也。而得人心之所同然者，则其已受天之默许者也。若是者，吾名之为间接受委任于天之圣人。谁间之？民间之也。今述其说。

《书》：民之所欲，天必从之。

（又）天聪明，自我民聪明，天明畏，自我民明畏。

（又）天视自我民视，天听自我民听（孟子引《泰誓》语伪古文采之）。

《孟子·万章上》：万章曰，尧以天下与舜，有诸？孟子曰：否，天子不能以天下与人。然则舜有天下也，孰与之？曰：天与之。天与之者，谆谆然命之乎？曰否。天不言，以行与事示之而已矣……昔者尧荐舜于天而天受之，暴之于民而民受之。故曰，天不言，以行与事示之而已矣。……舜相尧，二十有八载，非人之所能为也，天也。尧崩，三年之丧毕，舜避尧之子于南河之南，天下诸侯朝觐者，不之尧之子而之舜；讼狱者，不之尧之子而之舜；讴歌者，不讴歌尧之子而讴歌舜，故曰天也。

（又）万章问曰：人有言，至于禹而德衰，不传于贤，而传于子，有诸？孟子曰：否。不然也，天与贤，则与贤；天与子，则与子。昔者舜荐禹于天，十有七年，舜崩，三年之丧毕，禹避舜之子于阳城，天下之民从之。若尧崩之后不从尧之子而从舜也。

《左传》桓六年：夫民，神之主也。

准是以谈，则儒家认人民之公意，与天意有二位一体之关系。孟子答万章问，其断案皆归诸天，而例证则举诸人民，盖谓民意者，天意之现于实者也。荀子谓善言天者必有徵于人，盖谓此也。然人民之意何以能指为与天意同一体？儒家之说，谓人与天本一体也，试述之。

《春秋繁露·为人者天篇》：人之人本于天，天者人之曾祖父也，此人之所以上类天也。人之形体，化天数而成；人之血气，化天志而仁；人之德行，化天理而义。……天之副在人。人之情性，有由天者矣。

（又）《观德篇》：况生天地之间，法太祖先人之容貌（案：太祖先人谓天也）。

（又）《天地阴阳篇》：贵者起于天，至于人而毕。毕之外谓之物。人超然于万物之上，而最为天下贵者也。人下长万物，上参天地。

凡此皆言人与天本为一体。夫至形体血气德行，皆由天所化，然则其为一体也审矣。此非董子之私言，实孔门之大义也。质而言之，则人类之普通性，实与天共之者也。

夫立法者既不可不以自然法为标准矣，自然法既出于天意矣，而人民之公意，即天意之代表也。故达于最后之断案，则曰，人民公意者，立法者所当以为标准也。欧洲十七八世纪之学者，主张自然法说，随即主张民意说，惟儒家亦然。故《记·大学》曰：民之所好好之，民之所恶恶之。孟子曰：所欲与之聚之，所恶勿施尔也。经传中说此义者，不可枚举。民意之当重何以若是？则以其与天意一体而为自然法所从出也。若夫人民公意于何见之，则儒家之所说，与十七八世纪欧洲学者之所说异。盖儒家以为非尽其性者不能尽人之性,故人民之真公意,惟圣人为能知之,而他则不能也。《易·系辞传》曰:是以明于天之道,而察于民之故。是兴神物,以前民用。圣人以此斋戒,以神明其德。《记·礼运》曰:故圣人耐(郑注:耐,古能字)以天下为一家中国为一人者,非意之也,必知其情,辟于其义,明于其利,达于其患,然后能为之(谓人情、人义、人利、人患也。参观本文),皆此义也。盖欧洲之自然法学派,谓人民宜为立法者。儒家则谓惟知人民真公意所在之人,宜为立法者。而能知人民真公意所在者惟圣人。故惟圣人宜为立法者也。故同主张人民公意说,而一则言主权在民,一则言主权在君。其观察点之异,在此而已。夫儒家既谓人定法必当以自然法为标准,则凡法之不衷于自然法者,儒家所不认为法者也。又既谓圣人与"自然法之创造者"(即天)有密切之关系,故圣人所定之法,儒家所认为法者也。夫儒家所认为法者,必其与自然法一致者也。而自然法者,一定而不易者也。故儒家言法之观念,自不得不畸于保守主义,论理之一贯使然也。故曰:"因而损益,百世可知也。"又自然法者,非一般人所能知者也。故儒家言法之观念,自不得不取君主立法主义,亦论理之一贯使然也,故曰非天子不议礼不制度也。然君主亦非尽人而能知自然法,必圣人乃能知之,然则后世之为君主而非圣人者,其于前代圣君之法,惟宜遵守而不可妄有所更革,故儒家言法之观念,益不得不以君主立法主义与保守主义相结合,又论理之一贯使然也,故曰遵先王之法而过者,未之有也。

然则春秋家言孔子改制者非耶?夫改制则与保守主义相反,以布衣而改制,又与君主立法主义相反,而春秋家言此也何居?应之曰:不然。孔子所谓改制者,非与前圣之法不相容也,前圣之法,不过能发明自然法之一部分。而孔子则欲发明其全部分,而因以泐成一完备之人定法,使万古不易也。其为改也,正所以为无改之地也。而孔子既为知足以知天之圣人,又为直接受天委任之圣人,故得行天子之事而有立法权也,故孔子改制之义,与儒家主义之大体,未尝矛盾也。

据上所述,则儒家于其所持法之观念,其论之也,可谓首尾相应,盛水不漏者矣。虽然,儒家认道与礼与法为同物者也,而此三者果同物乎?自然法果可应用之于心理界现象,而使一切人定法悉由之出乎?即可应用之,而彼自然法之全部分果能以人智尽发明之乎?儒家观念之确与不确,当于此焉判之。

儒家中惟荀子之说，微有异同。荀子不认有自然法者也，随而不取法原本天之说，而惟以人定法为归，今复述其说而诠释之。

《性恶篇》：然则从人之性，顺人之情，必出于争夺，合于犯分乱理而归于暴。故必将有师法之化，礼义之导，然后出于辞让，合于文理而归于治。……古者圣王，以人之性恶，以为偏险而不正，悖乱而不治。是以为之起礼义制法度，以矫饰人之情性而化之……今人之性，饥而欲饱，寒而欲暖，劳而欲息，此人之情性也。今人饥，见长而不敢先食者，将有所让也；劳而不敢求息者，将有所代也。夫子之让乎父，弟之让乎兄，子之代乎父，弟之代乎兄，此二行者，皆反于性而悖于情者也。然而孝子之道，礼义之文理也。故顺情性则不辞让矣，辞让则悖于情性矣。

荀子以性为恶，自不得复认有自然法，论理之一贯使然也。荀子谓人类于生理上既为自然法所支配，而生理上之利不利，与心理上之正不正，常相冲突。故于彼方面既认有自然法，则于此方面势不得复认有自然法。藉曰有之，亦其不足以为正不正之标准者也。更申言之，则荀子者，谓支配社会之良法，其恒反于自然者也。故荀子言正不正之标准，不以天而惟以圣人，请举其说。

《性恶篇》：圣人积思虑，习伪故，以生礼义而起法度。然则礼义法度者，生于圣人之伪，非故生于人之性也。……故圣人化性而起伪，伪起于性而生礼义，礼义生而制法度。然则礼义法度者，是圣人之所生也。

《王制篇》：天地者生之始也。礼义者治之始也，君子者礼义之始也。故天地生君子，君子理天地。

《礼论篇》：礼有三本：天地者生之本也。先祖者类之本也。君师者治之本也。

（又）天能生物，不能辨物也。地能载人，不能治人也。宇中万物生人之属，待圣人然后分也。

《天论篇》：天行有常，不为尧存，不为桀亡，应之以治则吉，应之以乱则凶。……天有其时，地有其财，人有其治，夫是之谓能参，舍其所以参而愿其所参，则惑矣，……惟圣人为不求知天。

（又）人之命在天，国之命在礼，……大天而思之，孰与物畜而制之？从天而颂之，孰与制天命而用之！

由是观之，荀子谓天惟能生物而不能立法，能立法者惟圣人。而圣人既受生于天之后，则与天相对待。既非天之一体，又非受天之委任者也。此其与普通儒家之观念绝相反者也。荀子贱性而尊伪，伪也者人为也（杨注云：伪，为也。凡非天性而人作为之者，皆谓之伪。故为字人傍，会意字也），故绝对的不认有自然法（性者自然也），而惟认有人为法。然又言惟圣人为能起伪，故谓可为人为法之标准者，惟圣人也。其言圣人可为法之标准，与普通儒家同。其言圣人所以可为法之标准之故，则与普通儒家异。实则圣人以何因缘而可以为法之标准，此荀子所未言及也。

　　荀子极尊孔子，谓孔子所立之法，可以为一切法之标准。其言法后王，谓孔子也。夫孔子固亦欲自以其所立法为一切法之标准。虽然，孔子之所以自信者，谓其能知自然法而应用之也。即孔子所以尊前圣人者，亦谓其能知自然法而应用之也。若荀子既不认自然法，徒以其为圣人为孔子也而尊之，然则毋乃近于无理由之盲从矣乎。故就论理上首尾相应之点观察之，荀子之不逮孔子明矣。

　　然则推荀子之论，必归结于贵人而贱法，故其言曰。

　　《君道篇》：有治人无治法。……法不能独立。……得其人则存，失其人则亡。……君子者法之原也。故有君子，则法虽省，足以遍矣。无君子，则法虽具，失先后之施，不能应事之变，足以乱矣。

　　此其言虽未尝不含一面之真理。然人也者，非可操券而得者也。圣人君子，间世而不一遇。专任人而不任法，此所以治日少而乱日多也（荀子又以尊君为主义。君之贤也更难遇，故其说益不完）。孟子曰：徒法不能以自行，徒善不足以为政，贤于荀子远矣。

　　虽然，荀子言自然法之不能成立，此则虽孔子恐无以难之。何也。自然法一成不变者也。而人类心理，自由活动者也。以自由活动之心理，果能如自然界现象以一成不变之自然法支配之乎？此最不易武断者也。而自然法者，儒家之根本观念也。此根本观念破，则儒家之基础已摇，此法家说所以蹈其隙而起也。

（二）道家

　　道家亦认有自然法者也。虽然，其言自然法之渊源，与自然法之应用，皆与儒家异。老子曰：人法地，地法天，天法道，道法自然。又曰，功成事遂，百姓皆谓我自然。又曰：希言自然。又曰：以辅万物之自然而不敢为。凡道家千言万语，皆以明自然为宗旨，其绝对的崇信自然法，不待论也。虽然，彼不认自然法为出于天。故曰：天法道，道法自然。又曰：有物混成，先天地生。又曰：天下万物生于有，有生于无。又曰：有，名天地之始；无，名万物之母。其意盖谓一切具体的万有，皆被支配于自然法之下。而天亦万有之一也。故天亦自然法所支配，而非能支配自然法者也。而自然法不过抽象的认识，而非具体的独立存在也。故曰：恍兮，忽兮，其中有象。夫自然法之本质既已若是，是故不许应用之以为人定法。苟应用之以为人定法，则已反于自然之本性矣。故曰：三十辐共一毂，当其无有车之用。埏埴以为器，当其无有器之用。又曰：大制不割。又曰：物或益之而损。又曰：夫代大匠斫者，希有不伤其手矣。故绝对的取放任主义，而谓制裁力一无所用。非惟无所用，实不可用也。故儒家所以营营焉经画人定法者，曰惟信有自然法故。道家所以屑屑然排斥人定法者，亦曰惟信有自然法故。故道家对于法之观念，实以无法为观念者也。既以无法为观念，则亦无观念之可言。

（三）墨家

墨家之持正义说及神意说，与儒家同。独其关于自然法之观念，与儒家异，试列举而比较之。

《墨子·天志篇下》：子墨子置天志以为仪法。

又《法仪篇》：天下从事者不可以无法仪。……故百工从事，皆有法所度。今大者治天下，其次治大国，而无法所度，此不若百工辩也。然则奚以为治法而可？当皆法其父母奚若？天下之为父母者众，而仁者寡。若皆法其父母，此法不仁也。法不仁不可以为法。当皆法其学奚若？天下之为学者众，而仁者寡，若皆法其学，此法不仁也。当皆法其君奚若？天下之为君者众，而仁者寡，若皆法其君，此法不仁也。故父母学君三者，莫可以为治法而可。然则奚以为治法而可？故曰莫若法天。……既以天为法，动作有为，必度于天。天之所欲则为之，天所不欲则止。

又《天志篇中》：故子墨子之有天之意也。将以度王公大人之为刑政也。顺天之意，谓之善刑政；不顺天之意，谓之不善刑政。故置此以为法，立此以为仪，将以量度天下，譬之犹分黑白也。

墨子之所谓"法仪",谓义是也。故墨家实以正义说为法学之根本观念者也。而正义之源泉,一出于天,故曰兼采正义说与神意说也。虽然,其关于自然法之观念,不甚明了。盖认有自然法者,必谓自然法先于万有而存在,必谓自然法一成而不可变,是故有所谓"命"者。《记·中庸》所谓可以前知,知此物也。而墨子非命,是不认自然法之存在也。凡语人类社会之法律,而以自然法为标准者,则标准必存于人类社会之自身,人心所同然者,即立法之鹄也。故人民总意说与自然法说恒相随。我国儒家说有然,欧洲十七八世纪学者之说亦有然,墨家不认自然法,因亦不认人民总意,其言曰。

《墨子·节葬篇下》:今执厚葬久丧者言曰:厚葬久丧,果非圣王之道,夫胡说中国之君子,为而不已,操而不择哉?子墨子曰:此所谓便其习而义其俗者也。昔者越之东有輆沭之国者,其长子生则解而食之,谓之宜弟;其大父死负其大母而弃之,曰鬼妻不可与居处。……楚之南有炎人国者,其亲戚死,朽其肉而弃之,然后埋其骨,乃成为孝子。秦之西有仪渠之国者,其亲戚死,聚柴薪而焚之。熏上,谓之登遐,然后成为孝子。此上以为政,下以为俗,为而不已,操而不舍,此所谓便其习而义其俗也。

故墨子绝对的认法律为创造的,而不认为发达的。若惯习法,其为墨家所承认者殆希也。且墨子之排斥人民总意也,犹有说。

《墨子·尚同篇上》:古者民始生未有刑政之时,盖其语人异义。是以一人则一义,二人则二义,十人则十义。其人兹众,其所谓义者亦兹众,(案兹同滋,益也)是以人是其义以非人之义,故交相非也。……天子之所是皆是之,天子之所非皆非之。……察天下之所以治者何也。天子惟能壹同天下之义,是以天下治也。天下之百姓,皆上同于天子,而不上同于天,则灾犹未去也。

由此观之,则墨子谓人民总意,终不可得见,即见矣,而不足以为立法之标准,若儒家所谓民之所好好之、民之所恶恶之者,墨子所不肯承认也。墨子所视为立法之标准者,惟天志而已。而其言天也。又与儒家之言天异。儒家之天,则抽象的,而墨家之天,则具体的也。惟抽象的,故虽不能现于实。而可借人民总意间接以现于实。惟具体的,故必须绝对直接以现于实,其言天之所欲则为、天所不欲则止(法仪篇)是也。然天之所欲所不欲，果能绝对的直接的以现于实乎？墨子陈种种之义，以为天所欲者在是在是，所不欲者在是在是。虽然，此不过墨子之主观云然耳。墨子之主观，其果为天志之真相与否？是又不可不待诸天之自白或第三位之评判也。然天之自白与第三位之评判，终不可得，故墨子之言，遂不足以服天下也。准此以谈，则儒墨两家，虽同主张正义说及神意说，然就论理上首尾相贯之点观察之则墨之不逮儒明矣。

四　法治主义之发生

当我国法治主义之兴，萌芽于春秋之初，而大盛于战国之末，其时与之对峙者有四，曰放任主义，曰人治主义，曰礼治主义，曰势治主义，而四者皆不足以救时弊，于是法治主义应运而兴焉，今请语其差异之点。

（一）放任主义与法治主义

放任主义者，以不治为治者也。然欲此主义之实现，必以使民无欲为前提。否亦以使民寡欲为前提。然有欲之民，能使之无乎？多欲之民，能使之寡乎？此必不可得之数也。必不可得，而犹谓放任可以治天下，是此主义已从根本上被破坏而不得存立也。今述当时难放任主义之说。

放任主义者流，既以无治为主义，故主人治、主礼治、主势治、主法治者交敌之，荀子（《性恶篇》）曰：

> 今人之性，生而有好利焉。顺是，故争夺生而辞让亡焉。生而有疾恶焉。顺是，故残贼生而忠信亡焉。生而有耳目之欲，有好声色焉。顺是，故淫乱生而礼义文理亡焉。然则从人之性，顺人之情，必出于争夺，合于犯分乱理，而归于暴。

此论已足摧破放任主义说而有余，而韩非子（《五蠹篇》）亦云：

> 古者不事力而养足，人民少而财有余，故民不争。是以厚赏不行，重罚不用，而民自治。今人民众而货财寡，事力劳而供养薄，故民争。虽倍赏累罚，而不免于乱。

此缘老庄一派，好称道上古郅治，故为述社会变迁之势，谓在古代可以放任，而世运愈进，愈不可以放任，此亦其驳论之最有力者也。若其谓法治足以救之者何也。则慎子（马氏《意林》引）曰：

一兔走，百人追之，积兔于市，过而不顾，非不欲兔，分定不可争也。

尹文子（《大道上》）曰：

名定则物不竞，分明则私不行，物不竞非无心，由名定故无所措其心，私不行非无欲，由分明故无所措其欲。然则心欲人人有之，而得同于无心无欲者，制之有道也。

持放任主义者，必以不私不竞为前提。而不私不竞，必以无心无欲为前提。而法家则谓无心无欲，万不可致。而使之不争不竞者，乃别有道，则权利之确定是也。慎子、尹文子此语，实权利观念之滥觞也。荀子（《正名篇》）又曰：

凡语治而待去欲者，无以道（案：同导）欲而困于有欲者也。凡语治而待寡欲者，无以节欲而困于多欲者也。

荀子此语，难道家之欲祛私欲而无其道，而荀子所谓道之节之者，则分也。分即法也。尹文子（《大道上》）又曰：

道行于世，则贫贱者不怨，富贵者不骄，愚弱者不慑，智勇者不陵。法行于世，则贫贱者不敢怨富贵，富贵者不敢陵贫贱，愚弱者不敢冀智勇，智勇者不敢鄙愚弱。

管子（《明法解》）亦曰：

故贫者非不欲夺富者财也。然而不敢者，法不使也。强者非不欲暴弱也。然而不敢者，畏法诛也。

此言道德与法律之区别，其义最明。盖持放任主义者，认意志之自由，而行为之自由随之。故所以规律一般行为者，不得不悉仰诸良心之制裁。持法治主义者，虽认意志之自由，而行为之自由，非绝对的承认。故所以规律一般行为者，壹委诸法力之制裁，此道家与法家之大别也。夫以良心自制裁者，必非尽人而能之明矣。于是乎道德说势不能普及，而将有所穷，此法家之所以代兴也。尹文子（同上）又曰：

> 为善使人不能得从，此独善也；为巧不能使人得从，此独巧也。未尽善巧之理，为善与众行之，为巧与众能之。
> 此善之善巧之巧者也。所贵圣人之治，不贵其独治，贵其能与众共治。贵工倕之巧，不贵其独巧，贵其能与众共巧也。今世之人，行欲独贤，事欲独能，辩欲出群，勇欲绝众。独行之贤，不足以成化，独能之事，不足以周务，出群之辩，不可以户说，绝众之勇，不可以征阵。

韩非子（《五蠹篇》）亦曰：

> 微妙之言，上智之所难知也。今为众人法，而以上智之所难知，则民无从识之矣。故糟糠不饱者，不务粱肉，裋褐不完者，不待文绣。夫治世之事，急者不得，则缓者非所务也。今所治之政，民间之事，夫妇所明知者不用，而慕上智之论，则其于治反矣。故微妙之言，非民务也。

凡此皆谓徒任道德，不足以治国而利群也。由此观之，法家固未尝尽蔑视道德。惟以为道德者，只能规律于内，不能规律于外。只能规律一部分之人，不能规律全部分之人，故所当标以律民者，非道德而法律也（法家语固多有排斥道德者，然辩论之余，走于极端，殆非其本意也。而法家言所以不能久者亦以此）。

（二）人治主义与法治主义

凡社会之初形成国家，其创造之而维持之者，恒藉一英雄或数英雄之力。故古代人民，其崇拜英雄之念特甚。谓一切幸福，惟英雄为能我赐，一切患害，惟英雄为能我捍。于是英雄万能、圣贤万能之观念发生焉。而不知英雄圣贤，固大有造于国家，然其所以能大有造于国家者，非仅恃英雄圣贤自身之力，而更赖有法以盾其后也。由前之说，谓之人治主义。由后之说，谓之法治主义。

儒家固甚尊人治者也。而其所以尊之者，非以其人，仍以其法。盖儒家崇拜古圣人者，谓古圣人为能知自然法，能应用自然法以制人定法也。故儒家者，非持简单肤浅的人治主义，而实合人治法治以调和之者也。孟子（《离娄上》）曰：

> 离娄之明，公输子之巧，不以规矩，不能成方圆。师旷之聪，不以六律，不能正五音。尧舜之道，不以仁政，不能平治天下。今有仁心仁闻，而民不被其泽，不可法于后世者，不行先王之道也。故曰：徒善不足以为政，徒法不能以自行。……故曰：为高必因丘陵，为下必因川泽，为政不因先王之道，可谓智乎？是以惟仁者宜在高位。不仁而在高位，是播其恶于众也。

徒善不可，谓当以法治济人治之穷也。徒法不可，谓当以人治济法治之穷也。故既言不因先王之道不可谓智，又言惟仁者宜在高位，是人与法两相须，实儒家中庸之大义也。

逮法家兴，则排斥人治主义，而独任法治主义，尹文子（《大道》下）曰：

> 田子（案：田子，田骈也）读书曰：尧时太平。宋子（案：宋子，宋钘也）曰：圣人之治以致此乎？彭蒙在侧，越次答曰：圣法之治以致此，非圣人之治也。宋子曰：圣人与圣法何以异？彭蒙曰：子之乱名甚矣。圣人者，自己出也；圣法者，自理出也。理出于己，己非理也。己能出理，理非己也。故圣人之治，独治者也。圣法之治，则无不治矣。

此言可谓至言，谓治由圣人出者，具体的直觉的也。谓治由圣法出者，抽象的研究的也。理出于己而己非理，己能出理而理非己，此实论理学上正名之要旨，而治科学者所最当审也。如国家由君主统治，而君主非国家；君主能统治国家，而国家非君主。毫厘之辨，而根本观念大相反焉，不可不审也。然此义儒家亦能知之，故孟子曰：圣人先得我心之所同然耳，凡儒家之尊圣人，皆尊其法，非尊其人也。

尹文子（《大道》上）又曰：

> 圣王知民情之易动，故作乐以和之，制礼以节之。在下者不得用其私，故礼乐独行。礼乐独行，则私欲寝废。私欲寝废，则遭贤之与遭愚均矣。若使遭贤则治，遭愚则乱，是治乱续于贤愚，不系于礼乐。是圣人之术，与圣主而俱没。治世之法，逮易世而莫用，则乱多而治寡。乱多而治寡，则贤无所贵，愚无所贱矣。

此其言尤为博深切明。夫专制国，则治乱续于贤愚者也。而立宪国，则遭贤与遭愚均者也。必遭贤与遭愚均，然后可以厝国于不敝，若此者非法治无以得之（《尹文子》此文谓礼治也。然与法治对举，则礼治法治为别物。与人治对举则礼治法治为同物。此先秦诸哲之所同也。尹文此言，文则礼治而意则法治也）。所贵乎贤者，以其能厝国于不敝也。故必为国立法，斯乃可贵。此文子之意也。韩非子（《难势篇》）亦曰：

> 且夫尧舜桀纣，千世而一出。反是比肩随踵而生也，世之治者不绝于中。吾所以为言势者中也。中者，上不及尧舜，而下亦不为桀纣。抱法处势则治，背法去势则乱。今废势背法而待尧舜，尧舜至乃治，是千世乱而一治也。抱法处势而待桀纣，桀纣至乃乱，是千世治而一乱也。且夫治千而乱一，与治一而乱千也。是犹乘骥骅而分驰也。相去亦远矣。

此言难人治主义说最为有力，盖言人类至贤至不肖者鲜，惟中人最多。有法则贤者益贤，而中人亦可以循法而不失为贤。无法则惟贤者能贤，而中人则以靡法可循而即于不肖。此立宪与专制得失之林也。前此所言，皆谓人治之不能久，而法治之可以常也。而韩子复论人治之不能周，而法治之可以遍。其言（《难一篇》）曰：

历山之农者侵畔，舜往耕焉，期年甽亩正。河滨之渔者争坻，舜往渔焉，期年而让长。东夷之陶者器苦窳，舜往陶焉，期年而器牢。仲尼叹曰：耕渔与陶，非舜官也。而舜往为之者，所以救败也。舜其信仁乎？乃躬耕处苦而民从之，故曰圣人之德化乎？……或问儒者曰……且舜救败，期年已一过，三年已三过（案：已，止也）。舜有尽，寿有尽，天下过无已者，以有尽逐无已，所止者寡矣。赏罚使天下必行之，令曰："中程者赏，弗中程者诛。"今朝至暮变，暮至朝变，十日而海内毕矣。奚待期年！舜犹不以此说尧令从，己乃躬亲，不亦无术乎！且夫以身为苦而后化民者，尧舜之所难也。处势而令下者，庸主之所易也。将治天下，释庸主之所易，道尧舜之所难，未可与为政也。

有难法治说谓虽有良法，苟不得贤才以用之，而法将无效者。韩子则释之（《难势篇》）曰：

夫曰良马固车，臧获御之，则为人笑，王良御之，则日取乎千里。吾不以为然。夫待越人之善海游者，以救中国之溺人。越人善游矣。而溺者不济矣。夫待古之王良以驭今之马，亦犹越人救溺之说也。不可亦明矣。夫良马固车，五十里而一置，使中手御之。追速致远，可以及也。而千里可日致也。何必待古之王良乎？且御非使王良也，则必使臧获败之。治非使尧舜也，则必使桀纣乱之。此则积辩累辞，离理失实，两未之议也。

此言任人不任法者，人无必得之券，则国无必治之符。所待之人未至，而国已先乱亡矣。任法不任人者，法固中材之所能守，而不必有所待也。此挚论也。

尹文子（《大道上》）亦云：

万事皆归于一，百度皆准于法，归一者简之至，准法者易之极。如此顽嚚聋瞽，可与察慧聪明同其治也。

故韩子又言，苟非以法治者，虽偶治而不可谓之真治。何也。未尝有必治之券存也。其言（《问辩篇》）曰：

> 夫言行者，以功用为之的彀者也。夫砥砺杀矢，而以妄发，其端未尝不中秋毫也。然而不可谓善射者，无常仪的也。设五寸之的，引十步之远，非羿逢蒙不能必中者，有常也。故有常则羿逢蒙以五寸的为功，无常则以妄发之中秋毫为拙。

此言专制国虽或偶得英明神武之主，行开明专制，国运骤进，然不能以此自安，以其不能常也。法治国虽进不必骤，而得寸得尺，计日程功，两者比较，惟法治可以为安也。故法家之论，谓人主无论智愚贤不肖，皆不可不行动于法之范围内，此至精之论也。今撮①述其说。

《管子·明法篇》：是故先王之治国也。不淫意于法之外，不为惠于法之内也。动无非法者，所以禁过而外私也……是故先王之治国也。使法择人，不自举也；使法量功，不自度也。

又《明法解篇》：明主虽心之所爱，而无功者不赏也。虽心之所憎，而无罪者弗罚也。案法式而验得失，非法度不留意焉。故曰不淫意于法之外。……夫舍公法而行私惠，则是利奸邪而长暴乱也。行私惠而赏无功，则是使民偷幸而望于上也。行私惠而赦有罪，则是使民轻上而易为非也。故曰不为惠于法之内。

又《任法篇》：不知亲疏远近贵贱美恶，以度量断之，其杀戮人者不怨也。其赏赐人者不德也。以法制行之，如天地之无私也。……今乱君则不然，有私视也，故有不见也；有私听也，故有不闻也。有私虑也，故有不知也。

（又）圣君任法而不任智，任数而不任说，任公而不任私，任大道而不任小物。失君则不然。

《韩非子·用人篇》释法术而任心治，尧不能正一国；去规矩而妄意度，奚仲不能成一轮，废尺寸而差长短，王尔不能半中。使中主守法术，拙匠守规矩，则万不失矣。君人者，能去贤巧之所不能，守中拙之所万不失，则人力尽而功名立。

---

① 原文为"最"，应为"撮"。

又《亡征篇》：简法禁而务谋虑者，可亡也。好以智矫法，时以私杂公，法禁变易，号令数下者，可亡也。

又《饰邪篇》：凡智能明通，有以则行，无以则止，故智能单道，不可传于人。而道法万全，智能多失。夫悬衡而知平，设规而知圆，万全之道也。释规而任巧，释法而任智，惑乱之道也。

又《奸劫弑臣篇》：人主者，非目若离娄乃为明也，非耳若师旷乃为聪也。目必不任其数。而待目以为明，所见者少矣，非不蔽之术也。耳必不因其势，而待耳以为聪，所闻者寡矣，非不欺之道也。明主者，使天下不得不为己视，使天下不得不为己听。

又《难二篇》：以一人之力禁一国者，少能胜之。

《慎子·君人篇》：君人者舍法而以身治，则诛赏予夺，从君心出。然则受赏者虽当，望多无穷；受罚者虽当，望轻无已。君舍法以心裁轻重，则同功殊赏，同罪殊罚矣，怨之所由生也。是以分马之用策，分田之用钩，非以策钩为过于人智，所以去私塞怨也。故曰：大君任法而弗躬，则事断于法。法之所加，各以分蒙赏罚，而无望于君。是以怨不生而上下和矣。

《管子·任法篇》：昔者尧之治天下也。犹埴之在埏也。惟陶之所以为，犹金之在炉，恣冶之所以铸。其民引之而来，推之而往，使之而成，禁之而止，故尧之治也。善明法禁之令而已。

以上所举皆谓非徒就国家方面论，宜任法而毋任人，即就君主方面论，亦宜任法而毋自任。而其言所以不可自任者有三义：一曰，自任则不周也；二曰，自任则滋弊也；三曰，自任则丛怨也。凡以明法治之必要而已。

（三）礼治主义与法治主义

日本穗积陈重博士曰："原始社会者，礼治社会也。举凡宗教、道德、惯习、法律，悉举而包诸礼仪之中。无论何社会，皆礼治先于法治，此征诸古代史及蛮地探险记而可见者也。支那古代，谓礼为德之形，礼也者，行为之有形的规范，而道德之表彰于外者也。当社会发展之初期，民智蒙昧，不能依于抽象的原则以规制其行为。故取日用行习之最适应于共同生活者，为设具体的仪容，使遵据之。则其于保社会之安宁，助秩序的发达,最有力焉。故上自君臣父子兄弟夫妇朋友,下逮冠昏丧祭宫室衣服饮食器具言语容貌进退,凡一切人事,无大无小,而悉纳入于礼之范围。夫礼之范围,其广大如此。此在原始社会,其人民未惯于秩序的生活者,以此制裁之而甚有效,至易见也。及夫社会确立,智德稍进,人各能应于事物之性质,而为适宜之自治行为,无取复以器械的形式制驭之。而固定之礼仪,或反与人文之进化成反比例,此礼治之所以穷而敝也。"(《法学协会杂志》第二十四卷第一号论文《礼与法》)其于礼治主义之起原发达及其得失,言之殆无余蕴矣。

儒家崇信自然法,而思应用自然法以立人定法,其所立之人定法,则礼是也。今先述儒家所言礼之定义。

《记·乐记》:礼也者,理之不可易者也。……礼者,天地之序也。……大礼与天地同节。

又《礼运》:夫礼,先王以承天之道,以治人之情。

又《仲尼燕居》:夫礼,所以制中也。

又《礼运》:礼也者,义之实也。

又《礼器》:礼也者,合于天时,设于地利,顺于鬼神,合于人心,以理万物者也。……礼也者,物之致也。

《荀子·致士篇》:程者,物之准也。礼者,节之准也。

又《礼论篇》:礼者,断长续短,损有余益不足,达爱敬之文,而滋成行义之美者也。

《记·乐记》:礼节民心。

又《礼器》:礼,众之纪也。纪散而众乱。

又《坊记》:礼者,因人情之节文以为民坊者也。……夫礼,坊民所淫,章民之别,使民无嫌以为民纪者也。

又《乐记》:礼者,所以缀淫也。……礼者,将以平好恶而反人道之正者也。

又《曲礼》:夫礼者,所以定亲疏、决嫌疑、别同异、明是非也。

又《仲尼燕居》:礼者何也,即事之治也。有其事必有其治。

又《礼器》:礼也者,犹体也。体不备,君子谓之不成人。

《说文》"示部":礼,履也。段注云:见礼记祭义。(案:祭义云礼者,履此者也)《周易》序卦传:履,足所依也,引申之。凡所依皆曰履。

孔颖达《礼记正义》引郑玄篇：礼者，体也，履也，统之于心曰体，践而行之曰履。

又引贺瑒说：其体有二：一是物体，言万物贵贱高下小大文质，各有其体；二曰礼体，言圣人制法，体此万物，使高下贵贱各得其宜也。……物虽万体，皆同一履，履无两义也。

综上所述，则礼之定义可得而明焉。曰："礼也者，根本天地之自然法，而制定之于具体的，为一切行为之标准，以使人民践履之者也。所谓理，所谓义，所谓中，所谓天之道，所谓天地之序，天地之节，皆谓自然法也。有其事必有其治，即有物有则之义也。此自然法本为具体的，当礼之未生以前，先已存在，而圣人则研究之于抽象的，求得其条理，而应用之于事事物物，复制为具体的仪式，以为事事物物之标准而使民率循（贺氏谓其体有二是也。然谓一物体，二礼体，则不当。当以道体与礼体并列。盖物与事同，皆道与礼之目的物而已）。荀子又曰：若夫断之继之，博之浅之，益之损之，类之尽之，盛之美之，使本末终始，莫不顺比，足以为万世则，则是礼也。（礼论篇）是其义也。然则礼也者，一种具体的之人定法，而儒家所认为与自然法有母子血统的关系者也。但既由自然法抽象而来，故虽认为固定体，而固定之程度，比较的不如自然法之强。故儒家谓自然法之道，为绝对的不变者；谓人定法之礼，为比较的可变者。今述其说。

《记·曲礼》：礼从宜，使从俗。

又《礼器》：礼，时为大，顺次之，体次之，宜次之，称次之。

又《礼运》：故礼也者，义之实也。协之义而协，则礼。虽先王未之有，可以义起也。

又《乐记》：三王异世，不相袭礼。

由是观之，则儒家谓礼不纯为创造的，而兼为发达的。制礼者可承认惯习以为礼，犹立法者可承认惯习以为法也。故所重者不在礼之数而在礼之义。《记·郊特牲》云："礼之所尊，尊其义也。失其义，陈其数，祝史之事也。故其数可陈也，其义难知也。"此犹言法者非徒重法文，而尤重法之精神也。

是故儒家言礼之效用，与法家言法之效用正同。儒家之言曰：

《记·经解》：礼之于正国也，犹衡之于轻重也，绳墨之于曲直也，规矩之于方圆也。故衡诚县，不可欺以轻重；绳墨诚陈，不可欺以曲直；规矩诚设，不可欺以方圆；君子审礼，不可诬以奸诈。

《荀子·礼论篇》：故绳墨诚陈矣，则不可欺以曲直，衡诚县矣，则不可欺以轻重，规矩诚设矣，则不可欺以方圆，君子审于礼，则不可欺以诈伪。故绳者直之至，衡者平之至，规矩者方圆之至，礼者人道之极也。

法家之言曰：

《慎子》：有权衡者，不可欺以轻重，有尺寸者，不可差以长短，有法度者，不可巧以诈伪（马氏《意林》引）。

《管子·明法篇》：是故有法度之制者，不可巧以诈伪，有权衡之称者，不可欺以轻重；有寻丈之数者，不可欺以长短。

《尹文子·大道上》：以度审长短，以量受多少，以衡平轻重，以律均清浊，以名稽虚实，以法定治乱。

由是言之，则儒家之言礼，法家之言法，皆认为行为之标准。儒家所谓中礼不中礼，即法家之所谓适法不适法也。二者就形质上就效用上，其观察点全同，虽谓非二物可也。

故儒家以礼为治国治天下惟一之条件。其言曰。

《孝经》：安上治民，莫善于礼。

《记·祭统》凡治人之道，莫急于礼。

又《礼运》：圣人以礼示之，故天下国家可得而正也。……故治国不以礼，犹无耜而耕也……故唯圣人为知礼之不可以已也。故坏国丧家亡人，必先去其礼。……是故礼者，君之大柄也。

又《哀公问》：为政先礼，礼其政之本与！

又《祭义》：致礼乐之道而天下塞焉，举而措之无难矣。

又《乐记》：乐至则无怨，礼至则不争，揖让而治天下者，礼乐之谓也。

又《经解》：故礼之教化也微，其止邪也于未形，使人日徙善远罪而不自知也，是以先王隆之也。

又《曲礼》：人有礼则安，无礼则危。

此皆极言礼治之效用也。

然儒家关于礼之观念，与关于法之观念，亦非全无差别，试举之。

《论语》：道之以政，齐之以刑，民免而无耻，道之以德，齐之以礼，有耻且格。

《记·乐记》：礼节民心，乐和民声，政以平之，刑以齐之，礼乐刑政，四达而不悖，则王道备矣。

此所谓刑即法也（古代所谓刑，其本义即指法律，其引申之义乃为刑罚。法律者，刑字之广义也；刑罚者，刑字之狭义也。说见第三章）。然则礼之与法，散言则通，对言则别。儒家固非尽排斥法治，然以礼治为主点，以法治为补助。盖谓礼治所不能施之范围，然后以法治行之也。

然则礼治与法治之范围，亦有界线乎？曰有之。

《记·曲礼》：礼不下庶人，刑不上大夫。

《荀子·富国篇》：由士以上，则必以体乐节之；众庶百姓，则必以法数制之。

荀子此文，实《曲礼》彼文之注脚也。刑不上大夫者，刑即广义之刑，谓法也。荀子所谓法数是也。吾国古代，亦有等族制度，士以上即贵族，众庶即平民也。其权利义务，皆沟然悬殊，于是以礼治刑治（法治）严区别之。其所以生此区别者，盖在古代宗法社会，莫不有贱彼贵我之观念。此各国所同，非独我也。英人甄克思曰，"宗法社会以种族为国基，故其国俗，莫不以羼杂为厉禁。方社会之为宗法也，欲入其樊而为社会之一分子，非生于其族，其道莫由。其次则螟蛉蜾蠃之事。然其礼俗至严，非与例故吻合者，所弗纳也。"（严译《社会通诠》第七十六页）坐是之故，其礼俗习故，传自先祖遗训者，常神圣视之，而不许异族适用。故古代法律，非如今之属地主义，而恒取属人主义，皆此之由。此其例证，求诸罗马法最易见。罗马原有之法律，名"周士斯委尔"（Jus Civile）①，专适用于罗马人。其后侵略日广，归化者日众，于是别造一种法律，名"周士和那拉廉"（Jus Honorarium）者（此译蛮民法），② 以治罗马种人以外之人。此两法至今犹存，班班可考也。吾古代所谓礼者，以治同气类之贵族。所谓刑法者，以治归化之贱族。《书·吕刑》曰："苗民弗用灵，制以刑，惟作五虐之刑，曰法。"此刑法之起原最可信据者（苗民，即异族之归化者。故《书》又曰：黎民于变时雍。凡古代所谓民，皆以别于士。

---

① 今译"市民法"。
② 今译"长官法"。此处有误，用以治罗马种人以外之外来人民者，是"万民法"，（Jus gentium）。公元212年，市民法与万民法间界限消失。

士，贵族也。民，贱族也）。由此观之，则所谓礼者，即治本族之法律；所谓刑者，即治异族之法律。其最初之区别实如是。洎夫春秋以降，渐由宗法社会以入军国社会，固有之贵族，孳乳浸多，特别权利，有所不给。而畴昔所谓异族，久经同化，殆不可识别。于是社会大变革之机，迫于眉睫。治道术之士，咸思所以救其敝。而儒家则欲以畴昔专适用于贵族之法律（即礼）扩其范围，使适用于一般之平民，法家则欲以畴昔专适用于平民之法律（即刑与法）扩其范围，使适用于一般之贵族。此实礼治法治之最大争点，而中国进化史上一大关键也。

夫礼也者，取一切行为而悉为之制定一具体的形式。然行为者，应于社会之变迁，而其形式不得不变迁者也。于是乎所制定之具体的，势难阅百年而犹与社会相适。故在昔可为社会进化之助者，在后反为社会进步之障。而所谓行为者，自洪迄纤，其数累亿。其所谓礼者，亦不得不洪纤悉备，其数累亿，非徒非人力所能悉制定，抑尤非人力所能悉记忆。故当战国以还，社会之变迁日益剧急，而诸子百家之对于儒教之礼治主义，其攻难亦日益甚，又势使然也。是以道家、墨家、法家等，群起而与礼治主义为敌。

《庄子·马蹄篇》：及至圣人，摘擗为礼，而天下始分矣。

《史记·太史公自序》：夫儒者以六艺为法，六艺经传以千万数，累世不能通其学，当年不能究其礼。

《淮南子·要略》：墨子初学儒者之业，受孔子之术，既乃以为其礼烦扰，伤生害业，糜财贫民。

《墨子·非儒篇》：孔某盛容修饰以蛊世，弦歌鼓舞以聚徒，繁登降之礼以示仪，务趋翔之节以劝众，儒学不可以议世，劳思不可以补民，累寿不能尽其学，当年不能行其礼。

此道墨两家相攻难之说也（多不及悉举）。道墨两家，其立脚点为极端的相反，惟其对于礼治主义之批评，则略相同，即一曰束缚过甚，二曰繁缛难行也。

法家亦攻难礼治主义，惟其所以攻难者，则观察点全异，盖道墨两家，谓礼治主义，病在干涉程度太过，法家则谓礼治主义，病在干涉程度不足也，今举其说。

《韩非子·显学篇》：夫圣人之治国，不恃人之为吾善也，而用其不得为非也。恃人之为吾善也，境内不什数；用人不得为非，一国可使齐。为治者，用众而舍寡，故不务德而务法。夫必恃自直之箭，百世无矢；恃自圜之木，千世无轮矣。自直之箭，自圜之木，百世无有一，然而世皆乘车射禽者何也？隐括之道用也。虽有不恃隐括而自直之箭、自圜之木，良工弗贵也。何则？乘者非一人，射者非一发也。不恃赏罚而恃自善之民，明主弗贵也。何也？国法不可失，而所治非一人也。今或谓人曰，使子必智而寿，则世必以为狂。夫智，性也；寿，命也。性命者非所学于人也，而以人之所不能为说人，此世之所以谓之为狂也，谓之不能。然则是谕性也，夫谕，性也。以仁义教人，则是以智与寿说也，有度之主弗受也。故善毛嫱西施之美，无益吾面；用脂泽粉黛则倍其初。言先王之仁义，无益于治，明吾法度必吾赏罚者，亦国之脂泽粉黛也。今巫祝之祝人曰，使若千岁万岁。千岁万岁之声聒耳，而一日之寿，无征于人，此人之所以简巫祝也。今世儒者之说人主，不言今之所以为治，而语已治之功；不审官法之事，不察奸邪之情，而皆道上古之传，誉先王之成功。儒者饰辞曰，听吾言则可以霸王，此说者之巫祝。有度之主不受也。

又《五蠹篇》：若夫贤良贞信之行者，必待贵不欺之士。贵不欺之士，亦无不欺之术也。布衣相与交，无富贵以相利，无威势以相惧也，故求不欺之士。今人主处制人之势，有一国之厚，重赏严诛，得操其柄，以修明术之所烛，虽有田常、子罕之臣，不敢欺也，奚待于不欺之士？今贞信之士，不盈于十，而境内之官以百数。必任贞信之士，则人不足官；人不足官，则治者寡而乱者众矣。故明主之道，一法而不求智，固术而不慕信。

（又）今有不才之子，父母怒之不为改，乡人谯之弗为动，师长教之弗为变。夫以父母之爱，乡人之行，师长之智，三美加焉，而终不动其胫毛，不改。州部之吏，操官兵，推公法，而求索奸人，然后恐惧，变其节，易其行矣。故父母之爱，不足以教子，必待州部之严刑者，民固骄于爱听于威矣。

又《八说篇》：是以有道之主，不求清洁之吏，而务必知之术。

《商君书·开塞篇》：分定而无制不可，故立禁。……古者民藂生而群处，故求有上也，将以为治也。今有主而无法，其害与无主同，有法不胜其乱，与不法同。

又《画策篇》：仁者能仁于人，而不能使人仁；义者能爱于人，而不能使人相爱。是以知仁义之不足以治天下也。圣人有必信之性，又有使天下不得不信之法。所谓义者，为人臣忠，为人子孝，少长有礼，男女有别。非其义也，饿不苟食，死不苟生，此乃有法之常也。圣王者，不贵义而贵法，法必明令必行则已矣。……国之乱也，非其法乱也，非法不用也；国皆有法，而无使法必行之法，国皆有禁奸邪刑盗贼之法，而无使奸邪盗贼必得之法。

又《禁使篇》：其势难匿者，虽跖不为非焉。

《尹文子·大道上篇》：今天地之间，不肖实众，仁贤实寡。趋利之情，不肖特厚，廉耻之情，仁贤偏多。今以礼义招仁贤，所得仁贤者，万不一焉。以名利招不肖，所得不肖者，触地是焉。故曰，礼义成君子，君子未必须礼义；名利治小人，小人不可无名利。……上下不相侵与，谓之名正，名正而法顺也。

《韩非子·五蠹篇》：且夫以法行刑，而君为之流涕，此所以效仁，非所以为治也。夫垂泣不欲刑者，仁也；然而不可不刑者，法也。先王胜其法不听其泣，则仁之不可以为治亦明矣。

又《六反篇》：故法之为道，前苦而长利；仁之为道，偷乐而后穷。圣人权其轻重，出其大利，故用法之相忍，而弃仁人之相怜也。

（又）夫陈轻货于幽隐，虽曾史可疑也；悬百金于市，虽大盗不取也。不知，则曾史可疑于幽隐；必知，则大盗不取悬金于市。故明主之治国也，众其守而重其罪。使民以法禁而不以廉止。母之爱子也倍父，父令之行于子者十母。吏之于民无爱，令之行于民也万父母。父母积爱而令穷，吏威严而民听从。严爱之策，亦可决矣。

《商君书·定分篇》：夫不待法令绳墨而无不正者，千万之一也。故圣人以千万治天下。故夫智者而后能知之，不可以为法，民不尽智；贤者而后知之，不可为法，民不尽贤。

《韩非子·八说篇》：慈母之于弱子也，爱不可为前。然而弱子有僻行，使之随师；有恶病，使之事医；不随师则陷于刑，不事医则疑于死。慈母虽爱，无益于振刑救死，则存子者非爱也。母不能以爱存家，君安能以爱持国？

《管子·七法篇》：言是而不能立，言非而不能废，有功而不能赏，有罪而不能诛。若是而能治民者，未之有也。……是何也，曰形势器械未具，犹之不治也。

《韩非子·八说篇》：古者人寡而相亲，物多而轻利易让，故有揖让而传天下者。然则行揖让、高慈惠而道仁厚，皆推政也。处多事之时，用寡事之器，非智者之备也。当大争之世，而循揖让之轨，非圣人之治也。

《尹文子·大道上篇》：故有理而无益于治者，君子弗言；有能而无益于事者，君子弗为。君子非乐有言，有益于治不得不言；君子非乐有为，有益于事不得不为，故所言者不出于名法。……明主不为治外之理。

以上述法家言难礼治主义之大概也。其论多不可悉举，此举其一斑耳。夫礼固为一种之制裁力，不可诬也。虽然，此社会的制裁力，而非国家的制裁力也。既名之曰国家，则不可无强制组织，而礼治之所取，则劝导之谓，而非督责之谓也。语人以礼之当率循，其率循与否，惟在各人之道德责任心。若其责任心薄弱，视礼蔑如者，为之奈何？法家则认人性为恶，谓能有完全之道德责任心者，万不得一，故礼治不是为治之具也（《韩非子·显学篇》《商君书·定分篇》《尹文子·大道上篇》等所说）。又以为人类当其以社会的分子之资格立于社会之下，则社会所以制裁之者，不得不专恃道德责任心。若当其以国家的分子之资格立于国家之下，则国家所以制裁之者，于道德责任心外，尚可以有他力焉（凡今世之人类，一面为国家的分子，同时一面为社会的分子。盖国权所不干涉之范围，即社会之范围也。若夫未能建设国家之人类，则不为国家的分子，而仅为社会的分子耳）。而道德责任心之制裁，实不完全之制裁也。社会之性质，不能为强制的，故不得不以不完全之制裁自满足。而国家既有强制的性质，可以行完全制裁，故不可徒恃道德责任心为国民行为之规律。非惟不可恃，抑亦不必恃也（《韩非子·五蠹篇》所说）。于此而仅恃道德责任心，安于不完全之制裁，则是国家自放弃其责任也。夫人类之相率而组织国家，诚以不完全之制裁，不足以确保秩序而增进幸福，而思有所以相易也。若既有国家，而制裁之不完全，仍一如其前，则人之乐有国家也，奚为也哉？准此以谈，则强制的法治，非徒国家之权利，抑又国家之义务也（《商君书·开塞篇》所说）。凡此皆法家之理想，与儒家绝异者也。平心论之，则儒家对于国家之观念，实不如法家之明了。非直儒家，即道墨诸家皆然。盖儒道墨之论治也，其主观的能治之方针，虽各各不同，而客观的所治之目的物，则皆认国家与社会为同物。故三家者，与其谓之国家主义，毋宁谓之社会主义之为尤得也。我国之有国家主义，实自法家始。

（四）势治主义与法治主义

法治必藉强制而始实现，强制必藉权力而后能行。故言法治者，动与势治相混，几成二位一体之关系（法家以势治立言者甚多，今不暇枚举）。虽然，法家决非徒任势者，且决非许任势者，凡以势言法者，非真法家言也，今述其证。

《韩非子·难势篇》：慎子曰，飞龙乘云，腾蛇游雾，云罢雾霁，而龙蛇与螾螘同矣，则失其所乘也。尧为匹夫，不能治三人，而桀为天子，能乱天下。吾以此知势位之足恃，而贤智之不足慕也。尧教于隶属而民不听，至于南面而王天下，令则行，禁则止。由此观之，贤智未足以服众，而势位足以任贤者也。应慎子曰，飞龙乘云，腾蛇游雾，吾不以龙蛇为不托于云雾之势也。虽然，专任势足以为治乎，则吾未得见也。……夫势者，非能使贤者用己，而不肖者不用己也。贤者用之，则天下治；不肖者用之，则天下乱。人之情性，贤者寡而不肖者众，而以威势之利，济乱世之不肖人，则是以势乱天下者多矣，以势治天下者寡矣。……吾所以为言势者，中也。中者，上不及尧舜，而下亦不为桀纣。抱法处势则治，背法去势则乱。

此言法治与势治之区别甚明。势也者，权力也。法治固万不能舍权力。然未有法以前，则权力为绝对的；既有法以后，则权力为关系的。绝对的故无限制，关系的故有限制。权力既有限制，则受治于其权力下者，亦得确实之保障矣。此义也，诸法家中惟韩非最能知之，其他亦有见及者。

《韩非子·八说篇》：故仁人在位，下肆而轻犯禁法，偷幸而望于上。暴人在位，则法令妄而臣主乖，民怨而乱心生。故曰，仁暴皆亡国者也。……人臣肆意陈欲曰侠，人主肆意陈欲曰乱。

又《难一篇》：人主当事，遇于法则行，不遇于法则止。

又《大体篇》：不急法之外，不缓法之内。

《文子·上义篇》：古之置有司也，所以禁民使不得恣也。其立君也，所以制有司使不得专行也。法度道术，所以禁君使不得横断也。人莫得恣，即道胜而理得矣。

《管子·任法篇》：君臣上下贵贱皆从法，此之谓大治。……此圣君之所以自禁也。

《法法篇》：不为君欲变其令，令尊于君也。……故置法以自治，立仪以自正也。

又《权修篇》：地之生财有时，民之用力有倦，而人君之欲无穷。以有时与有倦而养无穷之君，而度量不生于其间，则上下相疾也。

又《君臣篇上》：有道之君者，善明设法，而不以私防者也；而无道之君，既已设法，则舍法而行私者也。

综上所述，则法家非主张君权无限说甚明。谁限之，曰自限之。自制法而受限于法，故曰自限也。此管子所以言自禁，文子所以言禁君也。夫商君以任势闻者也，然犹曰："以法正诸侯，非私天下之利也，议为天下治天下。……今乱世之君臣，区区然擅一国之利，而当一官之重，以便其私，此国之所以危也。……是故明王任法去私。"（《修权篇》）然则法家言与彼野蛮专制之治，又岂可同年而语耶？

（五）法治主义之发生及其衰灭

法治主义起于春秋中叶，逮战国而大盛。而其所以然者，皆缘社会现象与前古绝异。一大革命之起，迫于眉睫。故当时政治家不得不应此时势以讲救济之道。郑子产铸刑鼎，晋叔向难之，子产曰，侨不才，不能及子孙，吾以救世也（《左传》昭六年）。救世一语，可谓当时法治家惟一之精神，盖认为一种之方便法门也，当时论法律学研究之必要者尚多，今更举之。

《商君书·开塞篇》：今世强国事兼并，弱国务力守。上不及虞夏之时，下不修汤武之法，故万乘莫不战，千乘莫不守。此道之塞久矣，而世主莫之能废也。故三代不四，非明主莫有能听也。古之民朴以厚，今之民巧以伪。故效于大者，先德而防；治于今者，前刑而法，此俗之所惑也。

《韩非子·五蠹篇》：夫古今异俗，新故异备，如欲以宽缓之政，治急世之民，犹无辔策而御悍马，此不知之患也。

《淮南子·要略》：齐桓公之时，天子卑弱，诸侯力征，南夷北狄，交伐中国，中国之不绝如线。齐国之地，东负海而北彰河，地狭田少，而民多智巧。桓公忧中国之患，苦夷狄之乱，欲以存亡继绝，故管子之书生焉。……申子者，韩昭釐之佐。韩，晋别国也。地墽民险，而介于大国之间。晋国之故礼未灭,韩国之新法重出。先君之令未收,后君之令又下。新故相反,前后相缪,百官背乱,不知所用,故刑名之书生焉。秦国之俗,贪狼强力,寡义而趋利,可威以刑,而不可化以善;可劝以赏,不可厉以名。被险而带河,四塞以为固。地利形便,畜积殷富,孝公欲以虎狼之势而吞诸侯,故商鞅之法生焉。

当时诸家书言法治主义之万不容已者尚多,匪暇枚举,若淮南子此论,于其所以然之故,最能道破矣。大抵当时法治主义之动机有二:一曰消极的动机,二曰积极的动机。消极的动机者何?其在国家内部,阶级制度之敝,已达极点,贵族之专横,为施政上一大障碍,非用严正之法治,不足以维持一国之秩序。故商君变法,劓公子虔而黥公孙贾。其他如子产、李悝、申不害之流,皆莫不首锄贵族,盖非是而国家内部之统一,将不可望也。积极的动机者何?当时交通既开,兼并盛行,小国寡民,万不足以立于物竞界。故大政治家,莫不取殖产主义与军国民主义,[①] 即所谓富国强兵者是也。而欲举富国强兵之实,惟法治为能致之。盖非是而国家外部之膨胀,将不可望也。由是观之,则法治主义者,实应于当时之时代的要求,虽欲不发生焉而不可得者也。

故法治主义对于其他诸主义,最为后起,而最适于国家的治术,今比较而示其位置。

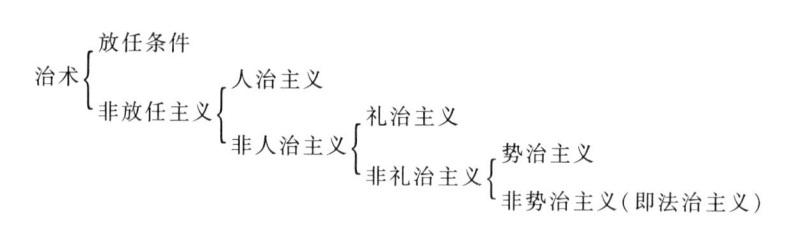

```
治术 ┬ 放任条件
     └ 非放任主义 ┬ 人治主义
                  └ 非人治主义 ┬ 礼治主义
                               └ 非礼治主义 ┬ 势治主义
                                            └ 非势治主义(即法治主义)
```

法治主义对于放任主义,则彼乃不治的,而此乃治的也。其对于人治主义,则彼乃无格式的,而此乃有格式的也。其对于礼治主义,则彼乃无强制力的,而此乃有强制力的也。其对于势治主义,则彼乃无限制的,而此乃有限制的也。此法治主义之位置也。

[附言]:势治主义与人治主义略相类,似不得区别。惟人治主义,墨家及儒家中一部分所主张也(墨家专标尚贤为一宗旨,明是人治主义。儒

---

① 原文为"军国民主义",衍"民"字。

家中则荀子实持人治主义者也）。势治主义，法家中一部分所主张也，言人治主义者，徒恃感化力，而不恃制裁力。言势治主义者，则以制裁力为神圣，而谓此力由自然人之君主而来者也。法治主义，亦认此力由君主而来，而属诸国家机关的君主，不属诸自然人的君主矣，此其所以异也。

夫以法治主义之适于国家的治术，既已若此，宜其一度发生之后，则继长增高，有进无已。乃其占势力于政界者，不过百数十年，不移时而遂归澌灭者何也？吾推求其原因，有三端焉。秦汉以还，骤开布衣帝王布衣卿相之局，所谓贵族阶级者，消灭殆无复痕迹。而天下一家，又非复列国并立弱肉强食之旧。于是所谓时代之要求者，就消极积极两方面观之，其需要法治之亟，已不如其前。故战国时句出萌达之国家观念，渐成秋扇。而固有之社会观念，复起而代之。夫法治主义与国家观念，密切而不可离者也。国家观念衰，则法治主义随之。此其衰灭之原因一也。我国人最富于保守性质，而儒家学说，适与之相应。法家学说，适与之相螯。儒家既缘旧社会之惯习，而加以损益，有以合于一般之心理。而派中复多好学深思之士，能继续其学以发挥光大之。法家既以后起，其剧烈之改革，逆乎人心。而其中实行家多，理论家少。秦汉以还，无复有能衍其学说以与旧派对抗者。此其衰灭之原因二也。法律原与道德相互为用，盖社会之制裁力，与国家之强制力，是一非二。故近今法治国之法律，莫不采人道主义。虽谓法律为道德之补助品焉可也，然则谓有法律而可以无道德焉，其不当也明甚。谓有法律而不许复有道德焉，其滋不当也明甚。而法家一部分之说，动走于极端，认道德之性质与法律之性质为不相容。以排斥道德为一种战术。夫即以今世之法治国，使其举一切教育事业悉蔑弃之，仅以法律为维持社会秩序惟一之器械，则其社会现象，复当何如？太史公曰，法令者治之具，而非制治清浊之原。斯言谅矣！以今世之法治国，有完全之国家根本法者，而徒法犹且不可，况乎战国时代所谓法治，其机关之整备，其权限之严明，远不如今时，而乃先取道德而挤排之，虽足以救一时，而其道之不可久，有断然矣。此其衰灭之原因三也。

综此三因，故法治主义，虽极盛于战国之季，然不移时而遽就灭亡。秦并六国，大一统，主政者实为李斯。李斯本荀卿之徒，而应于时代之要求，不得不采用法家说。以荀卿之人治主义与不完全的法治主义相和合，则成为势治主义而已。其于法治主义之真精神，去之远矣。然则李斯实用术者，而非用法者也（参观附言）。故谓法治主义逮李斯而已亡可也。及汉之兴，萧何用刀笔吏佐新命，入关首收秦律，因沿以制汉律，然简单已甚。张苍以明律为丞相，然寡所设施（《史记·张丞相列传》云：是时萧何为相国，而张苍乃自秦时为柱下史，明习天下国书计籍，苍又善用算律历，故令苍以列侯居相府。然则萧何律殆由苍起草耶?）。其大师见于史者，惟有一张恢〔《史记·晁错列传》云：学申商刑名于轵张恢生所。（索隐云轵县人张恢先生）与洛阳宋孟及刘礼同师。然则张恢必当时法学大师也〕其势力固已不逮儒家远甚。孝文虽好之（《史记·儒林传》云：孝文好刑名之言），然方欲与天下休息，未遑实行。窦太后又好黄老术（亦见儒林传）。盖文景间实放任主义制胜之时代也。孝武即位，杂用儒法，互相水火（今传《盐铁论》一书，后汉桓宽撰，乃叙述始元六年丞相御史所举贤良文学论辩盐铁均输之利害者也。两党各持一见，互相诘难，洋洋十数万言，实儒法兴亡之一大公案也。其事虽在昭帝时，实则两家冲突之局当武帝时代最甚也）。卒乃表章六艺，罢黜百家。儒术立于学官，尊为国教。自兹以往，法治主义，殆见摈于学界外矣。其后虽大儒马、郑二君，亦著汉律章句，魏明帝时，曾置律博士（《晋书·刑法志》云：叔孙宣、郭令卿、马融、郑玄诸儒章句，十有余家，家数十万言。又云：卫觊请置律博士，转相教授，事遂施行），然皆属于解释派，非复战国法家之旧。且其学不昌，盖自汉以来，法治主义陵夷衰微，以迄于今日。

〔附言〕：当时法家言，以法术对举。《韩非子·定法篇》云："申不害言术，而公孙鞅为法。"又云："徒法而无术，徒术而无法，不可。"盖法与术非同物甚明。法乃具体的，而术乃抽象的也。若李斯，谓之能用术则有之，谓之能用法则未可也，故不可指为纯粹的法家也。

〔本书版本据《梁启超法学文集》，范忠信选编，中国政法大学出版社2004年版。选编者注：选自《饮冰室合集》第2册；《饮冰室合集》为中华书局1936年版，1941年重印，1989年影印再版时将原40册合为12册，分《文集》（1~5册）、《专集》（6~12册）两大部分〕

中国法律发达史

杨鸿烈　（1930）

导　言

一　中国法律之特点与其在世界文化的位置

威尔逊（Woodrow Wilson）曾说："凡法律非能通万国而使同一。各国皆有其固有法律，与其国民的性质同时发达，而反映一国人民的生存状态于其中，并包孕人民政治的和社会的判断。虽专制君主设施政令，或破坏法律的原则，或判断诉讼不遵公义，但究以国民的风俗历史行其法律，所以君主只能变更法律的适用，却不能改换法律的本质；就是他能变更的也不过以他憎恶的少数人为限，却不能显然违背国法的常态。"①

我们中国的法律自然也是中国民族固有的产物，从殷周起，经过春秋、战国、秦、西汉、新莽、东汉、魏、蜀、吴、晋、宋、齐、梁、陈、隋、唐、宋至明都是汉族一系相传，循序进展。中间虽屡有北方野蛮民族的侵入，如晋末的后赵、前秦、后秦、南燕，北朝的后魏、北齐、后周，五代的后唐，宋以后的辽、金、元、清各朝，虽立国的久暂不同，但都是努力汉化；而编纂法典、传播法律知识诸事，尤有可值得赞美的成就，因此中国法律绵延四千年才不至中断，在世界五大法系中——罗马法系、英

---

① 参看威尔逊的《国家论》（The State）第十四章，《法律的性质和其发达》（Law, Its Nature and Development），第五百九十八、九两页。

国法系、印度法系、回回法系——能独立自成一个系统，并且是日本明治维新以前法律惟一的典型。

中国法律的特点，自我们中国人——生养于农耕的宗法社会的人看来，自然是"相处若忘"、"习与俱化"，很不易觉察。但在逊清末叶，欧美帝国主义者不远万里而来，打破我们数千年"离群索处"的清梦，强迫我们与之通商，这样，关系便日愈密切，于是就引起他们了解中国法律的必要，尤其是《大清律例》，他们有深邃的研究、确当的批评，① 现引巴系佛尔特（James W. Bashford）著的《中国》一书第十一章"中国法律"所列举中国法律的十大特点如下：

第一，中国古代法律几乎对于每一种犯罪都规定有身体刑（corporal, or physical punishment）。

第二，中国法律以科罚严厉著称，但在执行时又可减宥（leniency）。

第三，中国法律条理异常清晰，如此则每一特别案情可得确切的判决（exact justice）。

第四，中国法律在本国区域内有最高无上的权力。

第五，中国司法的管辖是受流行全国的地方自治政府的限制。

第六，中国立法制度是皇帝的敕令较一切地方规程为优越。

第七，中国司法缺少辩护的规定（provision for litigation）。

第八，中国司法管辖的特点即在诉讼程序的方法上。

第九，中国立法最显著的地方是社会对犯罪须负责任。

第十，中国司法机关最大的弊病便是司法权行政权为"同一的官吏所掌握"。②

他这十款虽是归纳大多数"生息于和我们中国人不同的罗马、英美法系学者的意见"，但还嫌不完全、不精密。近数十年日本承受西方法学而能发扬光大的也有很不少的人，就中整理中国法律古籍的虽寥若晨星，但如浅井虎夫所著《中国法典编纂沿革史》（陈重民译本）第十四章也有批评说：

次即中国法典内容上之特色而观察之，可得其三要点焉：③

---

① 关于这事出版的书籍，在下面又说。
② 参看 China, Chap. XI, pp. 274 - 783。
③ 浅井虎夫著：《中国法典编纂沿革史》（陈重民译本），第百九十一至百九十三页。

第一，私法的规定少而公法的规定多也。上下四千载，法典数百种，无虑皆公法典之属，而私法典乃无一焉。其为今日私法典规定之事项亦惟包含于此等公法典之内，绝无有以为特种之法典而编纂之者；且此等公法典中之私法的规定亦云仅矣，故如亲族法之婚姻、离婚、养子、相续，物权法之所有权、质权，以及债权法之买卖、贷借、受寄财物等事，亦惟规定大纲而已。……

第二，法典所规定者，非必现行法也。盖中国法典率以理想之法典为的，苟认为良法虽非现制，亦必采入法典之中，李东阳《进正德会典表》所谓"令之善者，虽寝亦书"是也；此外记载过去之事例，或以虽非现行法，而留备参考；或以祖宗成宪不可易，而死法亦敬谨保存者，则《清律》其适例也；又如《唐律疏义》① 关于应科死刑之罪，及其执行方法，皆有详细之规定，而在当时实未尝实行也。……

第三，中国法多含道德的分子也。中国古法受儒教之影响，多含道德的分子；以故道德法律，往往互相混同。……

王世杰教授在北京大学《社会科学季刊》（第三卷）第一号② 又统括地说：

第一，中国向来是道德与法律的界限没有十分划清的。中国历朝刑律，诚然包括了许多不应列入刑律以内的事体，所以论者（按即指浅井虎夫）尝说中国法律之未能进化，便因为中国人硬将中国民族所有的理想都纳入法典里面去。但中国的法典范围尽管甚广，而凡道德思想之著于经义而未被法典包括，或法典之所定而未能符于经义者，则经义之效力往往等于法律，或且高于法律。这种情形在去古未远的汉代，有董仲舒辈据《春秋》经义以决狱等事可为佐证；汉代以降，形式上虽或不会似汉代明认经义可以折狱，实际情形固亦如此。……

第二，中国法典的范围尽管甚宽，然而法律之存诸习惯者仍属甚众。中国历代法典对于近代民法典中所规定之事项规定极少，盖钱田户婚等事多只涉及私人与私人间之利益关系，专制国家以为与公益无涉，遂俱视为

---

① 按系《唐六典》。
② 原文系王世杰先生就程树德《九朝律考》、浅井虎夫《中国法典编纂沿革史》和校勘本《宋刑统》三书的出版所写的一篇书评，载《北京大学社会科学季刊》第三卷第一号，1935年12月。——校勘者注

细故，因之律文亦多所疏略（钱田户婚等案大都可由初审衙门判结，命盗等大案则否，即此亦可想见其重视刑事案而轻视今人之所谓民事案），然钱田户婚等事之未经律文规定者，却亦大都有习惯法在那里支配。

第三，"科比"之制是数千年相传而未尝变更的。凡律无正条之事件，执法的人一方面固尚得诉诸律文以外之经义，一方面尚得比律文而科罪；所谓"无律文则无刑罪"（nullum crimen, nulla poena sine lege）的原则，是中国历来所无的观念。所以中国旧律中，就是刑律，也有今人之所谓"条理"在。

第四，律文以外，尚有许多的"例"，而"例"之效力抑且往往高于律文。这也是中国旧律的一种特殊现象，这种情形始自何代，愚虽尚未及细考，然清代则在在有明文可稽。譬如嘉庆续修《大清会典》卷四十一所云："凡引律必全引其本文，例亦如之。有例则置其律；例有新者则置其故者；律与例无正条者得比而科焉。"便即一面承认科比之原则，一面承认例之效力高于律文。又《刑案汇览》（续增刊）第十四卷亦载有"查律乃一成不易，例乃随时变通。故有律本轻而例加重者，亦有律本重而例加轻者"等语，律例之互异，从可想见。盖专制之国，君主便即万法之源，律固出于君主，例亦往往系曾经奏请君主核准之案，律与例之关系，与今人之所谓根本法①与普通法的关系，或法律与命令的关系，或法律与判例的关系初不完全相似。

第五，中国法典所载律文，就在当时也并不都是现行法。这更是中国历代法典的一种奇特现象。……有时一种律文虽是已经废止的律文，虽于法典成立后亦并不叫他发生效力，然而编纂法典的时候，或因留备参考，或因不敢删削祖宗成宪，便仍将那种律文保留在内。譬如"八议"之制（即对于亲、故、贤、能、功、贵、勤、宾八个阶级的犯罪，所设定之一种特殊保障），自唐以降，历朝刑法典固莫不予以保存，清代历届刑律亦莫不保有此制。实则《大清会典》早经声明八议之条不可为训，虽仍其文，实未尝行；而雍正六年且有明谕申述此意。此类情形并不限于清律。

但中国法律虽说从现代法学的眼光看来并不算完美，而其自身却是很有条理统系，绝无混乱矛盾的规定。就现存的法典而言，唐代《永徽律》

---

① 原文此处漏"法"字。——校勘者注

（即《唐律疏义》）为《宋刑统》所根据，《大元通制》影响明太祖洪武三十年更定的《大明律》，又为《大清律》所本，《唐律》和《大明律》如此的领袖两种形式[①]的法典，经我几年重新爬梳整理之后，更觉得中国法律在全人类的文化里实有它相当的——历史上的位置，不能说它不适用于今日个人主义、民权主义的世界便毫无价值。英国《爱丁堡评论》（The Edinburgh Review）也极称赞《大清律》说："这部法典最引我们注意的事便是其规定的极近情理，明白而一致——条款简洁，意义显霍，文字平易。全不像别的使得人嫌怨的东方好自炫的专制君主那样文饰夸张，但每一规定都极冷静、简洁、清晰，层次分明，故浸贯充满极能实用的判断，并饶有西欧法律的精神。"[②] 这样就可见中国法律是为世界上过去数千年人类的一大部分极贵重的心力造诣的结晶，不惟中国人民应该知道，就是一般欲了解世界文化全体真象（相）的人也万不能熟视若无睹，并且应该加以精细研究。现且列举欧美、日本人近年关于中国法律的著作如下：

英文有：

E. Alabaster, "Notes and Commentaries on Chinese Criminal Law."

G. Jamieson, "Chinese Family and Commercial Law."

别的散见在讲中国事物的书籍里面实是可以汗牛而充栋的。

法文有：

H. Cordier, "Bibliotheca Sinica", 2édit., Paris E. Guilmoto, 1904 – 1908, avec supplémen ten. cours de publication (v. tome Ⅰ §Ⅸ, Juresprudence, Col. 545 – 558).

E. Pelliot, "Notés de bibliographie Chinoise", Ⅱ, le Droit Chinois, Hanoi, 1904 (extr. du Bulletin de l'Ecole francaise d'Extrême – Orient, Ⅸ, No.Ⅰ, Jianucermars 1909).

L. Wieger, S. J., "La Chine a trauers lesâges", 1920 (V. L'Indx

---

① 原文如此！——校勘者注

② Vol. XVI (1820) p. 476. English edition.

bibliographique, p. 485 et suev.)

德文有：

Heinrich Platz, "Gesetz und Recht in ancient China nach chinesischen Quellen (Alhan dle, d. K. Akad, d. Wiss. I KI., Xbd.), Ⅲ abtheil," München, 1865.

日文有：

浅井虎夫著《中国法典编纂沿革史》（陈重民译），《中国法制史》的一部分；

东川德治著《支那法制史研究》。

这样可见中国法律在最近几十年内亦已引起世界学者的注意，但可惜欧美法家所根据的多只是一部《大清律例》，而日人如浅井虎夫也只研究"法典"，不及法院编制、诉讼法、刑法总则、分则、军法、民法和法律思想，所以都不足以囊括中国法系的全体，但只"窥豹一斑"而已，所以我这部书就为弥补这种缺憾而作。

二 本书研究的范围和目的

这书的范围和目的大概可借马克丹纳尔（John Macdonen）和曼逊（Edward Manson）合编的《世界大法家传》（Great Jurists of the World）里的话来说明，即"法律可从许多方面研究——如研究其历史的演进及其与当时情势消长的关系，或其立法意旨之归宿或其多数基本原理之哲学意蕴"。[①] 再详细地说，我这书是以三项特殊的研究为主干：

第一，沿革的研究。

这项即以研究中国法律演进的历史为目的。如中国最古的成文法典是

---

① 马克丹纳尔、曼逊编：《世界大法家传》，第58页。

战国魏李悝作的《法经》六篇，往后西汉萧何曾为《九章》，^① 到了三国时的魏竟加多一倍以上，成《魏律》十八篇，经过晋南北朝，就有《梁律》二十篇。这种突飞的进步，是任何读史的人都要惊讶的。隋唐以后竟保存下几部完整的法典，使我们读过之后也觉得中国法律并非停滞着不进步，如《宋刑统》虽全然抄袭《唐律》，《大清律》又抄袭明太祖洪武三十年的《改定大明律》，但《宋刑统》引当时的"敕"、"令"和臣下的"参详"很多，《大清律》的"条例"尤繁多得不可胜数，再加上蒙古朝廷颁布的《大元通制》、《元典章》，明太祖洪武三十年根本改造那部《唐律》而另成一部篇目增多、条理精密、为中国自古以来最成熟的法典《大明律》。再如清代光绪末年沈家本等删节《大清律例》而成的那部《大清现行刑律》，即受罗马欧美法系的影响而铲除比较不合时宜的野蛮刑名，打破《元典章》、《大明律》以来的六曹总目的旧体制，很能适应新环境，而又不失中国法典的本来面目。直到民国七年，王宠惠等经过一番精细的研究日本法学者冈田所代我国起草的《新刑律》之后，便能批评其阙失，重新参考各国刑法，斟酌本国情势，定出一部最完备、最科学的《刑法第二次修正案》，这样就使我们深信中国法典是进步的，其内容并不如一般人所想象那样"陈陈相因"，而却是各朝代有各朝代的特色。

第二，系统的研究。

这项以研究中国法律的原理为目的。中国法律的特点已如前引巴系佛尔特、浅井虎夫、王世杰教授所说，而在我这书里所占去大部分的篇幅也是在指摘出中国法律所根据的原理显与其它如罗马、英美、印度、回回等法系不同。中国自汉以后是受儒家学说的支配，所以对于"名教"——尊卑等差的分别特为严厉，如告诉尊长权的限制、诬告罪、掘墓残尸罪、奸非罪、杀伤罪、窃盗及强盗罪等，对卑幼皆加重科罚，尊长犯者则减等或竟无罪，数千年皆"如出一辙"，试比较这本书各章的"刑法总则、分则"和"民法"就知道了，我在此处不过举一个例以便说明而已。

第三，法理的研究。

这项以研究中国历代法家的思想为目的。中国在战国时曾产生一大批

---

① 原文误为"《六章》"。——校勘者注

法律思想家诠释法理，昌言法治。同时承孔子衣钵的孟轲、荀卿也各有其德治主义，老子、庄周又主张"无为"，这样泛泛的讨论影响于后世的司法颇为不小。自汉文帝废除肉刑，到了东汉光武时杜林就上言恢复肉刑，接着崔寔、荀彧、仲长统和魏的陈群、钟繇、傅干，晋的刘颂、卫展，北宋的曾布都有过"持之有故，言之成理"的动议；在反对恢复肉刑方面的人，东汉则有孔融，魏有王朗，晋有周𫖮、桓彝、孔琳之，南宋有马端临，他们的论战远不如"正组"的明切犀利，但因时势推移，人心已惮于改革，所以终归"反组"胜利，这是中国法律思想史上的一桩大事。还有自东汉王符、崔寔反对君主赦罪之后，五代时后晋有张允，元有赵天麟、苏天爵都衍其余绪，成为中国法律思想上的一个特殊问题。此外如反对"赎罪"、"讯刑"，主张"法律平等"的也不乏其人。而在民法婚姻方面，明代宋濂首先提出婚姻解除的"恶疾"与"无子"两个条件的规定为不合理，王祎和清代的钱大昕又出面拥护"七出"说。他们的辩争在今日看来，也还是很有趣味的，所以我说战国以后非无法律思想，不过不像战国"诸子争鸣"，锋芒万丈，而却要专就几个特殊问题加以讨论罢了。假如学者不注意这方面，那么又怎能知道中国自汉代以来也产生过许多法律思想家呢？

由上面三项研究的目的看来，可知我这书的范围较普通的法律史为广。都德龙（Pierre De Tourtoulon）所著《法律发达的哲学》（Philosophy in the Development of Law）书里有说："法律史的目的是研究制度和法律的原因与结果。"① 他是唯心论倾向的人，所以他主张司法的形式是纯粹智慧的事，除非受环境的惟一限制而外，人类本能的趋势是不能使它变异的②，换句话说，他以种族虽有不同，却于法律的内容无所影响，这是很玄学的话。所以他只把法律史的目的当做是研究制度和法律的原因与结果，太过抽象狭隘。我这书是有意表出中国民族产生的法律经过，和中国历代法律思想家的学说影响司法的状况，因此我这书的范围和目的便不能不扩大了。此外如美国著名的法学家榜特（Roscoe Pound）所著《法律史的种种解释》（Interpretations of Legal History），最先批评"伦理的和宗教的解释"

---

① 都德龙著：《法律发达的哲学》，里得（Martha McC. Read）英译本，第一章，第四十五页。
② 前书，第九十三页。

(第二章)、"政治的解释"(第三章)、"人种的和生物学的解释"(第四章)、"经济的解释"(第五章)、"伟大法家的解释"(第六章),最后提出他自己的"工程学的解释"(An Engineering Interpretation)(第七章)。他这书也是偏在哲学的和法理的解释历史,他反对以一种原理就妄想解释一切立法的现象。他说:"在一方面我们必定要注意到彼地当时社会的或文化的需要,与及他们在经济、政治、宗教、道德的调和和冲突之能力上。另一方面我们还要注意到,暗示、模仿、传统的信仰,① 特别的是表示社会的需要和普遍的安全的那种有'势所必至'或'权威'的信仰。"又在第四章说人种的和生物学的解释是去事实很远,因为社会现象是活的现象——不是机械的物理现象;又有机体是努力去适应环境,常为环境所改变,法律却不这样,是被人因环境变换用来满足需要和愿望的东西。② 我在旧作《史地新论》第七章《历史上诸种解释及其批评》也说过和榜特相似的话,现在略述他的"机械工程的解释"即包括六点:立法机关和主义对于社会实际效力的研究,制定法律最有效率的方法的研究,预备立法之社会学的研究,审判方法的研究,一种社会学的立法史,和很合理恰当的各个案件的解决的重要。总而言之,他把法学看做和"社会工程学"一样,这样是去工作全面积的一部分——即由有组织的政治社会的行动里藉有秩序的人类关系而可以建筑的一部分。现引他的原文如下:

> Let us think of jurisprudence for a moment as a science of social engineering, having to do with that part of the whole field which may be achieved by the ordering of human relations through the action of politically organized society. ③

他看"工程学"只是一种"程序"(as a process),一种"动作"(as an activity),这是很新颖而又不偏的学说,我在本书里虽不拘泥何派的解释,却也很注意到榜特所列举的那几个要点。

---

① 庞德著:《法律史的种种解释》,第一章"法律与历史",第二十一页。(原译"榜特"。——校勘者注)
② 庞德著:《法律史的种种解释》,第一章"法律与历史",第九十、一两页。
③ 庞德著:《法律史的种种解释》,第一章"法律与历史",第百五十二页。

三 研究的方法

其次便说到研究中国法律的方法，我先引日本欧美学者论研究一般法律史的方法如下：

鸠山和夫与阪本三郎合著的《法制一斑》有说："……讨究法制沿革有二法：一曰外包法制史，谓叙述法律全般之沿革，法律与国家之关系及法源等。……二曰内容法制史，谓叙述各种法律之性质及进化。……盖外包法制史者综合法制大纲而说明之；内容法制史者解分法制经纬而说明之也，彼则脉络一贯易成绚烂之美，此则纷纠错杂易招索寞之欢。"①

我这书就是兼用"外包法制史"和"内容法制史"两种方法。浅井虎夫在《中国法制史》上又分为"纵的研究法"与"横的研究法"或"体的研究法"与"用的研究法"。他说："凡研究支那法制有二方法：一纵的研究，一横的研究也。纵与横之二方面均有不可相离之关系。法制上横的研究即所谓法典之研究也，盖法典常属于静止的，一经编纂而即以不改正其成篇为限，是最富于静止状态。纵的研究则法制运用之研究也。总之纵与横之研究，所谓不离乎体用之研究者近是。

体的研究则为法典之研究。在唐如《唐令》、《律疏》、《六典》之类，在宋如敕令格式编敕条法事类之类；在明为《会典》、《明律》之类。用的研究则正式之志类，《九通》、《会要》之类也。故单就体的研究或单就用的研究，皆偏于一方而不完全，是以《文献通考》之类研究中国法制详且尽矣，然知其用未知其体也，体与用盖不可相离也。"

我这书也是互用"纵横"、"体用"的方法，再看司法部顾问法人耶士卡勒（Jean Escarra）教授讲演的一篇《中国法律之（西方）研究法》（Western Methods of Researches into Chinese Law）有说：

"观察（Observation）是第一个方法。建立每一制度的专门的结构（to build the technical structure of an institution）是第二个方法。此外即是历史的方法和比较法学的方法（history, comparative jurisprudence）。"②

---

① 《开国五十年史》，第二百九十二、三两页。
② 见《中国社会政治科学季刊》。（The Chinese Social and Political Science Review, Vol. Ⅷ, January, 1924.）

我这书是用"历史的方法"和"比较的方法"为多。其实这两种方法在我书里有极密切的关系，因为中国成文法典如现存的《宋刑统》是抄袭唐《永徽律》，一加以比较，便可见两部①法典的"律文"完全一样。惟《宋刑统》多引上宋太祖时的"敕"、"令"和臣下的"参详"，这是因时代不同，唐宋的现行法便很差异；再如明洪武三十年的《改定大明律》，虽极富有创作的精神，但一拿历史的眼光来分析，便可见其中条款沿袭自唐《永徽律》、《宋刑统》、《大元通制》的也不在少数，而《大清律》无多大改动地抄袭《大明律》，若一比较两部法典的"条例"，则又可见相异之处甚多、相同的却很少。再说有些犯罪在《唐律》、《宋刑统》科罚得很轻，到了《大明律》、《大清律》又加得很重。在前后几千年中，惟《大元通制》有优待蒙古人的规定，《大明律》又特优待军官、军人，这些事都是非用历史和比较的方法所不能得知的。总之，我们研究中国法律，实不能不综合以上三位学者所说的各种方法，然后方才不至挂一漏万。

四　法律史的史料

中国法律史的史料大概说来，民法少于刑法，时代稍晚的较多于古代。但真伪混杂，很要下一番扬拣的工夫。现在我把各朝代法律的"原料"和"副料"简地叙说一番。

我这书以中国法律起源于殷代，可惜殷代真实史料太过于缺乏（详第二章），所以只根据现已出土的一些甲骨文和王国维先生考证殷周制度与及章太炎论"法吏"、"刑名"的文字，参酌一般文化学原理加以解说。

周代法律史的原料为《书经》里的几篇《吕刑》、《康诰》、《酒诰》、《费誓》②和记载民事诉讼序一篇的《曶鼎》金文；至《汲冢周书》等只足为"副料"。

春秋时法律史的原料当然要推《左传》，这书有比较丰富关于当时法典、法院、刑法、民法的可靠史料；此外如《越国语》有越王勾践所颁布法典的条文，《齐国语》也有齐国地方法院编制和诉讼程序的记载，都是

---

① 原文误为"南部"。——校勘者注
② 原文为"柴誓"，实指"费誓"。见第三章第一节附注。——校勘者注

难得而可贵的史料；又如《诗经》的《齐风·南山》、《邶风》、《谷风》等篇有当日婚姻成立和解除的条件；至于《大雅·瞻卬》、《小雅·雨无正》、《秦风·黄鸟》等篇便全是当时司法腐败情形的写真。

从战国到秦法律史的原料即为司马迁的《史记》；副料却多，不可胜说，如《晋书·刑法志》、《唐律疏义》、《唐六典》都有；关于魏李悝《法经》六篇，便是赝品，毫不可信（详第五章）。

西汉法律史的原料，如研究编纂法典的经过，自以《史记·高帝本纪》、《前汉书·高帝纪》、《刑法志》、《萧何传》、《宣帝纪》、《元帝纪》等篇为主；《晋书·刑法志》、《唐律疏义》、《唐六典》、杜佑《通典》、《太平御览》、《白帖》、《礼记·檀弓》正义、《艺文类聚》等都是必须参考的副料。如研究西汉法院的编制和诉讼的程序，则《前汉书·百官表》、《刑法志》及各《本纪》、《列传》均为原料。研究刑名，则卫宏的《汉旧仪》和《前汉书·刑法志》及各《本纪》、《列传》或"注"亦皆为原料。此外普通的副料，除以上说及的而外，还有《周礼》郑注和许氏《说文》等书。

王莽时代的法律史料尽在《前汉书·王莽传》里，此外《食货志》也可为参考的副料。

东汉法律史的原料，因范晔撰的《后汉书》没有《刑法志》，所以应当把《梁统传》、《陈宠传》、《应劭传》、《百官志》、《光武本纪》、《桓帝本纪》等篇和叶昌炽著的《语石》卷五所录灵帝时（杨绍）①《买山莂》等作为原料，《晋书·刑法志》、杜佑《通典》等作为副料。

魏国法律史的原料，因陈寿撰的《三国志》亦无《刑法志》，惟《魏志》有《刘劭传》、《文帝本纪》、《明帝本纪》等和与魏相去不远的《晋书·刑法志》、《宋书·百官志》等，均可作为原料看待，此外如《唐六典》、《通典》、《文献通考》等均属副料。

晋代法律史的原料，自然要推《晋书》里的《刑法志》、《武帝纪》、《愍帝纪》、《职官志》等篇了；自外如《唐六典注》、《初学记》、《北堂书钞》、《太平御览》和《语石》卷二所录杨绍《买地莂》，都是极重要的副料。

---

① 根据后文添补该书作者。——校勘者注

后魏法律史的原料，有魏收撰的《魏书·刑罚志》、《官氏志》、《道武帝本纪》、《高祖本纪》、《宣武帝本纪》、《孝静本纪》、《辛雄传》、《张自泽传》等篇，副料有释道宣撰的《高僧传》二集、杜佑《通典》、《册府元龟》等书。

北齐法律史的原料，因李百药所撰《北齐书》无《刑法志》，惟《文宣帝本纪》、《后主本纪》和后此的《隋书·刑法志》、《百官志》等都有北齐时代编纂法典、法院组织、诉讼程序、刑法等的详细记载；至如颜之推著的《颜氏家训·治家篇》、《后娶篇》后也都可考察出当时民法婚姻及亲子、承继等真实情形。

后周法律史的原料，除令狐德棻撰的《周书》无《刑法志》，惟有《武帝本纪》、《卢辩传》等几篇而外，便要全靠《隋书·刑法志》才能够明白当时法典编纂的经过、刑法的详细内容。

南朝宋代法律史的原料，据沈约所撰的《宋书》仍无《刑法志》，惟有《百官志》、《武帝本纪》、《孝武帝本纪》、《前废帝本纪》、《何承天传》、《王弘传》、《顾觊之传》、《刘秀之传》等而已，此外如清代嘉庆年郝懿行的《补宋书·刑法志》，计"出《本纪》二十四条，出《列传》三十八条"，很能弥补沈约的缺漏。

南齐法律史的原料，见于萧子显所撰的《齐书》里有《百官志》、《高帝本纪》、《武帝本纪》、《明帝本纪》、《孔稚珪传》等；此外如《隋书·刑法志》、《文献通考》皆是参考的副料。

梁代法律史的原料，如姚思廉撰的《梁书》，既无《刑法志》，又没有《百官志》，只有《武帝本纪》等篇和昭明太子萧统的《文选》录上任昉、沈约等人的诉状可供援引而外，至如法院组织、刑法、民法的规定，便大部分都保存在《隋书·刑法志》里。

陈代法律史的原料，除姚思廉撰的《陈书》有《武帝本纪》、《文帝本纪》、《后主本纪》、《沈㳅传》等而外，陈代的一切法典、法院组织、刑法等都记载在《隋书·刑法志》、《百官志》里。

隋代法律史的原料，即长孙无忌等撰的《隋书·刑法志》、《百官志》、《经籍志》、《文帝本纪》、《炀帝本纪》、《李德林传》、《裴政传》等篇和杜佑《通典》、《唐六典注》均是。隋有《开皇令》三十卷、《大业令》三十卷，大多数是行政法规，小部分是司法行政，但很与民法和法院编制、诉讼程序等有关，所以应视为法律史的参考副料。

唐代法律史的原料有刘煦撰《旧唐书·刑法志》、《职官志》、《经籍志》、《高祖本纪》、《代宗本纪》、《宪宗本纪》、《宣宗本纪》等篇；欧阳修、宋祁合撰的《新唐书·刑法志》、《百官志》及其本纪列传等；又有长孙无忌、李勣等合撰的现存整部的《唐律疏义》三十卷，张九龄、李林甫先后撰成的《唐六典》三十卷；又有杜佑的《通典》，记载当日实施的司法制度。此外如白居易、骆宾王、储光义（羲）、刘长卿诸人的诗文集，都是司法实施情形参考的副料。

五代法律史的原料，有薛居正撰的《旧五代史·刑法志》、《后唐末帝本纪》、《萧希甫传》和《册府元龟》、《宋刑统》、《文献通考》、《宋史·窦俨传》、《边归谠传》等皆极重要。

宋代法律史的原料，为托克托①等撰的《宋史·刑法志》、《职官志》、《太祖本纪》、《仁宗本纪》、《真宗本纪》、《宁宗本纪》、《哲宗本纪》等和整部的《宋建隆重详定刑统》（简称《宋刑统》），王应麟的《玉海》，马端临的《文献通考》，燕翼的《贻谋录》等书；此外如司马光的《家范》、袁采的《世范》都可考见当时民法的一斑。

辽代法律史的原料，有托克托等撰的《辽史·刑法志》、《百官志》、《太祖本纪》、《圣宗本纪》、《兴宗本纪》、《道宗本纪》、《耶律庶成传》、《耶律阿没里传》和纪昀、王坦等的《续文献通考》。

金代法律史的原料，有托克托等撰的《金史·刑志》、《百官志》、《太祖本纪》、《世宗本纪》、《章宗本纪》、《哀宗本纪》、《海陵本纪》、《宣宗本纪》、《移剌慥传》等篇；又有《金国志·科条》、《熙宗纪年》、《萧贡传》等篇和《续文献通考》，叶昌炽《语石》卷三所录的一篇首尾最完全的金大定元年买地土文契，尤为中国民法史料所罕见之物。

元代法律史的原料，有宋濂等撰《元史·刑法志》、《职官志》、《世祖本纪》、《成宗本纪》、《武宗本纪》、《仁宗本纪》、《英宗本纪》、《顺宗本纪》、《谢让传》等篇；还有整部的《大元通制》、《元典章》及《新集至治条例》等书。

明代法律史的原料，有张廷玉撰的《明史·刑法志》、《职官志》、《太

---

① 《元史》的作者，今译为"脱脱"。下文《辽史》、《金史》作者亦同。——校勘者注

祖本纪》、《李善长传》等篇；又有整部的洪武三十年更定的《大明律集解附例》、《大明会典》和《明通纪》、《春明梦余录》、《续文献通考》书。

清代法律史的原料，有《康熙会典》、《世祖章皇帝御制大清律序》，刚林的《奏折》，《世宗宪皇帝上谕》，雍正《御制大清律集解序》，三泰的《奏疏》，乾隆《御制大清律例序》，道光元年、四年刑部的《奏疏》，沈家本进《大清现行刑律》的《奏疏》，《大清光绪新法令》，《大清宣统新法令》（商务印书馆出版），江庸氏所著的《五十年来中国之法制》；又有整部保存在《古今图书集成》里的《大清律集解附例》、《现行则例》二书，《大清律例增修统纂集成》、《大清现行刑律》，修订法律馆出版的《法律草案汇编》第一集《大清民律草案》五编，第二集《大清商律草案》第一编"总则商法商行为草案"、"海船法草案"等编。

民国法律史的原料，为《临时大总统宣告暂行援用前清法律及〈暂行新刑律〉令文》附《删修新刑律与国体抵触各章条》、《暂行新刑律补充条例》等民国十六年以来所公布的单行法令；江庸氏所著的《五十年来中国之法制》和修订法律馆出版的《法律草案汇编》第一集《民律第二次草案》五种，《民律第三次草案》一种，《强制执行法草案》等；第二集《公司法草案》，《票据法》第一次、二次、三次、四次、五次草案，《破产法草案》，《公断法草案》；第三集《修正刑法草案》，《刑法第二次修正案》，《改定刑法第二次修正案》。

上面所列举的史料当然不能完全包括我全书所征引及的书籍文件，不过在此处略为表示我编著这书取材的来源罢了。

（本书版本据《中国法律发达史》，范忠信、郑智、李可校勘，中国政法大学出版社2009年版。本书有商务印书馆1930年版，上海书店1990年影印版。）

中国固有法系与中国文化

陈顾远　（1952）

引言：文化与法律

　　人类创造文化，无人类即无文化。这当然是我们人类所说的文化。所以过去学者译 Civilization 为文化，而释其义为"生活的样式"（life mode），今通称为"生活方式"。虽然没有说出"人类"两字，心目中总有一个人类观念存在。因为单纯以生活方式为文化的解释，那么鸟作巢而栖息，蛛结网而觅食，蜂造窝而酿蜜，蚁掘穴而群居，有工作、有组织，不亦是生活方式吗？然而不能说它是文化！文化在现宇宙中，只是为万物之灵的人类所持有。其在心理上的起源，对于自然不特有刺激、有反应，并且经过深切的"惊奇"而求得一种妥当的安排；或不断地"发生困难之感"，不断地求其解决。若说刺激反应，甚至于仅对"存在"的简单惊奇，动物同样是有的。但因不能有妥当的安排，和不断的努力解决问题，并其它种种关系，因而文化和人类就结了不解之缘，只此一家，别无分店。

　　为文化下一个确切的定义，颇不容易，各人有各人的看法，这和对民主（democracy）这个名词下定义一样的困难。但就其整体相而观，譬如说，文化是人类生活方式的整体；文化是人类精神活动的成就；文化是人类精神努力创造出来的价值；文化是社会的人生，是立体的人生，是人类全部历史。这些都是本座谈会各位先生所提出的。以外，《易经·贲卦·象辞》，"文化"就是"文明以止，人文也，……观乎人文，以化成天下"。所谓人文，指的诗书礼乐及人伦的伦序，圣人"观人文以致化天下，天下成为其礼俗"便是。依一般人通常见解，文化就是"人类从野蛮以至于文明,其努力所得的成绩,而表现政治法律道德艺术学术及风俗习惯等之综合体"。再就其各别相而观:文化是民族团体精神的成就;文化是每一个人生活圈(life circle)对其生活方式的表现;文化是各民族在精神上不断努力的结果,而由其子孙接受并发扬光大的遗传基业。然而无论如何为说,人类独据有文化的园地,而将其他动物排除于外,在其创造、延续、发扬光大或复兴方面却是有几个基本条件的。这不特看出法律成了文化现象之一,而且是非有不可的表现。就这几个基本条件来说:

(甲)文化不是出自个性,而系创自群性;不是天才个人所能独创,而是大多数人不断努力的结果。这就和鸟作巢、蛛结网的个体行动不同。大思想家的创宗立说,必直接间接有其所承;大科学家的发明器物也必直接间接有其所取。孔子祖述尧舜,宪章文武,并与贤士大夫游,才能集大成而创立儒宗。瓦特(James Watt)发明蒸汽机,牛顿(Isaac Neuton)发现地心吸力,绝不是毫无前人的影响,只看见壶里水开、苹果落地,就会有这样的成效。而且其思想、其发明,若无多数人的领悟传播,也不能成为文化的主要部分而有助于人生。文化既然是多数人努力的结果,必须有了社会,彼此共同相处,才能达到这个目的。因社会的产生并不断地发展下去,法律便应运而起,不问其形式,不问其内容,不问其为禁令,不问其为约制,法律的核心总是社会生活的规律,而为社会心理力所表现的。所以有些学者,就说"有社会即有法",或者说法先于国家而存在。当然有这种法的社会,虽然不是国家,却是多少有公权力存在的社会,如氏族,如部落是。

(乙)文化不是处在静止的状态,是在动的状态中求其发展,纵有回澜也可望其复兴。所以有人说文化不是一种"存在",其本身乃是一种"演变"。倘若不能演变而衰微而静止,便成了死的文化,也就失了人生的价值。这和蜂群居而酿蜜,蚁群居而生活,万古不变的情形也不相同。这种变动虽然不像自然方面有一定不移的规范,有确定无贰的路线。但其动而能不忘其本,变而能广收其效。虽在被动中,还得同时要靠变动中的法律,与其配合为其支柱。否则一般文化有变动的迹象而法不变,这便是恶法;只有我国法家和西欧分析法学派说它是"胜于无法"。反之,一般文化尚在慢慢演变中,而法突然变到簇新的地步,也是不行。王莽的变法,洪秀全的建制,都归失败,就是这个缘故。总而言之,在文化的演变中,也须要有演变的法律助其演变。

有人说，教育是担负了保持文化、延续文化等等责任。实则法律也同样有这种责任。因为没有演变的法律扶助文化的演变，这种变动都是不易成功。况且教育之所以能达其功效，也是靠了法律能维持社会秩序，乃可弦歌不辍，避免了最后一课的不幸。以教育、学术等等与经济、政治、法律作一个比喻，更见得法律及一般文化在其进展中有密切的关系。教育好比文化的脑髓神经，没有它们，全身失灵，等于肉偶；经济好比血液循环，没有它，滋养无着，衰弱不堪；政治、法律好比体躯，乃是脑髓神经和血液循环所托的部分；而政治仍只算是皮肉，法律才是骨干，同样是不可或缺的。一个人只有体躯而无生命灵魂，自然不行，但是体躯，尤其骨干而不健全或有异状，也就影响了其它部分在其效能上的表现。

除了上述的人类文化两个基本要件藉知法律对于一般文化的作用外，从文化的本身而言，尚有一种状态不可忽略，那就是文化与法系的关系了。什么状态呢？有如下面所说：

（丙）文化不是以某一个生活圈为中心而延展于全人类，也不是开始即系有意识的为人类全面性的集中发展，多少是具有民族性的。虽然在最初的神权阶段，各民族的文化似乎大同小异，然而这种同，既非由于共谋，且各有其本色，更非即向同一道路发展，故仍各有其民族性。必须由各民族的文化相交流，乃可逐步融合而建立人类的共同文化。这是人类分布于全球各部分，受了自然环境影响及彼此相互模仿，致与他部分人经久隔离的事实。然而有人说，文化是人性的发展，没有东西的根本差别。就人类文化的本身而言，当然如此。因为各民族文化的内容，虽然如何不同，都是人类所创造，都是人类的文化，自然"人之所以为人"有其共同之固有点，然后才可以交流，才可以彼此吸收。一如中国文化始终是中国文化，然因时间的不同，也不妨有殷文化、周文化、秦汉文化和唐宋文化等等区别。那么在人类发展的事实上既系分区而居，分族而处，形成了许多民族，各民族也都各有其自动的单独创造文化的能力，渐次发展演变各自成其体系。依前所述法律是社会的安定力，是随着文化的演变而演变，以助长文化的演变。文化既多少具有民族性，而在同一民族生活的单位上，自然也不能离开法律，甚或藉法律的力量而使其文化传播甚远，一如由文化的传播而将法律的精神传播他处一样。因而在国际法以外，各有其国内法；在世人梦想的"世界私法"以外仍各有其国内私法。并因文化的表现于法律方面，初则各树立其民族生活单位的规律，继则彼此间的规律亦或交流而融合，于是就有所谓法系的建立。一个法系对于另一个法系而言，仍然多少带有民族性在内，尤其是由众多民族构成一个大的民族生活单位，而自创立的法系如是；或一个大的民族而分成数个生活单位而属于同一法系如是。所以一个法系广被于多数国家，也可以说是有助于各该国家彼此间为文化上的交流，逐渐收取融合之效。

一　中国固有法系的基础

法律对于一般文化的建立和发展，虽然有其极大的作用；然而法律毕竟是文化的一部分，在一个民族生活单位的文化所指示的整个趋势之下，它也不能反其道而行。如若不是这样的法律，其法律也就不能扶持其文化，甚或摧残了固有的文化。今日大陆上中共的法律就是这样。因而在一个社会，一个民族团体，有某种文化，便形成某种法律。最好的立法并不是凭着自己的意识创造某种法律，只是凭着自己的智慧选择出某种法律是民族所需要的，是社会所期望的。各种法律的分布在全世界，也就是表明了民族文化的不同，或在众异中而有其小同。同时，某一法系的昌明，至少可说其一体系的文化在法律的表现上有其优势。反之，某一法系的衰弱，若在其固有的一个民族生活单位方面，也可说是其固有的一般文化走向消沉之道。所以提到中国固有法系便不能不谈到中国文化，由中国固有文化而为中国法系的观察，乃为探本追源之论。中国文化如何影响到中国固有法系，而中国固有法系如何对中国文化起其反应，这是后话，暂且慢说。现在单从时间空间及与时空均有关系的构成元素方面，已足看出为中国固有法系基础的中国文化与中国法系的关系了。

（甲）就时间而言，中国文化为世界上最早创造的文化之一，并非由它处移来，而系创自本土。过去学者认为中国文化是外来的，为说颇多，莫衷一是。然而都不免有两个普遍的疏忽：一个是种族播迁问题和民族形成问题混为一谈，竟认为中国文化是外来的；一个是把外来文化这个支流误认为是中国文化的主流，假使有这回事的话。中国文化创自本土，不特英人洛斯（G. Ross）、罗素（Russel）、韦尔斯（H. C. Wells）、法人罗苏弥

（L. Rossomy）等承认；而且自从辽宁沙锅屯、山东城子崖、山西荆村西阴村、河南仰韶村、甘肃齐家坪等地有关于新石器时代器物的发掘，而推知当时居民的生活方式，更为中国文化独立发展的有力证据。在此期间，如系一散漫而毫无组织的生活，当然没有什么法律。然至迟在苗黎时代，根据《尚书·吕刑》所说，"苗民弗用灵，制以刑，惟作五虐之刑曰法。杀戮无辜，爰始淫为劓刵椓黥"。可知五刑之用早在尧舜以前。到了尧舜的有史时代，依《尚书》所载"象以典刑，流宥五刑，鞭作官刑，扑作教刑，金作赎刑"，而舜除命契作司徒敬敷五教外，并命皋陶作士以典五刑。本来，法律在各民族中，其发达的次序，都是刑事法先于民事法、政事法，中国在神权阶段中自亦不能例外。这些事实可说是中国固有法系的源始，而与中国文化显然可见地发生关系已在五千年左右以前。至近以尧为计，其即位在西元前二三五七年，距今也有四千三百零九年的历史。倘再退后若干年，认为春秋时代，郑国铸刑书，晋国铸刑鼎，将刑事法向人民公布出来，关闭了秘密法时代的门，而来计算其时间：一个是在西元前五三三年，距今为二千四百八十五年；一个是在西元前五一二年，距今也有二千四百六十四年。更退而以李悝撰次诸国法，制《法经》六篇为中国有成文刑事法法典之首，以之为计，时在周威烈王十九年，当西元前四〇七年，距今仍有二千三百五十九年。这都不算，单以历代律统的建立开始而言即周显王十年，秦孝公四年，商鞅受李悝的《法经》以相秦这一年，乃西元前三五九年马其顿王腓列王第二即位的时候，距今依然有二千三百十一年的历史。可知中国固有法系由其创始至于建立，最晚距今为二千三百余年。推而上之，可有五千年之久。虽然不及中国文化整体延绵的时间，但在世界各法系中，却最具有悠久的历史。这也由于过去中国文化的坚立不拔，外夷侵入中国，甚至据中国全土而有之，仍然承受中国文化，自亦维持中国法系。即以辽论，虽设制有南面、北面的不同，而仍不舍唐律的采用，其南面政制一如中国之旧，即可知之。

（乙）就空间而言，中国文化的本质，一方面具有天下一家的情调，一方面富有和平共处的精神。"送往迎来，嘉善而矜不能"，以柔远人；"继绝世，举废国，治乱持危，朝聘以时，厚往而薄来，"以怀诸侯。所以中国文化虽发扬于本土，而在国家兴盛时，环我而在的民族，都自动的吸收中国文化，沐浴其中。这就是所谓"以德服人，中心悦而诚服也"。即有时利用武力建立一个帝国，其文化仍是自然的发展，不专凭藉这个武力而为文化的侵略。所以陶恩培（Arnold Tynboee）①说，"一个大帝国的建立，往往是文化衰落的象征"。这在欧洲有其例，却不能用在中国文化方面。譬如说汉唐两个大帝国的建立，中国文化不特未曾衰落，且更显著。因为他们的征伐，是安抚其民，而非利其土地。如能降服，便可宽容；甚至用和亲政策，与其修好，绝不使用暴力，以怨报怨。即在法律上如唐律规定化外人相犯条"化外人同类自相犯者各依本俗法，异类相犯者以法律论"，这虽不合于现在的法理，但中国人不愿强使外族承受中国文物，可说是一种宽宏大度。其所以能聚各族与一炉，逐渐形成一个伟大的民族，为固有文化加以新血液，正因帝国的建立有助于文化的发展，这是中国文化的特异处。既然如此，因而中国固有法系的力量，一方面经久在中国本土树立数千年卓尔不群的精神，一方面在有些时候也就先后发展在域外各地。但中国文化既无侵略性，而文化的被外族吸收又未尝以武力随其后，而法律总多少有些硬性，尤其刑事法为然。于是中国法系在域外的使用地域，也就此较中国文化其它部分为狭。然屈指计之，依然东至朝鲜、日本、琉球，西至西域各地，南至中南半岛，而北方各族在中国建立朝代的，如辽、金、元、清，也早在其南下以前，多少采用汉法以治汉人了。其中朝鲜及其以前的高勾丽、新罗、百济，不特采用中国法系，并为日本采取中国法系的桥梁。日本在明治维新以前，采用汉法，更为显著，如《近江朝廷律令》、《大宝律》等都是。琉球向来没有刑书，乃于乾隆四十年参酌清律和自己向有的例，编成《科律》，施用于全岛。安南采用中国法系自汉已然，而以黎氏一朝的律令，更形成中国法系发展到南部的国家。唐在盛的时候，所设北庭都护府，治北庭；安西都护府，治龟兹，可见西域各地承受过中国法系。又设安北都护府，治金山；单于都护府，治云中，并可证明塞北各部分承受过中国法系。这又是中国法系，在东亚各地有其特别光荣的例证。

（丙）就元素而言，文化的起源，虽有多元说与一元说的争论，但文化的延续，因其具有吸收性，更不能不采多元说。中国文化在其起源上即为多元，且不是以某一部族的文化为主体，而吸收他族文化。因为中国的

---

① 今译"汤因比"。

文化最早形态就是华夏民族的华夏文化，而华夏民族并非由一部族为主而逐渐扩大，乃系融合各部族而交错其文化，形成早期的华夏民族的华夏文化。我固不愿在这里多举各种史事为据，但大体说来，古籍上"元后"、"群后"的称谓，四岳万国的记载，以及关节语和孤立语的杂见古代人名事名，即可证其出多元。今人论史，或以燧人、伏羲为海岱民族，炎帝、神农为江汉民族，黄帝、颛顼为河洛民族，虽不一定即可如此分类。但南北各部族的文化，绝非出于一型，可从史实中而推知之。自黄帝与炎帝阪泉一战而后，姬姜两姓同地杂居，世为婚姻。其它各族，融合于此两族系统之内，亦或先后渐次形成华夏文化的系统。至于海岱民族，纵另有其源，但其文化自成体系，乃一事实。华夏民族对外族命名每有虫犬羊豸的边旁，如蛮、狄、羌、貊等称，独对东夷，以人持其弓为喻，相当尊敬，便知其然。有人谓殷即东夷一支，殷周文化两代，是华夏文化中又有夷的一部分的成分。并据钱穆《中国文化史导论》称，洛水流域的夏部族向北渡黄河而与汾水流域的虞部族接触，后来又由定居渭水下流的周部族与其接触，三族文化很早的就融成一体。那么，殷周文化的汇合，又可说东西两部族的融合了。然无论是南北两文化体系的融化，或东西两文化体系的合流，夏的为言，并非如章太炎所说，谓发源于汉水，实乃自称其为"人"。如"夏"字古写为夔，像人也。因为出自多元，便有诸夏之称。"华"字也不是章太炎所说的起源于华山，乃系文明的意思。既有华夏之称，可简称为夏，也可简称为华，于中国两字相通，便有了中夏中华之称。华夏文化创立后，由周至秦，更与东夷文化，荆蛮文化，吴越文化，北狄文化，西戎文化互相融合成为秦汉统一后的汉族文化。自汉以后，匈奴、东胡、南蛮、百越、氐、羌渐次加入汉族的队伍。中经五胡乱华的结果，又接收了鲜卑、柔然等族的文化，构成了隋唐时代中华民族再次形成，而增加了文化方面的新血液。唐又吸收了西域各邦的文化，而宋代并将印度佛教的文化吸入儒说之内。契丹、女真、蒙古、满洲人据中国，加入中国文化圈不算，明代西方基督教东来，又与西方的文化开始接触而至今日。总之，始终多元的中国文化，影响到中国固有的法系方面，无论其创始，其建立，其延续，也是同样情形。

为中国法系最原始的刑事法，依前所述，至少在最初有两个来源。一个是苗民所创的五虐之刑，一个是唐虞所创的流放窜殛，另有鞭扑赎三种轻刑。五虐之刑最初在北方部族使用，是专对异族而设，《吕刑》所谓"报虐以威"是。《舜典》并载舜命皋陶的话"蛮夷猾夏，寇贼奸宄，汝作士，五刑有服"，是很好的证明。到了周代尚有"刑不上大夫"的话。在最初，大夫都是同族，自然不用五刑的；只有臣民，大半都是异族，便作了五刑的对象了。所以"德以柔中国，刑以威四夷"就成了两种名言。刑既对异族而用，那么，掌刑的官便是士，士不是"理官"而是有武力的官，对于成群结伙的异族，便须用兵，这就是古人所说的"虞时，兵刑之官合为一"，而兵便成了"大刑"。《国语》载臧文仲①的话"大刑用甲兵，其次用斧钺，中刑用刀锯，其次用钻凿，②薄刑用鞭扑"，依然以用兵为大刑。所以《史记·律书》、《汉书·刑法志》，都以兵事为首；可说是对于史事，据实而书。再说，夏对刑官已有了"司寇"的名称，周更然。秦汉称刑官之长为廷尉，都多少带些历史上的气味。然既以大刑为用兵，而有征讨的事情，军队必须有纪律，《易经》上所谓"师出以律，失律凶也"。对同族的用刑，或者渐从军法开始。后来因各族融化而繁，同时贵族也或降在皂隶，刑便普遍地适用于一般人。流放窜殛，指的是"遣之远去"、"置之于此"、"驱逐禁锢之"及"拘囚困苦之"而言，如《舜典》所称"流共工于幽州，放驩兜于崇山，窜三苗于三危，殛鲧于羽山"是。对于异族，虽不完全使用五刑，对于同族却只限于"流宥五刑"。换句话说，同族犯了大罪，至多驱逐出境，"屏诸四夷，不与同中国"；犯了小罪便是处以鞭、扑、赎三种轻刑。这两个来源的刑，一个是五虐之刑，一个是流鞭扑赎，按照各民族刑事法的起源也很相合。有人说原始民族的刑事法往往有两个式样表现，一个是对外的"复仇"，那就是报虐以威的用兵；一个是对内的塔布（Taboo），即依禁令或戒条，不可接近或触犯某一定的人或物，而竟违反了，初则认为必有灾殃降临，继则加以杀害，这和流窜的意义也很相近。

　　再进一步，而以律统的建立为说，是由商鞅受李悝的《法经》以相秦，为秦变法。李悝是魏文侯的先生，撰次诸国法，著《法经》六篇，是中国成文刑典的始页。既然是撰次诸国法，当然把各国的法汇集在内，郑

---

① 原文误为"仓文仲"。
② 原文误为"锁凿"。

国的刑书，晋国的刑鼎不算，至少还必参取晋文公所行的被庐之法，郑国邓析所编的竹刑。而楚国茆门之法、仆区之法，也许都是他当时的参考。其它吴越等法，自然也在内，只是我们现在不知其名罢了。所以这些诸国包括春秋战国时代的国家在内。国有其国风，各国自然也各有其刑制，遂都被李悝集合起来，制出盗法、贼法、囚法、捕法、杂法、具法六篇，而由商鞅用在实践政治上去。李悝并不是法律思想家，而是一位法律事业家。商鞅把这《法经》用到秦国，虽然改法为律，但汉魏的人仍往往称之为"秦法经"，便知其故。那么，二千三百余年来律统的创立，也是以多元的内容而问世了。

商鞅在秦建立中国的律统，经汉律、魏律、晋律而光大。然到了南北朝分立，晋律行于南朝，刘宋仍用晋律；南齐有永明律，未施行，继而孕育成梁律、陈律，称做南支律。因陈亡国而南支律亡。但在北朝，北魏拓跋氏，异族入主中国，创立北魏律，虽曰直接宗承汉律，而北狄风尚不无多少存在。降而经北魏的《麟趾格》，而有《北齐律》，更系折衷魏晋之制，而使南北两律早在精神上融合。继之为隋开皇律，为唐律，其内容仍然是各族文化的综合体。只有由两魏系统下而有的北周律，隋大业律是继南支律而夭折了。唐承隋祚为中华民族的第三次大融合，使中国文化呈现新的形态而发展，故唐律也是集各族的精神而形成。后来五代异族朝代和辽金元能直接间接宗承唐律，这也未尝不是一个原故。

后来到了明朝，中国过去的古律，大半都已佚失，只有唐以后的刑书，还有保留者在。明太祖三次订律，唐律是重要的参考不用说了。至于是否参考了辽的条例，金的皇统律、明昌律、泰和律，也不必在这里作一个肯定的答案。但明既继元而兴，元代的条格，倒是直接的资料。当然对其有所斟酌损益。观于明律的分目，不少与元条格相同，即可知之。这又是中国律统第三次的变化，仍然是一个综合性的。满清入关虽然把明律改变为清律，但《盛京定例》等与之并行。而律中删去唐律中的私习天文条，又所以容纳西洋文化，而应时势的需要所致。

如上所说，像这样一个历史最悠久，存在最广泛，而内容又最充实最复杂的伟大法系，如凭个人之力，真要研究起来，可说穷年累月而不能尽；如要全般地描写出来，也是要费很久的时间，不是三言两语可以说完的。现在只能就大的轮廓上说明，中国文化如何影响到中国固有法系，而中国固有法系又如何对中国文化起其反应。

然而要把这两点分别出来，还有一个前提，那就是对于中国固有法系全貌的认识问题；而且在这一问题的报告里，也可从另一角度上，总括地看出中国固有法系与中国文化相互间的关系。

二　中国固有法系的全貌

一般人谈起中国固有法系，总是想到汉律、唐律、清律方面去。尤其外国学者对中国法系的认识是这样的。因而不少人说，中国过去只有威吓为性的刑罚，没有法治可言。但是一个国家立国数千年，专靠刑罚能为治吗？当然不是！又有人说，儒家是主张德治、礼治和人治的，是反对法治的。其实儒家仅是反对法家的刑治，却主张为刑治之本的法治，那就是《大戴礼记》所谓以礼度为内容的"德法"了。所以儒家不仅是伦理学家、教育学家，同时还是最伟大的法学家。而且自汉之兴，他们更变为实际的法律家。一般人对中国法系的误解，乃是只见其偏而不见其全所致。偏在哪里呢？就是重视了刑而忘记了礼；甚或仅仅重视了律而忘了其它的刑。第一个原因是以古人之误而忽略了礼的部分，第二个原因是本于今人的主观而忽略了刑的全部。

（甲）礼不是仅有的节文，实含有另一形式的法在内，其后演变而为典章制度。然在古人心目中，总是把法律的法认为是刑，孟子所谓"徒法不足以自行"，这个法便是刑。《易经》上说"利用刑人，以正法也"即是。即在法家，虽然像管子称尺寸、绳墨、衡石、斗斛等等为法；虽然像尹文子以不变之法、平准之法、齐俗之法、治众之法为法的四种形式，然其实际上所重视的还是治众之法。所以李悝就干脆把所撰的刑典称做《法经》。商鞅倒是了不得的人物，既然以法字用广义，那么，就索性改"法"为"律"。为什么改为律字而不改为其它的字？有人说律就是音乐上"六律六吕"的律，律所以正音乐的声调，亦犹刑书正罪的轻重一样。有人说律是度量衡的标准，即今日度量衡法上的"原器"，使计算长短多少轻重的度量衡，在其本身更有一个统一而确定的标准彼此不差丝毫，这和刑罚治罪而求其平一样，所以把刑书称做律。又有人说古代竹制的器物称律，刑书每每写在竹简上，如郑国邓析的竹刑是，所以商鞅改法为律。我想这些解释都不过律字的含义,而商鞅改法为律的本意只求其把刑书的名称有别于广义之法,或者称为过去既然有"师出以律"的话,就把这一部分刑法的名称,用作全部刑书的称谓。而且还有前述的种种参证,或不失为改法为律的所以然。虽然如此,但在事实上一般人以刑为法的观念,终是不能澄清,并创出法律的名词来。早期以法、律两字通用的是《韩非子·饬邪》篇"人臣又以徒取。舍法律而言先王"即是。其后,《急就章》上也说,"皋陶造狱,法律存也",《后汉书》上引张敞上疏"皋陶谟虞,造法律",唐律上也说"化外人……异类相犯者依法律论"。这法、律两字在过去仍然是偏重刑罚。为什么会有这种观念呢?这因为过去一般人对于法律的见解与今不同。我们知道今日法律,有些是命令的规定,让你如此做而不做,便有了具体的制裁:或者是刑罚的制裁;或者是行政上的制裁;或者是违警罚法上的制裁;或者是法律所许的民事关系上的制裁,不一而足。一种是效力的规定,能这样做,便取得法律上的效力;不这样做也行,但是没有法律上的效力可言。民法第九八二条规定,"结婚,应有公开之仪式及二人以上的证人"。遵照这样做,一男一女便变为一夫一妻的配偶;不照这样做,虽同居多年,儿女成群,始终是一男一女,不能禁他人称其为"姘"。但在古代的人,总觉得法律的"法"应该是有具体制裁的,而且以刑罚的制裁为主;必须犯罪才有法律。所以儒家一派的人便不主张专靠刑罚"逼"人为善,就把礼和法分开,而主张自动地去做。拿今日的眼光去看,礼在这一个观点上,大部分是一种实质的法律,然而儒家却不承认礼中含有的法。法家一流把刑律视为君主治国的杀手锏,"万事皆归于一,百度皆准于法",更是持这偏狭的见解。幸而法家随秦之亡而衰落,由儒家入虎穴、取虎子而代替了法家的地位。在霸道之中杂以王道,因礼刑合一的结果,而使刑罚走入正途。因而谈中国固有法系,我们实不能偏重了形式上的"刑律",忘记了实质上的"德法"。换句话说,我们应当站在现代的法律观点上,从实质方面认定古代法的全貌,不能因辞害义只把刑律视作中国固有法系在其内容上的整体。这不是为古人穿摩登衣裳,而是将古人的衣着为现代化的发现罢了。

"礼"在中国固有法系的观点上,除去其为道德的规律及当代社会意识的结晶以外,就是最早的政事法和民事法。换句话说,礼在儒家的心目中,范围很广,固然不限于政事法、民事法的部分,然求古代的政事法、民事法，却非求之于礼不可。从这一观点来说，首先应当注意的地方，礼并不限于繁冗的仪式或琐碎的礼节，徒有其表。这是"仪"不是"礼"，古人分别得很清楚，《左传》上并有例证。礼重在礼之义，礼之质，不重在礼之容，礼之文。礼器上说"礼之所尊，尊其义也；失其义，陈其数，祝史之事也"。因而礼在一方面固然不能轻视其形式上应有的仪文，一方面更应重视其在实质上所含的义理。孔子以礼齐民，荀子以礼定分，而更说道"绳者直之至，衡者平之至，规矩者方圆之至，礼者人道之极也"；又说"礼者，人主之所以为群臣寸尺寻丈检式也"。这和法家的法并没有大的区别，不过一个是不尚刑的"法"，一个是重刑的"法"罢了。因而《周官》一书，虽记载天子的设官分职，各统其属，各述治其事，等于今日各机关组织法的性质，便称做"周礼"；太史公述三代以降政制的损益变迁，等于今日所说的法制，便称做"礼书"。推而孔子屡次所说的夏礼、殷礼，也不外乎各该代的政事法之类。他如朝礼、觐礼、聘礼、军礼、宾礼等等，虽不一定全部等于今日的政事法，然求今日①有关的政事法也必须求之于这种种的礼。尤其以"宾礼祝邦国"更近于今日的国际法。《左传》更对古代各邦间的国际法发挥得很详。其所谓"信"，固然是"国际道德"；其所谓"敬"，固然是"国际仪貌"；其所谓"义"，固然是"国际公理"；而其所谓"礼"，便是"国际规律"。像"兵交，使在其间，礼也"一类的话，又不啻今日的战时国际法了。倘再说到民事法方面，因冠礼而知成年制度，因笄礼而知许嫁年龄，因婚礼而知婚姻关系，因祭礼②而知家族组织，因丧礼而知亲系与亲等，实在就是一部不成文的民事法。也许有人要说，这是道德，不是法律；刑律中所规定的这一类的制度，才是法，不是礼。所以中国古代民刑不分的话，这也是一根据。那么，就要问，今日已经有了民法，但刑法中牵涉到民事的部分，如遗弃，如妨害婚姻，如妨害家庭，等等，实在很多，难道也是民刑不分吗？古代虽没有民法的名称，但有礼以当之，实质彼此相同，只不过名称有异而已！

这个为古代政事法、民事法所在的礼，在秦汉以后，也有一部分渐次以成文法的形式出现。像唐宋两代存事制的"令"，隋宋两代立政事的

---

① 似应为"当日"。
② 原文误为"祭体"。

"格",历代树体制的"式",梁陈两代申政事的"科",唐元明清定组织的"典",不必每代都属于律的补充法,或代律而用之。它如汉朝的《汉仪》,晋朝的《尚书十二条》、《刑史六条》,宋朝的《绍兴贡举法》、《绍兴监学法》,明朝的祖训、诸司执掌、礼仪全书、教民榜,清朝的《赋役全书》、《漕运全书》,举不胜举,更是与刑无关,却是与礼有合。倘若把礼和这些形式上的典章制度摒诸中国固有法系对象之外,那么,中国固有法系的体相,也就贫弱得太可怜了。

(乙)刑非仅限于律,历代均有其它各种刑书及刑制为其化身。然而在今人心目中不无一种疏忽,提起中国固有法系,往往只想到律,至多想到正式的刑书,如隋唐的律令格式是。律固然在各期中居于正统的地位,但其实际的效力并不如今日想像那么大,皇帝另外有方法变更它。这在今人看来,是皇帝的权力破坏了法律,的确是一种不好的现象。然而知人应当论世,而且与中国过去的文化有关。不是随便的一刀,就可把今人所视的毒瘤,在古人身上割去。明白说来,就是在古代立法、司法、行政最后的决定权都在君主手里。然而他却不是个个都当然的如桀、纣、杨广一类人物。倘若如此,也就没有"汤武革命顺乎天而应乎人"和"闻诛一夫纣矣,未闻弑君也"一类的话留在史迹上了。法家以法律为君主造淫威,只是韩非、李斯几个人,其它法家也是主张"法为天子与天下所共","君臣上下贵贱皆守法"。儒墨各家对于君主制度,是要贤哲在位。认为君主代天牧民,非其人而当其位必败天事,故虽有其位,苟无其德,也就不许他制礼作乐。这个君主的存在,由于一般民智未开,而又要维持一个统一的局面,自有其时势上的需要,一切权力便归了他。同时由于民本主义的发达,"民为邦本"的"民有","政以为民"的"民享",都很发达到相当地步,而国家在"有道明君"的时候,得以安宁下去。正因如此,"政由民出"的"民治"观念始终没有。平民虽可"革命",或则仍让公卿摄政,如周厉王被人民所逐而由周召二公共和为政(一说是共伯和摄政)便是;或则取而代之,如汉、明两代的建立即是。君主既然全权在握,至少在宰相得人的时候而有最后的决定权,并不完全就有什么大害。所以历代的正律都是由他派大臣撰拟,请准后施行。明太祖就亲自参加订律。而"前主所是著为律,后主所是疏为令"以及临时因事而上请所得的"敕"一类的刑典,都是各该时代正式的刑律。因为皇帝是握有立法权,并握有司法权的。这种事实在客观的价值如何，乃另一问题，而在"王言即法"时代，为中国法系全貌的探讨，便不能以我们现代的主张而更改了过去的事实。然而君主既掌握一切大权，似乎是站在法律以外了。要是如此，依前所说，也就根本没有好皇帝、坏皇帝的区别了。因为君主纵然不受"刑律"的支配，但却要受"德法"的支配，"德法"就是礼。拿今日国家根本组织大法的宪法来比拟，君主因须守礼，仍须遵守不成文的宪章。哪一个好皇帝敢违反先王的成宪呢？敢破坏了天下所公认的宪则呢？至少也不敢违反本朝的祖制，违反祖制便是不孝，便是不德。明太祖不许子孙修改明律，不许设宰相，有明一代只有《问刑条例》补律的不足，只有实质上等于内相的翰林院入值的内阁学士。清代也重视祖制，人人都知道的。本于这种无文字信条的限制，好皇帝也不敢违反众议公论而创出恶法来。那么，研究刑律，也还得笼罩一切刑罚而观，不能把一切出于君主口中的，都认为是行政权侵害了立法权或司法权，像现代人所想像的。这也不是说古人的衣着式样很好，只是说在他那一大套衣着上彼此是互相配合的。

我们先就"律"的本身而言，已足看出"刑"的部门的复繁情形。汉律特指萧何的《九章律》，以外叔孙通的《傍章》十八篇，乃系《汉仪》，可以不计。但还有张汤的《越宫律》，赵禹的《朝律》，另外并有酎酒、上计、左官、钱、田各种"杂律"不下十几种。汉以后的律虽没有这样复杂，但又有了两个事实，却要注意：一是有些朝代没有律，像三国时代，只有魏律，而吴蜀均系以科代律；南朝宋无律，齐虽有《永明律》未颁行。唐到宣宗时又将一切刑律分类为门，称为《大中刑律统类》，以后就变成"刑统"之名。后周及两宋都以刑统代律。实则备而不用。自唐之末经过五代迄宋，皇帝的诏敕便代替了律。宋神宗就干脆把"律令格式"改为"敕令格式"。辽有条例而无律，金于中途才有律的颁布，而元代更只是以一时的条格为治而已。二是每朝的律，或数次修订，前后不太一致，这当然以后所修订的为准。但古代律每有注，也可得法律上的拘束力。汉律各家的注解繁多，到了魏律化繁为简。晋律，杜预、张裴两家律注并行。唐有武德律、贞观律、永徽律、开元律，不知其间有多大修改，但《唐律疏义》与律文有时不符，这虽然是"永徽律"，而律文或系"贞观律"之旧。明清各律均有官家之注。就拿律来研究已不是一件容易的事，何况汉在各律之外，还有"后主疏以为令"的"令"，有特别治罪的

"科",有比附律令的"比"及其决事比;唐在律以外,有"一断以律"的"令""格",而格实在就是敕的经久可行者。宋在"敕令格式"以外有"断例"和"指挥";明清以律例并称,以律生例,以例起例,超过了律的数量,不知多少。因而仅把历代的"律"作为中国固有法系的园地,虽然认为不失一个小天地,然而仍是坐井观天,不能达到小的应有境界。

三 中国法系的使命所在

因中国文化的创立延续,乃逐渐而有中国固有法系的形成。离开中国文化,自不能说明中国法系的使命所在。然在中国法系方面,求其与中国文化的关系,可素描、可透视。素描的结果,便知中国法系受中国文化的熏陶,而表现于外的特征,显然与其它法系有其异致。透视的结果,兼知中国法系与中国文化融和为一体而蕴藏于内的本质,随之而使中国法系的特征有所附丽。凡研究中国法系的人,莫不注意中国法系的特征;但对于中国法系的本质,往往不愿深求。最多认为本质所在,就是中国文化;而中国法系的本质,也就是中国法系的特征。诚然中国法系是中国文化部分的表现,没有中国文化也就根本没有中国法系。然而一个法系除具有文化方面的通性外,还具有法律方面的特性。这特性,只有在所谓"不法者内部法"(Law among outlaw)或认为法律是万能的场合,可不受一般文化的影响而单独存在。但民族生活单位内的法律既构成一独立体系,法律本身所具有的特性,就不免受一般文化的影响,向着同一的道路而走。纵然在人类的素质上遇有某种原因,可能与其它法系同其发展;但就实际上观察,毕竟各有其异致。这是由于各民族生活单位的文化不尽相同的关系。中国固有法系的法律,一方面无论刑或礼起源都在四千年前,并且一样经过神权阶段,然而却未留着宗教的色彩;一方面很快地跃过了像欧洲神权法说及其所支配的法律的时代,即与自然法发生了不解之缘,一切都是以中国文化为其园地而如此。因无宗教化的法律,早就重视"人情";因有自然法的灵魂,早就重视"天理"。国人到今天仍以天理、人情、国法并称,可知这种意念之深,而天理与人情也是与礼有关的事情。

(甲)中国固有法系源于神权而无宗教色彩。谁都知道,初民社会都受到神权的支配。这因为民智未开,对于自然的力量,不免受其慑伏,至少也要发生一种被动的惊异。因而各民族文化的发育，莫有不经过这神权阶段。所以初民社会的氏族，莫不各有其神，于是族长一面为政治上的统治者，一面即全族的主祀者，显然逐渐创立各种宗教而延续下去。然而也有因其它种种原因，其文化的初期虽为神权的空气所笼罩，却到后来并未带有强烈的宗教气氛。依前所述，法律既是文化的一部分，所以一个法系的第一页，若必须从初民社会的时代写起，可以说普遍的都受过神权的洗礼。因为这是人类进化史上的公例，任何文化的原始创造，谁也不能逃出这神权的圈子；尤其在多少具有组织性的事类方面如此。像最古发生的埃及法系，其早期法律与宗教关联甚密，往往不能区分。像三千数百年前创立的希伯来法系，始终是在宗教化中。而摩西（Moses）的十诫（ten commandments），说它是教条也可，说它是法律也可。像近三千年前成立的印度法系，婆罗门教徒所奉的马努法典（Laws of Manu），① 也是神权为说。四个阶级的划分，便以婆罗门（Brahman）的教徒居首，战士次之，工人又次之，奴隶最下。其后约在两千年前的亚溯迦王（King Asoka）② 即位，以佛教为国教，有诏令四十条刻于石柱，可说是一种佛教化的法律。这且不言，即专就刑罚的原始而论，前所述的"塔布"：侵犯了神圣的人物，便有了这种犯罪。甚至复仇也有多少是起于神圣人物的侵害而然。再就当时的审判而论：凡人民有争执，教主祭司有审判权，而称系由神判定其是非曲直。所用的方法如决斗（wager of battle），如奥其耳（ordeal）③都是。决斗乃原被告决斗于天神之前，理直的人经神的保佑，自然战胜理曲的人。奥其耳乃在天神面前为一种试验，能胜此试验的人，便宣告无罪。其方法有种种：或投犯罪人于急流中，浮身而出者无罪，有罪便灭顶而死；或以烧红的铁，烙犯人的身体，三日后不见灼痕者为直；或以热水使被告探之，不伤者胜。现代多少幼稚民族，还是用着这种原始的审判法。

中国文化的起源很古，当然不能没有神权这一阶段。据古代史籍传说，各部族均各有其神，并有共同的神称做天，或上帝。所以中国古代社会的组织，不特兵刑合一，而且政教合一。族长酋长握祭祀、战事、刑罚

---

① 今译"摩奴法典"。
② 即"阿育王"。
③ 意为神判。原文误为 urdeal。

三权于一身，凡"先圣之后，各姓之后，皆任其使，而供其职"，主祀的人物男的称做"觋"，女的称做"巫"。这种巫觋政治，可说是一种神权政治。尧舜时代设官分职，重在理民，似乎澄清了这一空气，然孔子称大禹"致孝乎鬼神"。殷人尚鬼更为事实，不仅巫咸为巫，并有人疑及伊尹也是觋。而周人曾经承其余绪，以土、谷两神"社稷"为国家的称谓。"社"乃后土的神，用以配天；"稷"实为谷神。周人自认稷为其始祖，也来配天。因而可说中国自殷以前，在文化的表现上，含有宗教方面的色彩很盛。为中国固有法系的两大骨干——"刑"与"礼"就在此环境中露出头角，当然也不免有了这种色彩。（1）以最初专为刑而用的"法"字来说，过去有几个写法，或写做灋，或写做佱。胡适之先生认为由佱字演变而为灋字，其实并非如此。灋字从水，从廌去。《说文》上解释法，"刑也，平之如水，从水；廌所以触不直者去之，从廌去"。廌即解（獬）廌，据说文云"兽也，似山牛一角，古者决狱，令触不直。"这绝不像张揖说"解豸似鹿而一角，人君刑罚得中，则生于朝廷，主触不直者"。实在是古人决定是非曲直，必须假名于神，把廌认为是一种神物，这和他族最古的审判，以水试验，以火试验，可说是类似的做法。（2）以较后而出现的"礼"字为说。最初兵刑合一的时候，只知报虐以威求其自保，刑事法是肇始了。然正因神权的空气浓厚，便在祭祀方面慢慢地孕育出礼，但不必即有民事法的发现，这或连政事法也不必有。因为这时候在同族间所营的群的生活，或沿袭由自然生活时代所传下的意态，或本于对自然界的一点信仰做其中事情，所谓"不识不知，顺帝之则"而已。既没有是非的观念，又没有善恶的区别。做的顺利，做下去；做的不顺利，变个样儿做，也没有人讲话。纵认为有规范，也不是统一而确定的规范。在此情形下，拿什么标准批评别人做得对与不对呢？一个人改样做了，别人改样来做，至多只算"效法的法"，并不含有墨子所说的"中效则是也，不中效则非也"的意思。所以在礼形成以前，这种无绝对是非标准的群的生活中，法既专对兵刑而言，其余的行动表现，无名之，惟有强言之曰"俗"。然既神权为治，祭祀是重，最初的祭当系顺乎自然而无成规。但在神道设教的情形下，总必有一种表示诚敬的仪式慢慢出来，"礼"的胚胎便隐藏在这里。再往以后，设敬而主祀的巫觋，为着权威的建立与维持，便不免以祸福的说法为祭仪的确定，表示出依着所示的祭仪而行的，便会得福，不然就会遭殃。有了祸福的结果，便有了是非的选择。这种确定的祭仪当然不是想这样做便这样做，而是必须这样做才行。所以现代学者追溯到礼的来源，都说始于殷的祭仪，这不过因殷世卜祭已有确实材料可考，才这样说。其实祭并不以殷为始，其起源必然很早。不过在其它事物方面还是依样照俗而做。除了对神的信仰一点外，尚无绝对的是非标准支配。《说文》上说"礼者履也，所以祀神致福也"。《礼记·祭仪》上说"礼有五经，莫重于祭"，《要义》上说"夫礼，重于祭祀"，都是表明了礼与祭的关系。而确定了礼之来源出于祭仪，遂与神权有其密切联系，不可分割。

为中国法系最早来源的"刑"与"礼"，既然都是从神权气氛中孕育而成[①]，但其发展滋生，却脱离了宗教的色彩，又是什么原因呢？总括地说，当然由于中国文化，不在宗教方面特别发展，法律当然随之而不能宗教化。但中国文化所以不走向宗教途径者，从表面上看来，是因华夏民族与其文化，出自多元，而彼此胸襟都很阔大，对于所会合的各族文化，兼容并收，仍任各族的信仰同存，因而就有了多神，自然不能形成宗教。法律是比较有统一性的，也就不能把各族的信仰规定到法律上去。然而对于共同信仰的天神，何以在中国法系上仍然没有留下宗教性的色彩呢？这有几个重要原因：第一个原因是华夏文化摇篮的中原一带，在地理上是一片平原，举目四望，天无涯而地无边。在气候上是春夏秋冬，四时分明，很有其秩序，初民对于自然虽然有所惊异畏惧，却不如他族之甚。最初对于天神固然是赫赫在上，如有其人，所谓天威、天罚、天讨、天诛等等，显然是直接的天意政治。然既称天为"帝"为"上帝"，即多少带有几分人情味。这个天神，统治一切，连君主也在其内。像《书经》上伊尹告太甲曰："呜呼，天难谌，命靡常，常厥德，保厥位，厥德匪常，九有以亡"；召公告成王曰"呜呼，皇天上帝改厥元[②]子"。天子只是上帝的代理人，不是上帝的代表者。迨后民智渐开，更倾于人事的磨炼，无需乎用宗教来维持一切。于是抽象的天意观念，渐露头角，将一具有意识的人格神，蜕变而为人事上的自然神。当虞夏时代，即有这种观念，天叙有典、天秩有礼的话头都有了。不过当时仍与直接的天意政治观念同时存在，逐渐取得了

---

① 此处原文误为"成"。——编辑校注
② 此处原文误为"之"。——编辑校注

最后胜利。先秦诸子中，也只有墨家的"尊天明鬼"，具有宗教的情调。然而他们的主要目的还是以"尚同"而齐民，以"兼爱"而兼利。因而刑罚的为用也就脱离了神而为了人。《书经》上说"汤武革命顺乎天而应乎人"，仍以应乎人为主，应乎人即所以顺乎天。这种天就不是直接支配政治的天，也就①直接管理人民的天，也就不能构成一个以上帝为主的"精神王国"。还有另一个原因，祭仪到了西周变成了划分封建等级的标准，经书②上说"天子祭天地，诸侯祭山川，大夫祭五祀，士祭其先"，又说"王用享于西山，小人弗克"。祭的本身也有了等级。天地只有天子来祭，鲁以周公之后，特别许其祭天成为荣典。到了后世，也只有皇帝祭天地，谁若郑重其事地祭起天地来，就等于谋王篡位。天既为天子所专祀，而成为天子个人的宗教，对于一般人断绝了天人两种人格者心灵上的交感，这个以天为主的宗教就很难形成。周初这种"礼不下庶人"的礼，在贵族中已经脱离了祭天地的仪，而按其祭的等级，做其应做的事情。到了东周，王纲失坠，礼治破坏，而民间因幽厉之变对直接天治的信念也有怀疑，在《诗经》上记载的很明白。儒家虽打算复西周之礼而不可能，但对礼却发生了新的解释。首先把"礼"和"仪"分开。尽管礼在祭仪方面有等级，而在礼的义方面，仍各有其所表示的仪；自天子至于庶人都要守礼，这就成统一而确定的规范。孔子主张齐之以礼，《礼记》上"礼，众之纪也"，便完全脱离了宗教化的气氛。以后各代皇帝虽有封禅郊社的典礼，且过有灾变还要罪己，这不过君主个人托治于天，以实其天与、天授、天宪、天机的话而已。至于两汉的崇信方士，六朝的崇奉佛法，唐代的推崇道家，均未纯以宗教为视，且或归入哲学的范围内，与中国法系的本质并无直接的影响。其最有关系者却是：

（乙）中国固有法系源起于天意而有自然法的精神。就法律和法学的普遍趋势而言，神权法说和受其洗礼的法律发生在先，自然法说和因之而成的法律发生在后；分析法学派的理论和实例，又在其后。以后再经演进而到现代的社会法学派和社会本位的法律。就中国情形来说，最早当然是神权法，继之而有抽象的天意政治的自然法。法家兴起，③秦用其说，俨

---

① 此处似漏一"是"字。
② 应为《礼记》。
③ 原文误为"兴趣"。

然分析法学派在中国出现。从法学和法律的进展次序上看，很和一般情形相似。然其不同的地方，就是自然法的观念发生特起，而又在法家失败后仍然支配了中国法系的法律。因为抽象的天，其对天不外乎《诗经》所说"维天之载，无声无臭，仪刑文王，万邦作孚"；文王以天为则，而取信于万邦而已。这也就是箕子所陈的洪范九畴，虽说天赐于禹，实为治天下的大法，其目有九；乃将人格化的神一变而为哲学上的自然论，即"天道"观念是。所谓"不识不知，顺帝之则"，所谓"天生烝民，有物有则，民之秉彝，好是懿德"，都是这个道理。尤其在《易经》中所说的天，均非有意识的人格神，而为阴阳变化的自然规律，故曰："夫圣人者与天地合其德，与日月合其明，与四时合其序，与鬼神合其吉凶；先天而天弗违，后天而奉天时。天且弗违而况于人乎，况于鬼神乎？"这虽推崇圣哲，但天人浑一之道却见于此。圣人是谁呢？就是说一个先知先觉者，而能知自然的规律所在，为"人定法"的所本。然而西洋学者曾攻击自然法学派，谓这并不是普遍的原理，应为客观的存在，乃系真理，人多少有其主观，如何而能知之？倘谓系由直觉知之，便是可以意会而不可以言传，别人又怎能知？结果所谓自然法者仍系学者脑髓的武断而已！这在中国过去的所谓天道、天则、天典、天秩等等，虽系先知先觉者所领悟，却不是学者的武断。因为这是出于"以先知觉后知，以先觉觉后觉"所得的共同结果。像《诗经》所说"永言思孝，孝思永则"，大家都讲孝，孝便成了永久的法则，并不是哪一个人能单独创造出自然法来。何况"天听自我民听，天视自我民视"，"天明畏自我民明威"，民意即天意就成了千古不移之论。到了现代，社会法学派虽然很盛，也有学者主张重兴自然法学说，实则我国过去的自然法观念已经含有社会法的意念在内，不是纯然学者脑筋内的产物。儒家固然是中华民族中的正统思想，它所以能取得这一地位，正因其能代表一般人的思想，所以在法系中输入自然法的观念，并以天人合一为说，就是这个原因。其实在其它各家依然有这种观念在内。老子的"人法地，地法天，天法道，道法自然"，不用说了；墨子虽以天为有意识的天，而尚同、兼爱、节用、非攻等等理论的本身，仍然是自然法的性质。即以法家的管子为言，也不否认自然法的为用，因而有人就以管子的思想含有儒法两家的思想在内。惟其如此，儒家所主张的礼刑合一，所称许的明刑弼教，才能实现出来。因为礼教都是宗承自然法而存在的。

四① 中国固有法系的特征

中国固有文化无庸否认为农业社会的文化。然无论为某一社会的文化，总是本于中华民族精神而表现的文化。它虽然在文明上莫离乎农业社会的基础，然在文化的本身上却始终把握着人文主义、民本思想而不曾放松一点。因而在中国法系的本质上虽有"国法"，而仍同时重视"天理"，重视"人情"，表现出来多少特征。这特征不能完全拿今日的眼光批评其优劣，因为它为适合当时的需要而产生的。所以有人说，任何法系的法律没有根本上优劣的不同，所不同者只是时代，只是地域而已！不过话又说回来，若是本于人之所以为人的意义所在，国家之所以立，及民族之所以成的精神所在，那却是历万古而不应当变更的。然后一个民族生活单位的文化，一个自成体系的法律，才有其灵魂，才有其使命。如今，且把中国法系的特征，做一简单的描写。这只是认识而不是评价。

（甲）礼教中心。为中国法系中心思想的儒家学说，最重视礼教。所谓"道之以政，齐之以刑，民免而无耻；道之以德，齐之以礼，有耻且格"。德与礼是致王道之本，大家能自动地尊礼而行，便可以能用刑罚。②故《易经》上说"讼则凶"，孔子说"听讼吾犹人也，必也使无讼乎"，这是儒家的最高理想。即在道家虽不主张人为的礼教，但也反对法令的滋彰，而主张其"无为而治"。然而事实上，一个社会不能没有法，也不能刑措不用，于是儒家认为第二步不得已的办法乃可用刑，使法律为道德而服役。所谓"士制百姓于刑之中，以教祗德"便是。兼以法家创立律统，到了秦汉已成为既定的事实，后儒也就深入律中，使法律礼教化。因而儒家承认刑罚的存在不过是"明刑弼教"、"出礼入刑"一番道理。《孔子家语》上说"化之弗变，德之弗从，③伤义以败俗，于是乎用刑矣"；《大戴礼》上说"礼度，德法也"，"刑法者，所以威不行德法者也"；《清通志·刑法略》上说"德礼之所不格，则刑以治之"，均系此义。因而过去儒家与法家之争，王与霸道之争，无非一"礼"与"刑"之争而已。自汉以

---

① 此处原文误为"五"。——编辑校注
② 此语似乎有误，疑为"便可以不用刑罚"。
③ 原文误为"得之弗从"。

后，法家衰而儒家盛，礼刑合而为一，刑之所禁必为礼之所不容，礼之所许，亦必为刑之所不禁，这就是《礼记》所谓"礼者禁于将然之前，法者禁于已然之后"。礼以德教为主，法以礼教为务，四维八德均可于刑律内求得其迹，法律与道德十足显示其同质异态的体相。

（乙）义务本位。礼教之本在于人伦，所谓之天下的达道有五，君臣、父子、夫妇、兄弟、朋友之交。彼此间互有其情分，各有其义务。礼是实践道德上义所当为的一种任务，希望其自动地实现出来；刑是以法律强制其实现义所当为的任务。所以法字既有"偪"的意思，而要人人实现这一义务，因而"律①"字的解释，就成了"范天下之不一而归于一"。这和罗马法系以权利为本位，迥乎不同。以权利为本位就是以个人为本位，特别重视人与物的关系；以义务为本位，可说是以社会为本位，特别重视人与人的关系。今日世界法学的趋势已进入社会本位时代，有人称做新义务本位时代。中国法系的义务本位，因其非如埃及、希伯来、印度等法系的宗教化的法律，而君权又受天道观念和民本主义的限制，因而这种义务本位，就很接近今日的社会本位理论，不像他族最早在法律上所采的义务本位，完全不合现代的时宜。

（丙）家族观点。中国向以为社会组织的单位，文化方面受客观制度的影响很深。在宗法关系上，本于尊祖之道而敬宗，本于敬宗之道而敬族。在治国道理，"身修而后家齐，家齐而后国治，国治而后天下平"；"天下之本在国，国之本在家，家之本在身"；其修身的目的在于齐家，齐家乃是治平的本源。在天则系统上，像《易·家人卦》云"家人，女正位乎内，男正位乎外，男女正，天下之大义也；家人有严君焉，父母之谓也；父父、子子、兄兄、弟弟、夫夫、妇妇，而家道正。正家而天下正"。在哲理运用上，如《中庸》云"君子之道造端乎夫妇；及其至也，察乎天地。"因而数千年间中国的社会组织，个人的地位不显，家族的观点居先，中国法系的精神就与此种现象有所呼应。

先从政事法方面而观。第一，为视家户为编组的单位。周礼乡遂之制，汉唐乡里之制，元的社法，清的保甲，无不如此。第二，为政令的所

---

① 此处原文误为"德"。——编辑校注

托。设官方面有户曹、户房、户部等等；律令方面有户律、拾户律、① 户令等等；校察方面，唐的所谓户帐法，明的所谓户籍等等皆是。它如赋税、丁役、兵役，考选的准据也均与族与家与户有关。第三，使家长具公法的责任。唐明清律均有处罚家长的明文，使其统率家人对国家尽其责任。第四，拟国家为家族的扩大，所以"国"与"家"连贯而称"国家"；推用齐家之道而治国。因而古人便称其所属之国为"父母国"，皇帝也以"子庶民"为治国大经之一。于是家族国家化，国家家族化，在政令上充分表示出来。

再从民事法方面而观。这虽然应该求之于"礼"，然在"律"中也可充分看出。第一，从同居的制中看出家族制度。② 譬如说，父母在，子孙不得别财异籍，这是维持大家庭制度而然。第二，从亲属的制中看出家族制度。譬如说，丧服的轻重就可看出宗亲、外亲、妻亲的关系，以及在家族中父子兄弟夫妇彼此间的责任关系。第三，从婚姻的制中看出家族制度。譬如说，宋明庶人四十以上无子，依礼依法均可纳妾。唐律，婚嫁违律，祖父母父母主婚，须负责任；倘系期亲尊长主婚，主婚者为首，男女为从便是。第四，从继承的制中看出家族制度。譬如说，宗祧继承不许异姓乱宗，不许女子承祭祀，而立嫡违法更构成犯罪便是。

从刑事法方面而观。第一，在刑名上，所谓"族诛"、"宫"、"入宫"、"没籍"，都与家族制度有关。第二，在坐罪上，或以家族关系而缘坐，或以尊长对卑幼的犯罪而独坐尊长，或以有同居关系而不坐其罪均是。第三，在科刑上，恶逆及不孝科刑最重，不贞不睦也都问罪均是。第四，在宥赦上，以亲老而缓刑，以亲老而留养，以为亲复仇而赦罪均是。

总而言之，家族观点在中国法系中确系一重要因素，不能否认。这当然与农业社会最有关系，但国家的组织单位，却非个人而系家族，虽不能谓无流弊，然仍有其效能。

（丁）养化设施。这是本于民本思想而建立的法律。有人称为抑强扶弱的法律。像田地方面的禁止强梁兼并，商业方面的严防私人资本集中而以笼权政策，贸易为国营法令的所本。律中并严治官吏的犯罪，而防其扰

---

① 此处似有误字，疑为"括户律"，即关于户口普查之法律。
② 原文误为"从同居的看制中出家制度"。

民。唐明清律且禁止扶势①请托,不许亲贵入仕,禁止长官援引私人,禁止官吏租住民房,禁止为现任官立碑,这些都是抑强的法律。反而言之,如法律上的保护囚徒,清例上的负债人果属贫困可折扣偿还,以及历代各种女子之不从坐,又不失为保护弱者的法律。这以外,在养化的另一方面,那就是对于刑律所采的态度,《书经》上说"刑期于无刑",《孔子家语》上说"圣人之设防也,贵其不用也;制五刑而不用,所以为至治",便是明证。所以中国法系的刑律,到了儒家手里,便认为刑罚是对犯人所施行的防御手段,而保护国家社会的安宁,不是威吓,不是报复。既然是这个目的,因而唐明清律,对于乡邻遇盗或杀人,告而不救助者;或追捕罪人,力不能制,向道路行人求助,有力而不助者;知谋反大逆而不告发者,都分别治罪,完全是根据这个观念而然。

(戊)仁恕精神。仁道恕道在中国固有道德中占着重要地位,法律上也极端表现出来。幼弱、老耄、愚蠢犯罪,或免其刑,或减其刑,或赦其罪,称做"三纵"。不识、遗忘、过失往往减轻其刑,称做"三宥"。这些都是仁道的表示。八议中的议贤、议能、议勤、议亲也可说是与仁爱之道有关。尤其本于劝人为善的信条,凡犯罪知悔,往往许其改过自新,为恕道的表现,这有自首与觉举两种情形:(1)《书经·康诰》上说"既道极厥辜,时乃不可杀",这是自首减刑的始源。汉律称做"自告",魏新律始称自首。唐律,自首不限于本人,凡子孙不应告言父祖,告而属实,父祖同自首法。又自首不限于经官司为之,凡盗或诈取人的财物,而于财主首露者与向官司自首有同一效力。"自首者原其罪。其轻罪虽发,因首重罪者,免其重罪;即因问所劾之事而别言余罪者,亦如之。"总之,儒家主诛心之论,犯罪人现已知悔,自然不必再严其刑了。(2)觉举乃唐律对于官吏公务失错,许其自首而免罪之称。唐以后称做"检举"。"诸公事失错,自觉举者,原其罪;应连坐者,一人自觉举,余人亦原之;其断罪失错,已行决者,不用此律。"觉举限于罪的未发而言,故迳免其罪,所以没有"自首知人之将告而自首者减二等"的情形。明清律同。

(己)灵活运用。本于中国文化而表现的事物,既具有中庸之德,且具有极大的伸缩性。有人说,中国的国情数千年不变,至少变的太慢,这

---

① 疑为"挟势"。

话并不平允。说中国没有由农业社会变到工业社会，这是对的。然在农业社会却也极其变化。不待法家主张法律应当变，像商鞅说"是以圣人苟可以强国，不法其故；苟可以利民，不循其礼"；像韩非子说"法与时转则治，治①与世宜则有功"都是。即在儒家，孔子也主张"齐一变至于鲁，鲁一变至于道"；所谓中庸仍然是"君子而时中"。首在礼的方面，有一个原则，"礼也者义之实也，协诸义而协，则礼虽先王未之有，可以义起也"。次在律的方面，虽为历代刑书的正统，精心制定，奠定了法律的安定性。然因其不易变更，且条文有限，正如宋神宗所谓"天下之情无穷，律不足以周事情"，于是历代在律以外既有各种成文形式的刑书，并有种种的判例。凡后主所是者不必即疏为令。其在汉代的比附律令，奇请它比，尽其变化的能事。且由两汉至于六朝并以经义折狱，董仲舒应劭均有这一类的著作，把自然法或修理法②适用到极点。观黄霸断三男共娶一女而争二子案，隽不疑断太子伪案即知。晋律并用张杜两家律注，各求其宜，而比附断事，直至隋兴，未曾少衰。唐宋君主权力日增，虽严禁臣士妄自比附，然除事实上仍有比附外，而君主临时的敕却占了重要地位。唐并以经久可行的敕，编而为格；五代及宋，敕并取律的地位而代之。五代及宋又均有所谓"指挥"，系刑部、大理临时而发，等于今日的解释例。最显著的，还有南宋的断例、元的条格、明清的例，都是律外的判例性质。所以中国法系并不像欧陆法系以成文法为主，同时兼有英美法的精神。其在适用上，有律者不用例，有例者不得比附律文以闻。总之，一方面尊重法律的安定性，一方面又且有法律灵活运用的功效。

（庚）减轻讼累。今人谓中国法系的法律，民刑不分，这是未知中国法系的全貌所致。民事法归于礼，刑事法归于律，显然两事。即以争端而言，《周礼》所谓"争财曰讼，争罪曰狱"，亦有其区别。凡关于婚姻、田土、钱债的事而不涉及刑罚的，乡里即可调处。明并在乡间设申明亭，以布告理屈的姓名，藉收社会制裁的作用。其有拆毁申明亭的行为，便认为犯罪。然若调处不成，而归官司处理，总有一方理屈。纵然律无明文，令无禁制，但律上却有一个概括的规定，就是"不应为而为者"要受笞刑。

---

① 原文误为"法"。
② 意思不明。疑为"性理法"或"条理法"。

这条文虽然流弊甚大，可是对于防止好讼成习的不良现象，倒有多少帮助，而减轻了人民的讼累，伸张了乡里调处的功效。至于司法与行政不分的话，也只是最上一层的君主，最下一层的州县如此。中层像刑部掌刑政，大理掌审判，御史掌行政诉讼，三法司各有职分，并未完全混淆。且自明以后，布政司便掌民政，按察司便掌刑政和审判，省的一级，司法与行政的分合也与州县不同。

（辛）法官责任。法官断狱，失出失入均负相当责任，这是慎重刑狱的当然结果。秦治狱不直者筑长城。汉出罪为故纵，入罪为故不直，轻的免官，重的弃市。唐故意出入人罪，若出入全罪时，以全罪论，由轻入重时，以所剩论；过失出入人罪时，失于入各减三等，失于出各减五等。宋法尚宽仁，重视失入，轻视失出。明法律规定与唐的大同小异。同时各律对于法官将犯人淹禁不决也课以责任。自汉迄唐，因已注意法官迅速定谳，然其责任尚不明显。自宋迄元，确定其决狱听讼的时限，责任乃渐建立。自明迄清，律文对此设有专条，逾限不决，即可处法官以笞刑。

其它尚有多少特征，不能一一备举，而每一子目的内容，也是非常复繁，更非现在所能周详报告的。

五　余言

对于中国固有法系的认识和其与中国文化的关系，虽然如上所述，其实不过一个粗枝大叶的报告而已。既未能详及秋毫之末，也或遗漏了舆薪①一类的形象，而且未涉及如何建立中国本位新法系问题，故不敢提出正式的结论。因为要下结论，须有批评，那便是中国固有法系的评价问题。必须把握现在，预计将来，而对中国固有法系重新作一番估价，也就涉及中国法系的重建问题，当然非今日谈话的时间所许可。何况这一问题，个人仍在缜密研究之中，虽系刍荛之言，仍不敢贸然提出向诸位先生请教。不过也有几句话，偶然想到，无妨说在下面，姑且作为本报告的尾声。

（甲）从建立中国本位新法系方面来说。虽然说要创造一个新法系然

---

① "舆薪"本义是指车载之薪柴，意喻大而易见之物。

仍以中国为本位,那么,实际上就是中国固有法系的更新重建,仍然与中华民族所表现的中国文化一脉相承,不能另起炉灶。因为陌生的法律绝不能有助于固有文化的延续光大,而固有文化也断不会为陌生的法律的表现。彼此是互存互助,休戚相共。所以要建立中国本位新法系,至少要注意两件事情,不能丝毫疏忽。

小而言之,是要注意法系本身的资料和对其分析的结果。这莫离乎《中庸》上的老话"致广大而尽精微,极高明而道中庸,温故以知新,敦厚以崇礼"。那就是对于中国固有法系要有一番精密的研究检讨,不是囫囵吞枣地说它什么都是,或说它什么都非。必须根据中华民族在现阶段和其未来的需要,重新评价。所谓"是",乃是对我们现在的"是",当然要保留,要光大;"非"乃是对我们现在的"非",当然要废弃,要改变。绝不是以个人主观的见解,或表面的观察,而提出是非标准的问题,忽略了史实的真相,曲解了法系的内容。所以我个人主张建设中国本位新法系,总得老老实实地先从研究中国固有法系入手。不然,雷声大,雨点小,这个新法系始终也是建立不起来的。不特要研究中国固有法系的内容,而且在现行法律里有多少是要暗合于古律,如离婚条件与古代七出不无相合的地方便是;有多少是中国固有的,如自首减刑之类便是;有多少是名同而实异的,如"离婚""缓刑"之称便是。倘能费一番工夫两相对照,帮助建立中国本位新法系的工作实在很大。

大而言之,更要同时注意中国文化在现阶段及其未来应有如何的动态,应为如何的变化,以求与其适应而不脱节。关于中国文化变动的指标,不必我们去探寻,国父遗教里已经告知了我们,三民主义条文化,五权宪法典章化,便是我们努力的目的。我们不是人云亦云的推崇遗教,因为中国文化演变到现阶段,遗教融会贯通古今中外的哲理上、政理上、事理上各种大道理,为我们定了一个前进的方向。我们不能再加犹豫迟疑而退回原路,而走了迂路,甚或离开遗教而走入错路。原来中国文化数千年来的演变,就学术思想而论,有三次最大的融合:第一次在两汉时代,百子争鸣的时代过去了,九流的分歧不显了。儒家兼理法家的任务,又有阴阳五行的主张,而墨家的兼爱,道家的知足,本来都与儒说有共同的了解,也被儒说吸收了。到这时候,大家虽崇尚儒说,但实际上已经融合了诸家的思想,而影响了整个的中华民族性。第二次在两宋时代,因为魏晋六朝，佛法西来，中国思想界又发生新的变化，多少与黄老之学结合，而构成西晋的清谈。对于言政事者，固以俗吏称之，对于说经书者也以俗生称之。到了唐世又起波动，唐虽以托籍于老子之后，崇奉道家，但对于佛说不特儒家如韩愈等力为排斥，而且有政府加以压力，如唐武宗的故事便是。演变而至两宋，儒释道的思想，经邵雍、张载、程朱等的努力，遂融合而为理学。第三次融合即在今日，国父遗教集其大成。这因为明代基督教文化输入后，直至清季，欧风美雨不断而来，有些人盲目守旧，势不可拒而欲拒之，有些人违心从新，总以为外国的月亮也比中国好。这两个系统的文化如何融合而使中国文化有其新生命，遗教便是我们的指标，便是我们建立中国本位新法系的指南针。

（乙）从法学研究和从事法律工作方面来说。即不以建立中国本位新法系为说，单就法学研究和实际从事有关法律的工作而看，其中如商事法的部分固然因中国过去重农轻商，只有压迫商人之法，很少保护商事之法；而且商事法和民事法比较起来，是富有国际性的，这一部分的法暂且不谈。但如政事法、民事法、刑事法既为中国的法律，为中华民族所用，当然有参酌旧法的必要，至少也得先有一番研究。明法者的学人固然担负重要责任，立法者的人们同样应当注意这事，即行法者、司法者对于中国古代法的研究也不能说没有毫无关系。

试先就立法者而言。中国古代的律令典章固多佚失，但自唐以后尚可搜寻多种。仅以律言，今存者有唐明清律，唐以上有程树德的《九朝律考》。其律，思虑周密，论断深刻，而用语尤为确定严谨。看张裴的《晋律表》，长孙无忌的《唐律疏义》及明清律注即可知之。学者著作中，如明人王樵的《读律私笺》、雷梦麟的《读律琐言》、应廷育的《读律管窥》，清人刘衡的《读律心得》、王明德的《读律佩觽》、杨崇绪的《读律提纲》、梁他山的《读律琯朗》、宗继增的《读律一得歌》，等等，更成为一种专门学问，在在可作现代立法者和其他明法者的参考。且遇古今均可存在的某一事类，为其制定法律，古今均可适用，还是古律上因经过数千年的递嬗，往往比现在制定的法律周密。虽然时代不同，但在制定该法时，仍有参考的必要。如现行的《公务员服务法》的内容虽然比"官吏服务规程"周密得多，然比较古律上对于官吏的约束依然简陋得多。像现任官不得在治地买田，不得许人立碑，不得向属官荐人，不得对官署员数超额假冒，都可以说是公务员服务应当遵守的规律，岂可一律视同废料而不加以珍视？

再就行法者而言。依样有注意中国固有法系内容的必要。在这里不说空话，举两个实例就可看出。抗战中，对于糖、烟草、火柴及盐采用专卖政策，因系创办，曾集合专家学者研究很久，这不能说不是慎重从事。我曾看到其研究纲目，对于外国制度极为详尽，但未对中国过去的筦榷政策加以研讨。其实春秋战国时候齐筦山海之利，秦有盐铁之榷，早已开始了经济管制或专卖。自汉以后直至清世，均行这个政策，除盐铁外，历代有酒专卖、茶专卖，范围不一；而宋又有香专卖，金又有醋专卖。其利弊得失，必有不少之点可作今世专卖的参考，古人走错的路，后人可以不再走了。抗战中对于专卖而外，又有田赋征实。中国过去，原系征收实物，所谓"粟米之征"便是。因有种种流弊乃将"本色"改收"折色"，抗战中为军食民食，不能不征实。施行者理宜了解过去流弊何在而预为防之，但都未作这样准备。即使实施之，两年后，遇见一位粮政局长，他说："办了两年的粮政，才把这其中的弊病摸清，今后可以改善了。"但听其所说弊病，也就是过去所见的弊病，早能温故，自可知新，何必待至两年以后？

更就司法者而言。同样以一个事实为例，而知推事的审判案件往往在古律上对其有所帮助。复员后，南京有某甲在旅馆中把其爱人刺伤十余刀而死。推事审问这案，所争执的关键是杀人的那把刀，是旅馆原有的切西瓜刀，还是凶犯带到旅馆的刀。我知道这是对于定刑有关系，而凶犯的罪名不论如何，总是故意杀人，不是过失杀人，也不是因它罪而致死。然在古律的六杀中，并不是一个简单的故意杀人问题。杀人的刀若是由凶犯带来，那是构成"谋杀"罪名，就是说预谋杀人。"谋诸心"是独犯，"谋诸口"是共同犯。杀人的刀若是旅馆切西瓜的，那只是构成"故杀"罪名，就是说临时起意杀人，像仇人见面，分外眼红，而有了杀人行为。其余的四杀为斗殴杀、过失杀、误杀、戏杀，虽然和现代刑法的分类不同，却自成一个系统，而有其独见之处。其精微之点，丝毫不苟，对于今日的审判实务并不是全无帮助。

总而言之，无论为建设中国本位新法系，或在法学研究及法律实务上能得更多的助益，中国固有法系，非毫无一顾的价值。惟在吾人本于国父遗教所示的方向，如何就其内容，审慎地认定其是非而已！遗教昭示我们，一方面恢复固有的道德，固有的智识，固有的能力；一方面对于西洋文化，迎头赶上。这就看出温故而知新，崇新并非忘旧的道理。因而我个人末了还有一点浅见附缀在这里。就是说，对制定法的忠诚遵守而言"法治"：这不特是现代各民主国家的通例，而且儒家在礼中所宣示的政事法、民事法，今日已多半条文化了。对习惯法、条理法的运用自如而言"礼治"，礼是事之宜，事之理，善良风俗出此而生，因事制宜由此而见，这是成文法以外的不成文法。对守法崇礼的人们特别重视，由其发展法与礼的功能而言"人治"：人如不善，良法或变恶法；人如不仁，有礼等于无礼；"有治人而后有治法"也罢，"有治法而后有治人"也罢，总是离不开人。然而同时为了现代国家的存在条件，为了适应原子科学的时代，还得在制定法上，在社会风气上，在个人兴趣上，注意一个管理事物的规律。那就是迎头赶上的科学之治，本于"形而上者谓之道，形而下者谓之器"的说法，可说是"器治"。中国固有法系的内容，不能完全配合现代的地方，除了涉及国际性的规律，如前所说的商事法外，最显著的就是没有科学的气氛散布在礼刑方面和士君子的脑海里。这当然是受了农业社会一般文化的支配。但在今日立国，期望其工业化，虽应保留中国固有法系的真值，却也不能讳疾忌医，除法治外，只重视礼治人治而忽略了器治！

（选自《中国文化与中国法系——陈顾远法律史论文集》，范忠信、尤陈俊、翟文喆编校，中国政法大学出版社 2006 年版。编校者注：选自《陈顾远法律论文集》上册，台湾联经出版事业公司 1982 年版。文章写于 1952 年。）

中华法系特点初探

陈朝璧　（1980）

　　法系一词，是个外来语，英语作"Genealogy of Law"，法语作"Généalogie de Droit"。Genealogy 也好，généalogie 也好，同样溯源于希腊文 geneos，原指一定的谱系，如家谱、世系之类由具有源流关系的某些事物组成的一个整体。就法律体系而言，某国固有的法律同某些从外国接受过来的法律，或者同本国历史上长期积累起来的法律接合起来，形成一种独特的体系，这就是所谓法系。任何一个法系，无不有所谓母法与子法的系统关系，也无不具有各自的特点。我们伟大的中华民族早在公元前二十一世纪已经从原始公社过渡到以夏王朝为代表的阶级社会。已出土的大量文物，特别是商代遗留下来的以十万计的甲骨文字以及汗牛充栋的历史文献，充分证明：它在四千多年的历史长河中创造了无比丰富多彩的古代文化；我们伟大祖国以一个大国巍然屹立于世界文明古国之林；其法律制度和法律思想各自保持着独特的内在联系和不断发展的连贯性，因而形成了一个自成体系而富有民族特色的中华法系。作为一个法系在人类法制史上独树一帜的，为数不多，而同一法系中母法与子法所占的地位，孰轻孰重，又未可一概而论。例如战国时期李悝的《法经》为秦汉法制的母法，前者成了后者的基础；另一方面，由于社会生产力的发展和政治上的统一，作为子法的秦汉法制，又使《法经》得到了进一步发展，因而更能适应乃至促进社会生产力的发展，巩固了国家的统一。对整个中华法系来说，《法经》和秦汉法制都不失为它的重要组成部分。

　　世界文化史上公认的法系，一般分为两大类型：一为活的法系，包括中华法系、印度法系、阿拉伯法系、罗马法系和英吉利法系，就是所谓活着的五大法系；二为死的五大法系，包括埃及法系、巴比伦法系、犹太法系、波斯法系和希腊法系，则为与现行法律不关重要的法系。

法系的划分，有助于明确指出，某一地区或某一国家的法律，不同于另一地区或国家，以及在相同的地区或国家中，这一历史阶段的法律不同于另一历史阶段，对法制史的深入研究提供了一定的有利条件。但也不容否认，前述两大类型的划分及其各自包含的五大法系，与客观的实际情况并不完全符合，其划分标准和提法，也都值得怀疑。首先，所谓"死"、"活"之分，很难划出一条明显的界线。例如埃及法系被认为是一种死的法系，但它与活着的阿拉伯法系相互间，在纵的方面存在着一定的连续关系，在横的方面，彼此又互相影响，致使两者具有许多相同的因素，很难从时间或空间把它们截然分开，更不应该对前者漫然宣告死刑。其次，某些法律被列为死的法系，但对现行的法系仍不无影响，例如巴比伦法系与波斯法系，由于历史和地理的特殊因素，它们对活着的阿拉伯法系曾经发生、甚至继续发生一定的影响。在某些具体问题上，例如在重男轻女的传统上，更难明确指出这三个法系的根本差异。对我们《中国法制史》和《中国法律思想史》研究工作者来说，现实的问题在于对中华法系本身及其特点的探讨，对其他法系，不论是"死"是"活"，姑置不论。

在世界十大法系中（包括不同类型的各个法系），自始至终独树一帜而不与其他法系相混同的，只有历史悠久的中华法系，它的影响扩展到东方许多国家，成为东方许多国家共同的法系。就它在中华民族的历史作用而言，一方面，在长时间封建经济的基础上，随着封建性的小农经济缓慢地发展，它作为封建法制也缓慢地向前发展；另一方面，作为上层建筑的重要组成部分，它在封建礼教的配合下，在为封建统治服务的同时，又在一定程度上阻碍了社会生产力的发展。

中华法系经历了漫长的由简单到复杂、由低级到高级的发展历程。到了清代末叶，西洋资本主义法制已打破中华法系的古老传统。在鸦片战争以后，帝国主义的军舰大炮惊醒了封建王朝闭关自守的美梦，清朝皇帝在爱国力量的压力下，也不得不散布改革法制的烟幕，借以缓和内外受敌的紧张局面；也曾经邀请日本法学博士冈田朝太郎到中国法律学堂讲授刑法，宣扬资本主义法律的优点，并由他充当调查员，帮同修订法律大臣沈家本，制定了《现行刑律》等法律草案，经宪政编查馆核准清帝颁行。其中未及公布，入民国后曾被采用的还有《暂行新刑律》、《民律草案》、《刑事诉讼法律草案》、《民事诉讼法律草案》，在光绪、宣统年间已经公布的还有《公司条例》、《商人通例》、《著作权法》、《违警律》、《法院编制法》等。毫无疑问，这一切无非是西方和日本资本主义法律的翻版。事实证明，《大清律例》等及其母法如《唐律》、《明律》等那一套封建法律，已由外来的"新法"的输入而得到惊人的发展，是一种异乎寻常的质的改变。鸦片战争以后，封建的帝国沦为半封建半殖民地的弱国，在这半封建半殖民地的经济基础上形成的法制，它的主要特点必然是专为这种新的经济基础服务。

资本主义法制移植到中国以后，已经以它本身的客观存在宣告了封建的中国旧法的死刑。从此一直到国民党反动法统的废除，特别是在二十世纪二十年代以后，哪怕反人民的法律法令多如牛毛，其主要目的无非在于镇压伟大共产党领导下革命人民反帝反封建的革命斗争，因而不可避免地打上了封建地主和官僚买办的阶级烙印，只能说它是封建的中国旧法的一个变种——半封建的法律制度。从法系的角度说，我国半封建的法律制度，已受到罗马法系的影响。试以清《刑律草案》中一条说明理由为例——《刑律草案》第一编总则部分，关于中国刑法史上传统的《名例》的改变，曾提出这样的说明理由："总则"之义，略与"名例"相似。往古法制无总则与名例之称，各国皆然。其在中国，李悝《法经》六篇，殿以具法，汉律益户、兴、厩三篇，为九章，而具法列于第六。魏律始改称刑名，居十八篇之首。晋律分刑名、法例为二，北齐始合而为一，曰名例。厥后历隋、唐、宋、元、明，洎于我朝，沿而不改。是编以刑名、法例之外，凡一切通则，悉宜赅载，若仍用名例，其义过狭，故仿欧美及日本各国刑法之例，定名曰"总则"。举例未免过长！但也可以通过这条说明，证明一个问题——引文从战国讲到清朝，洋洋大观，为了证明一个论点："名例"一词改变为"总则"，必须"仿欧美及日本各国刑法之例"。其实，诸如此类的"仿""例"，并不限于某一具体名词的改变，从内容到形式，整个法制无不以"仿""例"为能事嘛。伟大共产党领导下的中国人民的革命炮火削平了三座大山，半封建的法律制度也就在剧烈的炮火声中烟消云散。

站起来了的中国人民，需要创立和巩固社会主义的革命秩序，把无产阶级的意志用法的形式表现出来，制定并实行为无产阶级专政服务的社会主义法律制度。自从 1949 年新中国成立以后，中央人民政府在党的光辉政策指引下，在社会主义法制建设方面曾经做了大量工作；法律制度虽未臻于完备，但已对社会主义经济的不断发展起了促进作用。林彪、"四人帮"采取法律虚无主义态度，违法乱纪，曾经严重破坏了社会主义法律制度。但那只是社会主义法制史上的一股逆流。党的十一届三中全会号召加强社会主义法制，做出了把工作着重点转移到社会主义建设上来的决定，五届人大第二次会议又讨论通过了《中华人民共和国刑法》等七个法律，这一切标志着社会主义法制建设进入了一个新的发展阶段，我们的社会主义法制必将在伟大的社会主义现代化的历史洪流中日益完备起来，并促进"四化"的实现。

广义的中华法系显应包括三个历史阶段中本质不同的中国法制——历三千年之久的封建法制，近代史上昙花一现的半封建法制，后来居上的社会主义法制。社会主义法制，对前两者来说在本质上是根本对立的，是由中华民族这条红线把本质不同的三种法制连成一体，通过民族的和历史的纽带关系，这三种法制共同形成了一个整体——广义的中华法系。

旧法虽已成了历史陈迹，却有一些值得借鉴的因素，有待于后人发掘。用历史唯物主义观点把其中民主性精华批判继承下来，作为新法（我国社会主义法制）的养料，这是正确对待古代文化遗产的科学态度，是法制史研究工作的历史任务，也是古为今用的基本要求。因此，我们应该从广义上来理解中华法系，把旧法和新法看成是一个整体，在认清其本质差别的同时，又不忽视两者的历史联系，而不应该割断历史，孤立地看待问题。

有些人主观片面地看待问题，在他们的国际法制史著作中，无视中华法系的客观存在，对它的悠久历史和丰富内容，采取虚无主义态度，避而不谈。作为法制史和法律思想史研究工作者，我们有信心更有责任，用自己的研究成果去为中国法制史和法律思想史恢复名誉，进而在国际法制史领域中进行消毒！

※　　※　　※

由于我们伟大祖国具有悠久的历史，她以一个多民族的统一国家，数千年来巍然屹立在世界的东方，对人类文化宝库做出了宝贵的贡献。在上层建筑方面，劳动人民的血汗在哲学、伦理学、音乐、文学艺术等园地中，培育出大量独特的珍贵的花木，结出丰富多彩的果实，在法的园地中也不例外。我们现有的大量古籍都是中国古代法相当完备的铁证，也是对中国法律采取虚无主义的有力驳斥。历史地对待古代文化，就必须承认中国古代法相当完备，且有不少值得借鉴的特点，供后人参考。兹提出以下三点初步意见。

特点之一是重视成文法典并惯于把有关社会规范的思想意识和制度用文字记载下来——自从西周初期起，我们祖先已把当时某些法律思想和法制写在《尚书·虞书·舜典》、《尚书·周书·吕刑》等篇里面。战国时期成书的《周礼》等古籍中，同样蕴藏着有关法的宝贵资料，留传下来，并曾对《唐律》及以后历代行政法起过典范作用。

试以《舜典》篇为例，它属于《今文尚书》三十四篇之一，内容主要为过去法制的追记，可信出于西周（公元前十一世纪）史官的手笔。它所反映的法律思想和法律制度，显然符合当时的实际情况。其中"眚灾肆赦，怙终贼刑"两句，意为因过失（眚）或意外事故（灾）发生的犯罪，应该免予追究（纵）或予以宽宥（赦）；如为故意犯罪（怙）或惯犯（终），就可处死刑（贼）或其他刑罚（刑）。早在三千年前，就能分清故意犯罪同过失犯罪的界限，区别对待，显示当时法律思想已达到一定水平。又如另一篇《今文尚书》《吕刑》篇规定了"五刑"——墨（在犯人面部打上烙印）、劓（割去鼻子）、剕（断足）、宫（腐刑）、大辟（死刑），又对法官提出了慎重用刑的训诫："惟敬五刑，以成三德"，而且明确规定了他们本人的法律责任；凡是由于下列原因，判罪有失公平，法官就要受到和被告相同的处罚——"五过之疵（弊端），惟官（假借官职），惟反（对被告实行打击报复），惟内（通过私人关系接受被告或其亲属接受的请托），惟财（接受贿赂），惟来（通过法官所属人员接受请托），其罪惟均。"这是反映周穆王时期（纪元前十一世纪至纪元前十世纪）刑事政策的可靠文献，可见中国古代法在社会规范中一向占着重要地位。

东周诸侯国中有郑铸刑书、晋国刑鼎，已开始把法律条文铸鼎公布，并借以保持法的稳定性。晋国刑鼎的铸成，时在公元前五一三年，比《罗马法》中著名的《十二铜表法》（纪元前四五○年）还早六十余年。到了战国这一历史阶段，各诸侯国也往往重视法制，魏国李悝在公元前四○七年拟定著名的《法经》，正是综合各诸侯国的成例，归纳成一部比较系统化的法典。商鞅把它带到秦国付诸实行，对秦国转弱为强乃至对秦始皇完成大一统事业，都起了不小的促进作用。

到了战国时代，对后代法律思想和法制影响最大的有两部著作，一为《周礼》，另一为李悝的《法经》。前者经过长时期的考证，一般认为它属于战国时期的作品，因为它所反映的国家机构及其活动的规模不可能在西周初期出现；相传是周公所作，无非出于战国时期文人的托古改制。该书通过六官（天、地、春、夏、秋、冬）的组织、职权及其行政活动的描绘，反映作者在健全国家机构方面丰富的理想。特别是其中"六官"的设想，成了唐代以后中央政府中六部（吏、户、礼、兵、刑、工）的楷模，而其中的"六事"（治、教、礼、政、刑、事）又成了《唐六典》及以后历代《会典》的先驱。

李悝《法经》六篇被汉魏及以后历代法制奉为典范，在中国法制史上有着重要地位，其原文现在虽然失传，但从历代《刑法志》一类的文献的引证看来，它的确不失为我国成文法典的良好开端。前引清末《刑律草案》中改"刑名"为"总则"的"说明理由"，从《法经》一直引证到清律，足够说明前者对后代法制的重大影响及其相互间一脉相承的源流关系。根据现存的法典和历代史书上的《刑法志》，无论法的形式或其基本内容，都有文字可稽，也都可从原文看出中国旧法的源流演变以及整个发展过程。

特点之二是以天理作为法的理论根据，并以合乎天理作为立法的指导思想，这个特点把中国古代法区别于一般古代法的"神授"主义，十分可贵。《今文尚书》中的《虞书·皋陶谟》说："天叙有典，勅我五典、五惇哉。……天讨有罪，五刑五用哉。"这里的"天"是指天理，而不是什么有意志的人格神，我们不难从大量古书中普遍看到以天（即指天理）为理论根据的法律思想和法律制度。例如《汉书·刑法志》："《书》云：天秩有礼，天讨有罪，故圣人用天秩而制五礼，因天讨而作五刑"。反观其他法系，古代法无不以某种人格神的意志作为立法的根据，把现实社会中的法律制度涂上厚厚的宗教色彩。最早的《罕穆拉比法典》，是巴比伦国王罕穆拉比（公元前二一二三至公元前二〇八〇年在位）统治期内，在石碑上刻成律文二百八十二条之多的一部法典，不愧为人类法制史上的一个奇迹。但其序言，却把它的成就归功于一个"注定宇宙命运之天地之主宰杯耳"。那么"杯耳"这个人格神也就被吹捧成这部法典的创造者了。公元前十五世纪左右的《摩西法》的制定，同样是假借神的意志。以色列人摩西本来精通哲学、法学、文学、史学等各种学术，具有特殊才能，但他的立法事业却被说成是以上帝的命令为根据的。他首先列举的《十诫》构成《摩西法》的主要部分，据说那是上帝自己在西奈山的雷声震动中赐给他的。其他如古《罗马法》、印度的《摩拿法》等，也无不涂上宗教色彩。然而各种各样的宗教烟幕，终于掩盖不住统治者愚民政策的欺骗性，充其量只能使现实的法律蒙上历史的尘埃。对比之下，我们祖先的法律思想，可谓出类拔萃，值得骄傲。所谓天命云云，有别于宿命观点，它植根于自然界的某些自然现象和社会上具有因果关系的某些社会现象，诸如一年春夏秋冬四季的更迭，政治上治乱兴亡，被人们看出其中的规律性，无以名之，就叫做天命，或称天理，简称曰天。说某某法律合乎天理，无非是说它顺乎人情，合情合理，必须严格遵行。所谓合乎天理，实际上是出于人为，因为合与不合，总得由统治阶级加以说明。统治者从其阶级利益出发加以美化，其目的无非在于提高法的威信和强制力，但总不像法由神授等虚妄论调那样蛊惑人心，自欺欺人。天理决定法律的法律思想，富有哲学意味，从实际出发，而又面向现实，在一定程度上接近于欧洲中世纪自然法学派的理论水平。

特点之三是礼、法并重——古人在不同场合对"礼"字取义往往不同，除指一般性的礼仪节度而外，有时兼指道德规范和行为规范。《周礼·地官大司徒》："以五礼防万民之伪而教之中"。据注云："五礼，谓吉、凶、宾、军、嘉"。也就是说关于祭祀之事（吉）、冠婚之事（嘉）、宾客之事（宾）、军旅之事（军）、丧葬盗事（凶），各有相应的礼制来区别各人相互间尊卑、贵贱、亲疏的等级关系，借以推行《尚书·虞书·舜典》所宣扬的"五教"（父义、母慈、兄友、弟恭、子孝等"五常之教"）。古代统治阶级所需要的，主要是如此这般的"五礼"，因为这样的"礼"可以用来"防万民之伪"，把他们引入"正轨"。礼制的加强，实际上就是通过一定的礼仪节度，对臣民进行以"子孝"为核心的封建教育。加强这样的礼制，对封建统治的维护可起积极作用，不是很明显吗？惟其如此，在整个封建社会中，礼与法同被重视，这表现在两方面：（1）对礼与法给以同样的理论根据，两者同被认为合乎天理，出于天意。《皋陶谟》

中所谓"天讨有罪"与"天秩"相提并论，这就是说：凡是"有罪"的人，应受到合乎天理的法律的惩罚；谁如"有礼"，就应按照天理得到相应的地位。（2）礼与法被认为相互作用，所以古人惯用"出礼则入刑"一语表明两者的相互关系。伏生《尚书大传》："礼者，禁于将然之前；法者，禁于已然之后"。意谓礼法两者皆具有劝善惩恶的作用，但其发挥作用，却有先后的区别，因而各自的效用遂有高下之分。于是有的学派如儒家重礼轻法，唯礼独尊。例如说："安上治民，莫善于礼"（《孝经》）；"凡治人之道，莫急于礼"（《礼记·祭统》）；"治国不以礼，犹无耜而耕也"（《礼记·礼运》）；"为政先礼，礼者政之本欤"（《礼记·中庸》）；"礼者，政之挽也；为政不以礼，政不行矣"（《荀子·礼论》）。如此等等，莫不把礼放到治国的首要地位。

和儒家大唱反调的法家，重法轻礼，却又走到另一个极端，如说："君臣上下贵贱皆从法，此谓大治"（《管子·任法篇》）；"矫上之失，诘下之邪，治乱决缪，绌羡齐非，一民之轨，莫如法；厉官威名①，退淫殆，止诈伪，莫如刑"（《韩非子·有度篇》）。

儒法两家对于礼和法两者，固然各有偏重，但在实际运用方面，却又是双管齐下。历史告诉我们，在长时期的封建社会中，与其说是礼法并重，在某些方面，毋宁说是礼重于法，先礼后法。这有两个原因：（1）自从汉武帝刘彻废黜百家，独尊儒术以来，儒家的思想路线始终占统治地位，儒家的"六经"也始终具有法的权威。可不是吗？封建社会中的中上层人物，极大多数均以读经起家，而其政治地位却又高出真正的宗教之上。梁武帝肖衍是个虔诚的佛教徒，以至把佛教定为国教，却又在公元五〇八年的《立学诏》中宣称："建国君民，立教（按指儒学——引者）为首，砥身砺行，由乎经术"，对儒家的"经术"推崇备至。出生于兄弟民族的统治者，本来对经术接触不多，一旦入主中原，还是对它大力宣扬，作为巩固其统治权的重要支柱。掌管立法和执法事务的人员，基本属于儒生。王安石创立新法来维护摇摇欲坠的赵宋王朝，总算是个有名的法家人物。但不要忘记，他自己本来就是精通儒术的"经学家"，为了对他的新法给以理论根据，更借助于《周礼》的注释，用行《礼》之名，行改

---

① 此处原文误为"属官威民"。——编辑校注

制之实。（2）由于儒家"经术"能够很好地为封建统治服务，以小农经济为基础的自给自足的封建社会，在不同历史阶段中，固然需要在道德规范和法律规范方面进行一定的改革，但前期和后期的上层建筑，如同经济基础一样，并未发生质的变化；因此，在礼、法并重的前提下，尽可通过法的改革来保持礼的稳定。作为道德规范的儒家经典，主要溯源于西周，本来适应当时宗法社会的需要。由于封建经济发展的缓慢，社会结构虽发生了一定变化，上层建筑部分并未随之做出相应的改变。因此，宗法社会虽然在形式上发生了某些变化，而"家"在整个封建社会中，始终是个核心组织。从唐代《永徽律》开始，"丧服图"成了《户律》的必要内容。用来维护"家"的封建性的"礼"，除了"五常之教"的内容而外，对于民法范围内的许多具体问题，例如同财共居的家长制，嫡长子在宗祧继承中的优先权，妇女在"三从"传统中所处的被压迫地位，家庭中的夫妇之别和妻妾之加，子女间的嫡庶之分，婚姻关系中的"父母之命"、"七出之条"，亲属关系的亲疏远近等，又可分别加以解决。不难看出，关于婚姻问题、亲属关系、继承权问题——一般民法中的重要问题的解决，都由传统的"礼"承担起来，可以说礼的某些部分，在本质上就是民法。某些法制史研究工作者硬说中国"没有民法"，只能暴露自己见解的片面性，甚至是"有眼不识泰山"。

可能有人说，法的特点是必须经国家机关公布，而礼只是道德规范，并不是法律规范。这是形式主义的论调。须知法的公布，属于后期立法程序的必要条件，不能拿这个新的尺子去衡量古法。《法经》未经过公布程序，并不妨碍它成为当时优良的法制，何况儒经在整个封建社会，既属强制通行的必读书，凡是知识分子，都在不同程度上铭记脑中。关于"父母之命"那一类与现实生活有关的民事问题，无不深入人心。当然，今天谁也不会提倡以礼代法，或者说是以道德规范代替法律规范，而是为了说明两个问题：（1）不应该由于某些传统缺乏法的形式而漠视其法的实质。（2）法律规范与道德规范的主要区别在于强制性的有无。在整个封建社会中，除了极少数反封建战士而外，难道还有人敢于反抗前述古礼中有关亲属婚姻、继承等民事问题的处理原则吗？有谁敢于反抗，马上就被扣上"离经叛道"的大帽，落得个"出礼而入刑"的严重后果。

不容否认，在民法方面，还有物权、债权问题，未曾在儒经中得到适当解决。但也未可一概而论：作为物权主要部分的所有权问题，基本上已在有关继承部分得到解决。至于债的关系，在重农轻商的经济政策影响下，在封建社会前期，债务纠纷较少发生，因而债法的重要性并不突出。到了唐代，商业较前发达，《永徽律》的《户婚律》部分也就在增加有关婚姻、亲属、继承等问题的规定的同时，开始规定"钱债"问题，补足了民法方面的缺陷。以后的立法，如《明律》、《清律》中，关于这类的民法规定，更加详密得多。

由于礼在封建统治中具有如此的妙用，难怪统治集团把它奉若至宝，视之为神圣不可侵犯。哪怕是《周礼》那样一种冒牌的儒经，早经公认是出于战国时期的伪造，只因为它被传统势力贴上周公的标记，也只好假戏真演，把其中某些内容接受过来，沿用无误。前面提到的"六部"、"六典"是溯源于《周礼》，成为定制。还有所谓"八议"的传统，对封建帝王周围的特殊人物提供了减免刑罚的特权，正是来源于《周礼·秋官·小司寇》所定的"八辟"的假古董——"一曰议亲之辟，二曰议故之辟，三曰议贤之辟，四曰议能之辟，五曰议功之辟，六曰议贵之辟，七曰议勤之辟，八曰议宾之辟。"注曰："辟，法也。"这就是说，凡是与皇帝有直接关系的这八种人，违犯了国家法律，均可减轻或者免除刑罚，而逍遥法外。他们包括一些怎样的人物，历代法律在范围（例如"亲"，可包括同皇帝有几个亲等之人）方面各有不同的规定，但凡属按照规定属于在"议"之列的人物，总享有减免刑罚的特权。这在其他法系，并不多见，但在我国的旧法中，却已司空见惯，并不新奇。当然，减免刑罚的特权，居然被披上合法的外衣，这是中华法系的一个污点，而中国法制的研究需要突破法制的框框，深入儒家经典（包括真经和假货）之中，去探索法制的史料，以及法制与儒经相互间的密切关系，也可于此略见一斑。

[原文载于《法学研究》1980年第1期，本文选自《法学论文选》（一），西南政法学院图书馆1982年版。]

再论中华法系的若干问题

张晋藩　（1984）

近年来对中华法系的讨论，提出了中华法系的内涵、断限、特点、成因、意义等一系列问题，本文拟就此补充几点看法。

一　关于中华法系的概念

在资产阶级法学著作中经常提到的法系，溯源于希腊文 Geneos，英文为 Legal genealogy，或 Legal family，是指划分为彼此相区别的法律的系统而言。资产阶级法学家从比较法的角度将世界上各国的法律，按照它们所具有的独特内容、形式和历史传统进行比较，把具有共同特征的归属为一类，从而划分成不同的系统，也就是法系。1978 年出版的《当代世界主要法系》一书说："正如神学家或政治科学家承认宗教或政体的分类一样，比较法学家也可以将法律简化而分为少数几个系。"对纷繁杂乱的世界法律，美国学者威克摩尔将它划分为十六法系；英国的泰尔将它分为五大法系；日本的穗积陈重将它分为七大法系。无论怎么划分，中华法系都被世界公认为特点鲜明、独树一帜的法系。在这些法系中，有些虽具有独特的历史传统，但在实际上已经消亡而成为历史的陈迹；有些在保留残存的形式下，已与其他法系融合混杂；有些不仅保持自己的特色，而且与现实法关系密切，仍然发挥着作用，因此，遂有活法系与死法系之分。此外，在构成同一系统的法系中，由于影响不同，渊源有异，又有母法系与子法系之别。近年来法国比较法学者达维把当代世界法系分为三大法系：罗马—德意志法系，英国法系，苏联和东欧社会主义国家的社会主义法系。

资产阶级法学家创造的法系概念及其划分，只是对世界上的法律进行比较分类，也就是以法的某种外部联系为根据，并没有揭示出它的本质和发展规律，因而属于资产阶级法律观，并不科学。但由于它概括地标志出某些国家或地区法律的特色、归属与源流，有助于相互间的比较，所以至今仍然被援用。

如前所述，法系一词有它的特定内涵，不能从字面上把法系理解为法律体系，同时也不能把法系和法律制度等而视之。有人说"中华法系实质上就是中国封建社会的法律制度"，这显然不符合现在通用的法系概念的含义。为了探讨中华法系的特点，首先需要为法系正名。

二十世纪三四十年代，法学界曾经讨论过法系问题。陈顾远、丁元普、程树德等人都发表了文章。当时讨论中华法系问题的一个重要目的，是要通过恢复中华法系来谋求中华民族的复兴，摆脱中华民族当时面临的日本帝国主义侵略的威胁。所以有人说，"中华民族之复兴，与中华法系之复兴，实为一贯而不可分"。这种观点不仅在理论上是错误的，在实践中也是有害的，因为当时的形势迫切要求动员全民族进行抵抗日本帝国主义侵略的斗争，而绝不能把这个斗争引向谋求所谓中华法系的复兴上去。

当时的讨论也涉及中华法系的断限和特点等问题。关于中华法系的起讫时间，他们大都认为起源于唐尧虞舜时代，经过发展过程、衰落过程，到清末沈家本变法又揭开了中华法系新的一页。他们对中华法系的历史地位和价值评价很高，认为"吾中华法系精神之表现，亦即中华民族精神之表现也"，"在世界法系中，本其卓尔不群之精神，独树一帜"。尤其是中华法系的特点，更是学者们连篇累牍着意论证的课题。其观点总括起来不外四点：（1）儒家思想构成中华法系的基础；（2）礼刑一致；（3）家族观念；（4）天道观念。学者们在讨论中还提出了在中华法系原有的基础上建立所谓"中国本位新法系，……俾数千年来之中国法系，赖有新的改进，而续其运命"。但迫于形势的急剧变化，这次讨论不了了之。今天我们探讨中华法系的特点，需要总结前人的研究成果，但更重要的是运用马克思主义的理论，从中国社会历史和法律发展的实际出发，进行具体的分析和综合。

二　关于中华法系的断限，亦即起讫年代

一种观点认为从中国有法以来，直到新中国社会主义法律形成为止，

均属中华法系，这种观点将中华法系无限外延，造成了极大混乱，因而持相同意见者甚少。第二种观点认为中华法系即中国古代的法律，是奴隶制和封建制法律制度的泛称。笔者个人以为中华法系主要是指中国封建时代的法律而言，但它的形成经历了一个漫长的过程，有其历史的渊源。如同一般历史在其发展中具有内在的联系性和连贯性一样，中华法系的某些特点，如礼与刑的渗透，家族本位的伦理法原则，等等，早在中国奴隶制时代已见胚胎，这个历史的发展过程，不能割断也不应割断。至二十世纪初期，随着封建社会的解体，中华法系已经丧失了独立存在的基础。清末政府变法修律，开始输入资本主义的法律，特别是经过日本输入的大陆法系，逐渐占据主导地位，中华法系终于解体了，但它的某些痕迹，如保护封建剥削的永佃权、典权；保护封建宗法家庭制度的亲权和宗祧继承权，依然保留在清末、北洋军阀和国民党政府的法律当中而没有遽然终止。中华法系的这种影响，恰恰构成了半殖民地半封建法律的特征之一。

从资产阶级关于法系的概念以及实际的划分中可以看出，凡是构成一个独立的法律系统，不仅要具备自身的特点，而且还需要得到一些国家或地区的承认和接受。仅仅是具备特征，但无其他国家或地区采用，是不能形成一种系统的。在这里，客观的影响是一个重要的条件。

正由于构成一种公认的法系必须具备自身的特征与对外的影响两个前提，所以，笔者认为中华法系发展到唐代是一个形成的阶段。唐是中国的封建盛世，唐的法制是封建法制的成熟形态，也是中国封建法制的定型，不仅具备独树一帜的体系结构和鲜明的特点，而且影响也超越国界，为东亚及东南亚地区的一些国家，如日本、朝鲜、越南所接受和实际援用。这些国家的封建法律，如日本的《大宝律令》、《近江令》，朝鲜的《高丽律》，越南的《国朝刑律》和以后的《黎朝法典》，无论篇章结构、内容原则，都以唐律为蓝本。可以说以唐律为代表的封建法律已经具有东、南亚一些封建国家共同的法律的性质，因而归属于一个法律系统。总之，中华法系是指中国封建时代的法律。它形成于唐，终结于二十世纪初清朝末期。它既不是骤然而兴，也不是截然而止，可以说其来有自，源远流长。

三 中华法系的特点

考察中华法系的特点，一定要突破所谓中国古代只有刑法，因而在事实上把礼刑合一作为中华法系唯一特点的传统看法；要从中国封建法律发展的实际出发，深入封建法律的本质去进行概括，从而与资产阶级形式主义的类比划清界限。

由于任何一种法律系统都包括体系、内容和制度，所以我认为中华法系具备以下主要特点：

1. 以儒家学说为基本的指导思想和理论基础，但也融合了道、释的某种教义

以孔孟之学为渊薮的儒家学派，至汉武帝时期，由于实行"罢黜百家，独尊儒术"的政策而跃居社会的统治地位，成了近二千年封建法律的理论基础和指导思想。在漫长的中国封建时代，未曾出现过类似西方的宗教法规与宗教法庭，这固然有具体的历史的条件，但儒家思想对封建法律的深刻影响不能不是原因之一，这和阿拉伯法系之以《古兰经》为主要法典，有某种相似之处。但儒家所崇拜的是人，而不是神。

儒家思想对封建法律影响的主要表现是：

（1）以法律的形式确认儒家三纲——"君为臣纲，父为子纲，夫为妻纲"学说所宣扬的君权、父权、夫权的不可侵犯，违者定以重罪，治以严刑。

（2）贯穿"德主刑辅"、"明刑弼教"的精神。以"德"、"刑"作为维护统治的"二柄"，在中国由来已久。经过汉儒的充分论证，德刑的作用、适用范围、相互关系更为明确，汉以后统治者都以"德主刑辅"、"明刑弼教"为指导立法、司法的既定政策，借以"严上下之别"、"明尊卑之义"，从物质到精神全面禁锢广大劳动人民。

（3）通过春秋决狱和礼来实现对民事诉讼的实际调整，使儒家经典法典化。

（4）确认秋冬行刑，使儒家"则天行刑"的主张制度化。

以上可见，儒家思想对封建法律的影响具有深刻性和一贯性。

然而，在中国古代对社会广泛起作用的并不只是儒家。道教和释教也同样存在了一二千年。道教也有它的盛世，宋王朝几乎奉道教为国教，皇帝自称道君皇帝。至于释教，南梁时梁武帝三次舍身为僧。保存下来的敦煌石窟的佛像雕刻历七百余年而未中断，则又表现了释教的地位。有关道教对于封建法制的影响，目前只注意到西汉初年黄老之学与法制的联系，以及唐律对盗毁天尊象的惩罚。而释教，则是直到西安碑林中关于唐御史台精舍碑文被发现和研究之后，才引起人们的关注。从内容十分丰富的碑文中，我们可以看到释教对法律的影响以及释、儒思想的某种融合。因此可以说以儒家学说为主导，儒道释三教在不同时期对封建法制产生了不同程度的影响，这需要认真的研究。1975年云梦秦简出土之前，大都认为秦自商鞅变法直到秦始皇统一六国，法家思想一直独占统治地位。直至秦简的发掘，才使人发现就在这一段时间，儒家思想已经逐渐渗透到法家思想中去。作为剥削阶级共同的思想体系，尽管各个学派之间有对立的一面，但同时更重要的是相互渗透与相互吸收。因此，要对中华法系思想理论基础做全面的考察，不应当忽视道释两教的影响。

2. "出礼入刑"，礼刑结合

自中国进入阶级社会以后，作为氏族社会祀神祈福仪式的礼就成为一种统治手段。在亲贵合一、家国相通的奴隶制社会，礼调整"尊尊亲亲"宗法伦理，从一开始就指导着奴隶制的法制建设，像不孝、不友这样的罪名已成为最严重的犯罪。以"必也使无讼乎"为目标的孔丘，在遭到碰壁之后，退而求其次强调"出礼入刑"，为礼与刑的相互为用与结合提供了理论指南。至汉代，随着儒家思想统治地位的确立，礼和刑进一步结合。汉代的所谓大儒，如董仲舒、公孙弘、马融、郑玄等，都把说经和解律联系在一起，既是经学大师，又是律学专家，并通过说经解律进一步引礼入法。春秋决狱就是引礼入法的具体表现。唐代，礼刑结合达到了高峰。《唐律疏议》明确宣布："德礼为政教之本，刑罚为政教之用"，二者之不可偏废，正如"昏晓阳秋"之相辅相成。但是宋朝以后，礼的调整作用总的看来呈下降的趋势。统治阶级面对日益尖锐的阶级矛盾、民族矛盾，不得不由重礼而改为重刑了。对此，我们不妨以唐明律为例加以比较，对凡是违背礼的一些犯罪的处罚，明律与唐律大体相同；凡是政治性的犯罪，明律均重于唐律。这说明现实的阶级斗争使统治者更重视运用刑的一手。明初朱元璋所实行的重刑主义，又为清朝统治者所继承和发展。礼与刑在阶级斗争历史过程中的消长，脉络是很清楚的。近代著名学者章太炎曾经分析了"礼可误，刑不可误"的原因，指出"空为仪式者，令不必行，诫不必止，故中国重刑"。[①]

---

① 章太炎：《五朝法律索引》。

礼刑结合的具体表现如下：

（1）礼所调整的宗法伦理方面的法律规范，构成了封建法律的基本内容。

（2）凡属调处一类的民事和轻微刑事案件，礼起着法的实际调整作用。

（3）对于某些案件的判决，"于礼以为出入"，亲疏、尊卑同罪异罚。

（4）区分血缘亲疏的"五服"之制，是断罪量刑的重要根据。这在汉代已开始实行，至明清竟然把丧服图列于刑律之首。五服之制不仅对刑事裁判有重要意义，对民事纠纷也同样至关紧要。丧服图列于篇首是引礼入律的又一具体表现。在刑律之首列丧服图是外国法典所没有的，是研究中华法系应予注意的问题。

3. 家族本位的伦理法占有重要地位

封建家长制家庭是封建社会的细胞组织，又是承担国家赋役、兵役的基本单位，因而成为封建专制制度的重要支柱之一。在中国封建的法律体系中，父权制家族本位的伦理法占有重要的地位。它的实质在于维护家长的特权，进而巩固封建家长制家庭。秦汉以来的封建法律都以严峻的规定调整家族成员间的权利义务关系：（1）它确认家长对家内财产的支配权。"卑幼私擅用财"，处以笞杖之刑；同时严禁父母在子孙"别籍异财"。卑幼不仅没有财产支配权，连他们自身也作为一种财产听任家长支配，如汉文帝时曾经下令"民得卖子"。① （2）它确认家长对子女的惩罚权，直至处死。明清律规定"子孙违犯教令而依法决罚"，"邂逅致死者"勿论。家长也可以要求官府代为惩处。（3）它确认家长对子女婚姻的决定权，父母的意志是子女婚姻成立或撤销的决定性条件。法律明文规定"嫁娶皆由祖父母、父母主婚，祖父母父母俱无者，从余亲主婚"。（4）它确认侵犯亲权的加重处刑原则。凡以卑犯尊一律重处。在所有的犯罪当中，不孝罪是情理所不原的重罪。由于封建法律实行"依伦常而重其刑"的原则，因此，确认血缘亲疏的"服制"才成了处理某些犯罪的依据。总之，通过封建法律对于保护家族本位的伦理关系的详密规定，伦理和政治进一步结合，家与国进一步沟通，家长制家庭俨然成为一个主权单位，父权不啻是

---

① 《汉书·食货志》。

专制王权的缩影。不仅如此，至封建社会后期，随着阶级矛盾的不断激化，统治者更加意识到通过稳定家内秩序来巩固国家的统治的必要，因此除严格执行国法中调整家内关系的规定外，还以国家的名义支持流行于社会上的具有家法性质的"宗规"、"家训"，作为国法的重要补充。二者不仅本质一致，而且适用时相通：凡属违犯国法的行为必定为家法所严禁；违反家法的行为也必定为国法所不容。为了执行家法，古代的大家族中形成了"室老"一类的宗官，就是到了清代也还有相应的家内组织。清人刘献廷在《广阳杂记》中记载了镇江赵氏宗族共有二万余丁，其族"有总祠一人，族长八人职之。举族人之聪明正直者四人为评事，复有职勾摄行杖之役者亦八人。祠有祠长，房有房长"。这套宗族统治组织与国家的行政组织何等相似！

在封建法律体系中，家族本位的伦理法之所以占有十分重要的地位，是和中国的国情、民族的具体情况分不开的。从氏族组织的血缘宗族关系蜕变而来的宗法制度，曾经和奴隶制的等级分封制度密切结合，成为奴隶主贵族奴役宗族成员，对广大奴隶加强政治统治的工具。进入封建社会以后，随着井田制度的瓦解、官僚制度的形成，宗法制度不再直接表现为国家的政治制度，但是宗法制度的基本精神和原则，譬如君权与父权的结合、家长的特权、嫡长子继承制等，不仅被继承下来，而且更广泛地向社会延伸。封建的家长制家庭就是宗法制度的衍生物。封建国家通过由宗祠、支祠以及家长、族长形成的家族系统实现专制主义统治。封建统治者从长期的统治经验中切身体会到父权对于维护地主阶级统治所具有的特殊作用。在这方面，儒家的理论也提供了重要的依据。儒家设计了一套"天下之本在国，国之本在家"，"家齐而后国治"，"修身、齐家、治国、平天下"的治国方案；并为父权制辩护说："天无二日，国无二君，家无二尊。"但是封建家长制家庭之所以得以长期延续，归根结底就是由"一家一户就是一个生产单位"的自然经济结构所决定的。封建家长制家庭既是建立在这个经济结构之上的社会细胞组织，同时也是最基本的经济组织。家长所拥有的管理、监督生产和支配家庭财产的权力，恰恰是封建小生产经济存在和发展的要求。因此在中国数千年封建社会中，家庭始终是本位。中华法系所表现出来的家庭本位的伦理法精神，正是这种社会现象的呼应和反射。由此我们也就不难理解为什么调整家族关系的法规，在中华法系中占有那样突出的位置。

4. 立法与司法始终集权于中央，司法与行政的合一

由于法系的构成包括立法与司法制度，因此抽象中华法系的特点，不能忽视这一方面。目前在讨论罗马法系与英国法系的主要区别时，重要的着眼点之一就是二者在审判制度上的差异。而考察中国封建时代立法与司法的前提，是中国封建专制主义制度。自从公元前221年秦灭六国建立统一的封建中央集权的国家以后，专制主义的政治制度一直沿着螺旋上升的轨迹不断强化，直到1911年辛亥革命推翻清朝封建专制统治为止。在这漫长的历史发展中，皇权无论在理论上还是实践上始终高于一切，这是中国封建制国家与西欧封建制国家所不同的。就西欧封建制国家而言，在相当长时期内，君主和诸侯之间并无严格的上下级划分，相反君主被看做是同辈诸侯之首。不仅如此，在西欧整个封建时期，由于罗马教会占有很大势力，因此教皇和世俗君主之间存在着尖锐的争夺权力的斗争矛盾，君主力图摆脱教皇的支配。即使是在王权有所提高的等级君主制时期，君主的权力仍然要受到等级代表机关的限制而不是绝对的，只是到了封建君主专制时期，法国国王路易十四才提出"朕即国家"的口号，但这已经是资产阶级革命的前夜，不久封建专制制度即趋于崩溃。因此，不能用短促的西欧封建制的专制阶段和中国绵延两千年的严格的封建君主制度相比拟。正由于中国的封建专制制度经历了长时间的统治过程，因此皇帝始终是最高的立法者和最大的审判官，封建的立法权和司法权始终是，而且越来越集权于中央。从秦始皇建立统一的封建王朝时起，皇帝的意志就是法律，所谓"命为制"，"令为诏"，并且"专任刑罚，躬操文墨，昼断狱，夜理书"，控制了最高司法权。秦始皇于公元前213年（始皇34年）曾"适治狱吏不直者筑长城及南越地"，这表现了秦始皇实施法律的态度之坚决，以及他所拥有的最高权威。汉武帝时，廷尉杜周说："三尺（法）安出哉？前主所是著为律，后主所是疏为令。当时为是，何古之法乎。"[①] 在这里杜周用直截了当的语言道出了皇帝"出言为法"的本质。直到二十世纪初期，处于风雨飘摇中的清朝政府所颁布的法令仍然是以皇帝的个人名义发布，即所谓钦定。至于皇帝对最高司法权的控制，秦汉以后不断制度化、法律

---

① 《汉书·杜周传》。

化。以死刑的批准权为例，魏晋南北朝时期死刑必须奏报皇帝已成为定制。《魏书·刑罚志》说："当死者，部案奏闻。……帝亲临问，无异辞怨言者乃绝之。诸州国之大辟，皆先谳报，乃施行。"隋唐时期，死刑于执刑前须三复奏、五复奏，"不待复奏报下而决者，流二千里"。明清时期，实行皇帝控制下的秋审、朝审制度。如康熙二十年（1683年），圣祖御懋勤殿"取罪案逐一亲阅，再三详审"[1]；雍正十一年（1733年）"御洞明堂，阅秋审情实招册，谕刑部曰：诸臣所进招册，俱经细加斟酌"[2]。律文规定对于"应上奏而不上奏"的司法官要处以刑罚。

以上可见，在中国封建时代皇帝始终控制着最高的立法权与司法权，他是最高的立法者，也是最大的审判官。正因为如此，在历史上因皇帝一言而成囚，或致死的，累不绝书。例如贞观十一年（637年），魏征上书指责唐太宗"任心弃法"，说："今之刑赏未必尽然，或屈伸在乎好恶，或轻重由乎喜怒。遇喜则矜其情于法中，逢怒则求其罪于事外，所好则钻皮出其毛羽，所恶则洗垢求其瘢痕，瘢痕可求则刑斯滥矣。"[3] 然而在西欧封建国家统治时期，立法权和司法权并不是始终操于君主之手，相反诸侯也拥有与其权力相适应的独立的立法权与司法权。路易十四仅仅是在西欧封建专制的短暂时期才提出了"法律出于我"的主张，作为加强封建专制王权的舆论。立法和司法权始终和长期集中于君主之手，这不能不是中华法系的特点之一。有人说清末光绪皇帝就没有掌握最高的立法权与司法权，对此其实只要翻一翻《秋谳辑要》就可以得出答案。退一步讲，在极其复杂的历史现象中，如果漠视一般，只抓取个别来论证某一观点，这种方法是不可取的。

此外还需指出的是，中国封建司法制度的另一特征是司法与行政的合一。秦朝时朝廷设立了专门的司法机关廷尉，执"掌刑辟"，但在秦始皇"躬操文墨"的干预下，廷尉权力的行使受到了限制。汉代廷尉虽然负责审理诏狱和地方的疑难重案，但最后的判决要由皇帝决断。此后随着皇权的膨胀，尚书台下设的三公曹尚书，逐渐侵夺了廷尉的职权。隋朝虽以刑部、大理寺、御史台联合执掌司法，但皇帝赏罚从心，理刑官等于虚设。

---

[1] 《清史稿·刑法志》。
[2] 《清史稿·刑法志》。
[3] 《贞观政要》卷八。

唐时，中书、门下二省参与死刑案件复议，标志着行政对司法进一步干预。明清时期的九卿会审，使得行政机关对司法活动的干预进一步制度化。至于明代由皇帝的亲军和宦官控制司法权，则是专制制度极端发展的产物。如果说封建国家的中央机构还设置专门的司法机关，只是在行使职权上受到行政机关的牵制，那么在地方上一般是由行政机关兼管司法，二者在组织上是统一的。地方行政建制也就是司法审级。宋代设置的提点刑狱司，明清设置的提刑按察使司，虽为地方专设的最高司法机关，但实际仍然受上级地方行政长官的控制，成为行政机关的附庸。这不是偶然的，是封建的自然经济和封建的专制主义政治所决定的。

5. "民刑不分，诸法合体"与"民刑有分，诸法并用"

这个问题是多年来中外学者探讨中华法系特点时经常论证的，因为中国从战国李悝著《法经》起直到最后一部封建法典《大清律例》，历代具有代表性的法典都采取以刑法为主、诸法混合编纂的结构形式，直到二十世纪初期沈家本主持变法修律，输入大陆法系之后，才按照六个法律部门——宪法、刑法、民法、商法、诉讼法、法院编制法，分别起草法典。中国封建时代的法典采用混合编纂的形式也不是偶然的，是和自然经济长期占统治地位，礼所起的实际调整作用，以及封建专制制度下统治的严酷等各种特定的条件分不开的，因而才得以长期延续下来；但绝不能由此得出结论，说中国古代只有刑法而无其他法规。外国学者梅因在《古代史》一书中说"中国古代只有刑法而没有民法"，这显然是错误的。从马克思主义的观点来看，任何一种类型的法律都是社会关系的反映和产物，社会关系的多样性决定了法律规范内容的多样性和法律调整方式的多样性，从而形成了在统一的法律体系中的一些相对独立的法律部门和制度。任何国家在任何历史发展阶段都不可能只有一种法律规范、一个法的部门，这是不依立法者的主观意愿决定的。至于如何编纂法典，具体采取哪一种形式和原则，则表现了立法者的主观意志和实践经验。因此，"民刑不分，诸法合体"就主要法典的编纂形式而言，是一个特点，也有它的客观根据。有的同志说，这种法典结构形式可以说是世界古代一切法典所共有的特点，并不是中国封建法典所独有的特点。是的，西方最早的代表性法典古罗马十二铜表法，就包括了刑事、民事、民事诉讼以及行政法性质的规范。日耳曼的蛮族法典、德意志的萨克森法典，都是以习惯法为主，融合了民刑诸法。但是我们也应该看到中国和外国的区别。中国古代在诸法合体的结构形式中,始终以刑法为主,并以统一的刑法手段调整各种法律关系。而西方从古罗马十二铜表法起,民法就在法典中占有主导地位,有关民事诉讼、土地占有、家庭、债权的规范构成了十二铜表法的主要内容。当罗马开始繁盛,他们便开始摆脱了用刑法手段来调整民事关系,这在查士丁尼《民法大全》所记载的抵押、担保以及一些民事诉讼的规定中可见一斑。然而中国的主要封建法典却始终用刑事手段调整民事、行政、经济等各方面的法律关系。此外,中国封建时代所采用的诸法合体的法律结构一直延续了二千多年,也就是说贯穿了整个封建时代。而西欧随着各国城市的兴起,商业的发达,十一世纪就出现了商业通例,十三世纪便制定了中世纪著名的三大海商法典,同时还在许多国家出现了大量的贸易敕令、航海法等。这样西方古代诸法合体的结构形式在中世纪事实上已经解体了。

需要指出的是,中国古代主要法典的编纂结构形式是诸法合体、民刑不分的,但就封建法律体系而言,它却是由刑法、民法、诉讼法、行政法、经济法等各种法律部门所构成的,是"诸法并用,民刑有分"的。早在公元前二十世纪,调整财产关系为对象的民法就以各种形式存在和发展。西北出土的铜器铭文证明,在周朝奴隶制时代,调整所有权、债权、婚姻家庭关系的民事法律规范已经颇为详尽和具体。而从秦汉到隋唐,随着经济关系的发展,民事法律规范也不断增多。特别是宋以后,随着地主经济的发展,土地的转移加快了,封建的雇佣剥削制已成为主要剥削方式,与此相适应的民事法律规范得到了进一步的充实,或者以皇帝诏令的形式,或者以单行条规的形式,对日益复杂的民事法律关系进行调整。中国封建时代典权和确认所有权转移的红契都是从宋代开始的。至清朝制定《钦定户部则例》,其已经具有单行民事法规的性质。至于说中国封建时代没有一部类似西方那样的独立民法典,这也有它的原因。中国从公元前二世纪就建立了统一的专制主义中央集权国家,作为这个国家代表性的法典,从一开始就以统一法典的形式出现而且贯彻始终,从而排除了任何城市立法的可能。在专制主义制度下,统治者的主要着眼点是维护皇权以及专制主义的国家统治,所以非常重视刑法。对于私人间的利益冲突则视为"细故",对民事案件经常以调处代审理,调处不决才起诉,但很少有因民诉而上诉的案例。在民事案件中,家族间的习惯法和儒家礼的规范,也对民事纠纷起着实际的调整作用。这些都妨碍了一部独立民法典的编制。而封建自然经济长期占统治地位和历代封建统治者所实行的重农抑商政策，以及封建的官商业、官手工业严重束缚了商品经济关系的发展，这对中国封建时代未能制定独立的民法典有着决定的影响。西方罗马法的产生正是简单商品经济高度发展的结果。马克思说，罗马法是对"简单商品所有者的一切本质的法律关系（如买主和卖主、债权人和债务人、契约、债务等）所做的无比明确的规定"。[①] 然而在中国封建自然经济条件下，生活不依赖于市场，因此债权法不如西方发达。同时，在专制主义超经济束缚下长期存在的人身依附关系，也不能为民法的发展提供私人的平等这个重要条件。所以总的说来，适应中国封建生产方式的要求，中国古代法典对民事法律关系虽做出了明确的规定，但却没有出现一部独立的民法典。

此外，中国古代的行政法也是非常发达的。这是和中华民族立国悠久、国家统治的历史绵延四千年未曾中断这一特点分不开的。在《尚书·皋陶谟》中，作为当时主要立法者和司法官的皋陶，在谈到施政原则时，首先谈到的不是司法，而是如何选官立政，进行国家管理。《周礼六典》虽不是西周的产物，但它无疑是历史经验的总结。六典作为行政法规性质的典章已经较为详备。唐朝制定的《唐六典》，是以唐代的现行行政机关与行政管理制度为根据，又是唐以前行政立法的总结，它是唐代立法活动的另一卓越成就。至封建后期明清两代所制定的《明会典》和《清会典》，已经充分显示了行政法规内容的丰富。甚至在清入关前，随着国家规模与行政体制的发展，清太宗于崇德元年（1636年）也已制定了《崇德会典》。中国古代行政法除通过确认国家各个部门的职权与活动原则来调整国家活动之外，对官吏的选任、黜陟、奖惩、考绩、职守、休致都有详细的规定，既有条文，也有事例；即使对作为行政法范畴一个方面的文书制度，也做出了详尽具体的规定。中国古代行政法的充实与不断发展也可以说是中华法系的特点之一。

中国封建时代的统治者很重视运用法律的武器来维护自己的统治，因而秦时便出现了律、令、法律答问、式、例等法律形式，作为调整行政、军事、经济、刑事、民事、诉讼等各个领域的行为规则。这在当时世界法

---

① 《马克思恩格斯选集》第四卷，第248页。

制发展中是一个陡起的高峰。到了唐代，统治者已经把律、令、格、式、典、敕、例等多种法律形式结合起来，组成一个相当完备的法律体系。此外，整个封建时代还有科、比、诏、谕、诰、条例、则例、典章、事例、条格等数十种法律形式。法律形式的多样，以及它们之间的相互配合，对各种社会关系进行统一的调整，也是中华法系中值得注意的特征之一。过去研究中华法系时忽视其他法律形式的地位和作用以及它们之间的配合，是不应该的。例如有些朝代虽然制定了律典，但只是具文，在司法实践中已被其他的法律形式所取代。

6. 融合了以汉民族为主体的各民族的法律意识和法律原则

中华民族自古以来就是一个多民族的大家庭，自公元前二世纪起就建立了统一的多民族的中央集权的国家，因而中华法系便融合了以汉民族为主体的各民族的法律意识和法律原则。古籍中说华夏族的法律就是从苗人一族援引来的，所谓"灭其族而用其刑"。在封建法制发展中起着承上启下作用的拓跋族的《北齐律》，是以汉律为宗并糅合了南朝各律而成的。《北齐律》无论在体系结构还是基本内容上，都为隋唐律奠定了重要的基础。至封建社会后期辽、金、元等国的法律，除保持其民族特色外，均以唐宋律为渊源，并对明律的某些方面有所影响。特别是清朝，其在入关以前就执行一条"参汉酌金"的立法路线，入关以后更将这条路线推广到全国。所谓"参汉"就是参考明朝的典章制度与法律；所谓"酌金"就是从满州女真族本民族的实际出发。清朝在法制建设上的特点和优点之一，就表现在强调用法律来调整各民族间的关系。例如，调整外藩蒙古的《理藩院则例》便是清朝独创的法规。此外清朝还有调整少数民族聚居区的一系列单行法。这些单行法既注意到少数民族的生活习惯，又力求做到法律适用的基本统一，它们是各民族间融合的产物和反映。清朝之所以成为一个巩固的统一多民族国家不是偶然的。就法制而言，它集中国近二千年各族封建法律之大成，并把中央的司法管辖深入扩展到少数民族聚居的边陲之地。在考察中华法系的特点时，我们必须看到它确实融合了以汉族为主体的各民族的法律意识和法律原则，而这是由我国很早就形成并保持二千年之久的封建统一的多民族国家这种特定国情所决定的。

总之，中国封建时代的法律是和这个文明古国的历史相适应的，它的内容广泛，制度详备，是世界上任何一个封建国家所不可比拟的。但在两千多年专制制度下,封建法制陈陈相因,发展很慢。十六七世纪西方已经开始了资产阶级革命,建立了资产阶级法制,而中国却仍故步自封,恪守祖宗成法。这种保守束缚了社会的前进。

中华法系的特点的形成,是和中国古代的社会与国情条件分不开的。

中国是一个地处东亚大陆,土地辽阔的多民族大国。东亚大陆的地形、气候、土壤条件以及丰富的资源,使中国文明发达较早,中国自公元前二十一世纪的夏代始,就跨进了文明历史的门槛。但是由于海上交通的阻塞,对外贸易不发达,而丰富的国内资源又足以维持自给自足经济,再加上统治者推行与外界隔绝的闭关锁国政策,这种种造就了中国古代法制发展的独立性和孤立性。中华法系在缓慢发展过程中表现出来的陈陈相因的保守性质和长期未受外来因素的影响有关。

但是,决定中华法系特点的基本条件,是封建生产方式的特点。因为"每种生产形式都产生它所特有的法权关系、统治形式等等"[①]。例如,中国封建时代国有土地的大量存在,使得专制政体螺旋式上升,不断加强,于是维护君权也就成了封建法律的重要任务和基本内容。特别是在自然经济的统治下,"一家一户就是一个生产单位"。封建国家用法律确认家长制,调整家庭成员之间的权利义务关系,既有政治原因,也有维持个体经济再生产的经济目的。因此,家法族规自然要在中华法系中占有相当的地位。

此外,中国封建社会自唐以后,土地买卖流行。一些商业者和高利贷者乐于用利润、利息购买土地,使利润、利息地租化。商业资本、高利贷和地租的三位一体,造成货币资本不能大量积累,商业资本不易转化为工业资本,进而使得封建社会停滞不前。同时,封建统治者又一贯奉行重农抑商的政策,压制资本主义萌芽的生长。

由此不难理解二千多年的中华法系为什么始终没有实质性的变化,而西欧封建后期的法律则已经有了明确的反映资本主义因素的内容。

四 研究中华法系的意义

运用马克思主义来研究中国这个文明古国的法律体系,从本质上来概

[①] 《马克思恩格斯选集》第二卷,第91页。

括它的特点，并从理论上加以阐述，不仅会丰富我们对于中国法制史、法学基础理论的认识，而且可以更准确地将中华法系同外国法系进行比较，从而发展关于法系的理论的认识。中华法系的特点的形成是由中国古代的国情所决定的，同时中华法系延续了二千余年也有它的具体历史条件，搞清楚这些问题，对于我们建设具有中国特色的社会主义法律体系也是具有借鉴意义的。因为社会主义法律体系的形成和发展离不开现实的国情和历史的传统。目前对中华法系的研究还很不够，中华法系中有哪些值得批判继承的合理因素还若明若暗，这就需要我们继续以科学的态度进行探索。本文的一些看法也准备在进一步的探索中补充、修正或者舍弃。笔者期望通过中华法系的探讨，有助于发展法学和史学，并为建设社会主义的法律体系提供可资借鉴的历史的根据。

（原文载于《中国政法大学学报》1984年第2期，1985年学报改名为《政法论坛》）

中国法律思想史新编

张国华　（1991）

绪　论

中国法律思想史是一门具有中国特色的法学分支学科。它对于了解中国自古以来的法律文化遗产，取其精华、去其糟粕，建设我们的社会主义法制与法学，都有重大意义。

但长期以来，它在中国法学界并没有受到应有的重视，从事该学科的教学研究工作者，包括海峡两岸在内，为数不多。这是一种令人遗憾的不应有的现象。与此相反，某些发达国家对包括法律在内的中国古代文化却越来越感兴趣，研究者日多，深度和广度都有所增加，某些方面甚至超过国人。长此以往，丰富多彩的中国古代文化，有朝一日，很可能也变成"出口转内销"，岂不令人愧对祖先。有感及此，从60年代开始，大陆的一些法律院系都开设了这门课程，有的必修，有的选修。根据国务院学科分类的规定，法律思想史与法制史一样分别被列为法学中13个分支学科之一，全国高等学校考试指导委员会法律专业委员会也将这门学科列为大学本科必修课，从而法律思想史这个学科站稳了脚跟并开始受到应有的重视。

为了便于初学者掌握本学科，下面仅就几个带全局性的基本问题分述如下。

一　中国法律思想史的研究对象

中国法律思想史的研究对象是：中国自古以来各种法律观点、学说和理论的内容、本质、作用、特点及其产生、发展、演变和相互斗争、相互吸收、相互影响的过程与规律。这些观点、学说和理论反映了各个历史时期不同阶级、阶层或集团的经济、政治利益，以及他们所要维护或反对的法律与社会秩序。

法律思想有别于法律和法制。法律和法制，只有掌握国家政权的统治者才能创制，尽管他们也要受包括被统治阶级在内的其他阶级的制约和影响，并以"国家意志"的代表形式自居。而法律思想则不限于统治阶级，被统治阶级也可以有自己的法律思想，但不占统治地位。因此，中国法律思想史既包括历代占统治地位的统治阶级的法律思想，也包括历代不占统治地位的被统治阶级的法律思想。

法律思想也不等于法理学或法律哲学。所谓"法理"，据清末大法学家沈家本的说法，一般指"法律之原理"或法律的基础原理。它是法律思想的核心，但非全部。除法理学外，法律思想还可以包括法律的某一部门、某一方面或某些具体问题带全局性的基本观点或主张。所以，中国法律思想史的范围要比中国法理学史更加广泛。

法律思想的产生不但有其经济、政治、社会和历史等方面的原因，而且它同经济思想、政治思想、哲学、伦理道德观念都有不同程度的联系，甚至是某种内在的难以分割的联系，并曾和宗教神学长期结合。由于"法律是一种政治措施"，是国家意志的体现，因而中国法律思想史同以国家政权问题为核心的中国政治思想史的联系尤为密切。

另外，历代统治阶级的法律思想同他们的法律与法制更是息息相通。来自社会实践的统治阶级的法律思想是统治阶级制定法律、确立法制的思想理论指导，而法律和法制的实施又不断促进统治阶级法律思想的发展和演变。至于被统治阶级的法律思想则是根据自身的利害，在同统治阶级的法律思想及其法律与法制的基本对立和斗争中产生和发展起来的。

所有这一切也就使得中国法律思想史的内容和范围更加丰富和广泛。

二　中国法律思想的历史发展

中国法律思想从其产生到辛亥革命与"五四"运动，曾经历过奴隶制社会、封建社会、半封建半殖民地社会，以及这三种社会中由于部分质变所形成的各个不同发展阶段或时期。

(一) 夏、商、西周时期

这是中国奴隶制社会的形成与发展时期。当时作为统治者的奴隶主贵族，在意识形态中主要是利用"受命于天"、"恭行天罚"的神权法思想和以"亲亲"、"尊尊"的宗法思想为指导原则的"礼治"来进行统治。当时占统治地位的法律思想，也受这二者支配。

(二) 春秋战国时期

这是一个由奴隶制社会到封建社会的变革时期，也是中国古代政治、学术思想最活跃的时期，出现了"百家争鸣、百花齐放"的繁荣局面。这时的法律思想也得到前所未有的大发展，并深入法理学的领域。不少思想家对法律的起源、本质、作用以及法律与社会经济、时代要求、国家政权、伦理道德、风俗习惯、自然环境乃至人口、人性等问题，都提出了一系列具有合理因素的新见解，大大丰富了中国乃至整个世界的古代法学。

在这一时期中，原来维护贵族统治的神权法和宗法礼治思想受到了很大冲击，神权动摇，礼坏乐崩，诸侯异政，百家异说。当时参加争鸣的各家都曾涉及法律思想，但主要是儒、墨、道、法四家，特别是儒、法两家。以孔子、孟子为代表的儒家，基本上坚持"亲亲"、"尊尊"的立法原则，维护"礼治"，提倡"德治"，重视"人治"。他们的思想对秦汉以后的封建社会影响很大，曾被封建统治者长期奉为正统。战国末期的荀况虽然是儒家的另一位大师，但有别于孔、孟。他既"隆礼"又"重法"，是在新的封建制基础上，以儒为主，使儒、法合流，以及以礼为主，使礼法统一的先行者。秦汉以后的封建正统法律思想的形成，受他的影响最大。正如清末改良派主将谭嗣同指出的："二千年来之学，荀学也。"

儒家思想在春秋战国时期并未取得统治地位，当时其他各家几乎无不反对"礼治"，因而也反对维护"礼治"的儒家。

以墨翟为代表的墨家是最早起来反对"礼治"和儒家的一个学派，曾与儒家并列为"显学"。墨家的法律观是以"兼相爱、交相利"为核心，追求"天下之人皆相爱"的理想社会。他们反对"别相恶、交相贼"的"损人利己"、"亏人自利"。他们还要求"赏当贤、罚当暴"，反对各级贵族任人唯亲的宗法世袭制，主张法律面前贵贱平等，反映了当时广大小私有者的平等观。

以老聃、庄周为代表的"道家",主张"道法自然",崇尚"无为而无不为"的"天之道",鄙薄一切违反自然的人定法。老聃认为,"天之道"的特征是"损有余以补不足",而儒家所维护的"礼"和法家所提倡的"法"等人定法,则是"损不足以奉有余",是违反自然法的"人之道";统治者必须与民休息,无为而治。道家的后继者庄周更从消极方面发展了老子的思想,认为人类的一切物质和精神文明,包括法律和道德等都是对自然的破坏,都应予以否定,鼓吹法律和历史虚无主义。

李悝、吴起、商鞅、慎到、申不害等前期法家和韩非、李斯等后期法家,是先秦时期对法律和法学最有研究的一个学派。他们主张"以法治国"的"法治",认为"法"是衡量人们言行是非功过,据以行赏施罚的标准,是人人都必须遵守的行为规范。他们强调法律的客观性、平等性和统一性,并从"好利恶害"的人性论出发,非常重视法律的强制作用,轻视甚至完全否定道德的感化作用,极力主张用严刑峻法的手段打击贵族和加强对广大人民的统治。他们是先秦儒家的主要对立面,代表了当时新兴地主阶级的利益。

除上述四家外,还有解释人类社会发展原因和规律的阴阳五行家,以及糅合诸家的杂家。他们对后世都有相当深刻的影响。

(三) 秦汉到鸦片战争时期

从公元前221年秦始皇统一六国建立统一的秦王朝到1840年鸦片战争,是中国封建社会由缓慢发展到逐步衰落的时期。统一全中国的秦王朝是在法家思想指导下建立的。由于法家主张"法治",一贯重视法制建设,所以到秦始皇时,各个方面已"皆有法式",为建立和巩固统一的多民族的封建中央集权制国家做出了贡献。这从1975年出土的云梦睡虎地秦简记载的秦律中进一步得到证实。但重视法制并不等于重视法学。秦王朝在政治、经济、文化上都实行极端的专制主义,"天下之事,无大小皆决于上",只许"以法为教"、"以吏为师",严禁私学。这不但窒息了其他诸家思想,也阻碍了包括法家本身在内的法律思想的发展。秦王朝还将法家主张的严刑峻法推向极端,倚仗暴力,横征暴敛,滥用民力,终于激起了农民大起义,很快被西汉王朝所取代。

西汉初期吸取秦亡的教训，在经济极为凋敝的情况下，找到了战国中期开始流行的道、法结合的黄老思想作为指导，崇尚清静无为，约法省刑，休养生息。这实际上是想用道家之长弥补法家之短。黄老思想虽然有利于经济的稳定和发展，但因过于消极，不利于封建经济的聚敛和封建中央集权君主专制政体的巩固。随着封建经济的复苏和政治势力的加强，为了解决封建制度本身日益暴露出的各种矛盾，谋求封建统治的长治久安，汉武帝终于接受汉代大儒董仲舒等的建议，"罢黜百家，独尊儒术"，开始奉儒家思想为正统。但这时的儒家已不同于先秦儒家。它是以儒为主、儒法合流的产物，并吸收了先秦道家、阴阳五行家以及殷周以来的天命神权等各种有利于维护封建统治的思想因素。董仲舒等正是在这一基础上，将封建意识形态概括为"君为臣纲、父为子纲、夫为妻纲"的"三纲"，用天命神权"天人合一"和"阴阳五行说"等炮制了"天人感应"的神学目的论。他们把父权、夫权特别是君权神化，并认为"道之大原出于天，天不变道亦不变"，将"三纲"和"德主刑辅"绝对化为永恒不变的真理，终于形成了统治中国长达两千多年的封建正统法律思想。

一方面，封建正统法律思想要求以"三纲"为核心的封建礼教作为立法、司法的基本原则。从此以后，维护"三纲"的伦理道德规范进一步纷纷入律。历代封建法典，特别是最有代表性的《唐律疏议》，即被概括为"一本于礼"。直至清末封建王朝行将灭亡之际，清朝统治者仍然宣称"三纲五常，实为数千年相传之国粹，立法之大本"。另一方面，从儒家传统出发，"德主刑辅"或"明德慎罚"则被奉为统治人民的主要方针。但实际上，封建统治者从来都是德刑并用，并根据阶级力量对比关系的变化有所侧重或交替使用。

这个时期在牢固的封建自然经济的基础上和持久的封建专制主义统治下，中国法律思想出现了以下两方面的情况。

第一，由于对法律，特别是对法理的探讨，不能超越纲常名教的雷池一步，所以春秋战国以来欣欣向荣的法理学得不到进一步发展，甚至一蹶不振。在中国两千多年的封建社会中，只有历代"无视君臣上下"的起义农民对"三纲"进行过冲击并提出过"均贫富、等贵贱"等思想；明清之际适应资本主义萌芽发展的需要，黄宗羲、王夫之、顾炎武等启蒙思想家提出了包含一定民主色彩的思想。他们主张以"天下之法"取代"一家之法"，以"工商皆本"取代"重农抑商"，反映了城市工商市民们的某些要求。此外，还有汉唐以来的朴素唯物主义者，如桓谭、王充、柳宗元等对"天人合一"、"天人感应"的神秘主义及其派生物谶纬迷信和"司法时令说"等进行了谴责。这个时期的法律思想不但没有先秦那样的百家争鸣，也没有儒、法两家壁垒森严的礼、法对立。这当然不是说在封建主内部已无儒、法的矛盾，但主要是在礼法统一和儒法结合的前提下，因侧重点不同所产生的分歧。这种分歧不但表现在重礼轻法或重法轻礼，重德轻刑或重刑轻德，重人治、轻法治或重法治、轻人治等基本倾向上，而且大量地表现在肉刑的废复，亲属应否相容隐，复仇、赦罪、刑讯、株连、以赃论罪是否恰当，子孙能否别籍异财，同姓能否通婚等刑事、民事的具体问题上。这些问题的争论对于法律思想，特别是刑法思想的深化也曾起过重大作用，并提出了不少具有进步意义的看法。比如：主张废除肉刑、禁止刑讯、同罪同罚；反对八议、复仇、亲属相隐、族诛连坐；等等。但对立双方的意见，往往均以儒家的德治、仁政和法家的严明赏罚、法不阿贵为依据，没有也不可能越出儒、法结合的封建正统思想范围，在法理学上没有取得大的突破。

第二，"引经注律"、"引经断狱"盛极一时。一方面，随着儒家思想占据统治地位和"三纲"成为立法的主要原则，以阐述这类思想为基本内容的儒家经典遂身价百倍，或口授身传或破壁而出，以致经学大兴，并逐步深入立法、司法领域。这些领域都要求应经合义，使儒家的经义既是立法的指导，又是审判的准绳，从西汉中期的董仲舒等开始，就不断实行"春秋决狱"。"春秋经义"不但可以补法律之不足，其效力往往高于法律。董仲舒等在决狱中还提倡"论心治罪"的动机论，后来又发展为"志善而违于法者免，志恶而合于法者诛"，为罪刑擅断大开方便之门，并使法律从属于经义。"引经断狱"之风延续了六七百年，直到隋唐因封建法制已臻完备才逐渐减弱。另一方面，引经注律、引经讲律的"律学"，作为经学的一个分支，也乘运而兴，一花独放。早自西汉，在引经断狱的同时，就出现了"治律有家，子孙并世其业，聚徒讲授至数百人"的现象。东汉的叔孙宣、郭令卿、马融、郑玄等曾注汉律，各为章句，十有余家。晋代杜预、张斐等又注晋律。东晋以后私家注律之风始衰。唐初集律学之大成的《唐律疏义》以及后来的《宋刑统》、《大明律集解附例》、《大清律集解附例》等均出自官方。明代丘濬的《大学衍义补》,清代薛允升的《唐明律合编》,分别对前代法律和法律思想进行了总结和比较,有所创发,是研究古代法学和律学的重要作品。总之,无论引经断狱或引经注律,其作用都在于使儒家经义法律化。

(四) 鸦片战争到"五四"时期

从 1840 年鸦片战争开始,中国在外国资本主义、帝国主义侵略下,由封建社会逐步沦为半殖民地半封建社会。中国人民为了反抗外国侵略者的入侵不断展开了反帝反封建的斗争,进入了近代史上的旧民主主义革命阶段。他们一方面反对侵略者,另一方面为了适应民族资本主义微弱发展的需要,又不断向西方寻求真理,同时也引进了一些西方资产阶级革命时期的政治、法律制度与思想,并逐步结合中国国情以之作为救亡图存的武器。鸦片战争前后以龚自珍、包世臣、魏源、林则徐为代表的地主阶级改革派,是最早从地主阶级中分化出来的先进人物。他们既主张抵抗列强的入侵,又主张向西方学习,提出了"变法图强"的口号。由洪秀全领导的太平天国农民革命,除以武装起义的行动猛烈冲击封建法制礼教的罗网外,还破天荒地提出废除封建土地所有制,主张按人口平均分配土地的《天朝田亩制度》,以及男女平等和"天下婚姻不论财"等民主思想。太平天国后期的领导人洪仁玕,还撰写了鼓励发展资本主义的《资政新篇》,主张任人开厂采矿,雇佣劳动力,保证私人投资以及与外国平等往来,自由通商,反映了当时发展资本主义的时代要求。但由于历史和阶级的局限,太平天国主要领导人洪秀全始终没有跳出封建皇权思想的窠臼,其政权最终也完全封建化了,终归失败。嗣后,以康有为、谭嗣同、梁启超、严复等为代表的资产阶级改良派,更热衷于向西方学习,并以孟德斯鸠的"三权分立"学说作为主要武器,兼取黄宗羲的启蒙思想,打着孔子改制的招牌,主张变法维新,要求设议院,开国会,定宪法,实行君主立宪。以孙中山为领袖,以黄兴、章太炎等为代表的资产阶级革命派,则在法国大革命的"自由、平等、博爱"和美国总统林肯"民有、民治、民享"等思想影响下,将西方资产阶级的民主与法治和中国原有的"天下为公"的大同思想、"民为邦本"的重民思想糅合起来,提出了以"三民主义"、"五权宪法"为内容的资产阶级共和国方案,主张实行主权在民的资产阶级"法治"。与此同时,清朝统治者在内外交困的情况下,也分化出以曾国藩、李鸿章、张之洞、刘坤一等为代表的洋务派。他们鼓吹"中学为体、西学为用"的口号,有别于故步自封的顽固派,实际上已为引进某些西法、西学打开旁门。义和团运动爆发和八国联军入侵以后,以慈禧为首的顽固派迫于形势,为了抵制革命和乞求帝国主义恩许撤销领事裁判权以平民愤,也接过"戊戌变法"时改良派的口号,不断下诏"变法"和"预备立宪",并于1902年以"兼取中西"为方针着手修订法律。由对中外法律和法学都有较深研究的沈家本主持修订了《刑事民事诉讼法》、《大清新刑律》等一系列新法新律,但遭到了以张之洞、劳乃宣为首的礼教派的猛烈攻击。他们指责新法新律败坏礼教,违背君臣、父子、夫妇之伦及男女之别与尊卑长幼之序,实际上是根本不许触动封建礼教。这次的礼法之争不同于往昔封建统治阶级的内部之争,实际上是中国的旧律要不要资产阶级化的问题,在当时封建顽固派的控制下和礼教派的鼓噪下,结果不能不以沈家本的退让而告终。但通过修律,长期形成的以儒家思想为中心的中国封建法律思想终因西方资本主义学说的侵入而被突破。

中国的资产阶级是软弱的。辛亥革命推翻封建帝制后,革命果实又被北洋军阀所篡夺。"五四"运动以后,伟大的革命先行者孙中山先生在俄国十月革命和中国共产党的影响与帮助下,决心实行联俄、联共、扶助农工的三大政策,并在中国共产党的领导下联合进行了反帝反封建的新民主主义革命战争,终于取得了推翻北洋军阀反动统治的胜利。遗憾的是孙中山先生于1925年遽尔逝世,他的门徒们没有真正遵行孙先生的遗教,以致国共合作的大好局面被破坏了,发生了旷日持久的内战。直到1938年,为了联合抗战,结成了国共两党的第二次联合。经过八年抗战,中国人民终于取得了抗日战争的伟大胜利,拯救了民族危亡。在国共两党的关系上,从历史实践中,我们可以总结出这样一条规律,即"和则两利,分则两伤"。但愿今后在一国两制的前提下,实行海峡两岸的和平统一,则全国人民对中华民族的振兴愿望必能达到。

三 中国法律思想史的特点与规律

中国的法律在其不同的发展阶段有其不同的特点,但从整体看又有其不同于世界某些国家或地区的带全局性的特点。其中最突出的是：作为封建正统的儒家法律思想曾长期占据统治地位，后来在整个半殖民地半封建的社会中，仍然起着很大作用，并渗透到资产阶级思想领域。在儒家思想统治下，历代立法和司法活动长期受以"三纲"为核心的礼教的指导与束缚。鸦片战争后，虽因西方资产阶级法律和法学的移植与引进，只此一家的一统天下被打破，但在整个半殖民地半封建社会中仍起主导作用，甚至其流毒至今尚待彻底肃清。因此，儒家法律思想的特点，不只是古代统治阶级法律思想的特点，或以封建法制为主的中华法系的思想特点，也是"五四"运动前整个中国法律思想的主要特点。其主要表现如下：

第一，以家族为本位的宗法思想渗透一切，并指导立法。中国古代从奴隶制社会到封建社会都是建立在自然经济基础之上的，而以家族为本位的宗法思想始终是历代立法的根本原则，且渗透到社会各个领域。

第二，皇权至上，法自君出。中国从进入阶级社会直到清末，在政体上都是不同程度的君主制，特别是君主专制，只有君主才有权立法，"法自君出"已成天经地义。

第三，等级特权观念浓厚，经久不衰。儒家思想源于西周"礼治"，礼重尊卑贵贱，等级森严，"天有十日，人有十等"。在贵族内部，等级不同所享有的特权也不同。级别愈高，特权愈多，所谓"名位不同，礼亦异数"。其流毒之深，至今犹未完全除尽。

第四，"重德轻刑"，"重义轻利"。儒家素倡"德治"，鼓吹"仁政"，主张省刑薄税。其在治国方法上重视道德感化作用，相对轻视法律（主要是刑法）及其强制作用，即所谓"德主刑辅"。这种思想虽有可取之处，但产生过不利于法律发展的副作用。"重义轻利"及其相应的"重本抑末"、"重农抑商"亦复如此，有其合理的一面，却不利于商品经济的发展。

以上几个方面，在儒家思想中形成了以皇权为中心的有机整体，指导着封建法制长达数千年之久。这在世界所有法系中都是绝无仅有的。而所有这些特点，虽然都有利于维护封建统治，但又都不利于商品经济以及与之相适应的"私法"观念的发展，特别是在封建社会后期，更严重地阻挠了以商品经济的发展为前提的资本主义经济的萌芽和发展。正因为中国古代包括中世纪社会始终以自然经济为基础，商品生产和交换都不发达，又受儒家正统思想的严重束缚，所以在中国古代根本不可能有恩格斯在《论住宅问题》中所谈到的"形成一个法学家阶层"。这也使得中国古代正统法律思想与后来西方资产阶级民主法律思想格格不入。所以，即使在半殖民地半封建社会，资产阶级的民主法律思想也从未能占据统治地位。这正是"五四"运动前中国法律的另一重要特点，也是包括孙中山先生在内所从事的民主革命不可能照搬西方的模式，必须另辟新路的重要原因。

总之，五四运动以前的中国法律思想尽管存在着以上主要特点，但从整个历史发展来看，它仍然在曲折地沿着由野蛮走向文明的道路前进。而且在这一过程中，我国即使长期处于奴隶制社会和封建社会，也还涌现了一大批具有世界先进水平的思想家，积累了管理一个多民族大国可供后人批判继承的宝贵历史遗产。

这一历史发展的总趋势，归根到底，是历代人民群众的生产斗争和革命斗争不断推动的结果。人民群众的斗争也是推动法律思想向前发展的主要动力。中国奴隶制社会的法律思想如果没有社会生产力的逐步提高，此伏彼起的奴隶起义、国人暴动和新兴地主阶级力量的壮大，就不可能冲破神权和宗法思想的堤坝，更不可能有春秋战国的百家争鸣。秦汉以后，随着社会经济的发展，如无历代农民大起义，也不可能迫使封建统治者为了团结内部和缓和阶级矛盾而不得不从礼、法斗争走向礼、法结合，并使其法律思想日益严密；与此同时，也不能有"律学"的兴盛以及各种具体法律问题和不同观点的论争。虽然秦汉以后，对比春秋战国，天命神权和宗法思想方面有所复苏，但已改变形式，不同于商周。而且，每一次农民起义本身在不同程度上都是对维护封建统治的神权和宗法思想的冲击，并促使封建地主阶级分化出个别反对封建正统思想的异端，以及各种思想之间的互相吸收和融合。中国法律思想之所以经历了由神权到礼治，再到法治和礼法合治诸阶段，既有互相斗争的一面，也有互相吸收、互相融合的一面。特别是鸦片战争以来，中国人民反帝反封建的革命斗争终于推动了封建法律的资本主义化，推翻了数千年不变的帝制，攻破了纲常名教的一统天下。

但是，我们也应当看到，根深蒂固的封建专制主义和宗法思想始终是阻挠法律思想向前发展的严重障碍，不清除这一障碍，就谈不到法律思想和整个法学的繁荣昌盛。在中国，不但没有发展资产阶级民主和法学的经济、政治条件，而且资产阶级民主和自由化也无力清除封建专制主义和宗法思想的流毒，而是会成为保存它们的庇护所。中国近现代史早已对此作出了结论。

四 学习中国法律思想史的意义

学习中国法律思想史，不但具有历史和理论意义，而且具有现实意义。具体说来，我们可以提出以下几点。

（一）有助于增强我们的民族自尊心、自豪感和爱国主义思想

中国法律思想的内容是很丰富的。自奴隶制社会以来，上下数千年，中国历史上涉及法律思想的人物不可胜数，单是知名人士就不下一二百人；与其有关的史料更是浩如烟海，甲骨金石、秦简汉帛、经史子集、奏折案例、小说笔记，无所不有。但是，过去由于缺乏挖掘和研究，曾使人们产生一种错觉，似乎一谈法律思想史根本轮不到中国，言必称希腊、罗马。实际情况并非如此。中国历史上的法律思想，不但涉及的人物多，而且质量也不低，在某些时期或某些方面甚至还领先世界。

综观历史，早在公元前11世纪，西周初年的大政治家周公（姬旦）就是一个很了不起的人物。他的法律思想特别是刑法思想中，便有很多值得称道的东西。他主张对犯罪行为进行具体分析，要求把故意和过失、累犯和偶犯等区别开来，在定罪量刑时，如系故意累犯则加重处罚；如系过失和偶犯则可减免，即使是死罪也可不杀。这种思想，在西方的一些国家中，直到资产阶级革命时期才提上日程。周公也反对殷商"罪人以族"的族诛连坐，而主张"父子兄弟，罪不相及"，禁止各级贵族"乱罚无罪，杀无辜"。这一思想不但在当时高人一筹，而且直到今天仍有其不可磨灭的价值。西周以后的春秋战国，是我国古代百家争鸣的黄金时代。当时的诸子百家，很多都谈到法律问题，而且深入法理学的领域。儒、墨、道、法四家，特别是儒、法两家，对于立法的指导原则和法律的起源、本质、作用以及法律与时代要求、社会经济、伦理道德、风俗习惯、地理环境乃至人口、人性的关系等基本理论问题，都或多或少地提出了具有一定合理因素的独到见解，为繁荣中国和世界古代法学做出了重大贡献。他们的见

解在不少方面已经达到甚至超过当时世界的先进水平。

春秋战国以后进入封建社会，虽然法理学的发展受封建专制主义的严重压抑，但就封建法律和注释这些法律的"律学"来说，中国是最完备的，比西方中世纪要系统和细致得多。特别难能可贵的是，明清之际我国还涌现出了一批反映资产阶级萌芽要求的启蒙思想家。他们在法律思想方面破天荒地提出了变"一家之法"为"天下之法"的口号，包含有"主权在民"的因素，把矛头指向了封建君主专制制度。这种含有一定民主因素的法律思想，在当时的世界更是得风气之先。当时最有代表性的著作——启蒙思想家黄宗羲的《明夷待访录》，曾被一些学者比誉为法国卢梭的《民约论》（《社会契约论》）。尽管前者基本上仍未摆脱封建的思想体系，但它的问世却比后者约早一个世纪。

中国的落后始于鸦片战争。其罪魁祸首就是外国资本主义和帝国主义的侵略以及为虎作伥、顽固不化的封建专制统治。但在"长夜难明赤县天"的黑暗岁月中，中国人民从未屈服，从未放弃反对帝国主义和封建主义的斗争。大批先进人物提出了变法图强的口号，为振兴中华而前仆后继，并掀起了一股向西方学习的热潮。人们对西方的东西什么都想学，其中也包括西方的法制和法学。但即使在旧民主主义革命时期，一些有识之士也感到不能盲从。他们提出了两种发人深思的见解：一是西方先进国家并非尽善尽美，它们的"法治"也非万能，根本无法消除各种社会矛盾，而且还会导致贫富日益悬殊，中国必须另展宏图；二是学习和引进西方的东西，应当适合中国的国情，不能削足适履。虽然提出这些见解的出发点不尽相同，甚至各异，所欲达到的目的也五花八门，但他们得出的结论却无可非议。其中最有针对性和进步性的代表人物和著作要属康有为的《大同书》和孙中山的《五权宪法》。康有为的《大同书》在一定意义上是对他向西方学习并从而主张变法维新走西方道路的做法的自我否定。孙中山的《五权宪法》则是主观上希望弥补三权分立之不足以及要求与中国国情相结合的产物。当然，《大同书》也罢，《五权宪法》也罢，它们都不是完美无缺的救世救民之道，但它们的精神则是可取的、宝贵的。

列举以上种种，绝不是想拿古人来自我安慰，而是旨在说明我们的祖先在法律思想上曾经对世界做出过伟大贡献，因而我们今天没有理由妄自菲薄。

(二) 有助于加深对法学的理解

中国历史上的各种先进法律思想不但在促进中国社会向前发展方面起过积极作用，具有重大历史价值，而且从各个不同侧面提出了不少真知灼见，深化了对法律问题的认识，又具有重大的理论意义。这对我们进一步理解凝聚着人类优秀文化成果的马克思主义法学无疑很有帮助。在这个问题上，就古代来说，贡献最大的莫过于先秦诸子和明清之际的启蒙思想家。

先秦诸子的法律思想有许多生花妙笔之处，主要表现为：他们在不同程度上都想摆脱神权的羁绊，力求从人类社会本身来探讨法律问题。尤其可贵的是，有不少杰出思想家还试图用朴素唯物论来观察包括法律在内的各种社会现象，发动了既对神权又对形形色色的主、客观唯心主义的挑战。这在认识论上是一大飞跃，比当时世界上许多国家要先进得多。正因为这样，所以先秦某些思想家能够以其出色的智慧和勇气把法律的起源问题从天上拉到人间，觉察到国家和法律不是人类一开始就有的，而是发展到一定阶段的产物，并且他们敢于承认法律（主要指刑法）具有以国家暴力为后盾的强制性，甚至达到了这样的高度：即当时的法律是统治者用来治理国家、维护社会秩序和镇压人民反抗的工具。某些先进阶级或阶层的代表人物还俨然以全体社会成员的代表自居，认为法律应当体现"公意"，强调法律的平等性和公正性。这种"公法观"显然比那些把法律看作"单个的个人恣意横行"的观点要来得高明，在一定意义上已朝法律的本质问题前进了一大步。

明清之际的启蒙思想家对法律思想的最大贡献，就在于他们触及了"主权在民"的问题，提出了"天下为主，君为客"的观点。他们认为法律应当是"天下之公器"，并以此为武器指斥秦汉以来专制君主所立之法为"一家之法"、"非法之法"，而要求代之以"天下之法"。他们反对君主个人专制的"独治"，而主张像他们那样的士大夫及其知识分子都有权议政和参与立法的"众治"。黄宗羲、王夫之、顾炎武等启蒙思想家虽然穿的仍旧是封建的袍服，而且往往大发思古之幽情，想借古人的酒杯来浇自己的块垒，但字里行间却隐藏着反对专制政体的深意。他们的"天下之法"比先秦的"公法观"之所以来得高明，就在于它孕育着民主的胚芽，开始把"法治"思想和民主而不是和专制挂上了钩。

从先秦诸子到明清之际的启蒙思想家,他们在法律问题上的见解,是一些使认识逐步深化的重要环节。他们既有某些合理因素又有不少谬误。其合理因素可给我们以启迪;其谬误则可使我们懂得前人是在什么地方失足的,又是怎样失足的,因而在认识论上不致重蹈覆辙。这样,就可帮助我们从正反两个方面的比较中进一步认识到马克思主义法学的科学性,加深对法学的理解。

(三) 有助于我们建设具有中国特色的法制和法学

这是一个振兴中华的具有战略意义的重大课题。既然是中国特色,就或多或少地含有中国历史和民族的影响,其中也包括以往法律思想的影响。

中国历史上的法律思想,特别是春秋战国时期以儒、法两家为主的法律思想,对后世的影响是很大的。它们不但对秦汉以后封建正统法律思想的形成起过直接的指导作用,并演变为封建正统法律思想的主要组成部分,而且还通过封建正统法律思想影响近现代,甚至影响到我们今天。这就向我们提出了一个问题,即怎样对待这份历史遗产?是全盘否定或肯定,还是批判地继承,使其古为今用。正确的态度当然只能是后者。古为今用这个提法显然是对的。因为我们总不能说学习历史的目的是为历史而历史,是古为古用。而且,为了古为今用,也不能搞实用主义,随心所欲地歪曲历史来为我们所用,那样做,只能得出一些违反历史的错误结论。这往往是一切腐朽势力为了达到其反动目的所采取的手法。我们今天学习中国法律思想史,一定要从历史的实际出发,实事求是地研究其发展规律,总结其经验教训;取其精华,去其糟粕,以为我们建设具有中国特色的法制和法学服务。

应当注意的是,中国历史上的法律思想无论精华和糟粕对我们都有影响。对其糟粕,我们必须予以肃清和防止;对其精华,则应加以改造和吸收,从而发展我们民族的优良传统。在中国历史上的各种糟粕中,流毒最深的莫过于因受封建专制主义和宗法等级观念长期盛行的影响所派生的独断专行和目无法纪。对此,我们绝不能掉以轻心,等闲视之,必须从思想上进一步批判,从制度上严加防范。另外,男尊女卑、重男轻女的思想也根深蒂固。如溺婴（女婴）的现象在先秦就很严重，先秦法家思想的集大成者韩非就曾以"产男则相贺，产女则杀之"为例来论证他们所宣扬的"好利恶害"的人性论。今天我们为了根绝这类行径，除加强教育外，还必须用法律手段对之加以制裁。对中国法律思想上的糟粕，我们在建设现代法学和法制的过程中，就有必要采取相应的措施来对症下药。这也就必然会使我们的法学和法制建设不同于某些没有或很少有这种历史包袱的国家。

不言而喻，我国法律思想的历史遗产并不只是糟粕，还有大量可供参考和借鉴的精华。以儒家的法律思想为例，他们强调统治者立法必须考虑民心的向背，并且认为要想维持社会治安不能单靠法律及其强制手段，还应使人民在经济上能够维持最低限度的生活，不致衣食无着，饥寒交迫，然后在这一基础上加强道德教化。他们这种思想和我们今天所主张的综合治理尽管有着本质的区别，出发点也截然不同，但作为一种维护社会治安的方法，两者之间毕竟具有一定的历史联系，会使我们自觉或不自觉地受到某种启发。而且儒家并不否定刑法的作用，也不一味主张轻刑。他们的基本观点是：刑罚的轻重应随形势的变化和需要而转移。类似这样的情况当然远不限于儒家，也不限于儒家的某一思想。如果我们能掌握一些中国法律思想史方面的知识，就可以尽可能多地对中国传统文化加以批判继承并发扬光大，使其作为优秀成果凝聚在我国现代的法学和法制中。所以，我们认为，学习中国法律思想史，从正反两个方面都有助于我们建设具有中国特色的法学和法制。

如前所述，中国法律思想史的内容如此丰富，但是，编写一部教材或专著如果按人物排列，细大不捐，面面俱到，势必卷帙浩繁，这对于一般法律院校的学生和政法工作者来说，完全没有必要。同时，这种写法很难从中理出一条有规律可循的历史发展线索，更何况不少人物的思想大同小异，交叉重复的现象也一定很多。为了弥补这一缺陷，我们主张采取综合的办法，将五四运动以前的中国法律思想史中最有代表性的思想，特别是最富理论价值的部分（参见目录），提炼出来按历史顺序分成许多专题来讲授，既可独立成篇，又是一个整体，可分可合，比较灵活。

（据张国华著《中国法律思想史新编》，北京大学出版社1991年版）

中华法系研究

郝铁川　（1997）

绪　论

　　法系是以亲缘关系为标准对各种法律制度所做的一种分类。这个概念的提出，是十九世纪末和二十世纪初的事。法系在英文中有两种表达方法：genealogy of law 和 family of law。genealogy 和 family 这两个词都是生物分类学、人类学中使用的术语，它们都有家谱、世系、系谱、血缘、家系等含义，因此，也可把法系译为"法族"。Genealogy（系谱学）是一门古老的科学，由古希腊学者首先提出来加以研究，是研究物种如何传宗接代的科学。1909 年丹麦遗传学家约翰逊在奥地利遗传学家孟德尔研究的基础上正式提出了基因（gene）的概念，认为基因是执行遗传功能的基本单位。由此，遗传学取得了重大突破，西方法学家正是在这种背景下借用了生物学的概念，提出了法系的概念。

　　法系的划分不同于法的历史类型的划分。后者是马克思主义法学的概念，是从五种社会形态的角度对法所做的一种分类，强调的是法的阶级本质；而前者并不涉及法的阶级本质，只是从法的语言概念、表现形式、创造方法、技术风格、结构等角度对法所做的一种分类。世界上究竟应该划分出几种法系，至今并无定说，但都公认中华法系是一个客观存在，并且自始至终独树一帜而不与其他法系相混同，在世界上只有历史悠久的中华法系，它的影响扩展到日本、越南、朝鲜等许多东方国家，成为它们共同的法系。

　　二十世纪三十年代中期，中国学术界首次就中华法系问题展开讨论，日本一些学者也积极参与。新中国成立以后，一些学者运用马克思主义观点致力于从某一具体制度和现象入手，具体地分析中国古代法律在某一方面所表现出的特点。二十世纪八十年代以后，学术界对于中华法系的研究进入了一个新阶段，集中表现为对中华法系的特点和上下时间断限方面的探讨。

下面笔者将对近代以来的中华法系研究，择其有代表性的观点，做一概述，以便提出本书的研究思路。

一　关于中华法系特点的研究

根据杨鸿烈《中国法律发达史》（上册）介绍，日本学者浅井虎夫对中华法系的看法在日本颇具代表性。浅井虎夫在《中国法典编纂沿革史》一书中，认为中华法系有以下三个特点：

第一，私法规定少而公法规定多。上下四千载，法典数百种，无异皆公法典之属，而私法典乃无一焉。其为今日私法典规定之事项亦惟包含于此等公法典之内，绝无有以为特种之法典而编纂之者；且此等公法典中之私法的规定亦云仅矣。故如亲属法之婚姻、离婚、养子、相续，物权法之所有权、质权，以及债权法之买卖、贷借、受寄财物等事，亦惟规定大纲而已。

第二，法典所规定者，非必现行法。盖中国法典率以理想之法典为目的，苟认为良法虽非现制，亦必采入法典之中。李东阳《进正德会典表》所谓"令之善者，虽寝亦书"是也。此外记载过去之事例，或以虽非现行法，而留备参考；或以祖宗成宪不可易，而死法亦敬谨保存者，则《清律》其适例也。又如《唐六典》关于应科死刑之罪，及其执行方法，皆有详细之规定，而在当时实未尝实行也。

第三，中国法多含道德的分子也。"中国古法受儒教之影响多含道德的分子，以故道德法律，往往相互混同。"

陈顾远是法史学界的前辈，他对中华法系特点的研究在二十世纪三十年代和今日台湾地区颇有代表性。他在《中国法制史概要》一书中，认为中华法系有以下八个特点：

第一，礼教中心。中华法系的中心思想为儒家学说，它最重视礼教，此可用"出礼入刑"及"明刑弼教"两语简单表示之。盖儒家认为"道之以政,齐之以刑,民免而无耻;道之以德,齐之以礼,有耻且格"。德与礼为王道之本,皆能自动遵礼而行,自可不用刑罚。故易曰"讼则凶",孔子亦谓"听讼吾犹人也,必也使无讼乎",乃儒家之最高理想所在。然而事实上,国家社会不能无法,亦不能刑措不用,于是儒家认为第二步不得已的办法,遂为"出礼入刑"之主张,使法律为道德而服役。《孔子家语》曰:"化之弗变,德之弗从,伤义以败俗,于是乎用刑矣。"《大戴礼记》曰:"礼度,德法也……刑法者所以威不行德法者也。"《清通志·刑法略》曰:"德礼之所不格,则刑以治之。"以上均系此义。自汉以后,法家衰而儒家盛,礼刑合而为一,刑之所禁必为礼之所不容,礼之所许,亦必为刑之所不禁,此即《礼记》所谓"礼者禁于将然之前,法者禁于已然之后"。礼以德教为主,法以刑教为务,四维八德均可于刑律内求得其迹,法律与道德充分显示其同质异态之体相。

第二,义务本位。礼教之本在于人伦,所谓天下达道有五,若君臣、父子、夫妇、兄弟、朋友之交。彼此间互有其情分,各有其义务。礼即实践道德上义所当为之一种任务,望其自动行为。刑乃以法律强制其实现义所当为之任务,故法字既有"偪"之意思,强制实现此一义务,律字之解释,亦即成为"范天下之不一而归于一"矣。此与罗马法系以权利为本位,迥乎不同。以权利为本位无异以个人为本位,特别重视人与物之关系;以义务为本位,则系以社会为本位,特别重视人与人之关系。今日世界法学趋势,已进入社会本位时代,有人称为新义务本位时代。中国固有法系之义务本位,因其非如埃及、希伯来、印度等法系之宗教化,既有教会之势力存在;而君权又受天道观念及民本思想之限制,其非片面之义务可知。因而此种义务本位,自易接近今日之社会本位理论,不似他族最早在法律上所采之义务本位,完全不合现代时宜。

第三,家族观点。中国向以家族为社会组织单位,文化方面受家族制度影响极深。在宗法关系上,本于尊祖之道而敬宗,本于敬宗之道而敬族;使家有所系,身有所向,构成宗族团体,为社会重心。在治国要道上,"身修而后家齐,家齐而后国治,国治而后天下平";"天下之本在国,国之本在家,家之本在身";其修身目的在于齐家。齐家乃治国平天下之本源,非可忽视者也。在天人系统上,如《易·家》八卦云:"家人,女正位乎内，男正位乎外，男女正，天下之大义也；家人有严君焉，父母之谓也。父父，子子、兄兄、弟弟，夫夫，妇妇，而家道正，正家而天下正。"在哲理运用上，如《中庸》云："君子之道造端乎夫妇，及其至也察乎天地。"因而数千年间中国之社会组织，个人之地位不显，家族之观点居先，中华法系之精神遂与此种现象有所呼应。举凡政事法方面之组织所本，政令所托；民事法方面之婚姻关系，继承问题；刑事法方面之出罪入罪，科刑免罚等，莫不含有家族之观点在内。

第四，保育设施。此乃本于民本思想而建立之法律，有人称为抑强扶弱的法律。实则其对于社会安宁之保卫，亦极注意也。例如像田地方面之禁止强梁兼并，商业方面之严防私人资本集中，而以莞榷政策、贸易国营为法令之所本。律中并严治官吏犯罪，而防其扰民。唐、明、清律且禁止假势请托，不许亲贵入仕，禁止长官援引私法，禁止官吏租住民房，禁止为现任官吏立碑。凡此，皆系抑强之法律。反而言之，如法律保护囚徒，清例之负债人果属贫困可折扣偿还，以及历代各律女子之从坐，不与男子同刑，又不失为保护弱者之法律。此外，在保育之另一方面，乃其对于刑律所采之态度，有如《书经》云："刑期于无刑"；《孔子家语》云："圣人之设防也，贵其不用也；制五刑而不用，所以为至治"是。所以中华法系之刑律，为儒家所用，遂认为刑罚系对犯罪所施行之保育手段，而保护国家社会之安宁，不以报复为目的。既如此矣，因而唐、明、清律，对于乡邻遇盗或杀人，告而不救助者；或追捕罪人，力不能制，向道路行人求助，有力而不救助者；知谋反大逆而不告发者，仍皆分别治罪，完全是根据此一观念而然。

第五，崇尚仁恕。仁道恕道在中国固有道德中占有重要地位，法律上亦极端表现之。幼弱、老耄、愚蠢犯罪，或免其刑，或减其刑，或赦其罪，称为"三纵"。不识、遗忘、过失往往减轻其刑，称做"三宥"。凡此，皆仁道之宣示。八议中之议贤、议能、议勤、议亲亦可认为与仁爱之道有关。尤其本于劝人为善之信条，凡犯罪知悔，往往许其改过自新，为恕道之表现，此有自首与觉举两种情形可证：(1)《书经·康诰》曰："既道极厥辜，时乃不可杀"，此为自首减刑之始。汉律称为"自告"，魏律始称自首。唐律，自首不限于本人，凡子孙不应告言父祖，告而属实，父祖同自首法。又自首不限于经官司为之，凡盗或诈取人财物，而于财主首露者与向官司自首有同一效力。"自首者原其罪。其轻罪虽发，因首重罪者，免其重罪；即因问所劾之事而别言余罪者，亦如之。"总之，儒家主诛心之论，犯罪人现已知悔，自不必再严其刑。（2）觉举乃唐律对于官吏公务失错，许其自首而免罪之称，唐以后称为检举。"诸公事失错自觉举者，原其罪；应连坐者，一人自觉举，余人亦原之。其断罪失错，已行决者错，不用此律。"觉举限于罪之未发而言，故迳免其罪，所以未有"自首知人之将告而自首者减二等"之情形。明清律同。

第六，减轻讼累。古称"争财曰讼，争罪曰狱"，民事与刑事观念源有其区别也。唯刑事治罪既认为不得已而为之，则民事相争，自亦调解为尚，如归法司办理，则一变而为刑事性质，如违律婚姻之治罪是也。凡涉及婚姻、田土、钱债等事，除宗族亲友调解外，乡里亦得处理，甚至于轻微之刑事案件亦然，仅在告官后，不得再私自了结。明朝在乡间设申明亭，以布告理曲者姓名，借收社会制裁之效；其有摧毁申明亭之行为者，则以刑治之。如调解不成，始行告官，无形中使讼累减少，而为今日乡镇调解制度之先声。如调解不成，归官处理，虽法无明文，令无禁制，但律文有一概括规定，"诸不应为而为者"，则受笞刑。此虽有其流弊，但理曲者则不得不服从乡里之调解，更有助于讼累之减轻，得以息事宁人。

第七，灵活其法。本于中国文化而表现之事物，既具有中庸之德，且具有极大伸缩性，而在法律方面，则尽其灵活运用之妙。或谓："中国国情数千年不变，拘守成法，故步自封"，殊不尽然。谓中国过去未由农业社会变为工业社会，诚如此矣，然在农业社会之内，依然有其变化。不特法家如商鞅谓"是以圣人苟可以强国，不法其故；苟可以利民，不循其礼"；韩非谓"法与时转则治，治与世宜则有功"。即儒家孔子亦主张"齐一变至于鲁，鲁一变至于道"；所谓中庸仍为"君子而时中"也。首在礼之方面，有一原则，"礼也者义之实也，协者议而协，则礼虽先王未之有，可以义起也"。次在律之方面，虽为历代刑书之正统，精心制之，以奠定法律之安定性，然因其不易变更，且条文有限，正如宋神宗所谓"天下之情无穷，律不足以周事情"，于是历代在律以外既有各种成文形式之刑书，并有种种之判例。

第八，审断有责。法官断狱，有"出"有"入"，或纵或宽，均负相当责任，此乃慎重刑狱之当然结果。秦治狱不直者筑长城；汉出罪为故纵，入罪为故不直，轻者免官，重者弃市。唐故意出入人罪，出入全罪时，以全罪论，由轻入重时，以所剩论；过失出入人罪时，失于入各减三等，失于出各减五等。宋法尚宽仁，重视失入，轻视失出；明律规定与唐律大同小异。同时各律对于法官将犯人淹禁不决亦课以责任。自汉迄唐，固已注意法官迅速定谳，然其责任尚不明显。自宋迄元，确定其决狱听讼之时限，责任乃渐建立。自明迄清，律文对此设有专条，逾限不决，即可处法官以笞刑。

在二十世纪八十年代大陆对中华法系特点的探讨中，张晋藩的观点较有代表性。他认为，中华法系的主要特点可以归纳为以下六点：

第一，以儒家学说为基本的指导思想和理论基础，但也融合了道、释的某些教义。儒家思想对封建法律的影响主要表现在：以法律形式确认"君为臣纲、父为子纲、夫为妻纲"的儒家三纲学说；贯穿"德主刑辅""明刑弼教"的精神；通过春秋决狱和礼来实现对民事诉讼的实际调整，使儒家经典法典化；明确秋冬行刑，使儒家"则天行刑"的主张制度化。另外，汉初黄老之学对法律的影响以及唐代释教对法律的影响，表明了中国古代法律在一定程度上对释、道二教教义的吸收。

第二，"出礼入刑"，礼刑结合。礼刑结合的具体表现，首先在于礼所调整的宗法伦理方面的法律规范构成了法律的基本内容；在调处民事案件及轻微刑事案件方面，礼起到重要作用。另外，对于某些案件的判决，"于礼以为出入"，亲疏尊卑同罪异罚，而区分血缘亲疏的"五服"之制，成为定罪量刑的重要根据。

第三，家族本位的伦理法占有重要地位。封建法律基于家庭本位的社会结构原则，确认家长在家庭内的特殊地位，享有财产权、惩罚子女权及对子女婚姻的决定权等。与此同时，封建法律还以国家的名义支持流行于社会上的"家训""族规"。

第四，立法权与司法权始终集中于中央，司法与行政合一。封建皇帝始终控制着最高的立法权与司法权，既是最高的立法者，也是最大的审判官。司法与行政合一，在地方上表现为行政机关兼管司法，各级行政长官直接主持地方审判，二者在组织机构上统一；在中央，皇帝握有最终审判权，某些行政机关与司法机关共同执掌司法审判权。

第五,"民刑不分,诸法合体"与"民刑有分,诸法并用"。中国古代主要法典的编纂结构形式是"诸法合体,民刑不分"的,但就封建法律体系而言,却是由刑法、民法、诉讼法、行政法、经济法等各种法律部分所构成,是"诸法并用,民刑有分"的。

第六,融合了以汉民族为主体的各民族的法律意识和法律原则。在封建法制发展中起到承上启下作用的拓跋族的《北齐律》,是以汉律为宗并糅合了南朝各律而成的。《北齐律》无论体系结构与基本内容,都为隋唐律奠定了重要的基础。至封建社会后期辽、金、元等朝的法律,除保持其民族特色外,均以唐宋律为渊源,并对明律的某些方面有所影响。特别是清朝,在入关以前就执行一条"参汉酌金"的立法路线,入关以后更将这条路线推广到全国。

张晋藩还认为,中华法系诸特点的形成,是与中国古代社会和国情条件分不开的。首先,中国地处东亚大陆,由于海上交通的阻塞,对外贸易不发达,而丰富的国内资源又足以维持自给自足的经济,加上统治者推行与外界隔绝的闭关锁国的政策,因而造成中国古代法制发展中的独立性和孤立性,长期未受外来因素的影响。其次,封建时代国有土地的大量存在,使得专制政体螺旋上升,不断加强,于是维护君权也就成了封建法律的重要任务和基本内容。在自然经济状况下,家庭是社会生产的基本单位,因此,封建国家用法律确认家长制,调整家庭成员之间的权利义务关系,既有政治原因,也有维持个体经济再生产的经济目的,家法族规自然要在中华法系中占有相当的地位了。另外,唐代以后,土地买卖流行,一些工商业者与高利贷者乐于用利润、利息购买土地,使利润、利息地租化。商业资本、高利贷、地租三位一体,造成货币资本不能大量积累,商业资本不易转化为工业资本;再加上封建统治者一贯奉行重农抑商政策,压制资本主义萌芽的生长,使得中国社会经济结构在两千多年的封建社会始终没有发生实质性变化,因而造成中华法系也一直没有出现实质性变化。①

综观上述中外学者对中华法律特点的研究,我们可以看出其结论基本上相同,或者说是大同小异,大致可以归结为儒家思想支配、礼法结合、诸法合体和重刑轻民、家族主义影响、顺应天道自然等。

---

① 张晋藩:《再论中华法系的若干问题》,载张晋藩著《法史鉴略》,群众出版社1988年版。

二 关于中华法系断限的研究

鸦片战争以后，领事裁判权制度的出现和此后的清末法制改革，是否可以视为中华法系的解体？对此，目前学界存在两种不同的看法：一种观点是以张晋藩为代表，认为中华法系就是指封建社会的法律，鸦片战争以后，中国的社会性质变了，因此中华法系也就寿终正寝了。另一种观点则认为，中华法系历经封建社会、近代社会乃至社会主义社会，虽有重大变化，但作为法系外貌来说，依然存在。持此种看法的以陈顾远、陈朝璧和陈鹏生为代表。

陈顾远在《中国法制史概要》一书中专辟"今古相通"一章，强调中华法系在吸收了一些西方法制之后，仍然保存了自己的某些特色。

陈朝璧认为，在空间范围上，中华法系的影响扩展到东方许多国家，成为东方许多国家共同的法系；在时间范围上，中华法系经历了漫长的由简单到复杂，由低级到高级的发展历程，到清代末叶，西方国家的资本主义法制已打破中华法系的古老传统。陈朝璧还提出"广义的中华法系"概念，认为广义的中华法系应该包括三个历史阶段中本质不同的中国法制——历三千年之久的封建法制，近代史上昙花一现的半封建法制，新中国成立之后的社会主义法制。三者之间，社会主义法制对前两者来说，在本质上是根本对立的，是由中华民族这条红线把本质不同的三种法制连成一体，通过民族的和历史的纽带关系，这三种法制共同形成了一个整体——广义的中华法系。①

陈鹏生等在《法学》1982年第2期发表《论社会主义中国法系》，认为法系具有历史发展的连续性，中国社会主义法系从某种意义上来说，是中华法系的一种延续。它已经从各个不同的角度，确认了拾金不昧、恪守信用、养老育幼、见义勇为、救死扶伤等中国人民几千年延续下来的优良道德传统。通过法律的确认和提倡，这些优良传统在新的基础上得到发扬。在民事立法中，我们也把道歉、悔过、告诫、责令搬迁等民间的传统习惯写入解决民事纠纷的处分项目。特别是根据我国民间的传统习惯，我

---

① 陈朝璧：《中华法系特点初探》，《法学研究》，1980年第1期。

们长期以来一直强调依靠群众组织，通过调解的方式，及时妥善地处理民间一般的民事纠纷和轻微刑事案件，不但已为实践所证明是行之有效的，而且积累了丰富的成功经验，在内容和形式上都有了相当的发展，成为我国社会主义法系一个颇具特色的创举。因此，建设社会主义中国法系，离不开中华法系的资源援助。

与上述观点相反，张晋藩认为，对中华法系的外延而言，将新中国的社会主义法律归入中华法系这一概念之中是不恰当的，因为中华法系主要是指中国封建时代的法律[①]。乔伟也认为，中华法系实质上是指中国封建社会的法律制度，它与中国的封建制度相始终。[②]

上述两种意见的分歧，实际上涉及了中华法系是死法系还是活法系的问题。若严格从社会形态的角度来审视，中华法系已是死法系，但从文化价值观念及表现形式具有相对独立性来说，法系可以超越社会形态，中华法系因而不会是死法系。在世界四大文明古国中，唯一剩存的就是中国，近代以来的西学东渐都未导致中国"西化"，而最终是"化西"。从性质上来说，中国现在的法制是社会主义法制；但从文化上来说，中国的现行法制由于其具有自身特色，称之为中华法系也无不当之处。

三 本书的研究思路

对于中华法系的研究，属于法史学中的一个老课题。前辈学者已作了大量的开荒式的研究，现在已处于"精耕细作"阶段。尽管大陆尚无一本中华法系研究的专著问世，但论文则不计其数。尤其是台湾地区的一些学者用力甚多，李钟声先生上、下两卷的《中华法系》可以说是集前人研究成果之大成。笔者原来也想仿效李先生的做法，把大陆关于中华法系的研究情况作一梳理，分门别类地加以评述，并间附己意，但后来感到这样做容易被人讥为"二道贩子"，况且时间精力有限，综述不全，挂一漏万，反为不美。因此，决定抛弃"大而全"的写法，专述多年来笔者对中华法系研究的一点心得。

---

① 张晋藩：《再论中华法系的若干问题》，载张晋藩著《法史鉴略》，群众出版社1988年版。
② 乔伟：《论中华法系的基本特点——礼法结合问题》，《法史研究文集》，西北政法学院1983年刊印。

1. 法系是什么

我们认为，它是一种超越一定时空、阶级的文化现象。阶级性是法的本质属性，这是毫无疑问的。但除此之外，法还是一种民族文化积淀，按萨维尼的说法，法是民族精神的一种表现。阶级是以人们在生产中的地位、作用和取得报酬的方式不同而形成的不同的社会集团；民族则是以共同地域、语言、经济生活、文化和共同心理素质而形成的稳定的共同体（集团）。这个区别说明，一个民族不仅有内部各阶级的要求，而且还有它的特殊利益和要求，法不可避免地会反映这种利益和要求。在各个民族之间，每个民族都有各自不同的文化个性。在一个民族之内，这种"个性"就成为成员们的共同性格，也就是这个民族各个成员的"共同性"，也叫"共同精神"或"共同意识"；对另外一些民族来说，这种性格、精神或意识又是特殊的、彼此不同的。由于每个民族各有其"独具的特性"，因而也就有各民族不同形式的法。这些不同的法，也像语言、风俗一样，具有各个民族固有的特性。但正因为法具有民族文化精神属性，所以各国的法律可以互相借鉴，它们属于一种文化交流。

法系是一种民族文化积淀，因此我们应该更多地从思想史的角度来研究它，而不应仅仅局限于解释它的条文和制度。法条和制度背后的价值观念，正是我们要捕捉的对象。这，就是本书写作的指导思想。

2. 中华法系的价值观念是什么

对这一问题，多年来学术界几乎众口一词地归于儒家。果真如此吗？经过深入的思考，我们发现，中华法系的价值观念主要由三部分组成，即：法典的法家化、法官的儒家化和大众法律意识的鬼神化。

过去人们都说中国古代的法律经历了一个由法到儒的演变过程，古代法律的儒家化已成定论。但论者都未考虑这样一个基本事实：儒家对君权的态度向来是既尊重，又限制。限制君权的思想在先秦儒家代表人物那里特别突出，后来在儒家思想演变史上虽有所减弱，但依然存在。中国自秦至清都是封建君主专制，与儒家限制君权的思想是对立的，因此帝王是不会真正接受儒学的。与之相反，主张君权不受任何限制的是法家。

司马谈在《论六家要旨》中说："法家严而少恩，然其正君臣上下之分，不可改矣……法家不别亲疏，不殊贵贱，一断于法。"这段话有两层意思：一是"正君臣上下之分"；二是在此前提下，"不别亲疏，不殊贵贱，一断于法。"现在有些学者只注意了后者，而忽略了前者。其实法家所讲的"法治"，仅指臣民应该守法："法者，……臣之所师也"①，"法也者，官之所以师也"②；法家说的是对臣民应不殊贵贱、赏罚分明："刑过不避大臣，赏善不遗匹夫"③，是不包括君主在内的。而法家的"术""势"理论，更导致法在君权面前一文不值。因为"术"是不公开的，为君主专有，"势"亦只为君主所独占。总之，法家一方面劝说君主厉行"法治"，另一方面又允许君权超越于法律之上。这样的学说是最容易为君主接受的，汉宣帝说的"霸王道杂之"，其实是两千年封建帝王统治手段的最好概括。

封建社会的法律是皇帝意志的体现，皇帝喜欢法家，体现其意志的法律不可能不带上法家观念的深深烙印。

但法典虽然法家化了，可法官却是儒家化的，这一矛盾同样要从君主的统治术谈起。"德主刑辅""明刑弼教"是秦以后历代王朝的正统法律思想，其含义之一是，以道德治理天下，它的表现形式是举孝廉、树贞节、开科取士、先教后刑等，平日里是不需要法律的。《四库全书》的编纂者纪晓岚在解释该全书的"政法类"仅收五本著作时说："刑为盛世所不尚"，一个政治健康的朝代是不崇尚刑法的；他在下面又紧接着说"（刑）亦为盛世所不能无"，既不能"尚"，又不能"无"，这样法律便成了一件束之高阁的装饰品。中国传统文化中一个很大的缺陷就是泛道德主义，将道德意识越位扩张，逼迫政治、经济、法律等学科丧失自己的本性，统变为服役于道德和表述道德的工具。如果说西方中世纪一切学科都沦为神学的婢女，那么中国封建社会各方面的文化思想与制度都沦为了道德的丫环。在泛道德主义的笼罩下，人们产生了浓厚的法律装潢意识，即制定法律的根本目的并不是为了真正的实施，而是将其作为一种政治装饰品，作为"人治"的附属品。在中国封建社会，法典的颁布并不完全出于司法操作的考虑，而更主要的是为了体现本王朝的合理性和有效性。法律的存在证明王朝的存在，至于司法操作上的需要，则主要依靠法官的价值判断、皇帝的敕令来承担。这就是法典法家化和法官儒家化的奥秘。

---

① 《韩非子·定法》。
② 《韩非子·说疑》。
③ 《韩非子·有度》。

不管是儒家文化还是法家文化，都属于"知识精英文化"。但对芸芸众生来说，这些都未免有些艰深难懂。愚昧产生迷信，迷信就是迷迷糊糊地相信，封建社会的老百姓最相信的就是鬼神，因为在他们看来，鬼神能够惩恶扬善、驱邪治病。这样一来，法律的惩恶扬善导引功能完全转化到了鬼神那里。其实，宗教和法律本来即具有互补作用，两者之间也只有一步之隔。

因此，中华法系的价值观念即由儒、法、道（教）三部分组成，这是本书用力最多的地方。

3. 中华法系在近代以来的命运如何

中华法系为什么在近代与大陆法系相融合？对于后者，学术界长期以来都简单地归结为是由清朝政府聘请了大陆法系国家的法学家来帮助中国立法所致。我们认为，法系是一种文化，因此要从文化背景上来研究中华法系与大陆法系的融合。中国与大陆法系国家的确有着许多相近或相同的文化背景，从政治上来说，两者都曾有过中央集权制和君主专制的历史，这是中华法系与大陆法系融合的最重要的原因。法律是统治阶级意志的体现，它与政治体制的关系最为密切。法律当然是经济关系的记录，但法律与经济之间毕竟还有一个中介，这就是政治体制。研究中华法系与大陆法系的关系，不能不着眼于两者的政治体制和政治观念。

中华法系到了近代难道"死"了吗？笔者前面说它与大陆法系"融合"，就表明了笔者的看法：中华法系没有"死"，它还活着。它所起的作用则好、坏并存。从消极方面说，中华法系重刑轻民的传统影响了我国民法典的编纂和民法观念的普及；中华法系依据"亲亲""尊尊"设定人们权利义务的传统，迄今依然"活跃"在法律领域：在刑法方面，就是职务犯罪主体在立法和执法上所受到的处罚明显低于其他主体；在民法方面，就是强调民事主体的差异，同样的民事行为，仅仅因为是不同的民事主体，就适用不同的民事法律，人为地强化了民事主体的不平等；在行政诉讼领域，"民告官"仍非易事。这一切表明，中华法系的一些基本观念严重地妨碍了法律现代化事业的发展。从中华法系对现行法制的积极影响来说，中国宪法中关于精神文明建设的规定；民法中关于"两户一体"的规定；刑法中关于死缓、管制的规定；民诉法中关于人民调解制度的规定，都是中华法系某些传统在今日的创造性转化。

以上就是本书的思路和主要观点。"体系化"的色彩虽然弱了点,但片面的深刻或许比肤浅的全面更能使人获益。有感于学界流行"正确的废话",本书选择了问题式的写作方法。当然,本书也可能是些"正确的废话",也可能是"片面"而不"深刻",笔者愿接受读者的"判决"。

(据郝铁川著《中华法系研究》,1997年复旦大学出版社出版)

回顾与思考：中华法系研究散论[*]

张中秋　（1999）

历史与现状：中华法系研究的回顾

学术的发展自有其阶梯，故而对中华法系研究的总结离不开学术史的梳理和检讨，但这必须依托大量仔细、扎实的检索、整理工作。我的工作不够扎实，所述难免不确，要旨只在提出问题。中华法系具有数千年的历史，但将其置于"法系"的视野和框架内进行研究，在中国尚不足百年。沈家本是中国传统法律学术（律学）[①]的集大成者，又是现代中国法学的开创者，但从他杰出的研究成果来看，其学术的旨趣、视角、重心和范围，以至概念术语，还不能说是一种法系研究，尽管他的成果是以后中华

---

[*]　这篇文字原是应上海《法学》主编郝铁川教授的约请而作的。他提议在20世纪结束之前，就中华法系研究这一中国法学的重大课题进行我们力所能及的总结和评估。这是一项颇具学术眼光的好建议。但我对这一问题的认识大致只停留在学习和偶有思考的层面上，因此在推辞不成的情况下只得勉力为之，最后的结果也只能是放言散论而已，所言大多是自己平时的一些思考和推论。

[①]　传统中国的法律学术是谓之"律学"还是"法学"，对之有不同的看法。我的私见是，"律学"较之"法学"应能更恰当地反映这种学术形态的性质和特点。有代表性的讨论可见张友渔主编《中国大百科全书·法学》，北京：中国大百科全书出版社1984年版，"法学总序"第4页；张国华等编著《中国法律思想史纲》（上），兰州：甘肃人民出版社1984年版，第20页；何勤华："法学形态考：'中国古代无法学论'质疑"，《法学研究》1997年第2期；钱剑夫："中国封建社会只有律家律学律治而无法家法学法治说"，《学术月刊》1979年第2期；梁治平："法学盛衰说"，《比较法研究》，1993年，第7卷第1期；李贵连主编《二十世纪的中国法学》，北京：北京大学出版社1998年版，第1～2页并见注[1]；张中秋著《中西法律文化比较研究》，南京：南京大学出版社1991年，第230～250页。

法系研究的基础之一。① 据我所知，比较明确地将中华法系作为正题和专题加以观察和研究，在中国大致始于 20 世纪 20 年代，② 至三四十年代有了很大的发展，代表性的人物有杨鸿烈、陈顾远等。杨鸿烈在其名著《中国法律发达史》和《中国法律思想史》中，对中华法系（当时以"中国法系"名之，此类名称问题，下文将有讨论）的含义、特征、范围以及研究的意义等均有阐述，特别值得指出的是，他的专著《中国法律在东亚诸国之影响》是一部专门研究中华法系在东亚传播、分布及影响的力作，至今仍是这一领域的经典作品。③ 陈顾远先生在其《中国法制史》一书中，从世界各大法系比较的角度对中华法系的特征和精神做了深刻的分析，④ 他随后发表的三篇论文（《儒家法学与中国固有法系之关系》《家族制度与中国固有法系之关系》《天道观念与中国固有法系之关系》），⑤ 将其原先的分析做了更精深的推进，构成国内中华法系研究中的一个阶段性里程碑。⑥ 40 年代瞿同祖先生出版的《中国法律与中国社会》一书，虽然没有使用"法系"的字眼，但实际上可以视为从法社会学角度对中华法系的代表——中国法——所做的一个系统而又精湛的分析。⑦

---

① 从学术史的角度看，沈家本是中国传统法律学术向现代法学转变的关键人物，在一定程度上，他意味着传统律学的终结与现代法学的开始（详见"沈家本学术研讨会"论文集：《博古通今学贯中西的法学家》，西安：陕西人民出版社 1992 年版），所以杨鸿烈说："有清一代最伟大的法律专家不能不推沈家本了！他是集中国法系大成的一人，且深懂大陆、英美法系。能取人之长，补我所短。"（见《中国法律发达史》下册，上海：上海书店 1990 年版，第 1009 页。）不过，依其最重要的著作《历代刑法考》（中华书局 1985 年有点校本出版）和《寄簃文存》观之，其律学的成分多于法学的成分，其法学的成分中又少见"法系"性的研究。但应承认，《历代刑法考》和沈氏的其他法律学术成果确是研究中华法系之母法的基础性材料。
② 中国学者中由谁最先明确系统地（即便是大概式的）研究中华法系，我一时不能查证，发现比较早的是 20 世纪的 20 年代，其中有薛祀光的"中国法系的特征及其将来"（《社会科学丛刊》，1929 年，第 1 卷第 4 期）。实际上，杨鸿烈、陈顾远等在 30 年代初发表此类文字前应有一段不短的思考、准备和写作的时间。
③ 详见杨鸿烈著《中国法律发达史》（上、下），上海：商务印书馆 1930 年版（上海书店 1990 年有重印本）"导言"和《中国法律在东亚诸国之影响》（台北：商务印书馆 1975 年版）中的相关部分。
④ 详见陈顾远著《中国法制史》，台北：三民书局 1977 年版，第 19～59 页。
⑤ 这三篇文章分别刊于《中国法学杂志》，1936 年第 1 卷第 3 期，1937 年第 1 卷第 7、8 期。
⑥ 这意味着中华法系特别是其母法最原初的一些基本问题，如含义、范围、变迁、特征、精神价值等均有了较系统的开创性研究，较之以前，在量和质上都取得了突破性的进展。
⑦ 参见瞿同祖著《中国法律与中国社会》，北京：中华书局 1981 年版；另，中国政法大学出版社 1998 年出版了《瞿同祖法学论著集》，该书完整收录了《中国法律与中国社会》的内容。

中华法系的研究，从初起到40年代止，也不过才20余年，但所取得的成就应该说是巨大的，即如有的论者所谓："中华法系的研究水平，在他们手里，达到了一个不愧前人而光照后人的高峰。"①

20世纪50年代以来，中国的中华法系研究分为了两个系统：一是大陆在马克思主义法学理论指导下的，二是台湾地区对40年代的继受。由于受教条主义和"左倾"思想的干扰与影响，大陆的中华法系研究在80年代以前几成空白。②原因与将"法系"视为资产阶级的法律文化而加以摈弃有关，取而代之的则是以"法的历史类型"来认识人类的各种法律体系。80年代以后，大陆的中华法系研究开始恢复，陈朝壁先生和张晋藩先生率先在《法学研究》上发表了有关中华法系的专论文章。③进入90年代，郝铁川同志出版了《中华法系研究》的作品。④但迄今为止，大陆关于中华法系的研究从恢复到现在已将近20年，其成果无论是在数量还是质量上，都难以与最初的20年相匹敌。⑤这其中有很多问题值得我们思考。台湾地区的中华法系研究持续未断，像陈顾远、吴经熊、戴炎辉、徐道邻、林咏荣、张伟仁等均有关于中华法系的思考和论作，⑥李钟声先生还专门撰有上、下两册的《中华法系》，⑦这对大陆的同人不能不说是一个很大的压力。

国外关于中华法系的研究，限于资料和语言，我知之有限。比较早的有西方汉学家在谈论中国文明或文化时，往往涉及中国法或中国法律体系

---

① 见前揭李贵连主编书，第76页。
② 我初步检阅了1949～1979年的中国法制史和中国法律思想史的论文目录索引，未发现一篇典型意义上研究中华法系的论文。详见中国法律史学会编《法律史论丛》（一、二），北京：中国社会科学出版社1981年版、1982年版"附录"。
③ 详见陈朝壁："中华法系特点初探"，《法学研究》，1980年，第1期；张晋藩："中华法系特点探源"，《法学研究》，1980年，第4期。
④ 详见郝铁川著《中华法系研究》，上海：复旦大学出版社1997年版。该书由于立论大胆，面世后引起了不同的反应，商榷的意见比较尖锐。详见萧伯符等："中国古代民众法律意识是儒家化而非鬼神化：兼与郝铁川教授商榷"，《法商研究》，1998年，第4期；范忠信："中华法系法家化驳议——《中华法系研究》之商榷"，《比较法研究》，1998年，第12卷第3期。
⑤ 依据我对中国人民大学书报资料中心复印报刊资料"法学"文章目录索引的检阅，1980年以来国内（大陆）有关中华法系的专题论文未超过20篇，截至1998年大约有15篇，平均每年一篇不到，除极少数篇什外，学术水准大多平平。
⑥ 详见上述诸人法学论著中的相关部分。
⑦ 详见李钟声著《中华法系》（上、下），台北：华欣文化事业中心1985年版。

的某些方面,① 而明确将中华法系视为一个"法系"加以讨论的,据我所知,比较多的是西方的比较法学者。② 日本学者像穗积陈重、滋贺秀三等也有这方面的议论。③ 总体来看,国外关于中华法系的研究,虽然对我们很有启发意义,甚至在法系内的某些领域领先于我们,但整合性的中华法系专著(论)尚未得见。④

问题与认识:中华法系研究的思考

思考之一 在为上述文字准备材料的过程中,我感到比较突出的一个问题是,"中华法系"名称的使用相当混乱,论者往往用不同的名词术语来指代"中华法系"这同一问题。依我的接触,"中华法系"的名称大致有"中国法系""中国法""中国本位法系""中国固有法系""中国封建法""中国传统法律""传统中国的法律文化"等。⑤ 这些名词术语在特定

---

① 早期来华的西方旅行者如马可·波罗等,以及明清时期的传教士如汤若望、丁韪良等,都有关于中国法律某些方面的记载,但基本上属于观察性的描述,远不是我们现在所谓的研究。
② 〔法〕R. 达维德的《当代主要法律体系》(上海:上海译文出版社 1984 年版)和〔德〕K. 茨威格特与 H. 克茨合著的《比较法总论》(贵阳:贵州人民出版社 1992 年版)等书中有关远东或中国法的部分。
③ 可参见〔日〕穗积陈重的《法律进化论》(北京:中国政法大学出版社 1998 年版)、滋贺秀三的"中国法文化的考察"(《比较法研究》,1988 年,第 3 卷第 3 期)等。
④ 我从西方比较法著作(中文版)所引资料及其参考书目和南京大学图书馆西文著作目录的检索中,未发现一本中华法系的专论作品,比较接近的著作有:Cohen, Edwards and Chen Phillip, *Essays on China's Legal Tradition*, Princeton: Princeton University Press, 1986; Chen Phillip, *Law and Justice: The Legal System in China 2400 B.C. to 1960 A.D.*, New York: Dunellen Publishing, 1963。希望能与了解此类出版或研究信息的同志取得联系,进行交流并获致帮助。
⑤ "中国法系""中国本位法系"和"中国固有法(系)"的称呼,自 20 世纪 30 年代以来,国内学者使用得比较多,诸如前揭薛祀光、杨鸿烈、陈顾远等人的书或文章中,都曾使用过这类名词术语;现在台湾和大陆的学者中也还有人在使用,如张建国所著的《中国法系的形成与发达》(北京:北京大学出版社 1997 年版),即视"中国法系"为"中华法系",见该书"引言"第 1 页。"中国法"一般是为国外学者特别是西方学者使用得比较普遍,前揭 R. 达维德、K. 茨威格特等书中均是如此。"中国封建法"或"中国封建时代的法律体系"的用法则在新中国成立以来大陆的马克思主义法学著作中很是常见,如前揭《中国大百科全书·法学》卷中"中华法系"的实际定义以及通论性的中国法制史和思想史著作或教材。"中国传统法律文化"和"传统中国的法律文化"在国内 80 年代以来的法文化研究中有所出现,我本人在《中西法律文化比较研究》一书中(详见前揭书,第 184 页)也是这样使用的,现在应予以一定的更正。应该说这三者之间还是存在着某些区别,虽然"中国传统法律文化"或"传统中国的法律文化"可以被视为"中华法系"的代表而与西方法律文化进行对应性的研究,但它们在内涵尤其是外延上毕竟不等同于严格意义上的"中华法系"。

的语境中也许能让读者推知（明白）它所蕴含的真实含义，但离开特定的语境，不免使人产生理解上的分歧以至误解。从上述所列举的名词术语判断，人们可能比较倾向性地将"中华法系"理解为"有关中国的法律体系"。而从"法系"的原初含义来看，这是一种误解。正如法国比较法学家 R. 达维德所说，"法系"的概念虽然没有与之相对应的生物学上的实在性，① 但众所周知，"法系"不可能是指一个国家的法律体系，它至少包含两个或两个以上国家的法律，才能够构成"法系"原本所含的"法的家族"（Legal Family 或 Family of Law）、"法的谱系"（Legal of Genealogy 或 Genealogies of Law）这样的内容，才有"母法"与"子法"的说法，也才有世界上几大法系的划分。设若一国的法律可以构成一个法系，不独人类有多少国家就有多少法系，即连比较法学（家）也无从展开真正的比较研究。事实上，"中华法系"就其构成来说，法学界还是有共识的，即它是以传统中国法为母法的东亚法律体系，包括近代以前的中国法，封建时代的日本法、朝鲜法、琉球法、越南法以及周边其他一些少数民族地区的法。② 因此，为避免歧见和误解，我以为，以"中华法系"来代替所有其他的称呼（名词），应是比较合适的。这样，大家可以在统一的前提（名称）下进行探讨、交流和对话。

思考之二 与中华法系名称相联系的另一个问题是，论者关于中华法系时间和空间的划限以及研究上严重的不一致和不平衡。就时限而言，有唐虞至民国说，③ 有战国至清末说，④ 也有夏至清末说，⑤ 更有周代封建至中华人民共和国说。持最后这一种看法的尽管少见，但它却是我国著名的罗马法专家、法律史学者陈朝壁先生提出的。他认为"广义的中华法系显然应包括三个历史阶段中本质不同的中国法制——历二千年之久的封建法制，近代史上昙花一现的半封建法制，后来居上的社会主义法制。社会主义法制，对前两者来说在本质上是根本对立的，是由中华民族这条红线把

---

① 见前揭 R. 达维德书，第 24 页。
② 依我的观察，论者虽然用不同的名词术语来指代中华法系，但同时几乎没有人否认中华法系不仅以中国法为主，还包含了封建时代的日本、朝鲜、琉球以及越南等国家和地区的法律，实则是以中国为主体的东亚法律体系。
③ 见前揭薛祀光文。
④ 见前揭《中国大百科全书·法学》，第 764 页"中华法系"。
⑤ 见前揭张中秋书，第 184 页。

本质不同的三种法制连成一体,通过民族的和历史的纽带关系,这三种法制共同形成一个整体——广义的中华法系"。① 陈先生的这种看法可谓是独特的,但如果考虑到中华法系是以中国为中心的东亚法律体系,则将其下限延续到中华人民共和国,在理论和事实上都是说不通的。因为,中华人民共和国时期东亚已不存在一个完整共同的法系。从中华法系在东亚诸国的命运观察,清末变法修律应是中华法系在其本土的最后解体。所以将中华法系的下限划在清末已几成共识。至于它的上限,由于必然牵涉对中国古代社会更广泛复杂的性质及其历史分期的认识,牵涉中国法律系统的形成和演变,牵涉对法系的形成与法系的历史渊源的不同理解,一时自难划定。我的私见是,若像《中国大百科全书·法学》所表述的那样,将战国视为中华法系形成的开始,确有强行割裂历史之嫌,② 与其这样,不如以中华法系之母法——中国法律的形成期为界。③

中华法系研究的空间问题,主要是指中华法系的研究范围基本上集中在中国法,而中华法系内其他诸国法的研究极其薄弱。在比较法的研究中,以某一具有代表性的法律秩序指代法系的研究,有时是可以的。④ 但它的结论要受到限制,研究者也应做出必要的说明。目前所及,有些中华法系的研究实际上研究的只是中国法的问题,但常常不加说明理所当然地视为对整个法系的认识,这容易予人以误解。例如,我们在谈论中华法系的"礼法结合、德主刑辅"这一基本特征时,习惯于例举中国法中的"准五服以制罪""同居相为隐""秋冬行刑""秋审朝审"之类的"会审"制度等。一般说来,这并不为错,但仔细推敲起来,人们不禁要问,这是否意味着中华法系的其他诸国法中也都有这类制度呢?如果有,表明这样的举(论)证是正确的;如果没有,则必须有相应的说明。由此可见,要对中华法系做整体的概括和认识,还有待研究空间的拓展,特别是加强对古

---

① 见前揭陈朝壁文。
② 简单的理由,可见前揭张中秋书,第183~184页。
③ 关于中国法的形成或起源存有不同的意见,20世纪30年代的中国学者大多持"唐虞说",现今台湾地区学者也有持该说的;中国(大陆)的马克思主义法律史学一般持"夏商说",以保持与中国通史分期的一致。若将法律视为一种明确的制度(文明),"夏商说"目前应是可以接受的;若考虑到这种制度(文明)的缘起,"唐虞说"也自有相当的道理。本文暂依大陆通史的说法为准。
④ 见前揭K.茨威格特等人书,第121~122页。

代日本法、朝鲜法、越南法与中国法的比较研究。

思考之三 我在学习中国法律史的过程中，常被这样两个问题所困扰：一是作为中华法系母法的中国法的形成；二是中华法系的解体过程。这次翻检中华法系的有关文献，结果仍是令人不满。关于中国法的形成，综合现行教科书和某些论著，学者大体认为中国古代法由礼与刑所构成，刑起于兵，所以对外；礼源于祭，所以主内。① 但几乎没人说清楚礼是一种什么性质的法，刑又是如何由对外转向对内的。我的思考是，法有很多特征，不过其规范性和强制性恐怕还是从形式上区别法与其他社会现象（规范）的主要依据。② 原始习惯具有规范性，但它不具备以国家强制力为支撑的强制性，所以马克思主义法理学不认为它是法，当然，这是有不同看法的。③ 如果说法是规范性和强制性的结合，那么，礼就其自身来说，最初并不是严格意义上的法，因为它只有规范性。但礼在古代中国确实起着法的作用，这又如何理解呢？依一种观点，如果承认拥有规范性的就是法，那礼作为法的问题就解决了。然而这样的解决也未免太简单了。我以为，礼作为法发挥作用不只是它规范性的表现，更关键的是它获得了刑的支持，也即"刑"的强制性通过"出礼入刑"赋予了"礼"以"法"的功能。可以说，作为"法"的"礼"，它实际上已经被"刑"（法律）化了。中国封建时代道德的法律化、法律的道德化，④ 其渊源及性质直接根植并同构于古代的礼与刑。如此看来，传统中国的法律在精神上确实是一脉相承、一以贯之的。

刑是如何由对外转向对内的，这个问题需经仔细的考订，这里我的理解只是一种推论：首先要提出的是，随着社会共同体（部族）规模的扩

---

① 参见张晋藩著《中国古代法律制度》，北京：中国广播电视出版社1992年版，"夏商"部分；一般的教科书也较常见，不再另注。
② 依法理学观点，法的特征可以做形式和实质上的区分，法的实质特征有合理性、正当性等，归结为"正义"或"公平"；法的形式特征有程序性、预见性、稳定性、普遍性、规范性、强制性等，最突出的应是规范和强制，归结到"秩序"。可参见〔美〕E. 博登海默著《法理学——法哲学及其方法》，邓正来、姬敬武译，北京：华夏出版社1987年版，第10~13章。
③ 法人类学和法社会学认为，原始人类社会就有法，原始习惯即是法。参见〔英〕B. 马林诺夫斯基、许章润："初民的法律与秩序""初民的犯罪与刑罚"，《南京大学法律评论》，1997年，春季、秋季号；〔美〕E. A. 霍贝尔著《初民的法律》，周勇译，北京：中国社会科学出版社1993年版。
④ 详见梁治平："礼与法：道德的法律化""礼与法：法律的道德化"，载梁治平著《寻求自然秩序中的和谐》，上海：上海人民出版社1991年版。

大，财富和阶级（层）分化的加速，礼的约束力开始下降而不足，为确保礼的权威必然（须）引刑入礼，这样，导致了刑与礼的联结，原本对外的刑通过对内的礼，由外而开始转向了对内。① 其次，同样重要的一条途径是，战时的军事执法官向平时民事执法官的转变，也带动了刑由对外向对内的转变，这有上古的文献记载可资为证。② 最后，还有一条极为重要的途径是，部族国家向民族国家的转变，这种转变既是观念上的，又是制度上的。它导致了礼与刑内外基础和对象上的逐步丧失与混同，最后一起消融在春秋战国成文法的公布之中。③

关于中华法系的解体，论者现在关注比较多的一般集中在清末变法修律所引起的变化上，就中华法系在中国的最终瓦解而言，这应是没有异议的。但这里确实有些问题被忽略了，最显著的有：一是作为法系的中华法系的解体过程；二是中华法系之母法在中国清末解体前的变化过程。就前者而言，中华法系的解体不能以清末变法修律为标志。早在 1868 年日本推行明治维新，放弃源自中国的固有法律体制，大规模地移植西方法律，建成以德国为范本的现代法律制度，④ 这一举动的后果及其意义可以说是标志着中华法系解体的开始。随着日本的强大和中日战争的爆发，朝鲜成为日本的殖民地，琉球（即现今的冲绳）成为日本的一部分，台湾被清政府割让给日本，这样，这些中华法系原先的属地（空间）遂成为移植自西方的日本殖民地法的管辖地。同样，越南在法国殖民者占领下也从中华法系

---

① 关于中国上古以至青铜时期，由于社会共同体内部的扩大、分层和矛盾，以致引起礼俗权威的下降和对内有组织系统暴力（如国家和法律等）的形成，请参阅〔美〕张光直著《中国青铜时代》（北京：生活・读书・新知三联书店，1983 年版）第 1 ~ 80 页、第 107 ~ 121 页等；可资启发的参考资料还可阅谈张光直先生的《中国青铜时代》（二，同上出版社 1990 年版）和《考古学专题六讲》（北京：文物出版社 1986 年版）中有关上古三代的内容。
② 中国古代法律和司法制度的军事渊源，请参见宁汉林著《中国刑法通史》（第二分册），沈阳：辽宁大学出版社 1986 年版；前揭张中秋书，第 1 ~ 15 页；蒲坚主编《中国法制通史》（第一卷），北京：法律出版社 1999 年版，第 1 章；上古的文献记载，如《尚书》《史记・五帝本纪》《汉书・刑法志》等均有记录。
③ 中国历史上成文法的公布，国内比较集中的说法认为是，维护礼的奴隶主贵族与拥护法的新兴地主阶级的矛盾以及后者取得斗争胜利的结果，这是一种阶级分析法。其事实本身还预示着部族（夏、商、周）国家向统一的、多民族帝国的转变。这一历史趋势使礼与刑原本不同的基础和对象在剧烈的变动中趋同为一，发展到秦汉成为水到渠成的历史结果，礼与刑为统一又成文的"律"所替代。
④ 详见〔美〕K. 费正清等著《东亚文明：传统与变革》，黎鸣等译，天津：天津人民出版社 1992 年，第 18 章。另可参见国内《外国法制史》著作中有关近代日本的部分。

中脱离出去。① 到19世纪末，原先意义上的中华法系实际上仅存作为母法的中国法而已。故而，中华法系的解体是一个从域外到本土，从子法到母法的逐步瓦解和收缩的过程，从初起到终结大致经历了40余年。②

同样值得注意的是，我们对中华法系在中国本土解体问题的思考，不能只停留在清末的制度变革上，而是可以放宽历史的视野，考察一下作为中华法系之母法的中国法的自我停滞和衰退问题。依我的印象，唐宋以前（严格说应是晚唐以前），是以礼法结合为根本特征的典型意义上的中国法律（其主体是"律"）的形成与发达时期，此后直至清末可以说是这种法律的沿用、停滞和衰退时期。详细的论证还是有些困难，简略的理由有这样几条：（1）中国传统法律或者说作为中华法系母法的中国法的观念、理论和基本原则与制度大约定型于汉唐期间，即所谓中国法律的儒家化，③但中国社会在晚唐以后发生了重大变化，有论者谓之由中古向近世的转变。④ 然而这种转变并没有通过作为国家"天下通规"的基本法（典）——律——表现出来，而是通过"律"以外的补充形式，"敕令""条例"等特别法得以实现，所以《宋刑统》《大明律》《大清律例》，无论是在精神还是在基本原则与制度上确实是"一准乎唐（律）"。⑤ 这表明

---

① 参见前揭费正清等人书，第20~21章。
② 日本"明治维新"始于1868年，中国晚清推行"新政"始于1901年，"变法修律"开始于1905年，至1911年清政府垮台前，《大清律例》已被各种新律替代，前后相计，40余年。
③ 《唐律疏议》是中国法律儒家化、儒家思想法典化的集中体现，它的精神、制度、原则和基本规定，在中国法律史上处于承前启后的特殊位置，向来被视为中华法系的代表。详见杨廷福著《唐律初探》，天津：天津人民出版社1982年版；瞿同祖："中国法律之儒家化"，载前揭《瞿同祖法学论著集》，第361~381页。
④ 详见〔日〕内藤湖南："概括的唐宋时代观"，载刘俊文主编《日本学者研究中国史论著选译》（第一卷），黄约瑟译，北京：中华书局1992年版，第10~18页；〔日〕谷川道雄："中国的中世"，载刘俊文主编《日本学者研究中国史论著选译》（第二卷），黄金山译，中华书局1993年版，第104~153页；陈寅恪著《隋唐制度渊源略论稿》（上海：上海古籍出版社1982年版）和《唐代政治史述论稿》（上海：上海古籍出版社1982年版）；胡如雷："唐宋之际中国封建社会的巨大变革"，载《隋唐五代社会经济史论稿》，北京：中国社会科学出版社1996年版，第324~344页。
⑤ 清代编纂的《四库全书总目·唐律疏议提要》略云："论者谓唐律一准乎礼，以为出入得古今之平，故宋世多采用之。元时断狱，亦每引为据。明洪武初，命儒臣同刑官进讲唐律。后命刘惟谦等详定明律，其篇目一准于唐；……本朝折衷往制，垂宪万年，钦定大清律例，……而上稽历代之制，其节目备具，足以沿波而讨源者，要惟唐律为最善。"这段经典性的表述，将《唐律疏议》对中国后世法律之主体"律"的影响概括无遗。另可参见的还有前揭杨廷福书，第144~193页。

国家的法制框架（律）相对于唐和唐以前的发展来说，处于一种沿用状态；而相对于变化中的社会，则处于一种保守滞后的状态。（2）设置基本原则与制度的"律"由于没有体现社会的变化，不得不由反映这种变化的"敕""例"来加以弥补，延续到明清，特别是清代，"律"或多或少成为一种象征性的"预设大法"，"例多而律少""有例不依律"已是一种正常现象。① 这深刻地反映了制度（"律"所设置的制度）与社会的脱节。② 从法律社会学角度进行理解就是，中华法系最基本的法律渊源"律"的"活法"效力，正部分地、逐渐地下降以至丧失。③（3）律学一直是中国法律发达的原动力之一。晚唐以前中国的法律之所以不断发达，实与律学的发达密切相关。④《永徽律》及"疏议"的诞生既是律学发达的结果，又是律学式微的开始。⑤ 就国家而言，法律已然完备，律学的使命也已完结，"明法科"遂从国家的科举考试中退出，律学也随之沦为民间刑名幕僚的"私学"，中心题旨和内容囿于对国家法律（主要是"律"）实施的支持性解释，不再是国家创制法律的推动力量。⑥ 这极大地限制了传统中国法律

---

① 详见《明史·刑法志》《清史稿·刑法志》；瞿同祖："清律的继承与变化"，载《瞿同祖法学论著集》，北京：中国政法大学出版社1998年版，第417~433页。
② 制度与社会的脱节，或者说法律规定与实施的分离，可以说是人类社会法经验中一种十分普通的现象，然其程度有着很大的差别，现代法治社会总是努力将其限制在大众能够接受的限度内。古代中国的情形则比较严重，且主要是制度的原因，即因对制度的理想设计和过分守旧（成），而不可避免地与社会脱节。这种现象，黄宗智先生将其表述为"法律的表达与实践"，其间存在着相当的冲突与矛盾。详见〔美〕黄宗智著《民事审判与民间调解：清代的表达与实践》，北京：中国社会科学出版社1998年版，第1章、第9章；还可参阅〔日〕滋贺秀三等著《明清时期的民事审判与民间契约》（北京：法律出版社1998年版）一书中寺田浩明教授的文章。
③ 事实上也是如此，详见前注①、②所引资料。
④ 参见高恒著《秦汉法制论考》，厦门：厦门大学出版社1994年版，第271~309页；王立民著《唐律新探》，上海：上海社会科学院出版社1993年版，第2章。
⑤ 见沈家本："法学盛衰说"，载《寄簃文存》卷三；徐道邻著《中国法制史论集》，台北：志文出版社1975年版，第179~229页；前揭张中秋书，第238~244页。
⑥ 关于唐宋以后特别是清代"律学"的特点和作用，请参见吴建璠："清代律学及其终结"，收入《中国法律史国际学术讨论会论文集》（西安：陕西人民出版社1990年版）；张晋藩："清代律学及其转型"，收入陈景良、张中秋等编《求索集：张晋藩先生与中国法制史学四十年》（南京：南京大学出版社1995年版）；张伟仁："清代的法学教育"，收入贺卫方编《中国法律教育之路》（北京：中国政法大学出版社1997年版）；何敏："从清代私家注律看传统注释律学的实用价值"，收入梁治平编《法律解释问题》（北京：法律出版社1998年版）。

的发展,也从一个侧面反映出基本法(律)的停滞情形。(4)晚唐以后,中华法系之母法在空间的直接影响力上也发生了一些变化。日本虽然通过"大化改新"移植了中国法律,但"安史之乱"以后日本大规模的"遣唐使"活动逐渐减少,① 转向消化中国文化的自我发展时期,源自唐代的"律""令"逐渐本土化,最后被融入日本特色的"武家法"所替代。② 此后直至明治维新,尽管日本的法律在历史渊源和某些制度及规定上仍是中国式的,但其内容和精神已愈趋日本化,日本化的结果应表明了中华法系之母法直接影响力的下降。朝鲜的情形不及日本显著,但越南在公元939年由唐王朝治下的一个郡(安南郡)成为一个独立的王朝后,③ 也在一定程度上削弱了中华法系之母法在该地区的控制(力),使直接的管辖(效力)变为管辖外的影响。相对于这些域外的变化,在中国本土方面,晚唐以后,唐宋二代基本上都失去了对东北、漠北和西域的控制,西域地区的伊斯兰化完全抵消了中国法律曾在该地区的影响。④ 尽管元帝国地跨亚、欧,但广阔的西域、西藏(古代称"吐蕃")和漠北地区并未推行汉唐以来的传统法律,而是施行蒙元民族和各地的习惯法。明清特别是清王朝虽恢复了汉唐的基本疆域,但清政府对上述少数民族地区施行的是不同于汉族法律的"番律""蒙古则例"

---

① 公元9世纪末叶,中国社会陷入动乱,894年,日本平安王朝正式决定停止向中国派遣遣唐使,中日法制交流转入低潮。参见〔日〕木宫泰彦著《日中文化交流史》,胡锡年译,北京:商务印书馆1980年版,第49~107页;王晓秋、〔日〕大庭修主编:《中日文化交流史大系·历史卷》,杭州:浙江人民出版社1996年版,第101~112页。
② 详见刘俊文、〔日〕池田温主编《中日文化交流史大系·法制卷》,杭州:浙江人民出版社1996年版,"序论"及"第1章""第5章";前揭R. 达维德书,第500~504页。
③ 在唐朝强有力的统治时期(618~907年),从红河三角洲和越南北部的滨海地带到北纬17°附近一直是唐朝的保护领地,受唐朝行政和法律的直接管辖,谓之"安南"(An-nan)。公元939年,越南获得独立,此后,尽管中国的统治时有加强,但再不长久,越南由原先的中国直接管辖地变成了藩属国。详见前揭〔美〕费正清等著《东亚文明:传统与变革》一书,第10章。
④ 唐朝建立至太宗时期,依靠强大的军事和经济实力,恢复了汉代开始的对东北、西北和漠北的控制,设置安西都护府和北庭都护府,实现了对西域的直接管辖。现在我们所见到的敦煌吐鲁番经济、法制文书完全证实了这一点。(详见刘俊文编著《敦煌吐鲁番唐代经济法例文书考释》,北京:中华书局1989年版)但"安史之乱"后,吐蕃和回纥强大,此后近千年中国失去了对西域地区的管辖,直至清朝得以重新恢复。在这近千年中,西域地区伊斯兰化,即使清政府恢复了统治,也只能面对伊斯兰化这一事实,采行与汉族地区不同的《回回律》。

"苗律"和"回回律"等。这些法律自是中国法律体系的一部分,但它们与中国在汉唐时期形成的传统法律有相当的差别。① 上述种种情形蕴含着一个总的趋势:中华法系在清末解体前,其母法在本土和域外已经历了一个漫长的收缩和衰退过程。其间的原因很是繁复,涉及法律及其法律所属社会的许多问题,此非笔者所能力及。然而基于上述认识,我们还是可以提出一个概括性的意见,即通过对"律"这一基干表达和体现出来的传统中国法律的分析,我们可以察觉到,构成中华法系母法的主体,并没有对社会的变化做出相应的回应,而是始终固守中世时期的精神原则和制度,以致与社会相脱节,在晚唐以后的千余年中,宏观上呈现出一种渐趋停滞和收缩的态势。这一态势应是中华法系最终解体的内在原因。

思考之四 中华法系特别是其母法的内容、特征及其价值,向来是论者们用心关注、着力论述的问题,累积至今已有相当的成就,② 我想借此补充几点零碎的意见。中国学者论中华法系的内容、特征及其价值一般都是以中国法来指代的,内容方面的研究已从单一的刑事法拓展到诸法,从通史到断代,从综合性的大问题细化到具体的专题,这是研究深化的一种表现。③ 但由此而引发的一个问题是,法学界有人对中国法律史的诸法研究是否科学提出了异议,认为将中国传统法律按西方法学体系分门别类地加以研究是一种知识上的误解。④ 这对中国法律史和中华法系的研究(者)而言确是一个警示,但要指出的是,这种警示本身是否科学也还有商讨的余地。若依质疑者的逻辑,不独中国法律史和中华法系研

---

① 详见刘广安著《清代民族立法研究》,北京:中国政法大学出版社1993年版。
② 自"中华法系"在国内被研究以来,这些问题总是成为不同时代的学者们共同关心的对象,前揭杨鸿烈、陈顾远、张伟仁、李钟声、张晋藩等人的论著中均有论述,拟不详列。
③ 关于中国传统法的研究,从教材、论著到专题论文,在在不少。最近出版的《中国法制通史》(十卷本,北京:法律出版社1998年版)是断代与通史、专题与综合的集中体现,可以说是目前研究框架内较高成就的整体表现。
④ 比较有代表性的是苏力,他说:"现代法理学学者一旦采纳了许慎的故事,即使以承认中国法不如西方法、中国法学不如西方法学为前提,在逻辑上也已经要求且势必要求中国也有一套可以与西方进行比较的有关法和法学的知识体系。因此,就在这种隐含的逻辑必然的框架中,'中国法制史''中国法律思想史''中国民法史''中国行政法史'都至少有了一种逻辑上的可能;而西方法和法学的既成体系也就成为组织这些历史材料的便利的框架。事实上,在过去一个世纪中,这类著作已经出版了相当不少。"(见苏力:"法的故事",《读书》,1998年,第7期,第30~31页)。

究内容上的拓展无法进行，近代以来的整个中国法学也都是一种错误的知识体系。惊骇之余，也还有些疑虑。从我自己的体验出发，不予说明而言之凿凿地谈论传统中国的刑法、民法、行政法等，确与现代法学的理念和精神相去甚远。但法律毕竟是人类社会生活关系的秩序（规则）化，毕竟是人类对公正理想追求的体现，即使人类的法律千差万别，其本质仍自有相通之处，不同的法律体系也还有相同或相似的功能。① 我们不能以传统中国没有发展出西方式的法律体系，就取消（或者说无视）事实上存在的中国人的刑事法律活动和民事法律生活，特别是一以贯之的国家（政府）对经济和行政的法律管理。或许我们在具备一些基本的中国法律史知识后，可以改变一下自以为没有，但实际上仍隐居在观念深处以西方为范式的理念，不是从概念出发，而是直面法律的内容、功能及其目标，进而我们必须承认，传统中国确有它自己的刑事（性）的法律、民事（性）的法律、经济（性）的法律和行政（性）的法律等。这里我没有直接使用刑法、民法、经济法和行政法这类容易引起误解的现代法学概念，而是在"法律"之前附加了相关性的定语，这是为了：一是表明我本人并不赞成简单地用现代法学的分类来直接裁剪和解说传统中国的法律；二是想为中华法系之母法研究内容上的拓展做一些辩护。

中华法系（以中国法为代表）的特征在不同时代有不同的认识，同一时代不同论者也自有不同的看法，甚至同一论者不同时期也有不尽相同的说明。不过，统观来看，不同中却有相同或相似之处，最显要的是论者都很注重法律与儒家伦理的关系，有谓之"法律儒家化"的，有谓之"法律伦理化"或"伦理型法律"的，有谓之"法律道德化、道德法律化"的，有谓之"礼法结合、德主刑辅"的，也有谓之"外儒内法、

---

① 只有突破人类对法不同的具体理解（所谓地方性知识），归结到"秩序"和"公正"上来；只有相信不同的法具有相同或相似的功能，不同法系和法律的比较才有可能，比较法学才能成为法学科学中的一部分。诚如茨威格特和克茨所说："全部比较法的方法论的基本原则是功能性原则，……特别是这个命题是以比较法的根本经验为基础的，即每个社会的法律在实质上都面临同样的问题，但是各种不同的法律制度以极不相同的方法解决这些问题，虽然最终的结果是相同的。"（详见前揭 K. 茨威格特等人书，第 56 页）

霸王道杂之"的。① 这些说法，措辞不同，强调的重心或有差异，但显而易见，实质却是大同小异。这种不同时代（期）不同论者的共同认识，可说是一种学术共识了，已是学术递进的基石和阶梯，不能随意或轻易否定。要质疑要推翻，应该依据材料，详细论证，逐一辨析，简单否定从学术上说，既不规范，也是无益的。

　　法的价值是法理学范畴内的问题。法理学的一个基本认识是，法的价值不同于法的作用，法的价值是主观和客观的统一，是在客体法与主体人相互关系中表现出来又为人（们）所认可的那种积极意义。例论到中华法系，它的价值也有主观和客观之别。具体一点说，中华法系自身固有的那种对人和社会的积极性即是它价值的客观性（面），而人们对这种积极性的认识和评判则是它价值的主观性（面），两者的统一构成了中华法系价值的整体。由此观之，论者关于中华法系价值的研究不免各有偏重，偏重客观方面的分歧可谓不大，这部分是因为中华法系的固有特色在世界诸大法系中极为鲜明，部分还由于论者对这种特性拥有相当的共识，也即上述关于基本特征的认定。偏重于主观方面即价值评判的，很难一概而论，时常因人而异，有肯定的，有否定的，也有既肯定又否定的。这应是合乎学术内在规律的一种正常现象。此外，我想研究中华法系这一学术活动的价值尽管与我们对其价值客观性的评判至为相关，其间也必然存在很大的交叠重合，但细加辨别还是有所必要的。"研究"这样一种学术活动的价值自然含有很浓的主观目的性，价值的评判既要受这种主观目的性的影响，更受制于价值的客观性。简单地说，我们研究中华法系到底是为了什么。历史地看，20世纪30、40年代，是为了中华或中国法系的复兴；② 70、80年代，大陆是为了"历史的借鉴"。③ 不难察见，这是时代赋予研究者的责任。现如今我们将要进入21世纪，法律在中国正逐渐由单一的工具（理性）转向与价值（理性）并存，非西方社会特别是亚洲地区也正由过去一

---

① 分别详见前揭瞿同祖书中"中国法律之儒家化"一文；俞荣根著《儒家法思想通论》，南宁：广西人民出版社1992年版，第1章、第3章；梁治平《寻求自然秩序中的和谐》，上海：上海人民出版社1991年版，第10～11页；前揭张中秋书，第4章第1节；张晋藩著《中国法律的传统与近代转型》，北京：法律出版社1997年版，第4～34页；以及中国古代诸史中的"刑法志"等。
② 详见前揭薛祀光文；陈顾远书，第5～8页；杨鸿烈著《中国法律发达史》，第1章。
③ 详见张晋藩："再论中华法系的若干问题"，收入前揭陈景良、张中秋等所编书，第250页。

味对西方的盲从转向理性地面对自己的历史,正视自己社会的传统秩序及其资源。① 此时此境,我们在"复兴""借鉴"之外,是否还可以有别的追求呢?台湾学者张伟仁先生提出的中国法文化或"中华法系"中的"人文关怀",① 实在是一适时而又深远的睿见,值得我们高度重视。

思考之五 中华法系在中国解体后的遗存和流变,以及我们如何回应西方(学者)在法系框架下对中国法的研究,这两个问题已困扰我很长时间,但至今仍未理出什么头绪,偶有一些零星的想法,借机一并谈出。清末变法修律使中华法系在其本土最后瓦解,中国开始大规模地移植源自西方的日本法。近百年来,中国人的法律观念、理论、制度和大量的法条法规愈益远离自己的法律传统。时至今日,中华法系的特色(性)从制度和规范上看,已消隐难察。但透过制度和法条(现象),我们还是可以体察到中华法系的遗存和流变,这在法观念、法心理、法思想以至个别制度上,都有踪迹可寻。就法律观念言之,传统中国(人)是以"刑"为中心的,② 近代以来,中国人的法观念经历了从传统的"刑"向现代的"法"的转变。至今这种转变依然未完,所以,从城市到乡村,从沿海到内陆,从文化层次高的群体到相应低的群体,人们法观念中"刑"的比重渐趋加大;反之,法的意识渐次增强。这表明,传统在乡村、内陆和文化层次低的群体中存有更大的影响。就法心理而言,普遍存在于中国人思想(心理)深处的"无讼"意识可以说是中华法系精神的直传。而法律理论中的"工具论",法学研究中律学式的注解,都与传统的法律学说一脉相承。现

---

① 亚洲社会正更加理性地面对自己的现实和历史,并试图从自己的传统中寻找对问题的某种理解,这不仅表现在一般的思想界(例见杜维明著《新加坡的挑战》,北京:生活·读书·新知三联书店1989年版;孙歌:"在历史中寻找什么:再读《在亚洲思考》",《读书》,1996年,第7期;沟口雄三编《〈在亚洲思考〉之系列》,东京:东京大学出版会版;沟口雄三著《中国前近代思想之曲折与展开》,陈耀文译,上海:上海人民出版社1997年版;陈来:"现代化理论视野中的东亚传统",《读书》,1997年,第3期),还反映到法学研究上。1998年"东亚法哲学年会"在韩国召开,日本、韩国和我国台湾地区的一些学者就东亚法秩序传统和法哲学思想展开了研讨。可以预料,这将成为中国及东亚法文化研究中的一个重要内容。我自己也将长期关注传统中国的法秩序和法经验这一课题,希望能与关心此一问题的同道有所联系与交流。
① 详见张伟仁编《中国法制史书目》,台湾:台北南港1966年版。略见前揭李贵连主编之书,第83~84页。
② 参见前揭张中秋书,第3章第1节;梁治平:"'法'辨",《中国社会科学》,1986年,第4期。

代法律制度中诸如调解、重刑和婚姻家庭等某些方面也与传统法律有很深的历史渊源。现实生活中一些不甚理想的现象，如权力、金钱和人情（关系）对司法公正的干涉与损害，既有现行体制上的问题，也有传统的因素。上述所举，大多消极。从积极方面观察，中华法系珍惜生命、重视道德、追求和谐的人文价值，并非与时俱去。相反，这对物质中心主义、盲从唯法为治的现代社会来说，可能还是一贴没有完全失效的良药。无论是从消极还是积极方面考虑，认真思考，深入研究中华法系在现今中国的遗存和流变，确是我们面临着的一项深具现实和学术意义的时代课题。

就目前一般所见，西方学者在"法系"框架下对中国法的研究，不仅在思想、方法、视角还是表述的体例上，都给我们以新的启发和挑战。不过，这种研究也不是无可挑剔的，误解、偏差和错误并不难见。这里，我以两本具有世界声誉的比较法著作为例，略加说明。法国比较法学家 R. 达维德在其《当代主要法律体系》一书中写道："在中国人看来，法远不是秩序的条件与正义的象征，而是专断的工具与混乱的因素。"① 这是一个不小的误解。首先，法作为秩序的条件和正义的象征，这在中国是很古老又很普通的认识，所谓"法者，规矩绳墨也"。② "法平如水"，③ 即是明证。其次，传统中国，确有人视法为专断的工具，法家代表韩非曾说过，"帝王之具，刑德二柄"；④ 也有人视法为社会混乱的表征，道家始祖老子说过，"法令滋彰，盗贼多有"。⑤ 但这里有两点值得指出：一是法家和道

---

① 见前揭书，第 31 页。
② 《管子·七臣七主》略云："法者，所以兴功惧暴也；律者，所以定分止争也；令者，所以令人知事也；法律政令者，吏民规矩绳墨也。"此类议论在先秦诸子中相当的普遍。国家的正式法典往往开宗明义地揭示法律与秩序的关系，例见《唐律疏议》"序"（北京：中华书局 1983 年版）等。
③ 虽然古今中外对"公平"有不同的理解，但法（律）是一种公平的体现和象征，这在传统中国的法律思想中是毫不陌生的，所以，东汉许慎撰《说文解字》时，就法（律）所下的定义即是"平之如水"。当然，传统中国人的"法律公平观"与西方人和现代人的认识是有区别的，简言之，可以说是一种概括的和分层的法律公平观。详细的讨论可参见前揭张晋藩著《中国法律的传统与近代转型》，第 35～83 页；〔美〕金勇义著《中国与西方的法律观念》，陈国平等译，沈阳：辽宁人民出版社 1989 年版，第 3 章；〔美〕高道蕴："中国早期的法治思想"，收入高道蕴等人所编的《美国学者论中国法律传统》，北京：中国政法大学出版社 1994 年版。
④ 法律工具论的思想，在传统中国法律文化中，以法家最为典型，从管子、李悝到商鞅、李斯等一脉相承，但集大成者还是韩非，详见《韩非子》中有关国家政治和法律的议论。
⑤ 见《老子·第五十七章》。

家并不是传统中国法律思想的主流,占主流的是儒家。儒家虽然吸纳了道、法两家的思想,可它从未否定法的秩序性和公平性;相反,它将秩序与自然(和谐)相联系,将公平与天理(阴阳)相结合,构成了中国人特有的法秩序观和法公平观。金勇义先生在其《中国与西方的法律观念》一书中就对此有详细的辨析。① 二是我们从韩非的言论中无论如何也推导不出他对法的秩序性和公平性的排除;至于老子的"法令滋彰,盗贼多有",意在指出社会从失德到失礼后的状况,而不是着意否定法的秩序性和公平性。② 人类的经验表明,法在本质上必然是秩序或正义或两者的综合体,只是它在不同的时空范围内有不同的体现、侧重和特定的内涵而已。③ 以某一种固定的标准来评判其他的文明,误解有时是难免的。达氏在他的书中对传统中国的调解制度、审判制度、法家理论等也都存在着不同程度的误解。④ 德国比较法学家 K. 茨威格特和 H. 克茨在《比较法总论》中对传统中国的法家学说、礼的成文化和诉讼目的等,⑤ 也有误解。我想,这些问题在以后适当的时候可做专门的讨论。

达维德和茨威格特不愧是世界级的比较法学家,他们对比较法中极易出现的种族偏见和文化中心主义保持了高度的警惕,⑥ 尽管客观公正地对待非西方地区的法律文化,对西方学者来说是极为不易的。然而,除误解外,偏差与错误在他们身上仍难幸免。例如,达维德说:"(中国)这种没有法的社会理想似乎随着辛亥革命的爆发而重新成为问题。为了摆脱西方

---

① 参见前揭金勇义书,第 2~3 章。
② 参见有关老子或道家法律思想的论著。篇什较多,拟不详列。
③ 详见前揭 E. 博登海默书,第 10~12 章。
④ 见前揭达维德书中有关中国的部分。
⑤ 见前揭该书有关中国的部分。
⑥ 例如,R. 达维德认为,关于法,"在亚洲、非洲以及在东南亚却提出了完全不同的问题。在这里不曾像在美洲荒无人烟或其居民心甘情愿接受欧洲优越生活方式的地区那样发生过欧洲的渗透。尤其在亚洲有着为数极多的人民与不能被看成低于西方文明的各式文明"。(见前揭作者书,第 421 页) K. 茨威格特等也提出:"在西方世界,这类非正规的解决机制的运用范围和运作方式我们所知甚少,但是在远东法系中它们却具有异乎寻常的重要性,其重要程度甚至达到了经常使西方的观察家感到吃惊的程度。正是这些事实使得对远东法律的研究如此引人入胜,因为它清楚地表明,在西方世界中,我们过于容易认为是恒常的和必然的方式实际上只具有临时的和地域的性质而已。"(见前揭作者书,第 615 页)

的控制，中国则参照西方的模式制定自己的法典。"① 这段话粗看似乎没有问题，细想还有推敲的余地。传统中国有没有法的社会理想暂且不论，而中国参照西方的模式制定自己的法典，一方面的确是为了摆脱西方列强"治外法权"的控制，另一方面也是中国社会内部压力的产物。前者是诱导性的外因，后者才是中国历史内在性的体现。简略地说，中国自汉唐以来即有自己的涉外法律传统，所谓"诸化外人同类自相犯者，各依本俗法；异类相犯者，以律论"。② 这条原则是王（天）朝尊严和文化优越（中心）主义在法律上的体现。西方列强的"治外法权"不仅是对这一原则的破坏，而且是对王（天）朝尊严和文化优越感的无视和摧残，所以，作为天朝大国的清政府在变法修律这一问题上，承受着无法言说的羞愧（内在紧张）和愈益增强的来自历史深处和民族尊严的实际压力，五大臣出洋考察后呈上的密折证实了这一点，即变法修律可使"皇位永固，内乱可弥，外患渐轻"。③ 修律大臣沈家本所言"中国修订法律，首先收回治外法权，实变法自强之枢纽"，④ 也将此情此意表露无遗。这说明，"参照西方的模式制定自己的法典"既有外因，也有内因，否则很容易误导人们将近代中国法制变革的动力完全归于"刺激—反应"的费正清模式。实际上，这一模式即使在西方（特别是美国）也已受到批评和纠正。⑤ 此外，达氏的这段话中还有一个错误，即参照西方制定自己的法典，历史上不是辛亥革命之后，而是辛亥革命前的清末。⑥

茨威格特和克茨在谈论到唐律时说："法典几乎没有对有关商业及商

---

① 见前揭达维德书，第 489 页。
② 见前揭《唐律疏议》"名例"，第 133 页。这条原则性的法律规定是高度发达的汉唐文明和强盛国力的一种体现，含有一定的文化（明）中心主义色彩（见《唐律疏议》对该条律文的疏解和例议），但基本上还是将一国法律主权之尊严与文化（明）宽容及尊重较合理地结合在一起了，与早期罗马法对异邦人和蛮族的态度，以及近代欧洲法对非西方人特别是对有色人种的规定相比，不失其先进性。但这条原则还是受到了西方列强的挑战和蔑视，以致引发或者说助长了近代中西的冲突，鸦片战争的爆发与此不无关系。详细的讨论可参见 R. 爱德华："清朝对外国人的司法管辖"，收入前揭高道蕴等所编书，第 416~471 页。
③ 《奏请宣布立宪密折》，《辛亥革命》（第四册），第 28 页。
④ 见前揭沈家本著《寄簃文存》卷一 "删除律例内重法折"。
⑤ 详见〔美〕柯文著《在中国发现历史：中国中心观在美国的兴起》，北京：中华书局 1989 年版。
⑥ 详见张晋藩主编《清朝法制史》，北京：法律出版社 1994 年版，"晚清法制改革"部分。

品的法律给予明显的注意。这些反映了儒家学说的影响。"① 儒家学说"重生命、轻财产","重义而轻利",这些思想确实对中国民商性法律的发展有很大的压制。② 但儒家也是一个面对现实的学派,它认为"士、农、工、商"地位不等,但缺一不可。③ 所以,国家对商业(人)的管理并不是可有可无,而是必不可少的。更何况,传统中国的法律思想中还有法家的影响,法家强调国家对商业完全垄断(禁榷),以确保国家的财赋和对天下的控制。④ 唐律折中采纳了儒、法两家的思想,对商业(人)既加强管理又未完全垄断。因此,我们在《唐律疏议》"户婚""杂律"等篇中,可以看到很集中又很明确的"有关商业以及商品的"法律规定。我在拙著《法律与经济:传统中国经济的法律分析》中对此就有较详细的讨论。⑤ 此类偏差在《比较法总论》和《当代主要法律体系》中还有几处,这里不再一一辨析。必须指出的是,上述两本著作所论还有几个明显的错误:茨威格特和克茨提出,"法家相信法律面前人人平等",⑥ 在新中国成立的20世纪50~80年代里,"除了1950年的婚姻法外,法律领域里确无新的建树"。⑦ 这两个说法多少有违史实。法家是讲等级、崇专制的学派,它厉行的"严刑峻法""一断以律",与"法律面前人人平等"不能相提并论。它的"一断以律"指的是君皇下的有罪必罚,但同时又是因人而"同罪异罚"的,⑧ 怎么可以说是"法律面前人人平等"呢?80年代以前,我国在法制

---

① 见前揭作者书,第619页。
② 参见前揭梁治平书,第7章;前揭黄宗智书,"导论"部分。
③ 国家政典《大唐六典》卷三"户部郎中员外郎"条略云:"辨天下之四人,使各专其业。凡习学文武者为士,肆力耕桑者为农,工作贸易者为工,屠沽兴贩者为商。工商之家不得预于士;食禄之人,不得夺下人之利。"这是汉代以后处于主流的传统经济思想的制度化,也可以说是以儒家为主导的经济思想的实践。承认社会分工和交换的必然性与必要性的理论,孔子、孟子等儒家人物均有论述,特别是孟子论述较孔子有了更明显的发展,这对此后儒家经济思想是有很大影响的。详见巫宝三主编《先秦经济思想史》,北京:中国社会科学出版社1996年版,第9、18、19、20章;〔日〕桑田幸三著《中国经济思想史论》,沈佩林等译,北京:北京大学出版社1991年版,有关儒家的部分。
④ 详见前揭巫宝三主编书,第21~24章;张中秋著《法律与经济:传统中国经济的法律分析》,南京:南京大学出版社1995年,第43~47、85~90、193~202页。
⑤ 详见上揭张中秋书,第321~388页。
⑥ 见前揭作者书,第618页。
⑦ 见前揭作者书,第622页。
⑧ 详见《商君书》《韩非子》等法家作品,另可参见张国华著《中国法律思想史新编》,北京:北京大学出版社1998年版,第110~174页。

上建树甚少，这是事实，但除了婚姻法，还有宪法、土地法、各级各类国家机构组织法和其他的单行条例等。① 达维德还在他的书中提到，中国保存下来的唐代法典分为两篇，"第一篇是有关刑事的'律'，第二篇是行政方面的'令'"，而清律"全部条文按照清朝施政的六部的管辖权限分类，归为六篇"。② 我们知道，唐代的法律形式是律、令、格、式，保存下来的只是"律"，即《唐律疏议》，共12篇30卷；"令"是由日本的中国法专家仁井田陞整理而成，即《唐令拾遗》，共716条，相当于贞观令的1/2。③ 可见，达氏所谓唐代法典分为两篇，既不符合唐代的法律体系（形式），也不符合《唐律疏议》和"唐令"的篇章。至于清律，实际上不是六篇而是七篇，因在六篇之首还有总则性的《名例》一篇，这是对《大明律》体例的沿袭。

上述这些误解、偏差和错误，可能是以讹传讹，也可能是囿于资料陈旧而造成的，④ 应该是可以理解和谅解的，而且相对于他们在法系视野下对中国法认识的独到之处，可以说是大醇小疵了。但作为中华法系的研究者，我们有责任有义务对这种具有世界影响的著作（观点）做出应有的回应。这不仅有利于学术交流，也便于世人对中华法系及其代表（中国法）有一个更客观、更准确的认识，同时也让我们的中华法系研究走向世界。

继承与出新：中华法系研究的发展

在很大程度上，中华法系是一个历史问题，但中华法系的研究又是一个具有很强时代性的课题，随着新的千年的到来，随着中华民族和亚洲的

---

① 详见蓝全普著《七十年法律要览》，北京：法律出版社1997年版，第164~168页。
② 见前揭作者书，第490页注[3]。
③ 见〔日〕仁井田陞著《唐令拾遗》，东京：日本东洋文化研究所1983年刊印；或见栗劲等编译《唐令拾遗》，长春：长春出版社1989年版。
④ 我认真查阅了达维德和茨威格特等人著作中有关中国部分的引证资料和参考书目，注意到这样几个较明显的特点：一是大多为20世纪60~70年代的作品，80年代以后的作品几乎没有，仅极个别80年代初的中华人民共和国法律概要；二是第二手成果居多，缺少第一手资料；三是专题性和法律社会学的论著少，概览性的多。（详见前揭书中有关中国部分的引注和参考书目）这种资料上的陈旧和偏窄必然限制论者的认识。这一现象在西方涉论中国法的专家中并不少见，美国学者安守康曾就昂格尔的同类错误发表过严厉的批评。（详见前揭《美国学者论中国法律传统》所收安守康的文章，特别是第61~62页的注[46]）

复兴，历史与现实必将有更紧密的联系。抱着这样的心情、这样的期望，回顾和思考中华法系的问题，不只是一份学术的兴趣，也还是一种学术的责任。这种责任要求我们在中华法系的研究中继往开来，即使最后的结果不甚理想，也不能成为我们推卸责任的理由。

我在本文开头的题注中提到，自己对中华法系的认识大致停留在学习和偶有思考的层面上，这不是自谦而是自白。现在，文章的正题已然结束，作为附加的一部分，我想再谈一点中华法系研究的发展问题。发展离不开继承，这是学术的定律。中华法系研究的继承，在我看来，至少有两个方面：一是学术精神的继承；二是学术成果的继承。中华法系研究的早期开拓者，像杨鸿烈、陈顾远等，都是在20世纪30、40年代比较艰难、动荡的时期里取得巨大成就的。他们不仅有强烈的事业心和责任感，而且有严谨、求实、创新的学术精神。他们的成就与这种精神是分不开的。没有这种精神，要想将中华法系的研究向前推进，一定是很困难的。有了这种精神，但不能很好地对待和继承前人的成果，学术的阶梯既无由形成又难以跨越。遗憾的是，我们现在要翻检前人的成果极其困难，最主要的原因是，这些材料在市面上和图书馆都不易见到。① 如能以中华法系为题汇编出版一套资料和有学术价值的文丛，必将会给中华法系的研究以基础性的支持。

中华法系研究的出新与方法、材料和理论上的突破相关联。早期和近年来的研究，多少给人以方法单一、材料有限、理论单薄的印象。具体说来，方法大多是历史解释，材料局限在中国，理论上概括不够、拓展不深，这导致学理上的价值受到限制而少受重视。私见以为，历史解释确是我们认识中华法系最基本的方法，它有任何其他方法所不具备的"历史性"这一优势，但它在学理的提炼和表达上也受到了这一优势的制约。如果我们将中华法系比喻为一座（法律）大厦，历史解释只是为我们探照这座大厦打开了一扇有纵深感的窗户，要想打开更多的窗户以从四面八方来观照它，这就需要我们引进和使用有助于认识问题的各种方法，其中比较的、分析的、社会（学）的、人文的、综合的这些人类解剖问题的利器，完全可以成为我们研究中华法系的有效工具。

---

① 现在的情况稍有改变，中国政法大学出版社正在出版的"二十世纪中华法学文丛"于此略有弥补，台湾版的这类著作在大型图书馆的"港台阅览室"中有时也能看到，但系统整理出版这项工作做得还不够。

理论的进展不只要借助于有效的分析工具，还需要以材料为基础。材料的增加必得空间的开阔。中国以外中华法系诸国，我们除了对日本法相对了解多一些外，对其他地区的法律情形大多茫然，一鳞半爪的记载还是从我国的古籍中获得为多。重视不够（可以说是忽视和轻视），加上语言不通，交流阻隔，近期内这种状况恐怕不会有多大的改观。这样，材料的挖掘这一基础工作的重心可能还是落在中国。这有较多的便利条件，但需要细心、耐心、时间和资金。近来中国珍稀法律材料的收集、整理与出版，"中华大典·法律典"工程的进行，民间习惯法资料的整理和研究，[1] 都是极为重要的基础性工作，相信这些材料对中华法系尤其是其母法的研究将起到重要作用。

　　研究的最后也可以说是最重要的，应是理论上的贡献，提不出学理性的认识，既是研究乏力的表现，也是对中华法系作为世界五大法系之一应有地位的疏忽。我们现在生活的这个世界，是以现代和后现代为主流（中心）的，但文化从来都是多元的，这是人类不同智慧的呈现，也是人类走向更丰富、更平衡、更合理未来的重要条件。中华法系毕竟是在相当部分人类、相当长的时间、相当广阔的空间范围内生长起来，协调人与人、人与社会、人与自然的智慧成果，它对人类法律宝库既是丰富又是补充，它提示我们在面对未来、解决现代问题时，仍然要以人为本，仍然要有道德理想，仍然要重视法律的人文性。诚如庞德所言："（法律）是经过理性发展了的经验，又是经过经验检验了的理性"，[2] 中华法系的研究应为人类提供有益的经验。这促使我们要在法理特别是法系理论的研究上付出更大的努力。

（原文载于《南京大学法律评论》1999 年春季号）

---

[1] 见刘海年等编《中国珍稀法律典籍集成》，北京：科学出版社 1994 年版；张晋藩先生主持的多卷本"中华大典·法律典"正在编纂出版之中；四川巴县档案资料和敦煌吐鲁番契约文书资料，已由四川大学出版社和北京文物出版社等陆续出版；张传玺先生汇编的《中国历代契约会编考释》和福建师范大学历史系编辑的《明清福建经济契约文书选辑》也分别由北京大学出版社和福建人民出版社出版；法律出版社也正在陆续整理出版"中华传世法典"丛书。利用国家法典和民间资料撰写的研究性著作，近年来也在增加，例见前揭黄宗智的《民事审判与民间调解》，梁治平的《清代习惯法》（北京：中国政法大学出版社 1996 年版），刘俊文的《唐律疏议笺解》（上、下），北京：中华书局 1996 年版）等。

[2] 见〔美〕R. 庞德著《通过法律的社会控制、法律的任务》，沈宗灵、董世忠译，北京：商务印书馆 1984 年版，第 131 页。

中华法系的亲伦精神

——以西方法系的市民精神为参照系来认识

范忠信　（1999）

人们常说中华法系或中国法律传统是"伦理法"的法系或传统。这种说法或许并不准确。任何一个民族皆有自己的伦理，其法律皆体现了各自的伦理。从这种意义上讲，各民族的法律都未尝不可以称之为"伦理法"。所谓"伦"，就是人际关系，如中国古代首重"五伦"，就是重视那五种人际关系。"伦理"，就是人际关系应有之理，就是所谓"义""宜""谊"。因此，"伦理"一词只是一个技术性概念，并无特定的价值取向之含义。

人世间的"伦"有千百种，但根据生活领域的不同可以分为亲属、宗教、市民、政治等不同种类的"伦"，因而"伦理"也可以分为亲属伦理、宗教伦理、市民伦理、政治伦理等。不同的法系、不同民族的法，在伦理取向或侧重点上确有差异。选择以哪一种伦理作为自己的法律最强调的伦理，这确实是一个民族法律的最大特征所在。

从这一意义上看世界各大地域各大法系的伦理取向，我总有一种模糊的感觉：中华法系是以亲属伦理为本的，印度法系、伊斯兰法系是以宗教伦理为本的，而西方世界两大法系是以市民伦理为本的。

中华法系的根本精神，就是一种极端重视亲属伦理的精神。

任何一个民族都有亲属伦理，但重视亲属伦理中的哪些方面，重视亲属伦理到什么程度，各民族大不一样。在印度法系、伊斯兰法系里，亲属伦理几乎被吸入宗教伦理之中；在西方法系里，亲属伦理几乎被吸入市民伦理之中；而在我们的中华法系里，几乎一切伦理（包括政治伦理、宗教伦理）都被吸入亲属伦理之中。

中华法系的亲伦精神，与印度法系和伊斯兰法系的宗教伦理精神、西方法系的市民伦理精神一样，是一个远未研究透彻的题目，值得我们进一步深入研究。这种研究，大概也只有在与其他法系伦理精神的更认真比较中才能深入一步。

因资料所限，本文的研究只能仅以西方法系为对比之对象。

一

中华法系的亲伦精神首先体现在中华法系深处特有的"人民观"上。不同的"人民观"决定了一个民族法律传统中关于法的起源、本质、作用的主流认识。

中国古代思想家们一般认为，人民是愚昧的群氓。法家认为人类初期"兽处群居，以力相征"，"以强胜弱，以众暴寡"；① 即使到了有国家有法律时代，仍是"骄于爱而听于威"。② 儒家虽认为人性中有善、有恶，但若不教化引导，必然走向罪恶，此即孟子所谓"求放心"，荀子所谓"人之性恶，其善者伪也""化性起伪"，董仲舒所谓"性待教而为善"。③ 荀子的意见代表了儒法两家的共同意见，也是自荀子到董仲舒直到清末的传统观念：人生而好利、疾恶、有耳目之欲，若"从人之性，顺人之情，必出于争夺，合于犯分乱理而归于暴"。④ 这种"人民观"，也就是认为人民原本是没有理智的愚民，不能自然为善，必须由圣贤去管治、引导、教化，然后才可能摆脱"趋恶"的自然之势而走向良善。

这种人民观，与西方法系的"人民观"形成鲜明的对比。西方法系的人民观，是把人无一例外地假定为世界上唯一具有理性的生物。"人是上帝赋予的各种各样活的生命中唯一具有理性和思维的生命"，"人是具有充分理性的动物"。"理性"具体说来是什么呢？是一种智慧择善之本能："人之所以超越禽兽，是因为人共同具有发达的智力，能够进行推理、判断，直至取得结论的本能。"⑤ 西塞罗的看法代表了西方法系的一般认识。

两种不同的"人民观"，其推论是大不一样的。不同的推论与中西两

---

① 《管子·君臣下》《商君书·开塞》。
② 《韩非子·五蠹》。
③ 《孟子·告子上》《荀子·性恶》《春秋繁露·深察名号》。
④ 《荀子·性恶》。
⑤ 西塞罗《法律篇》，转引自《西方法律思想史》，北京大学出版社1983年版，58、61页。

种法律传统的亲伦精神与市民精神之差异紧密相联系。

依中华法系的"人民观",人民是群氓,时刻需要管治、教化,管治教化之"具"除了道德伦理说教外,就是法律。若不以充分有效的法律去管教百姓,百姓必如飞鸟走兽,控制不了。对于这样的人民,国家应尽量使其少有"自由""自主",应尽量实行"他由""他主",也绝不可使其与管教者"平等";更不可让其有什么"权利",一旦有了"权利",他们可能就只会用来谋"损人利己"之利。

依西方法系的"人民观",人民都是智慧者,有自管自治自教的基因,因而应该有"自由""自主",因为理性必使其如此。既然大家均有"理性",而非有人有、有人没有,那么所有的人当然应当"平等"和"自由"。"在权利方面,人们生来是而且始终是平等自由的。"《人权宣言》总结了欧洲数千年文化之精义。对这种有理性的人们,重要的不是管制、管教,而是自由、平等和权利。

中国的"人民观"显然是从家庭内(而且是东方大陆农耕型家庭)的情形推衍出来的。子弟婴幼在父兄面前,的确是嗷嗷待哺、嗤嗤待教之"氓",无知无识。若不管之教之,必自然而然会好逸恶劳、好吃懒做(农耕劳动的艰辛、乏味自然使年轻人厌恶),必致为非作歹。所以,无条件受治受教是子弟婴幼在家的最大的义务,施管施教是父兄最大的责任。

西方的"人民观"显然是从市场内外的情形推演出来的。任何一个人都是市民,他有智慧,他本能地知道自己该拿什么产品来与他人交换。市民必须自由,必须有权利,必须平等。没有自由,市民就不成其为市民:人们连自己都支配不了,当然更支配不了产品。市民对产品必须拥有某种公认的"权利",该产品才有可能成为商品。市民们必须身份平等,特别是交易双方必须平等,至少程序上表面上平等。若人身依附,人格权有差,则必有强买强卖,实为掠夺,不是市场交易。

从中华法系的亲伦精神及相应的"人民观"我们足以推出这样的结论:人民只有以"子弟婴幼"的身份生活于国家中,受作为"父兄"的皇帝官吏的管教。所以中华法系充满了这种"管教精神"。直到清代,康熙帝的《圣谕广训》仍明确法律的任务是"讲法律以警愚顽"。而从西方法系的市民精神及相应的"人民观",我们只能推出相反的结论:人民只能以自由自主、权利平等的市民身份参与国家活动,称之为"公民"。"市民"和"公民"身份系一物两面：对经济生活为"市民"，对政治生活为"公民"。

二

中华法系的亲伦，也体现在中华法系特有的"圣贤作法制礼"式的国家法律起源论上。

中国古代思想家一般认为，"道术德行出于贤人"，"圣人制礼作乐"，"智者作法而愚者制焉，贤者制礼而不肖者拘焉"，① 认为圣贤应"以身作则"，是以周公为代表的圣贤为后世确立了法则。宋人李觏谓"礼者，圣人之（所制定）法制也"，② 代表了古人的一般认识。这是中国古代关于国家与法律起源的一般观念。因为人民是群氓，是愚昧无知的"婴孩"，在大圣大贤出来教导他们之前，他们都是为一己私利互相争斗乃至残害。"人生而有欲。欲而不得，则不能无求；求而无度量分界，则不能不争。争则乱，乱则穷。先王恶其乱也，故制礼义以分之。"③ 国家与法律就产生于这种"定分止争"的需要，"先王"即大圣大贤就是拯救群氓于自相残杀之困境的救星。这样愚昧无知的人民当然不可能自己通过"社会契约"立法来维持秩序、臻于文明进步之境界。

西方法的国家与法律起源论，最有代表性的就是所谓"社会契约论"。早在公元前4世纪，希腊哲人伊壁鸠鲁就提出：国家是人们根据相互约定建立起来的，法律也是人们彼此约定的产物。西塞罗认为，人民是"以一种对于法律及权利的共同契约联合在一起的"。到了卢梭，他正式将前人的主张归纳升华为系统完善的"社会契约论"。依此理论，国家是本来自由自主平等的许多个人为调节人际矛盾冲突，追求和平与发展而共同"让渡"部分权利组成公共秩序和福利机关的结果，法律正是这种"让渡"协议的实际内容。

两种不同的国家与法律起源论，显然是中西两种不同的伦理观的体现，或者说是家庭和市场两者分别推演的结果。

---

① 《管子·君臣下》《商君书·开塞》。
② 《直讲李先生文集·礼论四》。
③ 《荀子·礼论》。

依据家庭的情形或亲属伦理，我们必然推出圣贤制礼作法约束愚众，管教愚众的结论。在家庭式亲属圈中，家长订立家规家法，子孙卑幼谨守家法、俯首受治。"家"本身是家长们（包括前辈家长）创建的，不是家长和子孙共创的。家规家法从来不是家长与子孙协商合意的产物。遵守已故的前任家长（甚至上溯至十代二十代）所立的家规家法，一直被中国传统社会视为美德。国家与法律的情形正与此相类似。

依据市场的情形或市民伦理，我们必然推出国家与法律来自社会契约的结论。市场只能是许多单个的市民自由合意走到一起来交易而形成，不可能出自一人的命令或创造。在单个合同中，契约双方的具体权利义务，来自双方的相互约定，此即合同双方当事人为自己"立法"。由此推而广之，市场秩序、市场规则，亦即市民在市场或在其他许多人格平等的市民面前的权利义务，必然出自多数人的合意或多数人赞成并践行的习惯，不可能出自个别人命令。共同的度量衡标准、价格规则、竞卖规则、广告规则等，都必须通过一种类似于订立集体契约的方式产生。市场和市场规则的逻辑深深地影响了西方的国家与法律起源论。人民只能从他们最熟悉的社会生活模式去推想国家与法律起源的情形。这种推想又反过来实实在在地影响了其国家和法律的性质与进步。

依市场逻辑式市民伦理而产生的"社会契约论"，暗含着一个伟大的理想：一切立法权应当归于人民。古罗马法学家盖尤斯说："一切权力都是从人民来的。"古罗马法学家肖里拉斯则认为："法律与习惯的权力都是从人民而来的。人们的意志可以从投票发表，也可以由习惯发表。"① 而由家庭逻辑式亲属伦理而生的"圣贤作法制礼"论，也暗含一个逻辑式主张：一切立法权当归于圣君贤主，进而无条件归于君主。②

三

中华法系的亲伦精神还表现在以君长为至上权威的法律观上。君长权威高于他自己所制定的法律的权威，这是亲属伦理的必然推论。

---

① 《西方法律思想史》，77~78页。
② 《礼记·中庸》："非天子不议礼，不制度，不考文。"

在传统中国政治中,君主权力始终至高无上,法律则从属于它。君主虽然理论上有受"天权"制约的可能(因为他是天之子,应服从天父之意),但天权没有强制力。天父毕竟无法直接监督、发号施令和审判制裁,充其量只有通过"灾变"或"灾异"来警告人君。不过,听不听这种"警告",则只能全凭皇帝老儿一人斟酌了。这样一来,在政治中,最高权威只有君权,哪怕这一权力不由名义上的君主行使也是如此。在君权面前,法律是可以随时改变和违背的,只要理由"正当"。法律既是君主意志,由君主制定,那么君主眼下临事所做的裁决也是法律的一部分,甚至更有权威性。"前主所是著为律,后主所是疏为令。当时为是,何古之法乎!"① 不仅对于前主所立之法是如此,就是对于现主从前所立之法也是如此。要君主守法,本身就违背了专制君权的原则。君主若受制于法,则等于为自己往昔的决定、意志所束缚,等于以现在之自己服从以前的自己,这当然会阻碍专制君权以最大效率发挥功用。虽然从"取信于民"的需要出发,古时君臣们也强调君主守既定成法,但归根结底那是权宜之计。君主的新旨意优于旧旨意,这即表明眼下君主个人意志的权威性高于君主过去所立之法律。宋代以后,皇帝常以"出于一时之权宜"或"一时之特思"的"例"来取代通过比较严肃正规的方式产生的刑律(此即"以例破律"),正典型地反映了君权高于法律的事实。

与此相反,西方法系认为法律的权威高于最高执政权。西塞罗认为:"因为法律统治执政官,所以执政官统治人民。并且,我们真正可以说,执政官乃是会说话的法律,而法律乃是不会说话的执政官。"② 卢梭说:"统治者是法律的臣仆,他的全部权力都建立于法律之上。同时,由于他享受着法律的一切好处,他若强调他人遵守法律,他自己就得更加严格地遵守法律。"③ 最高执政权力来自和从属于法律,这实际上也就是主张任何个人(包括最高执政)都必须服从公意。

中国的君权至上显然是家庭或亲伦逻辑的延伸。在家内,家长权威至上(在亲属圈内,辈分最长者权威至上)。家规家法既由家长族长制定,当然也就可以由他们修改或废止。他眼下仗着权威废止或违背家规,也正

---

① 《汉书·杜周传》。
② 西塞罗《论法律》,中国政法大学出版社1997年版,95、97页。
③ 卢梭《论政治经济学》,商务印书馆1962年版,9页。

是他修改家规的方式之一，只要理由"正当"。他服从家规只有在他认为此规则尚不需修改，对自己自由行使权力无碍之时。他随时随事"因时制宜"的权力，正如君主在国中"权断""圣裁"之权力一样，不可置疑。在他个人私德行为方面，他也许要受自己从前所立家规约束（这也是为了更好地维护自己的权威），如不得抽鸦片，不得嫖妓，不得赌博，等等。但在有关家政和家庭公益的问题上，他眼下的权力是至高无上的，是高于家规家法的。当然，若违反国法，则超出了家长权界限，另当别论。

西方的"法律至上"观，显然是市场伦理或市民伦理的反映。市场规则必然是市民公意的结合，这种公意当然应凌驾于任何单个市民的私意私权之上。根据公意组成的市场管理机构，只能是执行公意的工具，绝不可凌驾于公意之上。市场上的一切共同规则，如关于度量衡、价格、质量、交易竞卖的规则，既经公意确定或认可之后，任何单个市民必须无条件遵守（除非你可以争取足够数量的市民支持修改它们），否则即无市场公共规则可言。无公共规则即无秩序，无秩序即无市场。

四

中华法系的亲伦精神，我们更可以从中华法系特有的"家长制审判模式"来认识。在诉讼程序上贯彻的亲伦规则，是中国百姓数千年来感受最深切的东西。

中国古代诉讼程序所体现的家庭伦理或亲属伦理，主要体现在以下几个方面。

第一，审判官是地方行政官，曰父母官，是一个地方的大家长。这正如家族（庭）内由家长、族长兼任审判官的情形一样，在家长族长之外不可能设立有独立权威的审判仲裁机构，在国家也是如此。在"君权至上"而非"法律至上"（公共规则至上）的逻辑下，没有一定范围内最高行政权的机构和个人，当然没有审判权威（特别是保障裁决执行的权威）。在家内，家长权至上时也是如此。

第二，诉讼只能以"请老爷为小的做主（申冤）"的方式提出，而不是用平等双方发生争讼诉诸一个客观中立的仲裁者的方式提出。这与家庭内子弟妇妾卑幼有纠纷时哭诉到家长族长面前请求"一言定是非"的情形完全一致。在这两种情形下，诉讼或纠纷的主体都不是在寻求一种客观中立的仲裁（共同信赖的第三者的裁断权），而是在与他人争讼时寻求更有权威、更有势力的"在上位者"的庇护、支持。

第三，审判程序完全是家长式的。原告被告在法庭上都被视为刁儿顽童，只能跪着听讯，甚至证人、鉴定人（仵作）都必须跪着回话。传唤证人的程序与传唤被告基本一样，"拘来一干人证"，有时甚至包括受害人。在法庭上，当事人称法官为"老父台""老公祖""青天老爷""爷爷""青天父母"，均系典型的对家长族长称谓的推演。反之，法官怒斥被告为"贼子""逆子"，亦即训斥"刁民"。尤其是，诉讼程序对原告的苛刻态度（如果原告一定要"非常上诉"，则必须以头撞鼓、站阴沟、滚钉板、立测之类），更是家长制和家庭伦理的典型推论：国家的"好讼之徒"如家里好哭诉者一样可恶（哪怕他确有冤屈）。在家庭伦理看来，只要敢于争吵，不思谦让以息事宁人者，就违背伦理。所以包括原告、被告双方在内的争讼当事人（甚至牵涉其中的证人）均不是良善之辈，均应在争讼的仲裁程序上予以贬辱。在国家也是如此。

第四，中国古代诉讼程序中必有的"笞讯"最能反映家庭逻辑或亲属伦理精神。中国古代的审讯，动不动就"大刑伺候"。这不止是对被告，有时包括对原告、证人、仵作乃至参与缉捕的衙役，甚至还可以对被害人用刑，以逼其讲更多的情节。明人海瑞主张对原告被告都要"监之枷之，百端苦之"，以息刁讼，理由是："夫人有痛之而不知畏者乎？"① 这正是主张以笞杖之庭辱止讼。在中国民间文学作品中，法庭上几乎时时有笞杖之刑讯，包括对所有诉讼参加人"用刑"，有时甚至对公堂下的旁听（观）者用刑。② 这应当反映了中国古代公堂审判的实际情形。西人对中国传统审判制度中的此一点看得比我们更清楚，孟德斯鸠、马克思曾以此作为中国古代审判制度的最典型特征。中国的这种"笞讯"，即法官可以随时对除自己之外的任何出现于法庭上的吏民施加的挞击，正是家长式权威的体现，正是家庭或亲属伦理的体现。家长可以为惩戒"不肖子孙"而笞击一切人，包括已为祖母的妻子和已身为将相的儿子，更不要说对于为争权夺

---

① 《海瑞集·示府县状不受理》。
② 这样的例子太多。见《施公案》，宝文堂书店1990年版，43、63页；《三侠五义》，中州古籍出版社1996年版，59~60页；等等。

利而告诉到自己座前的子孙卑幼双方。"笞讯"程序不只是调查证据的程序，也是对"不守本分"的不肖子孙或刁民的惩戒方式。

第五，中华法系的审理判决依据常常不是具体的法条，而是礼教、情理，这也是家庭内家长依情理裁判是非情形的合理推论。我们看中国古代的判决书，其判决依据，不是"依××律××条"，而是"礼曰""记曰""书曰""诗曰""春秋曰"之类。那带有文学作品风格即字句考究的"诗判""词判""赋判"，当然不适宜直接引用律条原文，需要的只是与律例相应规定的吻合。也许在审判系统内部上报下达的文件公函之类常需引用法条正文及进行解说辨析，但对百姓公布的判词一般只讲经义礼教原则。这大概正是在家庭或亲属圈内的一般情形。家长治家及管教子孙，裁决争讼，当然很少会学究式地引用某条家规家法作为根据，而是会更多地依据圣贤道理、情理。以圣贤道理或情理来教训人、决讼，更有人情味，更有亲情感，因为亲属之间最大的维系是"情"而不是既定的"法"。圣贤们讲的情理，多是以亲属关系出发，以亲伦设譬，是关于亲属关系原则之理。此理对"家"好用，对"国"同样好用。更重要的是，"情理"是艺术，是因时因事因人因地而异的，法律则是"一刀切"的科学。对亲属关系或类似亲属关系，需要这种区分亲疏远近尊卑长幼此时彼事的艺术。对于被假设为一律平等的市民国民，则需要法律这样"不别亲疏，不殊贵贱，一断于法"的科学。

第六，中华法系所崇奖的判决的内容，更典型地体现了家长制和亲属伦理。这可以从三个方面去认识：一是依亲属名分服制断案，诉讼"凡宗族亲谊，必须问明是何称呼（谓），系何服制"，[①] 有时"（亲属）名分面前无是非"。"凡讼之可疑者，与其屈兄，宁屈其弟；与其屈叔伯，宁屈其侄。"[②] 海瑞的此种主张最有代表性。即使无亲属关系，也要讲究尊卑名分："事在争言貌，与其屈乡宦，宁屈小民，以存体也。""体"即礼教之秩序。某种意义上讲，乡宦对小民的关系是国家秩序中的拟制叔伯、兄长与子弟侄辈的关系。二是为满足亲情或亲属伦理的需要，法官所为判决常常远远超出法律的规定及当事人诉讼请求的范围。某些市井文学作品可能

---

① 《牧令书辑要·刑名上·审理杂案》。
② 《海瑞集·兴革条例·刑属》。

间接反映了这一事实。如"乔太守乱点鸳鸯谱"一案中,乔太守的法定职责,就是确定骗婚者、犯奸者的刑民事责任,但他竟不怎么关心这一职责,反而在公堂上为三对青年再定婚配,充当起家长来。① 他的命令成了当事人共同遵守的"父母之命"。在清人李渔的小说《夺锦楼》中,武昌府理刑在断完婚约纠纷(断定婚约不合"法""礼",应予解除)后,进而"差人传谕官媒"替二女别寻佳婚。如得其人,定要领至公堂面相一过,做得他(她们)的配供,方许完姻。② 在《彭公案》第十四回中,彭公在断完姚广智杀人一案后,进而判令姚广智的弟弟作为"义子"为死者的父亲养老送终;姚的财产亦被断归其弟作为老人的赡养费、送终费。这远远超出一桩杀人案的正常判决。③ 这都是典型的"父母官"(而不仅仅是中立的仲裁人)的所作所为。三是"各打五十大板"或"四六分问"的判决,也典型地体现着亲伦原则或家庭伦理原则。"各打五十大板"是指在判决中一般不让诉讼双方中的任何一方感到大获全胜或纯获收益,必须让双方都在诉讼中感到有损失,不过损失有大有小而已。理足的一方损失小一些,理亏的一方损失大一些,此即明人海瑞所恶的"四六分问":"与原告以六分理,亦必与被告以四分理;与原告以六分罪,亦必与被告以四分,二人曲直不甚相远,可免忿激再讼。"④ 海瑞痛恨也没有办法,中国古代社会里这种"和事老人"式的判决比比皆是。这种判决与家长断卑幼争讼道理相同:不能让争讼中任何一方感到纯然受褒受袒,否则不利于家内的"安定团结"。国家审判亦然。

与中国相反,西方法系的审判,追求"公共裁判"和"独立裁判"。裁判权独立于行政权、立法权,裁判权代表公共意志执行裁判职能。早期希腊罗马的审判机关多系公民直接选举一定的代表组成,如古希腊的"赫里埃"法院,公民轮番充任审判员,每次开庭审判员竟达6000人。还有"贝壳放逐法"的司法方式,全城邦公民以集体表决的方式决定被告的罪与罚,这是一种重大国事案的"全民共审"制。在后来的西方社会中,这种原则基本上被保留下来,如至今西方很多自治地方仍保留了民选法官的

---

① 《醒世恒言》上册,陕西人民出版社1985年版,168~170页。
② 李渔《十二楼·夺锦楼》,转引自《公案小说奇观》,河北大学出版社1992年版,427页。
③ 《彭公案》,上海古籍出版社1993年版,46页。
④ 《海瑞集·禁革积弊告示》。

制度。即使法官系行政首长任命，但因有议会监督，其独立审判权还是有保障的。

西方的此种完善制度，是市场秩序或伦理的典型反映。市场上的纠纷，当然必须由超然中立无利害关系的第三者来充当仲裁人。因为一切市民都被假定为人格平等且自由自主，因而没有任何人被假定为有公正无私德高望重足以断决纠纷的家长制权威。仲裁审判权威，只能出自市民的选择。最为典型的是，在商事仲裁中，契约争议双方可以直接选择共同信任的若干人组成仲裁庭。这种合意选择的仲裁者当然必须假定为客观中立的，它不能依附于任何机关包括市场管理机关。因为市场管理机构也会与市民发生争讼，若让审判仲裁机构依附于它或让它享有此权，则难免造成"自己做自己案件的法官"之局面，恐失公平。有些重大案件、事件，让全体市民表决来仲裁决定可能是最有权威性的解决方式。

欧洲中世纪的自治城市公社中的商会、自治法庭和行会进行的"市民司法"，最典型地反映了在西方法系中市民伦理对国家政治法律的深刻影响。在意大利，商人公会有商事纠纷管辖权，它"适用伴随商业发展而产生的（商事）规则，处理本地商人之间或本地商人与外商之间的法律纠纷问题"；后来形成了由商人自己主持的"特别商业法庭"；后来又有"商事混合法庭"，专理本地商人与外商间的纠纷。在英国，有所谓"泥足法庭"，以赶集小贩经常灰泥满鞋而得名。法官直接由赶集商人小贩担任，专门即席审理发生在市场上的民事纠纷和轻微违法行为。[①] 这些"法庭"不是依附于这些自治城市的庇主（颁发给公社自治"特许状"的封建领主），也不是由市场行政管理机构兼任，而是由市民团体自己选任或委任。对这种"誓盟城市公社"及其"自治法庭"，我们无法认定它是"市民社会"还是"国家"，因为它实际上兼有二者的特征，属二者的结合或过渡之情形。这种城市公社上接古希腊城邦之绪，下启近代资产阶级"市民社会"式法治国家先河。这种情形，在中国从未有过。

关于中华法系的总体特征，从20世纪20年代起就开始有人讨论了。讨论来讨论去，结论基本上不外那么几项，不过说法不同而已，如"皇权至上，法自君出""礼法结合，以刑弼教""民刑不分，诸法合体""家庭

---

① 由嵘主编《外国法制史》，北京大学出版社1992年版，126~129页。

法占重要地位""行政司法合一""律外有法""民本主义"等。这些归纳，我认为基本上是对的。如果让我今天再来归纳，也大不了还是这些项目。事实本来如此，至多可以用更为准确的语言表达一番。如"民刑不分，诸法合体"之说，现在很多学者认为不妥，认为用"民事法律刑法化"也许更妥，这一点我是赞成的。不过，我总是觉得，这些都不足以让我们一针见血地准确把握中华法系与西方法系，与印、伊法系的根本区别所在，不足以让我们把握中华法系的特有精神。比如"皇权至上，法自君出"，古罗马帝政时期亦然；"民刑不分，诸法合体"，欧洲中世纪尚且如此，单独的民法典、诉讼法典、商法典的出现都是中世纪晚期乃至资产阶级革命以后的事；"行政司法合一"，古罗马相当长一段时间在地方均是如此；"礼法结合"，教会法统治时代以教义取代法律之情形大致也是如此。所以，这些特征（点）都是外表的，都难以将中华法系与其他法系根本区别开来。我认为，要真正认识中华法系的特性，必须探究其内在精神。而中华法系的内在精神，我认为就是它的"亲伦精神"，就是以亲属伦理（东方内陆型农业社会的家庭伦理，以"教"为核心的伦理）为灵魂的特质。对"这一精神"的研究，是一个太大太大的题目，我这里只能先提出一个粗略的构思，权作引玉之砖。

(原文载于《南京大学法律评论》1999年春季号)

也论中华法系

王立民　（2001）

作为世界主要法系之一的中华法系，早已为一些中外学者所重视，研究论著时有问世。本文仅对中华法系中的几个相关问题，谈点自己的看法。

一

礼法结合能不能成为中华法系的一个特点，回答是肯定的。那么，为什么说这个特点能够成立呢？因为，它仅为中华法系所独有，其他法系均不具备。

中华法系中的礼是一种世俗的礼，是一种强调三纲五常的、自成体系的伦理规范。它形成于中华法系的发源地中国，而且还有一个变化和发展的过程。

礼起源于氏族社会中的习俗，先是人们尊神祭祖的一种仪式，后来逐步发展成为调整人们社会关系的风俗习俗。进入文明社会以后，礼的适用扩大了，而且还渐渐变成了调整社会秩序的行为规范。西周时推行礼治，礼成了"经国家，定社稷，序民人，利后嗣"①的根本手段，适用确定人们罪与非罪的标准。正如《礼记·曲礼》中所说的："道德仁义，非礼不成；教训正俗，非礼不备；分争辨讼，非礼不决；君臣上下，父子兄弟，非礼不定；宦学事师，非礼不亲；班朝、治军、莅官、行法，非礼威严不行；祷祠祭祀，供给鬼神，非礼不诚不庄。"虽然，礼的适用范围十分广

---

① 《左传·隐公十一年》。

泛,内容也非常丰富,但其核心却是"亲亲"和"尊尊",强调的是"孝"和"忠"。其中,"孝"是基础,"忠"是目的,两者紧密结合在一起。

经过春秋、战国和秦朝的重法轻礼,以法治代替礼治并遭到挫折以后,汉朝开始独尊儒术,重新启用礼。但是,此时的礼则是一种中国式的伦理规范,其基本精神是"三纲五常"。同时,汉统治者还开始把礼与法结合起来。此后魏晋南北朝的以礼入律,进一步深化了礼与法的结合。到隋唐时,礼法结合的过程完成了,代表作是唐律。它把礼与法结合在一起,两者相辅相成,如同《唐律疏议·名例》所言:"德礼为政教之本,刑罚为政教之用,犹昏晓阳秋相须而成者也。"唐以后各朝都沿走礼法结合的道路,直至清末的法制改革,才有根本性的改变。这种礼法结合的法律还为东亚一些国家所袭用,最终形成了中华法系的一个特点。

在世界上,其他法系都不具备中华法系的这一特点,既没有像中国那样礼法结合的过程,也没有像中国那样礼法结合的内容。这里,先从东方的楔形文字法系、印度法系、希伯来法系和伊斯兰法系等几个主要法系来看。

楔形文字法系初创于公元前20世纪,形成于公元前18世纪,影响范围主要有西亚的两河流域,代表性法典为《汉穆拉比法典》。楔形文字法系虽然也是世俗性法系,但其中却无中华法系中的礼。从它的代表性法典《汉穆拉比法典》[①]来看,其序言和结语部分都是多神与王权的结合,中间的内容部分则主要是习惯和法律的融合。

在序言部分提及的多神包括:土地之众神"安努那克"、天神"安努"、众神之父与王"恩利尔"、海河及地下水之神"埃亚"、巴比伦之庇护神"马都克"等。在结语部分提到的多神包括:女神"萨帕宁特"、女神"宁里尔"、医术女神"宁卡拉克"等。这些多神在法典中的存在是为了证明世俗国王汉穆拉比具有至高无上的统治权力和无所不能的智慧力量。"我,汉穆拉比,恩利尔所任命的牧者,繁荣和丰产富足的促成者";"我,忠于沙马什的强有力的合法之王,曾巩固西巴尔之根基";"我,众王之神,聪明睿智"。因此,如果有人要反对王权及其法制,就要受到严

[①] 《外国法制史资料选编》(上册),北京大学出版社1982年版,第17~50页。

惩，即"剥夺其贵为王者的光辉，断其王笏，诅咒其命运"；"使其祸起萧墙，消弭无术，而终趋灭亡"等。

中间的内容则主要是习惯和法律的融合，突出的是较多地使用同态复仇的规定。《汉穆拉比法典》第196条规定："倘损毁任何自由民之眼，则应毁其眼。"第197条规定："倘彼折断自由民（之子）之骨，则应折其骨，"第200条规定："倘自由民击落与之同等之自由民之齿，则应击落其齿。"可见，习惯与法律的结合是它的主要内容，而不是礼与法。

印度法系、希伯来法系和伊斯兰法系都属宗教性法系，与世俗性的中华法系本身就有明显的区别。它们的法律与宗教搅和在一起，宗教经典是法律的主要源泉，宗教经典中的律例是法律的主要内容。同时，法律又维护宗教的尊严和地位。在这些法系中，宗教与法律的结合已足够发挥其应有的社会作用，没有必要，也不可能造就像中国那样的世俗性礼，更谈不上礼与法的结合了。

据文字记载，印度法系约起源于公元前15世纪，主要经历了三个大的时期，即公元前15世纪至公元前6世纪以"经"为主的时期，公元前5世纪至公元10世纪以"法论"为主的时期，公元11世纪至公元17世纪原印度法与伊斯兰法混合的时期。它的影响地域主要在南亚地区，包括现在的印度、巴基斯坦、孟加拉国、缅甸等国家。印度法的内容与当时的吠陀教、婆罗门教、佛教、印度教、伊斯兰教等多种宗教有过联系，是多种宗教规范与法律规范的混合体。印度法中的一些重要制度都可从宗教理论中找到渊源。印度法所规定的种姓制度即是如此。它把公民划分为婆罗门、刹帝利、吠舍和首陀罗四等，其中婆罗门的地位最高，首陀罗最低。这一制度的渊源在于婆罗门教的梵天造化说，即把四个种姓的产生、存在和地位都说成是超自然力量梵天的造化结果。《摩奴法论》说："为了诸界的繁荣，他（梵天）从口、臂、腿和脚生出婆罗门、刹帝利、吠舍和首陀罗。"[1] 因为口的地位最高，所以生出的婆罗门地位也最高；脚的地位最低，因此生出的首陀罗地位便最低了。从这种意义上说，梅因关于"在印度人中间，法律中的宗教成分获得了完全的优势"[2] 的论断，不无道理。

---

[1] 蒋忠新译：《摩奴法论》，中国社会科学出版社1986年版第6页。
[2] 〔英〕梅因著，沈景一译：《古代法》，商务印书馆1964年版，第110页。

正因为如此,印度法系不会形成礼与法结合的特点。

希伯来法系发祥于公元前 13 世纪,完备于公元前 11 至公元前 6 世纪。它的影响范围先在西亚迦南地区,以后随着犹太人流落世界各地,其影响也随之到了世界各地的犹太人居住地。因为,希伯来法是宗教法,具有属人性,犹太人应遵守希伯来法。希伯来法是希伯来教规范与法律规范的结合体。希伯来教经典中的律例是重要的法律内容。在"摩西五经"① 中就有不少这样的律例。比如,"十诫"② 就是其中重要的律条,"杀人之例""赎地之例"③ 等是一些重要的例。鉴于希伯来教对法律的巨大影响,有人认为:"神意法律,是《摩西五经》中法律规范的重要特点。"④ 此话不假。因此,在希伯来法系中,世俗的因素不多,不会形成像中国那样礼与法结合的法律。

伊斯兰法系产生于公元 6 世纪,公元 10 世纪至 15 世纪是它的大发展时期。它的影响地域比较大,东起印度,西至大西洋,南起北非,北至喜马拉雅山南麓,居东方各法系之首。伊斯兰法的最重要法源是《古兰经》。它由穆罕默德在 23 年的传教过程中陆续公布,内容主要是伊斯兰教的教

---

① "摩西五经"是指旧约全书中的前 5 记,分别指"创世记""出埃及记""利未记""民数记"和"申命记"。希伯来法学家曾把这 5 记分别称为"诺亚法典""誓约法典""申命法典""圣洁法典"和"祭司法典"。它们记载了希伯来法在各个时期的内容。"诺亚法典"载录了摩西立法前希伯来人的习惯和戒条;"誓约法典"记载了摩西立法的内容;"申命法典"着重记录了犹太王国于公元前 622 年约西亚改革时的立法;"圣洁法典"和"祭司法典"是希伯来人被囚于新巴比伦时完成的,特别强调了希伯来人的宗教性。
② "十诫"包括:只能信仰希伯来教、不可为自己雕刻神像、不可妄称上帝耶和华的名称、要牢记安息日、应孝敬父母、不可杀人、不可奸淫、不可偷盗、不可作假证陷害他人、不可贪恋他人的财产等。详见《新旧约全书》,圣经公会即发 1940 年版,第 90~91 页。
③ "杀人之例"出自"出埃及记",内容是:"打人以至打死的,必须把他治死。人若不是埋伏着杀人,乃是上帝交在他手中,我就设下一个地方,他可以往那里逃跑。人若任意用诡计杀了他的邻舍,那就是逃到我的坛那里,也当捉去把他治死。"《新旧约全书》,第 91~92 页。"赎地之例"出自"利未记",内容是:"地不可永卖,因为地是我的,你们在我面前是客旅,是寄居的。在你们所得为业的全地,也要准人将地赎回。你的弟兄,若渐渐穷乏,卖了几分地业,他至近的亲属,就要来把弟兄所卖的赎回。若没有可能给他赎回的,他自己渐渐富足,能够赎回,就要算出卖地的年数,把余剩年数的价值,还那买主,自己便归回自己的地业。倘若不能为自己得回所卖的,仍要存在买主的手里,直到禧年。到了禧年,地业要出买主的手,自己便归回自己的地业。"《新旧约全书》,第 150~151 页。
④ 胡大展:《〈圣经〉中的摩西法律》,《外国法制史汇刊》第一集,武汉大学出版社 1982 年版,第 80 页。

义、故事、传说和法律等。其中的法律与教义联系在一起，教义又是立法原则。比如，伊斯兰教义禁止人们叛教，法律便做出了要惩罚叛教者的规定。《古兰经》说："你们中谁背叛正教，至死不信道，谁的善功在今世和后世完全无效。这等人，是火狱的居民，他们将永居其中。"① 同时，《古兰经》中的教义还是制定其他法律的出发点，在制定其他法律时，首先"应当知道《古兰经》文字方面的意义，和宗教方面的意义"。② 因此，我们可以认为"可兰经同是信仰和法律的源泉"。③ 以伊斯兰教为主导的伊斯兰教与法律融合的法系，也不会产生像中国那样礼与法结合的特点。

再看西方主要的英美和大陆两大法系。这两个法系都是世俗性法系，而且这两个法系的成熟、典型阶段都在资本主义时期，是西方资本主义社会的两个主要法系。它们都以平等、民主、公正为原则，因此法律内容不会以特权、专制和不公为主要特征。这与中华法系中礼与法结合的内容就有明显的差别。中华法系中的礼强调宗法性的等级与名分，维护君权、父权和夫权。这些都与特权、专制和不公联系在一起，而且礼是它们的集中体现。所以，英美和大陆两大法系不可能也不会出现像中华法系中礼与法结合的特点。

事实也是如此。英美和大陆法系中的许多规定和制度都能直接体现平等、民主、公正的精神。这里撷其两例以证之。《法国宪法》④ 就能直接体现出平等和民主的精神。它的第2条规定公民在法律面前人人平等，"共和国保证全体公民，不分出身、种族或宗教信仰，在法律面前一律平等"。它的第3条规定国民都有参加选举的民主权利，"根据法律规定的条件，凡享有公民权利和政治权利的成年的法国男女国民都有选举权"。还有，英美法系国家普遍推行的陪审团制度直接体现了司法民主、公正的精神。这一制度规定由普通公民来参与审判，并对刑事被告人是否有罪做出判定。这就使司法审判既带有民主性，又最大限度地保证了公正性。相关的规定和制度比比皆是，这里不再一一赘述。

---

① 马坚译：《古兰经》，中国社会科学出版社1981年版，第24页。
② 〔叙〕爱勒吉斯尔著，马坚译：《回教真相》，商务印书馆1951年版，第328页。
③ "可兰经"即是《古兰经》。马克思：《希腊人暴动》，《马克思恩格斯全集》第10卷，人民出版社1979年版，第141页。
④ 《宪法资料选编》（第五辑），北京大学出版社1981年版，第4~27页。

综上所述可知，除了中华法系独有礼法结合的内容外，其他法系均不具备。特点具有独有性，不具广泛性。中华法系的这一独有性无疑可以证明其这一特点的成立，而且千真万确。

二

诸法合体是不是中华法系的一个特点？笔者的回答是否定的。

特点是某一（或某一类）事物所独有的现象。特点又是相比较而存在，比较的方法是揭示特点的必要手段。没有比较，很难准确把握特点。

诸法合体是说，两种或两种以上部门法的内容同存于一部法典之中。世界上并非中华法系才有诸法合体的情况，它在世界古代社会中不为少见。

先从古代西亚的楔形文字法来看。它拥有的《乌尔纳姆法典》《苏美尔法典》《埃什嫩那国王俾拉拉马的法典》《汉穆拉比法典》《中亚述法典》《赫梯法典》等，无一不是诸法合体。每一法典均包括两个以上部门法的内容。这里以较为典型的《汉穆拉比法典》为例。此法典除有序言和结语外，还有263条条款（现存的这一法典缺其中的19条），涉及的部门法包括刑法、民法、婚姻法和诉讼法等。该法典第229条规定了刑法的内容，确认因建筑师的原因而建房不牢固并致人死亡的，此建筑师应被处以死刑。"倘建筑师为自由民建屋而工程不固，结果其所建房屋倒毁，房主因而致死，则此建筑师应处死。"该法典第36、37条规定了民法的内容，认定里都、巴衣鲁或纳贡人出卖自己田园房屋的行为无效。"里都、巴衣鲁或纳贡人之田园房屋不得出卖。""倘自由民购买里都、巴衣鲁或纳贡人之田园房屋，则应毁其泥板契约，而失其价银。田园房屋应归原主。"该法典第128条规定了婚姻法的内容，确定未订契约的婚姻不能成立。"倘自由民娶妻而未订契约，则此妇非其妻。"该法典第131条规定了诉讼法的内容，把对神的宣誓作为一种重要证据加以使用。"倘自由民之妻被其夫发誓诬陷，而她并未被破获有与其他男人同寝之事，则她应对神宣誓，并得回其家。"《汉穆拉比法典》已包括有刑法、民法、婚姻法和诉讼法等部门法的内容，不能不说是诸法合体了。

再从北亚的俄罗斯法来看。俄罗斯在历史上制定的《罗斯法典》（亦有称"罗斯真理")《一四九七年会典》《一五五〇年律书》和《一六四九年会典》等法典，也都是诸法合体。这里以《罗斯法典》①为例。这部法典是俄罗斯最早的法律汇编，产生于公元11世纪至12世纪，是俄罗斯历史上最著名的古代法典之一。它包含有刑法、民法和诉讼法等部门法的内容。此法典第21条规定了刑法的内容，要求把杀死总管的罪犯处以死刑。"如果某人盗窃母牛时，把总管杀死在畜棚、马厩或牛舍，那就如同打死条狗一样，处死凶手。"②此法典第52条规定了民法的内容，确定了借贷的合法利息额。"如果日期短的借贷，那么，按月息取利；借贷超过一年，那么利率为三分之一，而月息废除。"③此法典第30条规定了诉讼法的内容，认为如果被害人流血或有青紫伤痕的，那么在诉讼中就不需再提供证人了。"如果案人被殴打流血或者出现青紫伤痕，那么，他不再需要提供证人。"④《罗斯法典》亦包含有两种以上部门法的内容，同样是诸法合体。

最后，从欧洲的一些法典来看。古希腊、罗马时制定的《哥地那法典》和《十二铜表法》等法典也是诸法合体。这里以《十二铜表法》⑤为例。它是古罗马的一部著名法典，制定于公元前5世纪，共有12表、105条，容纳了刑法、民法、婚姻法和诉讼法等部门法的内容。此法典的第1、2表规定了许多诉讼法的内容。如第1表第1条做出了被传讯人必须到庭的规定。"若（有人）被传出庭受讯，（则被传人）必须到庭。若（被传人）不到，则（传讯人）可于证人在场时，证实（其传票），然后将他强制押送。"第3、4、5、6、7表规定了大量民法的内容。如第5表第6条做出了关于监护人的规定。"若遗嘱中未为之指定监护人，则以其父系近亲为监护人。"第8、9表规定了很多刑法的内容。如第9表第5条做出了叛国罪的规定。"如果谁煽动（罗马人民的）敌人（来侵犯罗马国家），或者谁把罗马公民出卖给敌人，就要处以死刑。"第10、11、12表则规定有婚姻法的内容。如第11表第1条做出了关于禁止平民贵族结婚的规定："禁止平民与贵族通婚。"《十二铜表法》的内容也涉及多个部门法，也是诸法

---

① 《罗斯法典》的内容取自王钺的《〈罗斯法典〉译注》，兰州大学出版社1987年版。
② 《〈罗斯法典〉译注》，第23页。
③ 《〈罗斯法典〉译注》，第84页。
④ 《〈罗斯法典〉译注》，第30页。
⑤ 《外国法制史资料选编》（上册），第144~157页。

合体。

由上可知，诸法合体在世界古代社会中并不鲜见，绝非仅为中华法系所特有，因此这不能成为中华法系的特点。那么，中华法系在法典内容构成方面有没有自己的特点呢？有。那就是最早拥有部门法法典——刑法典唐律。

现存唐律（指《唐律疏议》），颁行于永徽四年（公元653年）。它是一部专门的刑法典，其内容均围绕犯罪和刑罚问题而展开。① 同时，它又是世界上第一部部门法法典，世界上没有一部部门法法典早于唐律而颁行。先从古代东方国家的立法情况来看，在公元7世纪以前，除中国以外，无一国家公布过部门法法典。

在楔形文字法中，有不少法典，包括世界上现存最早的制定于公元前21世纪前后的《乌尔纳姆法典》，都是诸法合体。就是在这些法典中颁行较晚的《赫梯法典》，也是如此。它包括了刑法、民法、婚姻法和诉讼法的内容。②

俄罗斯法中最早的法典《罗斯法典》的制定时间晚于唐律3～4个世纪，而且内容也是诸法合体，不是专门的部门法法典。

在印度、希伯来和伊斯兰等宗教法国家里，有宗教经典、法学家的论著、单行法规等法律渊源，在7世纪以前没有制定过法典，更不用说是部门法法典了。这些渊源与法典完全不同。如伊斯兰教的经典《古兰经》，被认为"独具一种新奇美妙的文体，既不是依照韵律的，又不是以若干押韵的短节来表达一个意义的，也不是没有节奏和韵脚的散文"。③ 又如印度的《摩奴法典》（亦称《摩奴法论》）实是一种"法论"，即人们对包括法律在内的一些问题的论述。它们都与法典有天壤之别。

---

① 详见王立民《我国古代法的一个重要特点》，《法学》，1996年第2期。
② 《赫梯法典》的内容见《外国法制史资料选编》（上册），第71～97页。该法典第173条中"假如任何人破坏大臣法庭的判决，则应砍掉他的头"的规定属于刑法。该法典第77条中"假如任何人打击怀胎的牛以致堕胎，则应交付2玻鲁舍客勒银子"的规定属于民法。该法典第34条中"假如男奴为女人交付聘礼并要娶她为妻，则任何人不应出卖她"的规定属于婚姻法。该法典第44条中"假如他把这个（指由巫术而引起的火灾或疾病等）送到不论是谁的田地和家屋，则这种魔法应受国王法庭审讯"的规定属于诉讼法。可见，此法典同样是诸法合体。
③ 《古兰经》的"古兰简介（节条）"，第1页。

东亚的另一些国家，如蒙古、朝鲜、日本和越南等，都曾模仿唐律制定过本国的法律，如日本的《大宝律令》等。即使这些法典亦属刑法典，也大大晚于中国的唐律。

下面再来看看西方国家的立法情况，它们也是没有一个国家早于唐律而颁行过部门法法典。

公元前5世纪古希腊制定的《哥地那法典》和古罗马制定的《十二铜表法》都是诸法合体的综合性法典。到了公元6世纪，罗马颁布了《罗马法大全》。它在内容上比以前的《哥地那法典》和《十二铜表法》都大大前进了一步，而且突出了民法的地位，可是它仍没有摆脱诸法合体的窠臼。

日耳曼人在公元5世纪至7世纪间编纂的《尤列克法典》《里普利安法典》《勃艮第法典》和《伦巴德法典》等，均是习惯法的汇编，其结构也是民、刑法皆有，程序法与实体法合一。以后，由法兰克王国于公元9世纪初撰成的《萨利克法典》，仍保持着多种部门法混于一体的状况。①

公元9世纪以后，西方国家颁行的法典越来越多，其中出现了专门的部门法法典。法国国王路易十四曾于1607年颁布了大敕令，其内容全为刑法，可算是一部刑法典，但颁布的时间要晚于唐律近千年。可见，西方国家也没有在唐律前颁行过专门的部门法典。

据此，完全可以做出这样的结论：唐律是世界上第一部部门法法典；最早拥有部门法法典是中华法系的一大特点；中华民族能因中华法系拥有这一特点而感到自豪。

当然，中国之所以能在唐朝制定出唐律这一专门的部门法法典——刑法典，有其深刻的历史原因。

第一，有长期刑事立法经验的积累。从现存史籍的记载来看，我国早在夏、商时期就已有刑法，而且在诸法中还占据有重要地位。当时的"禹

---

① 《萨利克法典》见《外国法制史资料选编》（上册），第171~184页。此法典中关于"如果国王的奴隶或半自由人掠夺自由妇女，应处死刑"的规定属刑法。此法典中关于"如果没有获得主人的许可，擅自翻人家的田地，应罚付十五金币"的规定属民法。此法典中关于"如果没有外甥，外甥女的长子应领取（结婚）聘礼"的规定属婚姻法。此法典中关于"凡传唤别人到法庭者，应偕同证人，一同到被传唤人家，如本人不在，应传其妻子或其他家属通知本人，前赴法庭"的规定属于诉讼法。很明显这是一部诸法合体的法典。

刑""汤刑""五刑"等均与刑法有关。至西周时刑法已独占鳌头，《吕刑》中的规定基本属于刑法。到春秋、战国时期，在法家重刑轻罪思想的指导下，刑法进一步发展。以后，经过秦汉、魏晋南北朝和隋的演进，到了唐朝，我国已积累近三千年刑事立法的经验，在这一基础上，再上一个台阶，制定一部专门的刑法典，便是水到渠成、瓜熟蒂落了。

第二，有发达的刑法学为基础。春秋末期，诸侯国公布了成文法以后，法学便迅速发展起来，其中主要是刑法学。管仲"劝之以赏赐，纠之以刑罚"① 和子产宽猛相济的理论都突出了刑法的作用。战国时期，法家的力量空前强大，以刑法为主要研究对象的法学也应运大获发展。其中一些法家代表人物的法学理论，都突出了刑法的作用。商鞅的"刑用于将过"② 和韩非的"用刑德制臣"③ 等都是如此。汉朝开始了礼法结合的过程。这里的法也主要是指刑法。因此，这一过程主要表现为刑法与礼的结合。此时刑法学研究的重点之一是如何处理刑法与礼的关系。董仲舒之"任德不任刑"④ 是较具代表性的学说。魏晋南北朝时的法学特别重视对刑法自身问题的研究，以致对一些刑法的基本概念如"故""决""盗""赃"等，都做了较为科学的解释和说明。⑤ 到唐代，法学继续发展，从唐律的"疏议"中就可见它的成就。有较为发达的刑法学为指导，制定出一部刑法典，是件顺理成章的事。

第三，有唐朝社会政治、经济发展的客观要求。唐朝是我国封建社会的鼎盛时期。在这一时期，社会各领域都有了新发展，特别是在政治、经济领域。在政治领域，中央集权统治得到了进一步加强。在中央，唐太宗于执政时期已启用一些低品位的官吏参入中书、门下和尚书三省，便于自己对这些中央中枢机关的控制。在地方，唐太宗规定刺史由自己亲选，县令须由五品以上京官推举，确保地方官也在自己的一手操纵之下。要使这种专制统治得到强有力的保障，制定一部能为这种统治服务，而且内容较为系统、完整的刑法典，是十分必要的。在经济方面，唐前期实行的主要

---

① 《国语·齐语》。
② 《商君书·开塞》。
③ 《韩非子·二柄》。
④ 《春秋繁露·基义》。
⑤ 详见《晋书·刑法志》。

经济制度是均田制和租调制。根据这一制度，国家控制着全国大部分土地，土地国有是主要的土地所有权形式，为了保证国有土地不受侵犯，维护当时的经济制度，也需要运用严厉的手段，打击有损这种制度的犯罪，制定刑法正是最佳方式之一。这种政治、经济发展的客观需求，促成了刑法典的诞生。

与中国相比，世界上的其他国家在当时皆不具备产生部门法法典的客观条件。在东方，楔形文字法属于奴隶制法，社会及其法律都没有得到充分的发展，不具备制定专门部门法法典的条件。俄罗斯法产生较晚，待《罗斯法典》汇编而成，已晚于唐律几个世纪，而且还是综合性法典。印度法、希伯来法和伊斯兰法都是宗教法。当时，宗教经典在法制中的特殊地位，决定了象征世俗力量的部门法法典不可能独立于宗教的樊篱之外而存在，进而也就不会有产生部门法法典的法制条件。在西方，有的国家形成较晚，法律的制定也较晚，无法在公元7世纪前制定出部门法法典。如日耳曼国家和法律形成于公元5世纪，不可能在7世纪前就形成产生部门法法典的社会条件。有的国家的法律虽然创制较早，如古希腊、罗马，但社会情况变化太大，加上整个西欧在封建时期又有所滞后，这都阻碍了部门法法典的诞生。

可见，中华法系最早拥有部门法法典特点的形成，不是无源之水，无本之木，相反是有独特的社会条件的背景，有历史的必然因素寓于其中。

三

中华法系的生存地域应定位在哪里？有人认为是亚洲。笔者认为，这一定位不够确切。因为，亚洲是个很大的地域范畴，包括有东亚、西亚、中亚、南亚和北亚等地区。中华法系的生存地域仅为东亚一些国家，具体地说是中国、蒙古、朝鲜、日本、越南和琉球群岛等一些国家，而不及西亚、中亚、南亚和北亚地区的国家。那么，为什么中华法系无法影响到这些国家呢？原因有多种，但其中的经济、政治、思想等方面的原因比较突出。

首先，关于经济方面的原因。

除蒙古以外，中华法系国家都以农业为主要生产部门，它们的主要经济都是农耕经济。中国是中华法系的发祥地和主干地。中国就是一个以农耕经济为主的国家。从现有资料看,中国的文明发源地黄河、长江、珠江等流域和地区都是理想的农耕地区,气候湿润,土地肥沃,雨水充足,灌溉方便,十分有利于农业生产。事实也是如此,早在大禹治水时期,其已开垦大片肥沃土地用于农业生产,连号称"九州之渥地"的"兖州",也都成了良田和"桑土"。进入文明社会以后,中国的农业有了进一步的发展。从河南的二里头文化可知,中国夏朝的劳动人民已能使用一些原始的工具,平治水土,发展农业生产。商朝的农耕已达到了较高水平,农业成了当时具有决定性重要意义的生产部门,农作物包括稷、粟、麦、稻、菽等多种。以后,中国的农业仍不断发展,农耕经济始终是中国古代的主要经济。

朝鲜、日本、越南等一些国家也以农耕经济为主。朝鲜半岛多山,山地和高原约占全国面积的四分之三,剩下四分之一为平原。而且,朝鲜的平原水资源丰富,适于农业生产。到公元2~3世纪,朝鲜也有了较为发达的农业,"宜种五谷及稻;晓蚕桑,作缣布,乘驾牛马"。① 古代朝鲜同样是个以农业为主要生产部门的国家。日本由列岛组成。日本列岛气候温和湿润,沿海的小平原和山间河谷也适于农业生产。在横跨公元前后3个世纪的弥生文化时代,日本的农业进步是这个时代最重要的成就。以后,日本的农业继续发展。古代日本一直是个以农耕经济为主的国家。越南位于印度支那半岛的东部,以红河三角洲为主。那里气候宜人,土地良好,亦具有发展农业生产得天独厚的条件。公元1世纪初,由于牛耕和铁制农具的传播,越南的农业得到了大发展,并使原来的狩猎和捕鱼业退至次要地位,为此越南人民的生活也有了改善。"九真俗以射猎为主,不知牛耕,民常告籴交趾,每至困乏。(任)延乃令铸作田器,教之垦辟,田畴岁岁开广,百姓充给。"② 从此,越南也加入了农耕经济国家的行列。

蒙古是个例外。它在入侵中原地区前是个游牧经济国家,入侵中原地区并建立了元朝以后,则有了变化,因为中国的元朝也是以农耕为主的朝代。

农耕经济的先进性、管理的周密性和人际关系的复杂性决定了需有内

---

① 《三国志·魏书·东夷传》。
② 《后汉书·循吏·任延传》。

容较为系统、完整,且与农耕经济配套的法律与之相适应。比如中国的唐律,对犯罪的原则、各种具体的犯罪及其法定刑等都做了详尽的规定,无愧是一部优秀的适用于农耕经济国家的刑法典。它还为其他中华法系国家所效仿,成为中华法系的代表作。

西亚、中亚和南亚国家都曾是以游牧经济为主的国家。西亚的阿拉伯半岛草原辽阔,土壤贫瘠,气候干旱,缺少林木,主要是阿拉伯的游牧民族生活在那里。他们逐水草而居,从事游牧经济活动。公元610年前后,穆罕默德创立了伊斯兰教,后穆斯林的力量很快强大起来,但始终没有改变以游牧经济为主的状况。中亚在公元6世纪时,主要由突厥人统治。突厥也是个游牧民族,马、牛、羊是他们驯养的主要动物。公元715年阿拉伯人征服了中亚大部分地区,但这是一个游牧民族征服另一个游牧民族,其游牧经济的本质没有发生变化。印度在建国时也受到游牧经济的巨大影响。公元前20世纪中叶,雅利安人入侵印度。这是一个以畜牧业为主,驯养牛、马、羊、驴等牲畜的游牧民族。以后,虽然雅利安人也开始接受农耕经济,但游牧经济已根深蒂固。

游牧经济国家受自然的影响较大;人口密度小,而且流动性大;人们之间的关系相对简单;管理也是粗放型的,这些都与农耕经济国家不同。以这种经济为基础的法律有自己的特色,一般而言,内容比较简单,惩罚比较残酷。它们不需要也不会接受以农耕经济为主国家的法律,因为差别太大。所以,这些国家不会接受中华法系的法律,当然也就不会成为中华法系的成员了。

其次,关于政治方面的原因。

中华法系没在东亚以外的国家生存还有其政治原因。中华法系国家建立的都是世俗性的国家政权。中国自夏朝以来,历朝历代都是世俗政权,每个君主都是世俗君主,宗教力量没有控制过国家政权。其他的中华法系国家也都如此。朝鲜在公元5~6世纪已建成了世俗的政治体系,其中包括复杂的官僚体制、等级森严的爵位制度、庞大的军事组织和健全的地方行政系统等。日本在公元5世纪统一以后,中央的世俗政治制度也建立起来了。越南在公元前111年遭到中国汉朝的入侵,随之而建立的是类似汉朝的政权形式,如设置都尉,统领镇守军队;各郡之上设刺史,监察各郡的行政;郡下设县等。以后,这些国家政权都有所发展,但都没有改变世俗的性质。蒙古在占领中国以后建立的元朝，也是个世俗政权，与其前后的宋、明政权，没有根本的区别。

这些世俗的国家政权和君主不愿让宗教势力分享国家政权，因此宗教势力没能操纵国家政治。尽管有的君主也相信宗教，但仍没有改变世俗君主的性质。在中国东晋的皇帝中，就有人相信道教，晋哀帝和晋简文帝都是如此。① 然而，他们并没有把自己信奉的宗教置于国教的地位，也没有形成政教合一的政权。

相反，当宗教势力危害了国家根本利益时，世俗的国家及其君主还会毫不犹豫地打击宗教势力。这在中国并不鲜见，其中较为著名的被称为"三武一宗"，即北魏太武帝、北周武帝、唐武宗和五代后周的周世宗。他们都曾正佛教，以维护世俗地位。如唐武宗在位时，共废佛寺4万4千座、逼迫还俗僧民26万余人。又如周世宗执政时，共废佛寺3万余座，佛像佛具皆改铸为货币。

与这种世俗政权相一致，中华法系国家的法律突出维护王权而不是宗教权，唐律把对王权危害最大的三种犯罪谋反、谋叛、谋大逆列入"十恶"的前三者，予以重点打击，违犯者不仅本人要被处死，还要株连家人。② 其他中华法系国家也有类似规定。

然而，中国周边的印度法系、希伯来法系和伊斯兰法系国家，都是宗教法国家，其国家政权与宗教紧密结合在一起，宗教势力控制着国家政治，宗教领袖又往往是国家元首。希伯来国家和法律的创始人摩西，既是希伯来教的领袖，又是希伯来国的元首。伊斯兰国家和法律的创始人穆罕默德，也是身兼伊斯兰教领袖和伊斯兰国家元首两职。印度的国家元首虽由刹帝利担任，但僧侣婆罗门的地位高于刹帝利，国家的政权仍掌握在他们手中。

在这些宗教法国家里，宗教的特殊地位决定了它们的法律重点维护的是宗教势力，而不是世俗力量，而且要严惩任何有损于国教的行为。这里仅以打击叛教行为为例。希伯来法规定，违背希伯来教而信奉其他宗教

---

① 《晋书·哀帝纪》载：晋哀帝"雅好黄老，断谷，饵长生药"。《晋书·简文帝纪》载：晋简文帝"清虚寡欲，尤善玄言"。
② 详见《唐律疏议·贼盗》"谋反大逆"和"谋叛"条。

者,都要受到严惩。"敬奉他神者,应处叛逆之罪,而受死刑。"① 伊斯兰教也惩治背叛伊斯兰教行为。有这一行为者"在今世要受凌辱,在后世要受重大的刑罚"。② 印度法同样要惩办叛教行为。它把叛教行为称为"变节",而"若行变节者,将变成国王的奴隶。他们既不能被释放,也没有对他的罪过的任何补偿"。③ 中华法系的法律中没有这类内容。中华法系国家的世俗政权和法律与其周边政教合一的国家政权与法律不同,是中华法系无法在这些国家生存的一个重要的政治原因。

另外,西亚的楔形文字法国家和北亚的俄罗斯也都是世俗政权,但是中华法系国家的政治势力没能在那里植根,无法使它们接受中华法系的法律。这可以说是中华法系无法在这些国家生存的另一个重要政治原因。

最后,关于思想方面的原因。

思想原因也是一个中华法系只能生存于东亚地区的一个突出原因。中华法系国家都特别推崇、渲染世俗思想,并把它作为国家的主要思想。中国早在先秦时期就学派林立,百家争鸣,思想活跃,但都是些世俗的学派和思想。自汉朝独尊儒术以后,统治者开始把儒家思想作为国家的核心思想并贯彻在社会各个领域,表现在法律上便是礼法结合。这种儒家思想主张"中庸""仁义""德治""仁政"等,是一种世俗思想,而非宗教思想。这一思想直至近代才开始逐渐淡化。

其他的中华法系国家也是以世俗思想为其主要思想,而非宗教思想。朝鲜是个很早就接受中国儒家思想的国家。早在公元4世纪,它就在中央和地方设置各类学校,讲授传播中国的儒家思想。古代朝鲜始终把世俗思想,特别是中国的儒家思想,作为自己的国家思想。日本与朝鲜的情况有相似之处,也学习、宣传中国的儒家思想。不过,它的这一思想先从朝鲜传入。公元4世纪末,朝鲜学者开始把中国的儒家经典传到日本,日本便接受了中国的儒家思想。公元7世纪以后,日本进一步派遣大批"遣唐使",到中国学习、吸取以儒家思想为主的中国思想和文化。因此日本也是个以世俗思想为主的国家。越南在中国的汉朝入侵后,被迫接受中国的世俗思想。即使独立后,它仍然鼓励人们学习中国的儒家学说和思想。由

---

① 参见〔美〕都孟高著,黄叶松编译:《希伯来宗教史》,中华圣公会1925年版,第78页。
② 《古兰经》,第110页。
③ 崔连仲等选译:《古印度帝国时代史料选辑》,商务印书馆1989年版,第119页。

此可见古代越南也同样是个以世俗思想为主的国家。

中华法系国家的这种情况决定了其法律只能是世俗法，不会是宗教法，因为以世俗思想为指导而制定的法律，不可能是宗教法。中华法系国家的世俗法只适用于中华法系生存的地区，不会被运用到亚洲其他地区的国家，因为它们的国家思想与中华法系极其不同。

西亚和南亚的希伯来法系、印度法系以及伊斯兰法系国家都是以宗教思想为主的国家。自印度的宗教、希伯来教、伊斯兰教产生以后，宗教的力量就迅速扩大，宗教思想很快成为这些宗教国家的主要思想。不仅如此，宗教势力还控制了国家政治，建成了政教合一的政权；宗教还与法律结合在一起，形成了宗教法。与此相对，它们的世俗思想就相形见绌了。北亚的俄罗斯也曾受到东正教的很大影响。基辅大公弗拉基米尔先与拜占庭公主安娜联姻，后又于公元958年把东正教定为国教，并采取了一些相应的信教措施。比如，强令臣民跳入河中，接受集体宗教洗礼；建立大主教区，兴建教堂；等等。它是亚洲古代世俗法国家中受宗教影响最大的国家之一。

它们的国家思想与中华法系国家不同，从而影响与国家思想关系密切的法律也不同。它们的法律与宗教保持一致。如希伯来法规定，希伯来人只能信奉希伯来教，不可吃血和自死物，到了"安息年"要还回田地和财产等；伊斯兰法规定，穆斯林只能信仰"真主"安拉，不可吃猪肉，不可得"重利"等；印度法规定，四个种姓的人权利和义务都不同等。[①] 这些内容在中华法系国家的法律里都没有规定。中华法系国家的法律不适用于这些国家，它们也无法接受中华法系的法律，而加入中华法系的行列之中。

从上所述可见，由于经济、政治和思想等方面的一些原因，中华法系仅能生存于东亚地区，是东亚地区的一个法系，而不及整个亚洲。

（原文载于《华东政法学院学报》2001年第5期）

---

① 参见王立民《古代东方法研究》，学林出版社1996年版，第97~100、115页。

中华法系研究中的一个重大误区

——"诸法合体、民刑不分"说质疑

杨一凡　（2002）

近百年来，学界对于中华法系的探讨一直没有间断，发表了大量有学术价值的成果。然而，这一研究领域也出现了一些认识上的误区，其中影响最大的是把"诸法合体、民刑不分"说成是中华法系或律典的基本特征。从这一认识模式出发，不少著述以现见的几部律典为依据描绘中华法系，贬低或否定刑律之外其他法律形式的作用；从"君主专制工具"而不是全面、科学的视角阐述中华法系的基本精神，往往由此导致一系列不实之论。

鉴于法史研究中存在的一些重大缺陷多是与如何认识中华法系有关，也鉴于"诸法合体、民刑不分"是否中华法系或律典的特征这一问题仍存在争论，并直接影响着法史研究能否朝着科学的方向开拓，为此，本文就"诸法合体、民刑不分"说能否成立发表一点意见。

一　围绕"诸法合体、民刑不分"说的探讨

认为"诸法合体、民刑不分"是中华法系特征的观点由来已久。《政法论坛》2001年第3期发表的《中国古代的法律体系与法典体例》一文说："20世纪30年代以来，法律史学者在总结传统的中华法系的特点时，提出了'诸法合体、民刑不分'的观点，影响了半个世纪。"据我看到的资料，此说提出的时间恐怕还要早。1907年5月清政府民政部奏文云："中国律例，民刑不分，……历代律文户婚诸条，实近民法。"[①] 李祖荫为

[①] 《光绪朝东华录》，光绪三十三年五月辛丑。

介绍《古代法》一书所做的《小引》云：日本有的法学家把《古代法》作者梅因的"大凡半开化的国家，民法少而刑法多"的观点，奉为至理名言，"据此对我国大肆诬蔑，说中国古代只有刑法而没有民法，是一个半开化的、文化低落的国家。就在中国，也有一些资产阶级法学家像鹦鹉学舌一样，把自己的祖先辱骂一顿。事实上，古代法律大抵都是诸法合体，并没有什么民法、刑法的分别，中国古代是这样，外国古代也是这样"。① 由此又可推知，提出此说者，是外国人先于中国学者。究竟此说最早是由谁人提出，有待详考。但20世纪30年代中国学者著述中的"诸法合体、民刑不分"说，实际上是对在此之前类似看法的沿袭或概括而已。

20世纪30、40年代，中国学界曾围绕中华法系进行过热烈的探讨。著名法史学者陈顾远、丁元普、程树德等均有长篇论文。其中陈顾远先后发表了《天道观念与中国固有法系之关系》《儒家思想与中国固有法系之关系》《家族制度与中国固有法系之关系》等论文。他在《中国过去无'民法法典'之内在原因》② 一文中，分别从程序法和实体法的角度，对中华法系"民刑不分"说提出质疑。20世纪60年代末，他在《中国文化与中国法系》③ 这本专著中，对中华法系进行了较为系统的阐发，提出了不少灼识卓见，并再次对"民刑不分"说予以批驳。

然而近数十年间，上述研究成果在中国大陆法史学界未受到应有的重视，而"诸法合体、民刑不分"是中华法系基本特征的观点却被广泛沿用。从1982年出版的高等学校法学试用教材《中国法制史》④，到1998年出版的高等政法院校规划教材《中国法制史》⑤，都基于这一看法而做了理论阐发。中国人民大学出版社1981年出版的《中国法制史》是新中国成立以后较早沿用这一论断的法史著作，该书《绪论》写道："从战国时李悝著《法经》起，直到封建末世的《大清律》，历代具有代表性的法典基本上都是刑法典，同时也包含着民法、行政法、诉讼法等各方面

---

① 见亨利·梅因（Sir Henry Maine, 1822 – 1888）《古代法》书首《小引》。该书发表于1861年，中文译本由商务印书馆（北京）1959年2月出版。
② 见《陈顾远法律文集》，（台）联经出版公司，1982年，第424~429页。
③ 陈顾远：《中国文化与中国法系》，（台）三民书局，1969年。
④ 法学教材编辑部《中国法制史》编写组：《中国法制史》，群众出版社，1982年，第4页。
⑤ 怀效锋主编：《中国法制史》，中国政法大学出版社，1998年，第9页。

的内容，这种混合编纂的结构形式，就是通常所说'民刑不分'，'诸法合体'。"

在当代中国大陆学者中，较早对此说提出质疑和修正的是张晋藩先生。1988年，他在《再论中华法系的若干问题》① 一文中论述中华法系的特点时，把"民刑不分，诸法合体"与"民刑有分，诸法并用"概括为中华法系的重要特征之一，并对这一认识进行了论证："'民刑不分，诸法合体'就主要法典的编纂形式而言，是一个特点，也有它的客观根据"；"但就封建法律体系而言，它却是由刑法、民法、诉讼法、行政法、经济法等各种法律部门所构成的，是'诸法并用，民刑有分'的"。在1997年出版的《中国法律的传统与近代转型》一书中，他又进一步阐述了这一观点，指出："法典的体例与法律体系是完全不同的概念，二者不能混淆，也不容混淆，否则便会产生以此代彼、以此为彼的误解。那种从中国古代代表性的法典的体例与结构出发，断言中国古代只有刑法，没有民法，无疑是混淆了法律体系与法典体例两个不同概念所致。"②

近年来，随着有关中华法文化探讨的日趋热烈，围绕"诸法合体、民刑不分"是否中华法系特征的命题展开了新的学术争鸣，其观点也多歧义，概括起来有以下两种：

一种观点认为"诸法合体、民刑不分"是中华法系的基本特征。如《社会公共安全研究》2000年第2期刊载的《关于中华法系之刑法文化移植的探索》一文的"内容提要"中说："中华法系，从源流上考察，它是'诸法合体、以刑为主'的法文化体系。"《光明日报》网站发表的《中西传统法律文化的审视》一文③，认为中国传统法律是"'诸法合体，民刑不分'、刑律为主的法规体系"。还有多篇论文持这一观点，在此不再赘述。

另一种观点认为"诸法合体、民刑不分"只是律典的特征，而不是中华法系的特征。如《中国古代的法律体系与法典体例》④ 一文指出，把中

---

① 张晋藩：《法史鉴略》，群众出版社，1988年，第45~62页。
② 张晋藩：《中国法律的传统与近代转型》，法律出版社，1997年，第311页。
③ 刘纯：《中西传统法律文化的审视》，载《光明日报》网站 http://www.gmd.com.cn。
④ 《政法论坛》2001年第3期。

华法系的特征表述为"诸法并用、民刑有分"是正确的;但同时又说:"中国古代从战国时期李悝作《法经》到清代颁《大清律例》,保持诸法合体的法典体例长达2300多年,直到20世纪初沈家本修律,仿照大陆法系分别制定了刑律、民律、商律、民刑事诉讼法和法院编制法等部门法,才最终打破了传统的法典编纂体例"。

在这两种观点之外,还有更多的著述在论述中华法系特征时,有意或无意地回避这一提法,反映了相当一部分学者对"诸法合体、民刑不分"说持质疑态度或尚未形成本人的成熟意见。也有一些学者就如何认识中华法系的特征写了商榷性文字,如范忠信《中华法系法家化驳议——〈中华法系研究〉之商榷》①一文,就是针对能否把"法典法家化,法官儒家化,民众法律意识鬼神化"概括为中华法系特征而写的一篇专论。

我个人的意见是,要比较科学地界定中华法系的特征,至少应考虑到两点。其一,这一特征应是中华法系较之世界其他法系所独有的,可以作为中华法系标志性的显著特点独树一帜,并曾对世界的一些国家和地区发生过重要影响。其二,这一特征的表述,应全面符合中华法系的本来面貌。至于是否使用"诸法"一词并不重要,重要的是这种表述对于中华法系的法律形式、法律制度、法律思想和基本精神诸方面都是适用的,而不能把法系的部分内容的特点说成是整个法系的特征。

二 "诸法合体、民刑不分"不是中华法系的特征

对于不能把"诸法合体、民刑不分"概括为中华法系基本特征的问题,张晋藩已在几篇文章中,从宏观研究和理论阐发的角度做过论述。最近,王立民撰写的《也论中华法系》一文②,对古代西亚的楔形文字法、北亚的俄罗斯法和古希腊、罗马制定的有关法典的体例结构进行了分析,认为"诸法合体在世界古代社会中不为鲜见,绝非仅为中华法系所特有,因此这不能成为中华法系的特点"。王立民文否定"诸法合体"是中华法系的特征的观点是正确的,但可惜没有从中华法系和律典自身的内容出

---

① 《比较法研究》1998年第3期。
② 《华东政法学院学报》2001年第5期。

发做进一步剖析。史料是法史研究的基础。鉴于尚无较为系统地从剖析法律形式的角度去探索"诸法合体"是否中华法系特征的论著,本文着重从这一侧面进行考察,同时对"民刑不分"说何以不能成立做些补充论述。

(一)"诸法合体"不是中华法系的特征

我不反对从现代法学的观点去评判中国古代法律,但我们在研究法史时,应当尊重历史,实事求是地对各个历史时期的法制状况进行具体和恰如其分的分析,不能机械地用现代部门法的概念套用或衡量古代的法律。只要认真研读各类法律文献资料,就会清楚,无论是从历朝的法律形式还是从法律的内容看,都不能得出"诸法合体"是中华法系特征的结论。

中国古代存在着多种法律形式,各代的法律形式也不尽一样。从先秦至明清,就法律形式而言,秦为律、命、令、制、诏、程、式、课、法律答问、廷行事等;汉为律、令、科、品、比;晋为律、令、故事;隋唐为律、令、格、式;宋于律、令、格、式外,重视编敕,并有断例和指挥;元代重视条格和断例;明清于律之外,注重编例,并有谕旨、诰、榜文、地方法规、乡规民约等。

历朝于律典之外之所以采用了其他法律形式,是因为它们具有律典所不能代替的功能。这里仅以唐代为例。唐代的法律形式为律、令、格、式。《唐六典》卷六云:"凡律以正刑定罪,令以设范立制,格以禁违正邪,式以轨物程事。"① 《新唐书》卷五六《刑法》云:"唐之刑书有四,曰:律、令、格、式。令者,尊卑贵贱之等数,国家之制度也;格者,百官有司之所常行之事也;式者,其所常守之法也。凡邦国之政,必从事于此三者。其有所违及人之为恶而入于罪戾者,一断以律。"考之于唐代史籍可知,律、令、格、式四者之中,律是定罪科刑的大法,只有违法犯罪,方一断以律;令规定等级名分和国家各项规章制度;式是有关国家机构的办事细则和公文程式;格的渊源是皇帝因人因事之需临时颁布的"制、敕"。因制、敕内容庞杂,执行中难免前后矛盾,或失时效,故唐朝

---

① 《大唐六典》卷六《刑部》,三秦出版社1991年影印本,第139页。

定期由省部把增删后的格汇编成相对固定、普遍适用的成制，谓之"永格"。格以适用范围分为"散颁格""留司格"两种，散颁格颁行天下，留司格留在官府，不公开颁布。又据《唐六典》、新旧唐书《刑法志》载，唐一代编纂的律典有武德律、贞观律、永徽律等；令有武德令、贞观令、永徽令、开元令等；格有贞观初格 7 卷、贞观后格 18 卷、永徽留司格 18 卷、永徽散颁格 7 卷、垂拱留司格 6 卷、垂拱散颁格 3 卷、神龙散颁格 7 卷、太极格 10 卷、开元前格 10 卷、开元新格 10 卷、开元后格 10 卷等；式有武德式 14 卷、贞观式 33 卷、永徽式 14 卷、垂拱式 20 卷、神龙式 20 卷、开元式 20 卷等。"律令格式，天下通规"①，它们在唐代法律体系中是既分工又统一的关系。令是从正面规定的各种规章制度，式是为贯彻律、令而制定的细则性法规，格实际上是对律、令、式等法律进行修正补充的措施。律用以惩罚犯罪，与令、格、式协调应用，共同筑构起国家的法律制度。律典只是诸法中的一种，把它的特征概括为"诸法合体"本身就很成问题，如果再以律典为据，把"诸法合体"演绎为中华法系的特征，那就甚为不妥了。

唐代处于中国古代法律制度的成熟时期，其法律形式以及唐律的编纂体例都比较规范。在此之前，中国的法律制度经过了一个漫长的发展过程。仅就律这一法律形式而言，其名称、内容、编纂体例也经历了一个由不规范到逐步规范的过程。律作为国家制定颁布的成文法典，出现在战国时期。秦国商鞅变法时，以李悝的《法经》为蓝本，改《法经》的《盗》《贼》《囚》《捕》《杂》《具》六法为六律，并根据治国的需要增加了一些新的内容而编纂为秦律。据《睡虎地秦墓竹简》，当时秦的律名近三十种。秦统一中国后，未见有废除旧有律令的记载，这些秦律当继续沿用。汉承秦制，其《九章律》是在秦代六律的基础上，加进萧何所创的《户》《兴》《厩》三篇而成。在正律《九章律》之外，又有《傍章》《朝律》《越宫律》等，还颁行有杂律多种，内容涉及行政、经济、礼仪、司法等各个方面。从秦汉两朝法律的编纂体例看，律与其他形式的法律，既有综合编纂的，也有单行法，且单行法的数量为多。

---

① 《旧唐书》卷五〇《刑法》。

表1 秦汉主要法律形式及代表性法律举要

朝代	法律形式	法律名称举例	文献出处
秦	律	秦律除《盗》《贼》《囚》《捕》《杂》《具》六律外,尚有下述单行律： 置吏律 效律 传食律 行书律 内史杂律 属邦律 除吏律 除弟子律 游士律 田律 厩苑律 仓律 金布律 关市律 徭律 赍律 公车司马猎律 藏律 傅律 军爵律 中劳律 戍律 屯表律 尉杂律 工律 均工律 司空律等	《睡虎地秦墓竹简》
	令	焚书令 田令 有罪者相坐诛、收族令	《史记·秦始皇本纪》 《睡虎地秦墓竹简》 《史记·李斯列传》
	程	工人程	《睡虎地秦墓竹简》
	式	封诊式	同上
	课	牛羊课	同上
	法律答问	法律答问	同上
	文告	语书	同上
汉	律	1. 正律 　九章律(9篇,综合编纂类) 　傍章(18篇) 　朝律 (6篇) 　越宫律 (27篇)	《汉书·刑法志》 《晋书·刑法志》 《晋书·刑法志》 《晋书·刑法志》
	律	(吕后) 二年律令(律令名28种,综合编纂类) 2. 杂律 (单行律) 　大乐律 　尉律 　上计律 　酎金律 　钱律 　田律 　田租税律 　左官律 　挟书律	江陵张家山汉简 《周礼·春官·大胥》注 《汉书·昭帝纪》注 《周礼·春官·典路》注 《续汉书·礼仪志》注 《史记·将相名臣表》 《周礼·秋官·士师》注 《史记·将相名臣表》 《汉书·诸侯王表》 《汉书·惠帝纪》

续表

朝代	法律形式	法律名称举例	文献出处
汉	令	1. 以甲乙丙为名（综合编纂类）	
		令甲	《汉书·宣帝纪》
		令乙	《晋书·刑法志》
		令丙	《晋书·刑法志》
		2. 以地区为名（综合编纂类）	
		乐浪挈令	《说文·系部》
		北边挈令	《居延汉简释文合校》10·28
		3. 以官署为名（综合编纂类）	
		光禄挈令	《汉书·燕王刘旦传》
		大尉挈令	《敦煌汉简释文》982
		廷尉挈令	《汉书·张汤传》
		廷尉板令	《晋书·刑法志》
		大鸿胪挈令	《疏勒河流域出土汉简》496
		御史挈令	《武威旱滩坡出土汉简》8
		4. 以内容为名（多为单行法）	
		秩禄令	《汉书·文帝纪》注
		宫卫令	《汉书·张释之传》注
		品令	《汉书·百官公卿表》注
		任子令	《汉书·哀帝纪》
		予告令	《汉书·冯野王传》
		功令	《史记·儒林列传》
		受所监临令（以上为职官管理类）	《汉书·景帝纪》
		田令	《后汉书·黄香传》
		水令	《汉书·儿宽传》
		马复令	《汉书·食货志》
		金布令	《汉书·高帝纪》注
		缗钱令（以上为经济管理类）	《汉书·食货志》
		祠令	《汉书·文帝纪》注
		祀令	《汉书·郊祠志》注
		斋令（以上为礼仪类）	《汉书·祭祀志》注
		戍卒令	《史记·将相名臣表》
		公令	《汉书·何并传》
		卖爵令（以上为军事类）	《史记·平准书》
		狱令	《汉书·百官公卿表》注
		令	《汉书·刑法志》
		减狱令（以上为司法类）	《汉书·平帝纪》
		胎养令	《后汉书·章帝纪》
		养老令（以上为养老、胎养类）	《汉书·文帝纪》

续表

朝代	法律形式	法律名称举例	文献出处
汉	科	谳法科	《后汉书·郭躬传》
		首匿科	《后汉书·梁统传》
		宁告科	《后汉书·陈忠传》
		钻科	《后汉书·陈宠传》
		亡逃科	《后汉书·陈忠传》
		异子科	《晋书·刑法志》
		投书弃市科	《晋书·刑法志》
	品	仪品	《汉书·梅福传》
		守御器品	《散见简牍合辑》203简
		复作品	《居延新简》EPT56·280－281
		就品	《敦煌汉简》1262简
		赎品	《居延新简》EPT56·35－37
		烽火品约	《居延新简》EPF16·1－17
	比	决事比	《周礼·秋官·大司寇》注
		死罪决事比	《汉书·刑法志》
		辞讼比	《东观·汉记·鲍昱传》
		法比都目	《汉书·鲍昱传》
		嫁娶辞讼决	《晋书·刑法志》
		决事比例	《晋书·刑法志》
		司徒都目	《晋书·刑法志》
		廷尉决事	《新唐书·艺文志》

表中列举并非秦、汉全部法律。为节省篇幅，法律文献出处也只标出一种。

从秦汉两代的法律看，其法律形式、体例结构和内容十分纷杂。以汉代为例，律分正律、杂律，杂律多是单行法规，内容也相对单一。如《大乐律》是关于宗庙祭祀与任官仪式的法律，《田律》是关于农事、田赋管理的法律等。令是仅次于律的重要法律载体，其体例结构依内容之不同，既有综合编纂的方式，也有大量的单行法。而综合类的令，有以甲、乙、丙为名者，如《令甲》《令乙》《令丙》等；有以地区为名者，如《北边挈令》《乐浪挈令》等；有以官署为名者，如《廷尉挈令》《大尉挈令》《大鸿胪挈令》等。面对如此众多的、体例结构多样的法律，简单地用"诸法合体"概括其特征是不合适的。

中国早在夏商周时期，就出现了行政、民事、经济、军事、礼仪等方面的法律规范，秦汉以后各朝也颁行了大量的律典和刑事法律之外的各种形式的法律。然由于年代久远，明代以前的法律大多失传。检现见的明清两代法律典籍，占法律总量绝大多数的是有关行政、经济、军事、礼仪方面的法律，仅单行法就数百种，且编纂体例和内容大多并非是"诸法合体"的。这里仅把明代颁行的部分单行法列表：

表2　现见明代的行政、经济、军事等单行法举例

类别	法律名称	版本及藏馆
职制宗藩	诸司职掌	大连市旅顺口图书馆、日本东洋文库和尊经阁文库藏明万历七年保定巡抚张卤校刊《皇明制书》二十卷本；北京图书馆、清华大学图书馆、日本名古屋的蓬左文库和京都的阳明文库藏南直隶镇江府丹徒县官刊《皇明制书》十四卷嘉靖刻本；日本日比谷图书馆市村文库藏丹徒县官刊《皇明制书》十四卷明万历四十一年补刻本。
	南京工部职掌条例	北京图书馆藏清抄本
	六部条例	中山大学图书馆藏明抄本
	六部纂修条例	天津图书馆藏明抄本
	六部事例	天一阁、中山大学图书馆藏明抄本
	吏部条例	北京图书馆、日本蓬左文库和阳明文库藏南直隶镇江府丹徒县官刊《皇明制书》十四卷嘉靖刻本；日本日比谷图书馆市村文库、东京大学东洋文化研究所藏《皇明制书》丹徒县刊本明万历四十一年补刻本。
	吏部四司条例	天一阁藏明抄本
	考功验封条例	天一阁藏明抄本
	朝觐事宜	辽宁省图书馆藏明嘉靖刻本
	宪纲事类	同《诸司职掌》注 另：上海图书馆藏嘉靖三十一年曾佩刻本；南京图书馆藏明刻本。
	风宪事宜	北京图书馆藏明万历四十年刻本
	台规	北京图书馆藏明刻本
	都察院巡方总约	上海图书馆藏明末刻本
	出巡条例	重庆市图书馆藏明万历刻蓝印本
	皇明藩府政令	南京图书馆藏明刻本
	宗藩条例	北京图书馆藏明嘉靖礼部刻本
	礼部奏议宗藩事宜	天一阁藏明刻本
	洮岷文武禁约	北京图书馆明万历宝铠刻本

续表

类别	法律名称	版本及藏馆
经济	两院发刻司道酌议钱粮征解事宜	北京图书馆藏明万历四十四年刻本
	重订赋役成规	北京大学图书馆藏明万历刻本
	催征钱粮降罚事例	天一阁藏明万历五年福建布政司刻本
	盐法条例	上海图书馆藏嘉靖刻本,大连市旅顺口图书馆藏清抄本
	工部为建殿堂修都城劝民捐款章程	天一阁藏明嘉靖刻本
	工部厂库须知	北京图书馆、南京图书馆藏明万历刻本
	漕运议单	天一阁藏明抄本
	天津卫屯垦条款	北京图书馆藏明天启刻本
礼仪	洪武礼制	同《诸司职掌》注 另:北京图书馆藏《皇明制书》七卷明刻本、天一阁藏明刻本
	礼仪定式	同《洪武礼制》注 另:天一阁藏明嘉靖二十四年徽藩刻本
	稽古定制	同《洪武礼制》注
	孝慈录	同《洪武礼制》注
	节行事例	同《诸司职掌》注
军政军事	军政条例	同《吏部条例》注
	军政条例类考	北京图书馆藏明嘉靖三十一年刻本
	军政条例续集	天一阁藏明嘉靖三十一年江西臬司刻本
	军政	天一阁藏明嘉靖二十六年刻本
	军政事宜	北京图书馆藏明万历五年庞尚鹏刻本
	兵部武选司条例	天一阁藏明抄本
	军令	天一阁藏明嘉靖二十六年刻本
	营规	天一阁藏明嘉靖四十年刻本
	守城事宜	天一阁藏明刻本
	哨守条约	天一阁藏明刻本
	楚边条约	北京图书馆藏明万历四十五年吴国仕刻本
军政军事	御倭条款	上海图书馆藏明万历四十五年刻本
	御倭军事条款	北京图书馆藏明嘉靖刻蓝印本
	明代御倭军制	华东师范大学图书馆藏明刻本

续表

类别	法律名称	版本及藏馆
学校教育	国子监监规	天一阁藏明万历刻本
	学校格式	日本东洋文库、尊经阁文库藏明万历七年保定巡抚张卤校刊《皇明制书》二十卷本
民事	教民榜文	同《洪武礼制》注
其他	西都杂例	天一阁藏明抄本
	宁波府通判谕保甲条约	天一阁藏明嘉靖三十四年刻本

明王朝之所以颁行如此众多的各类单行法，其目的虽然也有"辅律"的用意，但更重要的是用这些法律进一步完善国家的法律制度。因此，不能把这些法律简单地说成是律的"补充法"，也不能用"诸法合体"概括明代的法律体系。

同秦、汉、唐、明四朝一样，中国古代其他朝代的法律，虽名称和法律形式有所差异，法律的体例结构也有综合与以类单编之分，但刑事法律与民事、行政等非刑事类法律是明显区分的。各代于综合性法律外，也都颁布了大量的单行法。清代颁行的单行法数量之多，为历朝之最。只要我们花费些精力，查阅一下史籍中有关颁行法律的记载，并搜集和查阅现见的中国古代法律文献，就会得知真相。

（二）"民刑不分"也不是中华法系的特征

半个世纪以前，陈顾远在《我国过去无"民法法典"之内在原因》一文中，曾对"民刑不分"进行了有力的反驳。他指出：中国数千年间，有刑法法典而无民法法典，"论其原因，由于绝对无民事法概念而致此乎？抑由于学者所称'民刑不分'而使然乎？此皆皮相观察，非属探本之言"。为此，他先从程序法的角度进行辩驳：

"所谓程序法上之民刑不分，即否认讼狱有其划分之论。谓小曰'讼'，婚姻田土之事属之；大曰'狱'，贼盗诖赊之事属之。非因争财争罪而别，乃由罪名大小而殊。但无论如何，两事在历代每有管辖或审级不同，各有诉讼上之相异。例如汉代，刑事审则由乡而县令而郡守而廷尉，乃四级审也。民事审则由乡而县令而郡守（或国相）而州刺史，虽亦为四级，其最后审则为州刺史，非廷尉也。又如唐代，刑事审，例由发生之县推断之，再上而州而刑部、大理寺也；民事审，例由里正等审讯之，不服者申详于县令，再不服者申详于州刺史，不及于刑部、大理寺也。且里正等以仲裁调解为主，而人民不敢告官，实际上仅兴讼于县而止。虽曰婚姻田土之事，如经有司审理，依然在刑事范围之内，得为刑讯而判罪焉。惟管辖既不尽同，审级又非一致，纵非如今日民诉刑诉之截然划分，亦不能谓无或然之区别。其在程序法上不能有民诉、刑诉之并立者，当然由于实体法上无民事、刑事划分之观念所致。此观念之所以无之者，与程序法上民刑不分无关，乃另有其内在原因，遂不能进而有民法法典或民事实体法之产生也。"

该文还从实体法的角度，反驳了"民刑不分"说：

"所谓实体法上之民刑不分，则非事实问题，乃学者之错觉问题。……若谓由于实体法之民刑不分，尤以清末变法删改清律例为现行刑律而为民事实体法之准据，北政府大理院更奉现行律为断民事案件之准绳为据，认其为无民法法典或民事实体法之原因是在。实亦不然。今日刑法法典中同有牵涉民事者在，例如由重婚罪而知偶婚制之承认也，由遗弃罪而知扶养制之存在也，由侵占罪、窃盗罪、毁损罪而知物权保护之重要性也，由诈欺背信罪、妨害农工商罪而知债的关系之必然性也。苟舍民法法典于不论，何尝非'民刑不分'？所以不然者，因另有民法法典与之并存，遂不能以刑事法典中牵涉民事关系在内，即认为民事实体法合并于刑法法典内也。中国过去固无民法法典或民事实体法，仍有另一形态之礼，其中一部分实相当于民事实体法者在，即不能因'律'或'刑统''条格'之内容牵涉民事实体法，竟谓中国过去'民刑不分'。"①

陈顾远的论证虽然还欠充分，没有运用大量的、翔实的民事法律规范

---

① 见《陈顾远法律文集》，第425~426页。又见陈顾远《中国文化与中国法系》，第52~53页。

以及民事习惯资料阐述中国古代的民事法律制度，但他关于不能把包括律典在内的中国古代法律说成是"民刑不分"的论断是有道理的。

地下出土的铜器铭文表明，至少在西周时期，就出现了调整所有权、债权、婚姻家庭关系的民事规范；在审判制度中，已明确将刑事、民事案件予以区分，提出了"争罪曰狱，争财曰讼"①的诉讼原则。各诸侯国民事案件由乡官处理，涉及要处以刑罚的案件，则提交给士或士师审理。从秦汉到明清，随着经济的发展和社会的进步，民事法律规范也在不断增加，不仅刑律之外的其他形式的法律中包含着大量的民事法律规范，而且也颁行了一些单行民事法规。例如，明代洪武三十年颁行的《教民榜文》，对老人、里甲理断民讼和管理其他乡村事务的方方面面，如里老制度的组织设置、职责、人员选任和理讼的范围、原则、程序及对违背榜文行为的惩处等，都做了详尽的规定，堪称中国历史上一部极有特色的民事和民事诉讼法规。中国古代的民事案件，大多是由乡规民约、家族法、民事习惯和儒家礼的规范来调处的，现存大量的这一方面的法律文献充分证明了这一点。据我所知，仅浙江、江苏、上海等省市一些图书馆收藏的这类文献就达数万件。

近十多年来，已有数十部研究中国古代行政法史、民事法史、经济法史、军事法史等专著问世。当代中国学者研究中国部门法史的丰硕成果充分表明，所谓中华法系"民刑不分"的观点是错误的。

三　律典"诸法合体、民刑不分"说值得商榷

认为"诸法合体、民刑不分"是律典特征的理由，通常的解释是："中国封建时代颁行的法典，基本上都是刑法典，但它包含了有关民法、诉讼法以及行政法等各个方面的法律内容，形成了民刑不分、诸法合体的结构"；"中国古代在诸法合体的结构形式中，始终以刑法为主，并以统一的刑法手段调整各种法律关系"。

我赞同中华法系是"民刑有分""历代主要律典是刑法典"的论断，但以为律典的特征是"民刑不分、诸法合体"的观点值得商榷。

第一，律典是刑法典，大量的行政、民事诸方面的法律并未包括在其

---

① 《周礼·地官·大司徒》，郑玄注《十三经注疏》，中华书局 1980 年影印本，第 708 页。

内。律典"诸法合体、民刑不分"说承认中华法系是由诸部门法构成的、民刑有分的,承认律典是刑法典,但同时又说律典是"诸法合体、民刑不分",这种说法在逻辑上是自相矛盾的。刑法典属于刑事法律的范畴,是否以刑调整法律关系是刑法同民法、行政法等诸部门法的根本区别。倘若律典是"诸法合体",包括民法、行政法等部门法的内容在内的话,怎么能把它仅归于刑事法律的范畴呢?倘若历朝代表性的律典都是"民刑不分"的话,又怎么能把中华法系的特征概括为"民刑有分"呢?显然,这一观点混淆了律典的性质,不恰当地扩大了律典所包括的法律内容的范围。

在中国古代的多种法律形式中,律典作为刑事法律只是其中的一种。历朝的民事、行政、经济、军事等法律,大多包含在令、敕、条例、条格等形式的法律中。除此之外,还有大量的单行法,内容极其丰富。从前文表1、2可知,汉代、明代的行政、经济、军事诸方面的法律数量巨大,且未包括在律典之内。其他朝代的情况也大体如此。律典之外的其他形式的法律,设置了国家社会生活各方面的行为规范,以"简当、稳定"为编纂要求的律典不可能也无法把其他形式的法律都包括进去。

第二,律典调整的是刑事而不是全部法律关系。律典"诸法合体、民刑不分"说认为中国古代始终是以统一的刑罚手段调整各种法律关系,这种论点并不符合史实。从先秦到明清,刑事与民事、行政、经济、军事等法律调整的法律关系范围是不同的。西周时期,周公制礼,吕侯制刑,礼与刑成为当时两大部门法。礼是调整行政、经济、军事、民事、诉讼各方面的综合大法,刑是定罪量刑的法律。"礼之所去,刑之所取,失礼则入刑,(刑、礼)相为表里者也。"① 自商鞅"改法为律","律"从此成了中国古代刑法的专用名称,其中律典成为秦以后各朝的主要刑事法典。礼的名称虽数千年一以贯之,但其性质却颇有变异。作为行为规范的礼,其内容涵盖了包括民法在内的诸部门法。秦汉以后,还出现了新的法律形式"令","令,教也,命也"②,是采取"应为""不应为"的方式,从正面规定了国家的基本制度和社会生活规范。魏晋以后,大量制令,"令"愈显独立,统治者新制定的包括民事、行政等规范在内的法律法规,多归于

---

① 《后汉书》卷四六《陈宠传》。
② 《大唐六典》卷六《刑部》,三秦出版社1991年影印本,第137页。

"令"。礼、令与规定如何处刑的律典不同,一般不直接规定具体的刑罚。正如《晋书》卷三十《刑法志》云:"军事、田农、酤酒,……不入律,悉以为令,违令有罪则入律。"历朝的法律形式虽然名称有所变化,但律所调整的始终是当时社会中的各类刑事关系。

在中国古代法律中,虽然没有专门的民事诉讼法典,但在诉讼中也注意把民事、刑事加以划分。《周礼·秋官·大司寇》云:"以两造禁民讼,入束矢于朝,然后听之;以两剂禁民狱,入钧金三日乃致于朝,然后听之。"郑注"讼谓以财货相告者",即为民事诉讼;"狱谓相告以罪名者",即为刑事诉讼也。民事、刑事诉讼自古有别,历朝也都注意把二者予以区分。叶孝信主编《中国民法史》① 以及其他此类著作,对中国古代民事法律规范、民事诉讼制度进行了比较系统的论证。张晋藩主编的《中国法制通史》② 在阐述历代法制时,也是把刑事、行政、经济、军事、民事、诉讼等法律制度列为专章进行研究的,该书对包括民事诉讼在内的民事法规做了比较全面的叙述。因此,不能仅以刑事法典为据,就断定中国古代是以统一的刑法手段调整各类法律关系。

民、刑有分,刑、政有别,这些立法原则古今皆同。固然,在古代律典中也有一些按照现代法学理念看来,应以民事、行政法等调整的社会关系却用刑法处理的问题。出现这种现象有其深刻的社会和思想根源,与在封闭的自然经济条件下,儒家礼教、家族观念对立法的影响有关,也与古人对违法犯罪行为的认识有关。历朝律典中那些涉及民事内容的刑罚规定,在当时的立法者看来,都是属于"出礼而入刑"的范围,与所谓的"民刑不分"无关。正如《中华人民共和国刑法》中规定了侵犯财产罪,我们不能因此说它是"诸法合体、民刑不分"。

第三,综合性的编纂形式是中国古代成文法典普遍采用的,并非为律典所独有。中国古代的成文法典,除律典外,令典等非刑事类法典的编纂也很发达。春秋以前,有法而无典。春秋以降,始有法典的编纂。据史载,晋国赵盾"始为国政,制事典、正法罪、辟狱刑、董逋逃、由质要、治旧污③、本秩礼、续常职、出滞淹。既成,以授太傅阳子与太师贾佗,

---

① 上海人民出版社,1993 年。
② 法律出版社,1999 年。
③ 原文误为"日"。——编辑校注

使行诸晋国，以为常法"。① 这部法典当时尚未公布。战国时李悝所撰《法经》，是中国最早公布的成文法典。制律典以正刑名，始于秦汉；制令典以存事制，始盛行于魏；以会典形式记载典章和法律制度，始于唐而继于明清。魏晋以后的大多数朝代都曾制定令典，"设范立制"，与律典并行。令典是以行政类法律为主，包括有经济、民事、军事、司法行政等法律规范在内的综合性法典，在国家的法律制度中占有非常重要的地位。据《唐六典》和历代《刑法志》记载，魏修律 18 篇时，曾制定《州郡令》45 篇，《尚书官令》《军中令》180 余篇。晋令为 2306 条。南北朝时期，南宋、南齐沿用晋令。梁、陈各制令 30 卷；北齐有《新令》40 卷，又有《权令》2 卷。隋朝制定有《开皇令》《大业令》各 30 卷。唐代令典修订频繁，其中《贞观令》为 30 卷，1590 余条，其他令典仅存其名称难以详考。宋代的《天圣令》《庆元令》等，明代的《大明令》，亦是令典性质。

就历朝令典的编纂体例而言，也是与律一样，采取综合编纂的方式。这里仅将晋、梁、隋、唐四种有代表性的令典与同期颁行的律典的篇名列表比较于后（见下页表 3）。

律典与令典篇目比较的结果表明，其相异之处主要是法典的性质和功能不同，律典是刑法典，有明确的刑罚规定；令典是以行政类法律为主的非刑事综合性法典，一般没有具体的刑罚规定。二者相同之处是，律典和令典调整的法律关系范围都很广泛，国家和社会生活中各个方面几乎都有所涉及。律典与令典的一些篇名也有相同或相似之处，这反映了律典从"正罪名"，令典从"应为"和"不应为"两个不同的方面调整着各类法律关系。律典与令典的关系，是分工协调、诸法并用、相辅相成的关系。那种认为封建国家以刑法统一调整各类法律关系，进而得出"诸法合体"是律典特征的观点，是对中国古代法典编纂状况缺乏全面的分析而得出的偏颇结论。

第四，律典的编纂体例为多种形式的法律和法律文献所采用，将其表述为"特征"似为不妥。现存的法律和法律文献，有些是朝廷颁行的，也有不少是大臣、执法法司或官吏、文人辑录编辑的，无论是刑事法律，还是其他形式的法律，都是既有综合性的编纂体例，也有分类编纂的。这里仅以人们所熟悉的唐至明清的一些代表性法律或法律文献的编纂情况为例（见表 4）。

---

① 《左传》文公六年。

表 3　晋梁隋唐律典、令典篇目比较

朝代	律典	令典
晋	晋律 20 篇 1. 刑名 2. 法例 3. 盗律 4. 贼律 5. 诈伪 6. 请赇 7. 告劾 8. 捕律 9. 系讯 10. 断狱 11. 杂律 12. 户律 13. 擅兴 14. 毁亡 15. 卫宫 16. 水火 17. 厩律 18. 关市 19. 违制 20. 诸侯	晋令 40 篇 2306 条 1. 户 2. 学 3. 贡士 4. 官品 5. 吏员 6. 俸廪 7. 服制 8. 祠 9. 户调 10. 佃 11. 复除 12. 关市 13. 捕亡 14. 狱官 15. 鞭杖 16. 医药疾病 17. 丧葬 18. 杂上 19. 杂中 20. 杂下 21. 门下散骑中书 22. 尚书 23. 三台秘书 24. 王公侯 25. 军吏员 26. 选吏 27. 选将 28. 选杂士 29. 宫卫 30. 赎 31. 军战 32. 军水战 33～38. 军法 39～40. 杂法
梁	梁律 20 篇 1. 刑名 2. 法例 3. 盗劫 4. 贼叛 5. 诈伪 6. 受赇 7. 告劾 8. 讨捕 9. 系讯 10. 断狱 11. 杂律 12. 户律 13. 擅兴 14. 毁亡 15. 卫宫 16. 水火 17. 仓库 18. 厩律 19. 关市 20. 违制	梁令 30 篇 1. 户 2. 学 3. 贡士赐官 4. 官品 5. 吏员 6. 服制 7. 祠 8. 户调 9. 公田公用、仪迎 10. 医药疾病 11. 复除 12. 关市 13. 劫贼、水火 14. 捕亡 15. 狱官 16. 鞭杖 17. 丧葬 18. 杂上 19. 杂中 20. 杂下 21. 宫卫 22. 门下散骑中书 23. 尚书 24. 三台秘书 25. 王公侯 26. 选吏 27. 选将 28. 选杂士 29. 军吏 30. 军赏
隋	开皇律 12 篇 1. 名例 2. 卫禁 3. 职制 4. 户婚 5. 厩库 6. 擅兴 7. 贼盗 8. 斗讼 9. 诈伪 10. 杂律 11. 捕亡 12. 断狱	开皇令 30 卷 1. 官品上 2. 官品下 3. 诸省台职员 4. 诸寺职员 5. 诸司职员 6. 东宫职员 7. 行台诸监职员 8. 诸州郡县镇戍职员 9. 命妇品 10. 祠 11. 户 12. 学 13. 选举 14. 封爵俸廪 15. 考课 16. 宫卫军防 17. 衣服 18. 卤簿上 19. 卤簿下 20. 仪制 21. 公式上 22. 公式下 23. 田 24. 赋役 25. 仓库厩牧 26. 关市 27. 假宁 28. 狱官 29. 丧葬 30. 杂
唐	贞观律 12 篇 1. 名例 2. 卫禁 3. 职制 4. 户婚 5. 厩库 6. 擅兴 7. 贼盗 8. 斗讼 9. 诈伪 10. 杂律 11. 捕亡 12. 断狱	贞观令 1546 条 1. 官品（上下）2. 三师三公台省职员 3. 寺监职员 4. 卫府职员 5. 东宫王府职员 6. 州县镇戍狱渎关津职员 7 内外命妇职员 8. 祠 9. 户 10. 选举 11. 考课 12. 宫卫 13. 军防 14. 衣服 15. 仪制 16. 卤簿（上下）17. 公式（上下）18. 田 19. 赋役 20. 仓库 21. 厩牧 22. 关市 23. 医疾 24. 狱官 25. 营缮 26. 丧葬 27. 杂令

表4 现见唐、宋、西夏、元、明、清代表性法律和法律文献编纂体例一览表

法律名称	文献内容纲目
唐律疏议	名例 卫禁 职制 户婚 厩库 擅兴 贼盗 斗讼 诈伪 杂律 捕亡 断狱
大唐六典	三师 三公 尚书都省 吏部 户部 礼部 兵部 刑部 工部 门下省等（下略）
宋刑统	同唐律
天圣令	（前20卷缺） 田令（卷二一）赋令（卷二二）仓库令（卷二三）厩牧令（卷二四）关市令（卷二五）医疾令（卷二六）狱官令（卷二七）营缮令（卷二八）丧葬令（卷二九）杂令（卷三〇）
吏部条法	差注门 奏辟门 考任门 宫观岳庙门 印纸门 荐举门 关门 改官门 磨勘门
庆元条法事类	[缺] 职制门 选举门 文书门 [缺] 榷禁门 财用门 [缺] 库务门 [缺] 赋役门 农桑门 道释门 公吏门 [缺] 刑狱门 当赎门 服制门 蛮夷门 畜产门 杂门
西夏天盛律令	卷一谋逆门等10门 卷二八议门等9门 卷三盗亲门等15门 卷四弃守大城门等7门 卷五季校门等2门 卷六官披甲马门等7门 卷七番人叛逃门等7门 卷八烧伤杀门等7门 卷九诸司判罪门等7门 卷十续转赏门等5门 卷十一矫误门等13门 卷十二无理注销诈言门等3门 卷十三许举不许举门等7门 卷十四误殴打争斗门 卷十五取闲地门等11门 卷十六农人利限门等8门 卷十七斗尺秤换卖门等7门 卷十八缴买卖税门等9门 卷十九分畜门等13门 卷二十罪则不同门等2门
通志条格	户令 学令 选举 军防 仪制 衣服 禄令 仓库 厩牧 田令 赋役 关市 捕亡 赏令 医药 假宁 杂令 僧道 营缮
元典章	诏令 圣政 朝纲 台纲 吏部 户部 礼部 兵部 刑部 工部
大明律	名例律 吏律 户律 礼律 兵律 刑律 工律
大明令	吏令 户令 礼令 兵令 刑令 工令
诸司职掌	吏部职掌 户部职掌 礼部职掌 兵部职掌 刑部职掌 工部都察院大理寺等职掌
御制大诰	共236条（篇名略）
弘治问刑条例	同《大明律》，未列篇名
嘉庆问刑条例	同上
万历问刑条例	同上
大明会典	宗人府 吏部 户部 礼部 兵部 刑部 工部 都察院等（下略）
大清律例	同《大明律》
六部则例	吏部 户部 礼部 兵部 刑部 工部 督捕衙门
大清会典	宗人府 内阁 吏部 户部 礼部 兵部 刑部 工部 理藩院等（下略）

唐、宋、元、明、清几朝关于法律和法律文献的编纂体例不外乎两种，一是以官职为纲分类，如《大明律》《大明令》《诸司职掌》《问刑条例》《大清律例》《六部则例》以及明清《会典》等。二是以事则为名分门，如《唐律疏议》《天圣令》《吏部条法》《庆元条法事类》《西夏天盛律令》《通制条格》等。采取这两种编纂形式的目的，是为了内容条理清晰，便于官吏和法司检阅。如果把律典与同一朝制定的这类法律进行比较，就可知综合性的体例结构不是律典所独有的。

首先，以律典与刑事法律比较。以《大明律》与《问刑条例》为例。《问刑条例》是明代中后期最重要刑事立法，其中弘治《问刑条例》、嘉靖《问刑条例》作为独立编纂的刑事法规，与律并行达85年之久。这两部条例的内容是补律之不足，涉及的罪名与明律也没有明显差异。《大明律》与《问刑条例》相比较，除了法律形式不同外，法律性质、结构并无不同。

其次，以律典与同一朝颁行的综合性法典、法律比较。表四中列举的《天圣令》《吏部条法》《诸司职掌》《大明令》等均属于刑典以外的其他法律，其中《天圣令》《大明令》系令典，《诸司职掌》是行政类法律。如用同一朝代颁行的律典与这些法律比较，可知它们之间的区别主要是在内容和功能上是否以刑罚调整法律关系，在体例结构上并无根本性的差异。

最后，律典与官修典籍类法律文献相比较。《大唐六典》《元典章》《大明会典》等官修典籍，虽然其内容以行政类法律为主，但也与律典一样，体例结构采取综合性编纂方式。以《大明律》与《大明会典》为例。《大明会典》所依据的材料是以洪武二十六年（1393）校修的《诸司职掌》为主，参以《大明律》《大诰》《大明令》《礼仪定式》《教民榜文》《军法定律》《宪纲》等12种法律、法规和百司之法律籍册编成，并附以历年有关事例。其中，《大明律》被全文收录，而其他法律多是摘选或概括，属于法律文献汇编性典，把其称为行政法典似欠妥当。以《大明律》与《大明会典》相比较，前者属于刑法，而后者则是律、令、诰、式、榜文等多种法律的文献汇编，采用的是综合性的编纂体例。

总之，用"诸法合体"表述律典的特征，对中国古代律和律典编纂的极其复杂的状况，不能做出清晰和科学的解释。

中国在战国至隋唐以前，律的体例结构和内容甚为纷杂。如秦代于正律之外又有许多职官、经济、军事方面的单行律，汉代于正律《九章律》

之外，《傍章》的内容是"礼仪与律令同录"①，《越宫律》是有关警卫宫禁的法律规定，《朝律》是诸侯百官朝会制度的法律规定。另外，历史上也有一些朝代并未颁律或其法典不采用律名。如南朝宋、齐两代未曾定律，宋代沿袭唐法，然《宋刑统》书名、体例却仿效后周《显德刑统》，不用律名，内容又多附敕令格式。元代重视条格，其法典、法律也未使用律名。纵观两千余年律和律典名称、编纂体例、内容之变化，并不能简单地以"诸法合体"表述其演进过程和特点。倘若用"诸法合体"表述律典的特征，那么对于未制定律典的朝代或没有采取律名的法典，又如何进行解释。我认为，既然律典的体例结构较之其他形式的法律并无特别之处，尤其是律典的内容并没有包括行政、民事等部门法在内，为了在表述其特征时更加全面和准确，防止产生不必要的误解，应当彻底摒弃"诸法合体"这一提法。

四　重新认识中华法系

"诸法合体、民刑不分"说实际上把律典之外大量的各种形式的法律排除在中华法系之外，其消极后果是不言而喻的。它影响了对部门法史的开拓研究，又导致中华法系研究的一系列重大偏颇。因此，我们应以实事求是的科学态度，重新、全面审视和科学地阐述中华法系，大到法系的起源、发展阶段和断限，法的性质和功能，法系的特征和基本精神，小到对某一具体问题的认识，逐一进行探讨。这里在前文驳论的基础上，仅就与中华法系特征相关的两个问题做些简要的论述。

（一）中华法系的特征和基本精神

对于中华法系的特征和基本精神，具有代表性的意见有这样几种：

日本学者浅井虎夫认为中华法系有三个特点：（1）私法规定少而公法规定多；（2）法典所规定者，非必现行法也；（3）中国法多含道德的分子也②。

---

① 参见《晋书》卷三〇《刑法》、《汉书》卷二二《礼乐志》。又参见程树德《九朝律考》，中华书局，1963年，第16页。
② 浅井虎夫：《中国法典编纂沿革史》，陈重民译，内务部编译处，1915年。

陈顾远[①]把中华法系特点归纳为八个方面：(1) 礼教中心；(2) 义务本位；(3) 家族观点；(4) 保育设施；(5) 崇尚仁恕；(6) 减轻讼累；(7) 灵活其法；(8) 审断有责。

近年来的一些著述关于中华法系的主要特征，可以归纳为以下内容：(1) 以儒家学说为基本的指导思想和理论基础，但也融合了道、释的某种教义；(2) "出礼入刑"，礼刑结合；(3) 家族本位的伦理法占有重要地位；(4) 立法与司法始终集权于中央，司法与行政的合一；(5) "民刑不分，诸法合体"与"民刑有分，诸法并用"；(6) 融合了以汉民族为主体的各民族的法律意识和法律原则。

对中华法系特征的论述，可谓各色各样，但法律伦理化、礼法结合、家族本位这几点是多数学者的共识。我认为，对中华法系特征的表述，要注意它与世界其他法系相比较所具有的特色，更要注意它是否反映中华法系的基本精神。

中华法系为世界五大法系之一，是代表中华文明的灿烂瑰宝，在世界法制文明史上占有重要地位。中华法系的精华对于当代法制建设仍具有借鉴意义。有的专著和论文力图从积极的方面挖掘和阐述中华法系的精神，但由于讲消极一面生动具体，讲积极一面空洞无物，内容阐述的大多还是君主专制、法自君出、维护皇权、重刑轻民、司法行政合一、法有等差、重农抑商、取义舍利、以政率法等，给人留下中华法系从整体上说是"糟粕大于精华"的印象。中华法系果真没有积极意义的内容吗？不是。这只是由于作者仅注重从刑典法律条文的表象去研究，对中华法系的深邃内涵和孕育其形成的文化基础缺乏了解。

博大精深的中华文化是中华法系形成的思想文化基础，离开对中华文化的全面研究，就无法揭示中华法系的基本精神。陈顾远在研究法系文化以及阐述中华法系的基本精神方面，做出了重要贡献。他在《中国固有法系之简要造像》[②]一文中，将中华法系的特质简述为六点：一是中国固有法系之神采为人文主义，并具有自然法像之意念；二是中国固有法系之资质为义务本位，并具有社会本位之色彩；三是中国固有法系之容貌为礼教

---

① 陈顾远：《中国法制史概要》，(台) 三民书局，1977年。
② 《中国文化与中国法系》，第138～151页。

中心，并具有仁道恕道之光芒；四是中国固有法系之筋脉为家庭观念，并具有尊卑歧视之情景；五是中国固有法系之胸襟为弭讼至上，并具有扶弱抑强之设想；六是中国固有法系之心愿为审断负责，并具有灵活运用之倾向。他又在《从中国法制史上看中国文化的四大精神》①一文中将其缩约为四："天下为公的人文主义""互负义务的伦理基础""亲亲仁民的家庭观念""扶弱抑强的民本思想"，指出中华法系"因民本思想而无民权制度之产生"，"因家族制度而无个人地位之尊重"。陈顾远关于中华法系的本质及其基本精神的论述，也可能有需要探讨之处，但他提出的见解无疑较之那些贬低中华法系的论述，要全面和中肯得多，值得我们认真思考。他把中华法系与中华文化结合起来研究，为开拓中华法系的积极精神所做的努力应该予以肯定。

（二）正确评估律典以外其他形式法律的作用

"诸法合体、民刑不分"说把律典作为描绘中华法系的主要依据，因而在评估律典与其他法律形式的关系上，往往把二者对立起来，不加分析地否定或贬低其他形式法律的作用。这种情况在许多著述中屡见不鲜，尤其是对宋代的编敕、明清例的作用的评价方面，表现得尤为突出。

传统的观点忽视和否定宋代编敕的作用主要表现在两个方面，一是无视附于《宋刑统》中的敕令格式的作用，认为"《宋刑统》照抄唐律"，"是唐律的翻版"；二是未对宋代编敕的历史背景、内容、沿革变化及《宋刑统》与编敕的关系做深入的研究，便断言宋代"因敕代律"，造成"律遂存于敕之外，无所用矣"！②

对于前一种观点，薛梅卿在《宋刑统·点校说明》中曾力陈见解予以反驳，指出："《宋刑统》的刑事法律制度、户婚民事律条、诉讼法律规定都对《唐律疏议》有所变改、更新或完善。名例、户婚、贼盗、断狱等篇增入不少新条款，合全书所附敕令格式、起请及议等，多达230余条，近于全书条文的二分之一，……尤其是新增户婚民事律条令敕，对于行为能力、所有权、继承、债负的确认、调节或保障已非《唐律》所及，而女子

---

① 《中国文化与中国法系》，第120~137页。
② 如陈顾远便持这一观点，见《中国法制史概要》第77页。陈顾远还认为：《宋刑统》"实亦全部为唐律也"。见陈顾远《中国法制史》，中国书店，1988年，第39页。

继承、户绝资产、死商钱物、典卖倚当、负债出举、不当得利的详尽规定，更可谓对《唐律》的重大发展。"可见所谓"《宋刑统》照抄唐律"的观点，主要是因忽视了附于《宋刑统》中的敕令格式而造成的。

认为宋代编敕是"以敕破律""以敕代律"，"《刑统》的实际法律地位已是名存实亡"的观点，也不符合史实。

修纂编敕，是宋代三百多年历史中最主要的立法活动。据《宋史·艺文志》不完全记载，宋代的各种编敕就有80余部，北宋前中期的编敕与北宋后期、南宋的编敕的内容，也有很大的不同。如宋太祖时的《建隆编敕》，太宗时的《太平兴国编敕》《淳化编敕》，真宗时的《咸平编敕》《大中祥符编敕》，仁宗时的《天圣编敕》《庆历编敕》《嘉祐编敕》，神宗年间的《熙宁编敕》，均是把不同种类的法律规范混合编纂，其中行政、经济、民事、军事等法律规范占很大的比重。自宋神宗元丰七年后至南宋末年，编敕则采取敕令格式分类编纂，其中的敕是刑事法律。故研究宋代的编敕时，首先应弄清各种编敕的内容，不可把敕一律说成是刑事法律，进而得出"以敕代律"的结论。

对于《宋刑统》与编敕的关系以及宋代是否存在"以敕代律"问题，戴建国在《宋代编敕初探》《〈宋刑统〉制定后的变化》两文中进行了扎实的考证，认为宋代"敕与律都是在行的法律形式，两者并行不悖，敕从未取代过律，仅在法律效力上，敕享有优于律首先适用的权力"；并指出："敕优于律而首先适用的司法原则，自《宋刑统》颁布实施起，就成为宋代的定制"。[1] 据《宋刑统》卷三十《断狱律·断罪引律令格式》："今后凡有刑狱，宜据所犯罪名，须具引律、令、格、式，逐色有无正文，然后检详后敕，须是名目条件同，即以后敕定罪。后敕内无正条，即以格文定罪。格内又无正条，即以律文定罪。"考之宋代诸法律文献，可知戴建国的观点是言之有据的。

宋代在长期保留北宋初年制定的《宋刑统》的情况下，为了适时调节新的社会矛盾，采取具有因时制宜、灵活变通特点的编敕方式，对常法和成制进行修正和补充。其编敕的宗旨是：以敕补律之未备，以敕补律之未详，以敕纠律之偏颇，以敕变律之僵化。所以，虽然宋代存在编敕过于庞

---

[1] 见戴建国《宋代法制初探》，黑龙江人民出版社，2000年，第40页。

杂的弊端，在司法实践中也出现过各种不能正确处理敕、律关系的问题，但编敕的主导作用是不断完善当时的法律制度。

传统观点对于律外法律形式所做的不公正评价，就发表的著述的数量而言，莫过于对明清两代例的作用的贬低或否定。现在的不少法史著述和教材，或是照搬前人著述中的不确之论，或者引用《明史·刑法志》中"由于人不知律，妄意律举大纲，不足以尽情伪之变，于是因律起例，因例生例，例愈纷而弊愈无穷"[①] 这句话，便断定明代是"以例破律，以例坏律"。然这句话中的"人不知律"，指的是司法实践中少数人的问题，并非是指整个朝廷的立法而言。何况《明史·刑法志》也有"其法外遗奸，列圣因时推广之而有例，例以辅律，非以破律也"的记述，不可断章取义。我曾对37种明代条例和法律文献进行过校勘或审阅过点校的书稿[②]，并未发现例与律文有多少明显相冲突之处。明代的例的内容相当广泛，除刑例外，多数是行政、经济、民事、军事诸方面的法律规范，其内容多为律典不备或不详，且无具体刑罚规定，一般不存在"以例破律"的问题。持"例以破律"观点的学者，基本上都是把明代的例局限于刑例，这一认识上的偏差，难以得出正确的结论。那么，就与律典关系密切的刑事条例而言，是否"以例破律"呢？对此，我在《明代〈问刑条例〉的修订》[③]一文中曾进行过考证，结论是："经过精心修订、整齐划一的明代三大《问刑条例》，其主导方面是以例补律，以例辅律。"赵姗黎在《〈问刑条例〉与〈大明律〉比较分析》一文中，对明律和明代三部《问刑条例》的条款逐一进行了比较，其结论同拙文的观点一致。如弘治《问刑条例》的279条例文中，有114条属新增条款，131条属补充条款，18条属修正条款，只有4条是与律文相冲突的条款。另外还有4条与律文完全一致，大概是为了强调而重复[④]。至于万历《问刑条例》则附于律后，其立法精

---

① 《明史》卷九三《刑法》。
② 见刘海年、杨一凡主编《中国珍稀法律典籍集成》乙编第1~6册，科学出版社，1994年。又见杨一凡、田涛主编《中国珍稀法律典籍续编》第3、4册，2002年由黑龙江人民出版社出版。
③ 见杨一凡主编《中国法律史国际学术讨论会论文集》，陕西人民出版社，1990年，第341~358页。
④ 赵姗黎：《〈问刑条例〉与〈大明律〉比较分析》，载《法律史论集》第2卷，法律出版社，1999年，第644页。

神也完全符合律义。可见,就立法而言,明代刑例作用的基本方面是补律、辅律而不是破律、代律。

对于清代例评价也存在类似的偏颇,即认为清例是"以例破律""以例代律"。事实上,清代的例的内容涉及国家社会生活的各个方面,包括各种性质的法律规范和行政规章,其法律名称有"条例""事例""则例""条规"等多种,以刑例为依据评估律例关系,是以偏代全。清代刑例与律关系的主导方面也是以例补律、辅律。以代表性的刑事法典《大清律例》为例,与律文"'绝对排斥'的条例,在《大清律例》全部近2000条条例中所占的比重微乎其微,至多不过百分之二三,远不能代表律例关系的主流"。①

明清两代的制例在当时的立法和司法实践中发挥了积极的作用,这与当时统治集团已形成比较成熟的律例关系理论有极大关系。律例关系理论是明清两代最重要的立法和司法的指导思想,也是律典与条例相互关系的基本理论。明代永乐初至弘治年间,曾围绕律例关系问题进行了长达近百年的争论,最后形成一套有时代特色的律例关系理论。它的基本观点是:既重律,又重例,律例并行;律与刑例的关系是:"盖立例以辅律,贵依律以定例"②。所谓"贵依律以定例",就是在编纂条例时,要以"辅律"为出发点,以明律为立法基础,按照律的基本精神和立法原则去进行。清王朝继承和发展了明代的律例关系理论,并把其作为立法和司法的指导思想。清代制例的基本要求是,例当"与律义相合",例以补"律所不备"。清末薛允升把清代律例的关系概括为:"凡律所不备,必藉有例,以权其小大轻重之衡。使之纤悉比附,归于至当。"③由于明清两朝基本上坚持按照这一立法原则制例,进一步完善了当时的法律制度。

在明清两代的法律体系中,律、例是最基本的法律形式。律为"常经",长期稳定不变。适时制例、编例以补律之不足,是国家基本的和经常性的立法活动;通过制例对少数过时的律文进行修正,也是国家完善法制的重要措施。在司法实践中,律、例并行,例在国家法制中发挥着极其重要的作用。评价例的作用和功过是非,不能以是否"以例破律""以例

---

① 苏亦工:《明清律典与条例》,中国政法大学出版社,2000年,第242页。
② 舒化:《重修问刑条例题稿》。
③ 薛允升:《读例存疑》总论。

代律"为尺度,而应当以它在司法实践中发挥的是积极还是消极的作用为标准。由于明清两代的编例内容浩瀚,对例的作用的评价,应当区别不同情况具体分析,不可把经过朝廷精心修订的各种条例、则例、事例、条规等,同某一时期某位君主随心所欲颁行的事例一概而论,也不可因为在司法实践中存在着奸吏曲法、蓄意以例破律的问题,就断定明清两代是以例坏法,进而全盘否定例的作用。明清两代虽然也出现过"因事起例""驯致条例浩瀚""得失混杂"的弊端,但一般说来,在司法实践中造成不良后果的,多是那些君主个人随心所欲、临时颁行的事例,或是不法官吏曲法、坏法造成的,且在法律实施中是局部发生的问题。

重新研究和正确认识中华法系,是关系到法史研究走向的重大命题。为此,我们应当坚持实事求是的治学基本原则,认真总结近百年来中华法系研究中的经验教训。只有这样,我们才能使中国的法律史学真正成为科学。

(原文载于《中国社会科学》2002年第6期)

中华法系学述论

俞荣根　龙大轩　（2006）

一　法系、中华法系和中华法系学

中华法系，在一定程度上，涵盖了整个古代中国法律的制度、思想和文化。自20世纪初以来，学界对中华法系的研究历久弥新、从者如云，仁智之见迭出，大家手笔偶现。有这样千多年的史实，加上百多年的研究，称它已成为一门学问，冠之以"学"，恐不为过。

"法系"的概念由日本法学家穗积陈重博士率先提出，借助了西方生物分类学和人类学的术语，其英文为 Genealogy of Law 和 Family of Law。Genealogy 和 Family 都有家谱、世系、系谱、血缘、家系等含义，故我国最早将其汉译为"法族"。顾名思义，一个法系就是在时间上向后传宗接代、空间上向周边蔓延繁衍的法律家族，在这一范围内，不同时间、不同国别的法律制度有着相同的"基因"（Genealogy—Gene）。[①] 中国古代法律体系在时间上一以贯之，上下承继数千年；在空间上影响了周边的日本、朝鲜、越南等国的法律建置，形成一个具备鲜明特征的东亚法文化圈，故在19世纪末被国外学界誉为"中国法族"或"中华法系"。此后，不论国内外学者对世界法系做何分类，都不能把中华法系摈列在门墙之外。[②]

---

① Genealogy 即系谱学，由古希腊学者提出，用以研究物种繁衍传承。1909年丹麦遗传学家正式提出"Gene"即基因的概念，认为基因是执行遗传功能的基本单位。

② 关于法系的划分，有三分法、五分法、七分法，美国学者竟将世界法律分出16个法系。法国比较法学者勒内·达维德在其《当代主要法律体系》中将当代世界法系分为"罗马—德意志法系""英国法系""社会主义法系"三大法系。参见〔法〕勒内·达维德：《当代主要法律体系》，上海译文出版社1984年版。

中华法系学是对中国传统法律制度的基本精神和基本特点进行研究的一门学科。其研究对象主要包括：中华法系的形成及其成因和影响，中华法系的内涵，中华法系的特征，中华法系是否消亡，中华法系是否能够复兴，中华法系与现实法制建设、法文化建设的关系。

20世纪初以前，并无"中华法系"之"名"。但自唐以降，人们对中华法系之"实"的研究，史不绝缕。理论研究使这个"实"——传统的法规范、法制度、法思想、法文化体系——得到良好的维护与传承；实践中的运行、演进又促进了理论研究的发展。诚然，这些研究，是依附于经学，并通过律学、刑幕学等来展开的，使用的也是传统的考据、义理之法，我们不妨称之为"前中华法系学"阶段。这样，所谓"中华法系学"，当包括"前中华法系学"和"中华法系学"这两个阶段：前者即指由唐及清的相关研究，是一种实务研究，既服务于当时的法制实践，又为后者的产生做了大量的理论准备；后者则指20世纪初以来，运用近现代科学研究方法对中华法系所做的理论研究，对前者有着一定的学术继承性。因清末法制改革使传统法律在内在特质和外在样式上都发生了大的变化，故这一时期的"中华法系学"也只能局限在学术层面上，与法律实务是有距离的。

中华法系学作为一门专门学科，在20世纪初即清末民初时期渐成自己的规模，有其内在的原因，概括起来，主要有两方面：一是中国传统法律体系在清末全面解体，学术思想不再受现实政治法律之囿，可以跳出固有的制度框架做大胆的思考，直探传统法律制度的精神内核，指点其优劣得失；二是"法系"这一分析术语，已由东洋肇始、西洋发扬，传入中土，成为研究传统法律制度最具概括性的工具手段。两相结合，遂有中华法系学的诞生。

从时间上考察，中华法系学发轫于20世纪初期，兴盛于20年代至40年代，曲折于50年代至70年代，复盛于80年代以来。下面择要做一简析。

二　中华法系学的发轫

"法系"一说，最早由日本学者穗积陈重博士提出。1884年（日本明治十七年，清光绪十年），穗积陈重先生在日本《法学协会杂志》第一卷第五号发表《论法律五大族之说》的论文，将世界法系分为"印度法族、中国法族、回回法族、英国法族、罗马法族"这五大法系。此端一开，世界各国学者纷纷效仿。德国学者柯勒尔（Josef Kohler）和温格尔（Leopold Wenger）两人于 1914 年刊行《综合法制史》，将世界法系分为原始民族法、东洋民族法、希腊民族法三种。美国学者韦格穆尔（John Henry Wigmore）于 1923 年发表《世界诸法系之发生、消灭及传播》一文，将世界法系分为 16 种。①

中国学者译"法族"为"法系"，且援"法系"以为研究手段，实际早于欧美学者。

1904 年，梁启超使用"法系"一词，对中国传统法律进行分析研究。据现有所掌握的资料，梁氏所论，在时间上似为国内最早。梁启超先生在他的多部论著中使用了"法系"的概念。

在《中国法理学发达史论》（1904 年刊行）一文，他谈到了世界各法系，还论析了法系与法理的关系。"近世法学者称世界四法系，而吾国与居一焉。其余诸法系，或发生蚤于我，而久已中绝；或今方盛行，而导源甚近。然则我之法系，其最足以自豪于世界也。夫深山大泽，龙蛇生焉。我以数万万神圣之国民，建数千年绵延之帝国，其能有独立伟大之法系，宜也。然人有恒言，学说者事实之母也。既有法系，则必有法理以为之原。"又说："逮于今日，万国比邻，物竞逾剧，非于内部有整齐严肃之治，万不能壹其力以对外。法治主义，为今日救时惟一之主义……自今以往，实我国法系一大革新之时代也。"②

在《论中国成文法编制之沿革得失》（1904 年刊行）一文中，他谈到中华法系的制度源流。"虽然，法律之实质，既已历二千余年，无所进步。即其形体，亦沿汉晋隋唐之旧，卷帙条目虽加增，而组织之方法，卒未一变。驯至今日，而固有之法系，殆成博物院中之装饰品，其去社会之用日远，势不得不采他人之法系以济其穷。"又云："我国之法系，其中一部分，殆可谓继受苗族之法系而来。"再论其法源认为，"我国数千年自成一固有独立之法系"，亦有外国法为其渊源："最初之刑法，传自苗族。苗族与我，本为异国。然则充类言之，虽谓我为继受九黎法系，亦未始不可。

---

① 参见杨鸿烈：《中国法律对东亚诸国之影响》，中国政法大学出版社 1999 年版，第 2~4 页。
② 范忠信编：《梁启超法学文集》，中国政法大学出版社 2000 年版，第 69~71 页。

及李悝著法经，其时诸国并立，悝以魏人而兼采六国法，是外国法可以为立法渊源之一原则，在成文法鼻祖之李悝，已承认之。及至元魏定麟趾格，间羼入东胡旧制。隋承周旧，唐律因之，其间是否全无魏法之分子，盖难言矣。然则谓外国法为我法律一种之渊源，亦不为过。"①

在《新中国建设问题》（1911 年刊行）一文中，他也语涉"法系"。"吾既屡言，冀得强有力之政府，然若采用美洲法系，则强有力之政府，适以为继续革命之媒介已矣。"②

综合梁先生的种种论述，可以梳理出如下几个大印象：

1. 明确中华法系这一概念。各文之中反复提到"我之法系""独立伟大之法系""我国法系""我国之法系""独立固有之法系"等名称，已从不同角度指向中华法系这一概念。与前中华法系学"只缘身在此山中"式的研究不同，现已有了确定的分析手段来进行研究。

2. 以法系之名研究中国传统法律制度，借鉴于日本学者。梁先生从 1904 年到 1911 年的文章都在使用此概念。细究其人其文，可以察知，梁之引用"法系"之概念，当是直接来源于穗积陈重博士，而不是因西方盛行"法系"之说而转引之。1898 年，梁因戊戌政变失败而避居日本，自有接触日本学术前沿成果的机会。其文章之中，直接引用穗积陈重原文的地方数见其端，更可为证。③

3. 中华法系的时限，是指从黄帝部落联盟以来直至清末的法律传统，前后绵延数千年，自成一体，独立而不改，传承而不殆。

4. 中华法系不单是华夏民族的智慧结晶，也融入了历代少数民族的法文化成果。文中所称"九黎法系""六国之法""东胡旧制"，被认为是构成中华法系的外国法渊源，以今日学术视之，称其为少数民族的法文化成果，或许更为确当。

在这一阶段，国外学界的研究，也涉及中华法系的问题。典型的如日

---

① 《梁启超法学文集》，中国政法大学出版社 2000 年版，第 123、124、170 页。
② 《梁启超法学文集》，中国政法大学出版社 2000 年版，第 332 页。
③ 在《中国法理学发达史论》中，引穗积陈重的《礼与法》一文，该文载于日本《法学协会杂志》第 24 卷第 1 号；在《论成文法编制之沿革得失》中，又有 3 处引其《法典论》，皆誊录大段原文。分别见《梁启超法学文集》，中国政法大学出版社 2000 年版，第 121、122~123、179~180 页。

本学者浅井虎夫于 1915 年在《中国法典编纂沿革史》[①]一书中指出，中华法系有三个特点：

首先，私法规定少而公法规定多。上下四千年，法典数百种，无异皆公法典之属，而私法典乃无一焉。

其次，法典所规定者，非必行法也。盖中国法典率以理想之法典为目的，苟认为良法虽非现制，亦必采入法典之中。李东阳《进正德会典表》说："令之善者，虽寝亦书"，即是明证。又举《唐六典》关于应科死刑之罪及其执行方法，皆有详细规定，但在当时并未实际实行。

最后，中国法多含道德的分子。"中国古法受儒教之影响多含道德的分子，以故道德法律，往往互相混同。"

三　中华法系学走向兴盛

20 世纪 20 年代至 40 年代，西方学者已频繁使用"法系"的概念对世界上各种不同的法律制度群体进行概括、分类和比较研究。在西方的法学著述中，中华法系始终作为东方法律制度的典型代表出现；不论其做何种分类，都不能不为中华法系留下一席之地。这样的世界学术动态，引发了国内学人研究中华法系的极大兴趣，从南京国民政府司法院院长居正，到法史学者程树德、丁元普、陈顾远、薛祀光、马存坤等人，都纷纷撰文讨论中华法系的问题。当时的学术旨趣主要在于通过弘扬传统法文化的优点与长处，以增强民族自信心，因而"复兴中华法系"的提法，便成了这一时期的主流。

据不完全统计，此一时期专门论述中华法系的论文有近 20 篇，同期出版的法律史著作中也都有所涉及。这些论著虽然表述各异，但对中华法系的一些主要问题却形成了基本一致的看法。表现如下：

1. 关于时限。普遍认为中华法系在时间上囊括了自唐虞时代直至当时几千年的中国传统法律制度。

2. 关于特征。普遍认为中华法系是法律与道德和合的法文化体系，其中儒家的伦理思想、家族观念始终占据重要地位。亦有认为中华法系以

[①] 〔日〕浅井虎夫：《中国法典编纂沿革史》，陈重民译，内务部编译处 1915 年版。

"重刑"为特征,所有的法律关系均以刑罚调节之。

3. 关于未来走向。普遍认为中华法系经清代末季开始变法复兴之后,即与现时法律制度融为一体,现时代的"三民主义"与中国法系固有精神实属一致,因此现时代法律制度的发展即是中华法系的新生和未来。

这一时期研究中华法系的主要论文和著作有:

马存坤:《建树新中华法系》(论文)。该文于 1930 年发表于《法律评论》第 7 卷第 39 期。认为中华法系之特色是,"向重公法,忽私法,尚道德,崇礼教,而轻权利;海禁未开,闭门墨守;编纂法典,多守固范;然自然法论,民主色彩,随处可见。诉讼法理,陪审制度,发达均早,此其特色"。呼吁建树三民主义的新中华法系。

陈顾远:《儒家法学与中国固有法系之关系》(论文)。刊于 1936 年《中华法学杂志》新编第 1 卷第 3 号。认为中国法系独树一帜的地方,主要赖于儒家思想的支撑。儒家在法学方面的思想可以简括为"礼刑合一"一句话,所以"中国固有法系之成立与衰微,其功罪应归于儒家之一身"。儒家思想之合于时代者已包括于三民主义中,应依此而建立中国本位新法系。

丁元普:《中华法系与民族之复兴》(论文)。刊于 1937 年《中华法学杂志》新编第 1 卷第 7 期。认为中华法系的发展可分为五个时期:唐尧虞舜至三代为创立时期;春秋战国讫秦,为演进时期;汉唐时代为昌盛时期;自五代赵宋以后即进入中衰时代;至清末以后,中华法系即开始了复兴时代。又说:"吾中华法系之复兴,与民族之复兴,实为一贯而不可分也。"

居正:《中国法系之重新建立》(论文)。刊于 1944 年《中华法学杂志》第 3 卷第 1 期。该文重点探讨如何重建中华法系。具体的理想倾向有四:"由过去的礼治进于现代的法治;由农业社会国家进而为工农业社会国家;由家族生活本位进入民族生活本位;以三民主义为最高指导原则。"

张天权:《论中华法系》(论文)。刊于 1945 年《中华法学杂志》第 4 卷第 8 期(总第 38 号)。文中对中华法系做了分期:法学萌芽时期,为上古神权思想时期;法学全盛时期,即礼治思想、礼法合治思想、法治思想大放异彩各时期,时在春秋战国;法学渐衰时期,即儒家思想独霸,指汉至清季中叶时代;法学中断时期,即外来思想侵入,固有之法系精神消失,时在清末民初时代;法学复兴时期。提出"汲收世界学说而融汇于本位文化",建立"新中华法系",方法是:第一,"法律应以国体为基础",即以三民主义作为法律的指导思想和立法的最高原则;第二,"法律应以民族为基础","即应以我民族经过的特殊之历史传统,民族的特殊之魂魄性格,尤其是生活规范性的道德、法制、风俗习惯、宗教等民族性格为法制之标准"。

曹德成:《中国法系研究发微——研究的对象与任务》(论文)。刊于1948 年《中华法学杂志》第 7 卷第 4 期(总第 64 号)。认为中国法系的特质"就是法律规范为道德规范所笼罩"。其优点,"就是能将法律与其他各种社会规范如宗教、道德、礼制乃至人品等打成一片,熔于一炉,使统治的人,不知有法而能行法;使被治的人,不知有法而能守法"。

杨鸿烈:《中国法律发达史》(著作)。1930 年上海商务印书馆出版,1967 年台湾商务印书馆再版,1988 年三版。书中介绍了日本学者浅井虎夫对中华法系的看法,反映了日本学术界对中华法系的研究动态。

陈顾远:《中国法制史》(著作)。1933 年由商务印书馆出版,后又在 1964 年由三民书局出版《中国法制史概要》(著作)。陈著将中华法系的特征归纳为八点:礼教中心;义务本位;家族观点;保育设施;崇尚仁恕;减轻讼累;灵活其法;审断有责。

杨鸿烈:《中国法律思想史》(著作)。1936 年上海商务印书馆出版,1948 年上海书店出版《中国文化史丛书》时,又将该书收录,1981 年台湾商务印书馆出版该书的第 5 版,2004 年中国政法大学出版社校勘再版。关于中华法系的问题,作者在这部著作中主要论述其是如何解体的,如"自清朝道光时鸦片战争以来,英美各国在华的领事裁判权确立,于是中国法系的本身就发生空前所未有的打击"!作者引用大量的奏文、旨谕等,阐明中华法系是在清末修订新律的过程中解体的。

周祺:《中国法制史讲义》(著作)。中国公学大学部铅印本。认为,世界法系有古今两大分界,中华法系由古至今,在世界上经久不衰,堪称绝响。

杨鸿烈:《中国法律对东亚诸国之影响》(著作)。1937 年上海商务印书馆初版,1971 年台湾商务印书馆再版。此书是专门研析中华法系最有影响的专著。著者对中国法系的定义是:"盖指数千年来支配全人类最大多数,与道德相混自成一独立系统且其影响于其他东亚诸国者,亦如其在本部之法律制度之谓也。"此书对日本学者质疑"中国法系"存在的观点进行了有力批驳,辟四个专章论证中国法系对东亚诸国的影响,最后评价说,中国法系是"属于渐进的","较欧、美近三四百年之跃进者固有愧色","然若以与所属'印度法系''回回法系'之'故步自封''完全停滞'者比较,则又稍胜"。

居正:《为什么要重建中国法系》(著作)。上海大东书局1946年版。此书虽不算法律史研究的重要著作,但其站在中华法系的立场上构思中国法律现代化前景,亦有其特色。

这一时期,还有其他一些论文值得注意,如尚爱荷的《新中国法系的重建与三民主义》,高维廉的《建设一个中华法系》,陈顾远的《家族制度与中国固有法系之关系》(发表于1937年《中华法学杂志》新编第1卷第7期),薛祀光的《中国法系的特征及其将来》等。

四 中华法系学的复兴和繁荣

20世纪50年代至70年代末,中国大陆学术界受"左"的指导思想侵害,法学和历史学领域中虚无主义盛行,对中华法系的问题,只好避而不谈,几近沉寂。

20世纪80年代以来,沐浴拨乱反正、改革开放的春风,大陆学术界尤其是法史学界对中华法系的研究日渐重视,相关成果不断问世,出现了前所未有的兴盛繁荣。

经初步的搜集整理,20多年中发表的有关研究中华法系的主要论著有50种之多,集中探析了三大类问题:

1. 中华法系的范围问题。包括时间范围和空间范围。关于时间范围,一般认为,中华法系在时间断限上,当指古代法律制度,即夏、商、周的奴隶制法制和战国以迄明清的封建法制;也有将时限上提至黄帝至尧舜时代,认为传说时期的习惯法制度,形成了中华法系的某些文化基因;也有将中华法系的时限向后推延的,认为近现代史上的半殖民、半封建法制、新中国建立后的社会主义法制,也是广义的中华法系的构成部分。关于空间范围,一般认为,唐代法制是中华法系成熟的代表,其影响主要及于日本、朝鲜、琉球、安南等东、南亚国家，形成一个有着共同基因的法文化圈。

2. 中华法系的特征问题。可谓百家异说，但在一些主要问题上，则是一致的。如在法律与道德的关系问题上，都认为存在"德刑并用"的特点；在法律规范体系问题上，比较流行的表述是诸法共存、民刑不分或刑民难分；但近年有学者提出，"诸法合体，民刑不分"也不是律典的特征（详下）；在法源问题上，都觉察到了国家对民间习惯的包容态度；在思想指导上，大多认为儒家思想占据了主流地位；在立法问题上，莫不承认"法权出一""法自君出"的特征；在司法问题上，司法、行政合一是几千年不变的一贯特征。

3. 中华法系的成因问题。多从专制集权的政治体制、封建小农经济、宗法家族组织、儒家伦理道德观念这几方面来着手分析。

这一时期的研究成果，视野开阔，思想解放，新论迭出。以下择要做些介绍，难免遗珠之憾。

陈朝璧《中华法系特点初探》，载《法学研究》1980年第1期。该文是大陆学界首次将业已沉寂30年的中华法系问题重新提到研究日程上来之作。文章认为，中华法系主要有三个特点：（1）重视成文法典的编纂；（2）以天理作为法的理论根据；（3）礼法并重。关于时限，作者认为应从广义上来理解中华法系。广义的中华法系包括三个历史阶段中本质不同的中国法制：历3000年之久的封建法制，近代史上昙花一现的半封建法制，后来居上的社会主义法制。

张晋藩《中华法系特点探源》，载《法学研究》1980年第4期。文章认为中华法系的特点有五：（1）法自君出；（2）受儒家伦理道德法观念的强烈影响；（3）家族法在整个法律体系中占有重要地位；（4）"民刑不分"与"诸法合体"；（5）律外有法。并分析了其形成原因：第一，与中国所处的自然地理环境有关；第二，与生产方式的特点有关；第三，与宗法制的长期统治有关。

1984年，张晋藩先生在《再论中华法系的若干问题》一文中对其前述观点做了进一步的补充和阐述，再度指出，中华法系的特点有：（1）以儒家学说为基本的指导思想，但也融合了道、释的某种教义；（2）"出礼入刑"，礼刑结合；（3）家族本位的伦理法占有重要地位；（4）立法与司法始终集权于中央，司法与行政合一；（5）"民刑不分，诸法合体"与"民刑有分，诸法并用"；（6）融合了以汉民族为主体的各民族的法律意识和法律原则。文中着重就民刑有分问题做了论证，认为古代主要法典的编纂结构是"诸法合体，民刑不分"的；但封建法律体系却是"诸法并用，民刑有分"的。

乔伟《论中华法系的基本特点——礼法结合问题》，载《法史研究文集》（上），西北政法学院1983年编印。他认为，"所谓中华法系，实质上就是指中国封建社会的法律制度。这种法律制度以《法经》为其开端，《唐律疏议》是典型代表，至清末沈家本等人修改法律而告解体"。他还指出，以"皇帝是最高的立法者和最大的审判官""民刑不分，诸法合体"等作为中华法系特点值得商榷。中华法系最基本的特点是"礼法结合"。其在立法上表现为：（1）制定了"保护'君为臣纲'的法律"；（2）制定了"保护'父为子纲'的法律"；（3）制定了"保护'夫为妻纲'的法律"。其形成途径有二：一是封建统治阶级直接引用儒家的经典作为立法的根据；二是直接把礼义道德规范纳入法律。

韩玉林、赵国斌《略论中华法系特点及其形成和消亡的途径》，载《吉林大学社会科学学报》1983年第4期。其文认为，中华法系早在清末便见消亡的端倪了，现在，旧的中华法系已不复存在。中华法系的基本特点是"礼法结合"，可从三方面来把握：第一，家族伦理道德规范与封建国家法律规范相结合；第二，"贵贱有等"之礼与等级特权之法相统一；第三，以经释律和"于礼以为出入"使礼法相糅合。这些特征具体表现为：（1）君权神化，法自君出；（2）民刑不分，诸法合体；（3）先德后刑，以刑弼教。中华法系的特点是由古代社会的基本特征决定的，从而形成一个适应中国封建专制主义统治形式的"和谐法体系"。

《中华法系》上、下两册。台湾学者李钟声著，1985年由华欣文化事业中心出版。作者将中华法系的历史分为四个时期：（1）黎明时期，指上古、中古和五帝时代；（2）光辉时期，指夏、商、周三代，并将春秋、战国时期的法律制度全部纳入周朝的时限之中；（3）发达时期，指秦、汉、三国、两晋、南北朝、隋、唐、五代时期；（4）沿袭时期，指宋、元、明、清以至当代的法律制度。在"结论"中，作者认为中华法系的精神在于两点：第一，"人是宇宙的主人"；第二，强调从内外两方面践履人生里程。另认为中华法系的贡献有四：聚合中华民族，提升国民道德，维护社会祥和秩序，实现大同世界理论；其复兴势在必然。

《唐代法律与日本法律》。日本学者利光三津夫著，该文写于 1988 年 3 月，1990 年发表在陕西人民出版社出版的《中国法律史国际学术讨论会论文集》中（第 231~234 页）。文章从日本作者的角度，肯定了中华法系的代表——唐律对日本法律的影响。文中还比较了两国法律在一些具体问题上所存在的差异，认为，日本在大宝、养老律令的立法上，未能将中国的法律完全继承下来，"日本人的立法技术实在令人遗憾"。

《中华法系特征的再探讨》。马小红著，《中外法学》1994 年第 2 期。作者总结学界关于中华法系特征的说法有三：（1）从法律制度上归纳出"民刑不分，诸法合体"的特征；（2）从法思想的角度抽象出"德主刑辅，重伦理轻法律"的特征；（3）从法律实践活动的总体精神和宏观样式中提炼出"集体本位"和"混合法"的特征。进而作者提出第四种特征，即早熟性和同步性。"中华法系形成时间呈现出早熟性"，"同步性是指其与历史的发展齐头并进"。

《中华法系的封闭性及其成因》。李昕著，《法律科学》1994 年第 6 期。作者将中华法系的封闭性界定为"对外的独立性"和"对内的稳定性"。其成因有两方面：从客观上讲，是基于东临大海、西濒高原、北接大漠的地理环境的封闭；主观上的原因在于法律意识和文化精神上的自我法律优越观和自我中心主义。

《走出"法系"——论世界主要法律样式》。武树臣著，《中外法学》1995 年第 2 期。作者提出用"法律样式"的分析性概念代替"法系"这一术语，理由在于：法系的划分方法使人"不得要领"。

《先秦思想文化与中华法系之源流》。南玉泉著，《政法论坛》（中国政法大学学报）1996 年第 3 期。文章分析了儒法两家思想对中华法系的影响。儒家思想的影响集中表现为宗法思想被引入法律体系之中，法家思想的影响主要集中在施刑的方式上。

《论中华法系的形成和发展条件》。杨振洪著，《法学研究》1997 年第 4 期。作者认为，中华法系形成和发展的社会、历史、文化背景是：（1）中国奴隶制法和早期封建制法提供了历史前提条件；（2）特殊的地理环境提供了得天独厚的自然地理条件；（3）儒家思想奠定了其思想基础；（4）移民和留学为之造就了法律移植人才；(5) 汉语提供了传播媒介和语言文化条件。

《中华法系研究》。郝铁川著，复旦大学出版社1997年版。作者将中华法系的特点概括为法典的法家化、法官的儒家化、大众法律意识的鬼神化三点。作者认为，"法家创立的《法经》《秦律》是后世封建法典的基础"；"法家学说是历代封建法典的指导思想"；"汉唐间法律未曾儒家化"。

《重塑中华法系的几点思考——三论中华法系》。张晋藩著，《南京大学法律评论》1999年春季号（南京大学学报特刊）。作者认为，中华法系不是一种历史现象，就总体而言，它没有消亡，而是处于艰难的蜕变、转型、更新与重塑之中，因为有其自在的价值基础：(1) 法律义务与亲情义务相统一，有利于为法制建设提供道德支持；(2) 重视法的治国作用及法与吏的结合，不存在片面的单纯的法治观或人治观；(3) 教与罚综合为用，前以禁奸于未萌，后以惩恶于已然，"是传统中华法系具有现实价值的重要部分"；第四，制定法与判例法的互补，既是中华法系的特点也是优点。由此重塑的中华法系绝不是保守的。

《法系、中国法系的再议论》。王召棠著，《南京大学法律评论》1999年春季号（南京大学学报特刊）。文章讨论了三个问题：(1) 法系研究的科学性问题，认为是一种科学的比较研究方法；(2) "中国法系"的价值观问题，认为注重道德因素有积极面，现代法制建设能有道德建设的支持，效果会显著；(3) 关于"社会主义中国法系"的探索，认为社会主义中国法律制度具有自己不同于西方所有法系的特色，应该成为一个独立法系。

《回顾与思考：中华法系研究散论》。张中秋著，《南京大学法律评论》1999年春季号（南京大学学报特刊）。作者提出五个问题来讨论：(1) 名称，建议统一使用"中华法系"；(2) 范围，时间范围的下限宜定在清末，上限则以"中国法律的形成期为界"，空间上应加强对日本法、朝鲜法、越南法与中国法的比较研究；(3) 礼与刑的问题；(4) 中华法系的内容、特征及其价值的问题；(5) 中华法系解体后的遗存和流变，以及我们如何回应西方学者在法系框架下对中国法的研究的问题。其中认为，中华法系"在法观念、法心理、法思想以至个别制度上，都有踪可寻"。

《中华法系研究的再思》。徐忠明著，《南京大学法律评论》1999年春季号（南京大学学报特刊）。作者指出以往研究存在一些问题：（1）对"法系"的划分缺乏一个基本的统一的标准（2）对中华法系的研究缺乏通盘的整体的考量，似有"以偏概全"的缺失。进而认为，中国古代法律的根本特征就是"礼法文化"与"天人合一"两点。前者不仅可概括古代法律的"类型"，而且揭示了它的精神取向；后者能够表征中国古代法律的"终极"根源。

《中华法系的亲伦精神——以西方法系的市民精神为参照系来认识》。范忠信著，《南京大学法律评论》1999年春季号（南京大学学报特刊）。文章认为，中华法系的主要特征不在于她是伦理法，而在于她是一种特定的伦理法，即亲情伦理，不同于欧美法系的市民伦理、印度法系和伊斯兰法系背后的宗教伦理。

《中国传统法律的基本精神》。范忠信著，山东人民出版社2001年版。书中第13章"中华法系法家化驳议"，乃针对郝铁川的《中华法系研究》而发，认为其立论根据往往不成立：一是秦律是否真的有那些制度、原则尚存疑问；二是即使秦律中有那些制度、原则，也无法证明系秦律首创或法家独倡；三是即使能证明有个别系秦律最先规定和实践，也不能武断地说那都是法家的东西，因为秦律也完全可能学习和发展先秦的其他文明成就。

《也论中华法系》。王立民著，《华东政法学院学报》2001年第5期。作者从三个角度对中华法系进行了论述：（1）通过比较其与东、西方一些主要法系的特征来分析礼法结合是中华法系的一个特点；（2）诸法合体不是中华法系的一个特点，因为它在世界上不为鲜见；（3）考察了中华法系的生存地域，认为它仅存于东亚地区，不及于整个亚洲。

《对中华法系的再认识——兼论"诸法合体，民刑不分"说不能成立》。杨一凡著，载《批判与重建：中国法律史研究反拨》，法律出版社2002年版。文中主要观点为：（1）"'诸法合体'不是中华法系的特征。"事实上，中国古代存在多种法律形式，各代的法律形式也不尽一样。古代法律编纂既有综合性汇编的律典，又有分类单编的各种法规，它们各自成篇，互不相属，自有其调整范围，怎能说是"诸法合体"呢？（2）"'民刑不分'也不是中华法系的特征。"作者引用陈顾远《我国过去无"民法法典"之内在原因》一文，结合出土铭文及其他一手资料来立论和反驳。

（3）对"诸法合体，民刑不分"是古代成文律典体系的特征一说提出商榷：其一，律典是刑法典，大量的行政、民事诸方面的法律并未包括在其内；其二，律典调整的是刑事而不是全部法律关系；其三，从历朝法典的编纂情况看，综合性的编纂形式是我国成文法典普遍所采用的，并非为律典所独有；其四，律典的编纂体例为多种形式的法律和法律文献所采用，将其表述为"特征"似为不妥；其五，用"诸法合体"表述律典的特征，对我国古代律和律典编纂的极其复杂的状况，不能做出清晰和科学的解释。

《中华法系"以刑为主"特点质疑》。艾永明著，载《法史思辨——二〇〇二年中国法史年会论文集》，法律出版社 2004 年版。文章认为，"以刑为主"论有三个失误：（1）只注重历代律典，忽视了"律"以外的法律形式的分析研究；（2）只注重中国古代刑事法律与民事法律的比较，忽视了与其他法律的比较；（3）没有重视从动态的角度分析研究中国古代法律的发展变化。作者以为，自唐及至明清的法律，"与其说以刑律为中心，还不如说以行政法律为中心"。理由有三：其一，行政立法的渊源多样而又规范，内容之丰富远甚于刑事立法；其二，行政法律在法律制度中越来越起到主导作用，在法律体系中越来越具有主导地位；其三，行政责任的追究制度日益完备和独立。①

五　中华法系学的发展趋向

回顾近百年的中华法系学，不难看出，过去的研究大多集中在这样四个方面：（1）关于中华法系的形成、内容、特征；（2）关于中华法系与中国文化、中国古代思想的关系；（3）关于唐律及其所影响的东亚各国法律，以及相互之间的比较；（4）关于中华法系的复兴。近百年的研究积淀

---

① 本文作者也曾参与或涉及中华法系的研究，为避自己写自己之嫌，文中不做介绍，特备目于此，祈望读者指正。俞荣根著有《儒家法思想通论》，广西人民出版社 1992 年版，1998 年修订再版，书中辟有"儒家法思想与中华法系"的专题；另撰《罪刑法定与非法定的和合——中华法系的一个特点》一文，载《批判与重建：中国法律史研究反拨》，法律出版社 2002 年版。龙大轩著有《羌族法文化渊源考——兼论中华法系的早期雏形》一文，载《思想战线》2002 年第 5 期；又有专著《道与中国法律传统》，山东人民出版社 2004 年版。

了丰厚的成果和经验,有振聋发聩的宏论,有传世不朽的力作。除此之外,最值得一提的是,在关于中华法系的特点等问题上出现了学术争论、学术批评的好势头。一个学术领域是否成熟、是否有发展前途,除了看有无代表本领域的著作、有无德高望重的学术带头人,以及是否聚集起高素质的人才队伍并形成结构比较合理的梯队等之外,还有一个重要的标志,就是看其有无正常的学术批评氛围,并常有高质量的学术争论论文出现。从前文的述介可知,中华法系学园地中已能听到争鸣之音,表明其学术正气、学术道德、学术良知是积极向上的。这是一个有希望的学术领域。若欲通过反思而加力深化研究,则在方法论上似有两个问题值得注意:一是提出看法多而以丰富确凿的史料来论证少;二是讲中国古代法多而将之与东亚各国古代法做比较研究少。

中华法系问题已成为中国法律史研究中的一大热点,也是一个难点;中华法系学,既有其发展的际遇,又有其时代的课题。如果从知往鉴来的角度来预测其学术研究趋向,就微观研究而言,诸如中华法系的形成、发展阶段,以及其特征究竟怎样表述为当,其立法、司法的理论、制度及实务艺术的深入阐析,其人和作品的考述评析等,都还有大量的工作要做,尤其是,这些表述、阐析和考评都需要扎扎实实的资料来支撑。就宏观研究来说,大致包括两大方向:一是纵向研究,即探析如何将中华法系中固有的良法美意创造性地转化到现代法制建设中来,以使中华民族数千年的法文化资源不致中途断绝,而能够上承之祖先,下传之子孙;二是横向研究,尤其通过世界几大法系的比较研究,探析如何将中华法系的合理因素与世界其他法系的合理因素有机地结合起来,以服务于当今和未来的法文化建设。毋庸置疑,这是一项需要几代、十几代,乃至几十代学人不懈奋斗的大工程。

(原文载《中西法律传统》,中国政法大学出版社 2006 年版)

古代中国的朝贡制度和古罗马的海外行省制度

——中华法系和罗马法系形成的制度基础

朱景文 （2007）

一 古代中国的朝贡制度

古代中国没有现代意义上的国家观念，即建立在领土完整和主权平等、独立基础上的国家观念。"溥天之下，莫非王土；率土之滨，莫非王臣"，是中国古代国家观念的写照。但在这种天下观中，各个地区的地位又是有等级的，就像一个大家庭尊卑长幼有序一样。

中国古代社会是等级制社会，这种等级制不仅体现在从国王到大臣的等级序列中，体现在家庭长幼尊卑的序列中，还体现在居于统治地位的华夏和其他民族"四夷"的关系中。早在尧舜时期，就有域外部落首领前来朝贡。商代的王都所在地为王畿，王都以外的居住区叫鄙。在商王朝控制的区域内，分布着许多邑，邑是商代社会的基层组织。中央对地方的控制实行一种外服制，即侯、甸、男、卫四服，是地方向中央必须履行的几种服役制度，既是一种地方行政区划，又是一种经济剥削关系。商王朝还把其统治地区分为畿内和畿外两大部分。畿内是商王室直接统治的地区，畿外是众多方国分布的地区。畿服理论源自周代和秦汉时期诸如《尚书·酒诰》《国语·周语上》《尚书·禹贡》和《周礼》等几种文献中。它们由简至繁，内容也不断充实发展。大体而言，畿服理论包含了两方面的内容：一是按照地理距离的远近安排中心与周边地区的亲疏关系，其中在《周语》和《禹贡》中存在五种中心与周边的关系，而《周礼》中存在七种或九种这类关系；二是按照这种地理距离的远近体现出的亲疏关系来确定周边对中心的义务。这种义务以贡期和贡物的不同由内向外递减。以《周礼·秋官·大行人》中的记载为例,依照侯、甸、男、采、卫、要六服的顺序,贡期分别为一年一次、两年一次、三年一次、四年一次、五年一次和六年一次;贡物分别为祀物、嫔物、器物、服物、财物和货物。

表1 古代中国的朝贡制度

畿 服	距 离	贡 期	贡 物
邦 畿	1000里		
侯 服	1000+500里	一年一次	祀 物
甸 服	1500+500里	二年一次	嫔 物
男 服	2000+500里	三年一次	器 物
采 服	2500+500里	四年一次	服 物
卫 服	3000+500里	五年一次	财 物
要 服	3500+500里	六年一次	货 物
番 国	4000里之外(九州岛之外)	一世一见	贵 宝

资料来源:《周礼·秋官·大行人》。

从实际情况看,这个关系,在周朝时,表现为周天子与诸侯王国的形态。诸侯王国在其领地内自治,向周天子进贡,以表达共同隶属于中国的意义。秦汉以后,则表现为中央政府与地方王国的关系。

明朝是中国朝贡制度的鼎盛时期,来华朝贡的国家数量之多,朝贡的规模之大,手续之缜密,组织管理之完善,皆为历朝所不及。据《明会典》《外夷朝贡考》《明史》《明实录》等记载,明朝时的朝贡国家共有100多个。但是,据李云泉博士的分析,其中有许多不实成分:数量众多的朝贡国中,偶有一两次朝贡纪录的国家不在少数;名为国家,而实为一城一地者数量众多;同时,受华夏中心意识的支配,把一切对外关系一概视为具有君臣主从关系特征的朝贡关系。① 从实际情况看,就朝贡次数、周期长短及其与明朝的关系的疏密而论,明朝的主要朝贡国有朝鲜、琉球(今日本冲绳)、安南(今越南北部)、占城(今越南南部)、暹罗(今泰国)、日本、爪哇(今印度尼西亚爪哇岛)、满剌加(今马来西亚马六甲)、苏门答剌(今印度尼西亚苏门答腊岛北部)、真腊(今柬埔寨和越南南部

---

① 李云泉:《朝贡制度史论》,新华出版社,2004,第66~69页。

部分地区)、渤泥(亦作淳泥,今加里曼丹岛北部和文莱一带)、撒马儿罕(今乌兹别克斯坦萨马尔罕)等十几个国家。根据朝贡次数的多寡、政治隶属关系的强弱以及对中国文化认同程度的不同,明代的朝贡国大体可分为以下三种类型。

第一,实质性的朝贡关系。其主要特征是朝贡国向明朝称臣,定期遣使朝贡,采用明朝年号、年历等;明朝政府则对其国王予以册封、赏赐,对其贡物进行回赐等。这种朝贡关系具有较强的政治隶属性,是封建君臣主从关系在对外关系上的延伸和宗藩关系的具体体现。属于这类朝贡关系的国家主要有朝鲜、琉球、安南、占城等。值得注意的是,对这些国家在王位继承过程中出现的篡逆现象以及不守华夏礼节等问题,明朝政府多以发布谕令、遣使责问、"却贡"等方式进行劝诫和惩罚,而不是粗暴地干涉其内政,所以就其主流而言,这种朝贡关系是和平主义的,内政的干涉并非其本质特征。

第二,一般性的朝贡关系。这是指在一定程度上认同中国文化,并曾接受明朝皇帝授予的封号,定期或不定期地来华朝贡的国家,如日本、暹罗、爪哇、满剌加、苏门答剌、真腊、渤泥、三佛齐、苏禄等。一般性的朝贡关系不具有君臣主从关系的真实内涵,随意性较强,朝贡的经济意义更为明显。

第三,名义上的朝贡关系。这是指纯粹的朝贡贸易关系。在朝贡体制下,明朝前期的一切对外贸易关系都以朝贡的形式存在,许多海外国家遣使来华,不过是借朝贡之名,行贸易之实罢了。明代典籍所载100多个朝贡国中,大多数是名义上的朝贡关系,而且整个明代朝贡次数只有一两次的国家占总数的一半还多。

明代的朝贡制度由贡期、贡道、朝贡规模的限制、表文与勘合、贡物、回赐、册封以及朝贡制度的组织管理构成。

第一,贡期。明朝政府根据政治隶属关系的强弱和朝贡关系的疏密,只对实质性的朝贡国和一部分一般意义上的朝贡国规定了贡期,而其他国家或偶尔朝贡,或朝贡间隔时间长,不可能也没有必要规定贡期。

第二,贡道。自汉唐以来,各国贡使不论从海路还是陆路来华,根据距离远近、交通是否便利等情况,皆有固定的登陆口岸和入关地点,然后按规定的路线进京,这就是所谓的贡道。若不按规定贡道前来,则却其贡，禁止贡使入境。

第三，朝贡规模。对于朝贡国而言，朝贡不仅是对华贸易的代名词，而且可以借机获取明朝政府的赏赐，因而它们常常组织庞大的使团，携带大批贡物前来，明朝政府出于节约财政开支和边境安全考虑，不得不对朝贡规模加以限制。这主要表现在对从海路而来的日本、琉球的贡船数量、人数以及西域诸国贡使进京人数的限制方面。

第四，表文和勘合。向明朝政府呈递官方文书，即所谓表文，是各国遣使朝贡的必备手续和前提条件。在君臣尊卑观念甚强的古代中国，"表"是大臣上奏皇帝言事陈情的法定文书的体裁之一。而将其用于朝贡制度，则是政治隶属关系的象征。勘合是明代国家事务管理中广泛采用的一种纸质凭证或文书。将勘合用于朝贡制度，无疑是明代国家制度在对外关系上延伸的又一佐证。明朝政府将海外国家的对华贸易纳入朝贡制度，规定"四夷入贡中华，必奉表文"，意在通过朝贡的政治属性体现其经济利益。这样，"奉表称臣"，成为海外国家对华贸易的敲门砖。

第五，贡物。明代朝贡国所进贡物种类繁多，以本国土产为主，也有少量的舶来品。从明朝统治者对贡物的态度、贡物的种类及其用途可以看出，接受朝贡，是君臣主从关系的象征，为历代统治者所重视，至于贡物的多寡，往往在所不论，"宁使物薄而情厚，毋使物厚而情薄"。[①]

第六，回赐和封赏。与朝贡相对应的是，明朝政府在贡物的回赐以及对朝贡国国王、使臣的赏赐等方面的一套制度，其基本原则是"四夷朝贡到京，有物则偿，有贡则赏"。[②] 但正贡体现的是臣下对天子的孝敬之情，不能以钱财衡量，所以正贡"例不给价"。

第七，册封制度。册封制度作为朝贡制度的主要内容之一，历来为中国封建统治者所重视。从册封的性质和作用看，明代对朝贡国的册封分为实质性册封和利益性册封两种。前者指实质的朝贡国（属国），后者指一般性的朝贡国。对属国的册封，虽然是政治从属关系的标志，但在其王位继承问题上，明朝一般不加干预，按其所请，遣使册封。即使朝鲜、安南发生大逆不道的篡位事件，明朝也不过以"却贡"相威胁。

---

① 《明太祖实录》卷89，洪武七年五月壬申。
② 《明宪宗实录》卷63，成华五年二月甲午。

第八，朝贡制度的组织机构。明代礼部是朝贡事务的主管机构，掌管外事政令的制定与实施。凡遇外事活动，礼部或依例行事，或奏请皇帝定夺。而有关朝贡的具体事宜由其下属主客司负责，其主要职能包括：(1) 查验朝贡勘合和表文；(2) 审核朝贡表文；(3) 清点贡物；(4) 保管明朝使臣纪录的有关朝贡国风土物产等方面的资料；(5) 管理会同馆。除了礼部主客司和会同馆之外，四夷馆、鸿胪寺、行人司、市舶司和边境地方政府的有关机构也具有处理朝贡事务有关事宜的权力。

中国历代相沿的朝贡制度起码具有以下主要功能。

第一，等级制。朝贡制度作为古代中国处理民族关系、对外关系的制度，其建立的前提是政治上的臣属。从理论上讲，它是在华夏中心意识和大一统理念的支配下，中国内部封建身份等级制度在对外关系上的延伸。以朝贡制度为核心的所谓东亚国际秩序或华夷秩序以中华帝国为中心，周围夷狄各国接受册封，向中国朝贡。因此，它虽然是若干国家的联合体，但其中各国相互之间不发生直接的关系，而是完全由对中华帝国的直接关系规定的一元化上下秩序构成的。但是，朝贡制度的不平等性主要体现在朝贡表文和朝贡礼仪上，重名不重实，具有形式主义和象征性的特点。

第二，互利。朝贡制度包括朝贡国一方的称臣纳贡和宗主国一方的册封赏赐等内容，是以中国为主体的双向交往制度。当然，对贡封双方来说，各自的利益原则并不相同。

第三，和谐。从世界历史的发展进程来看，如果把朝贡制度下的中外关系看作是一个国家体系的话，那么，只有16世纪以后逐渐形成的近代欧洲国家体系可以与之匹敌，而后者的一个重要特征是对外扩张。与此形成鲜明对照的是，以礼仪之邦、天朝上国自居的古代中国的统治者将对外交往纳入朝贡制度的框架，目的在于和平自守，维护农业文明的社会稳定，并且通过和平方式将中华文明带给周边少数民族和外国。一般来讲，除游牧民族建立的蒙古政权恃强大的武力东征西讨外，中国对周边国家的武力征服皆发生于特定的历史阶段和特定的历史背景下。对于与中国保持实质性的朝贡关系的属国，如朝鲜、安南、琉球，只要它们不公开藐视天朝的权威，按既定制度称臣纳贡，中国对其内政便不予干预。而对于那些数量众多的一般性朝贡国，它们是否朝贡完全是一种自愿行为，不受中国武力强弱的左右。这种和平主义特征来源于儒家的德治观念。也正是在与华夏中国接触的过程中,通过朝贡制度,东亚各国逐渐形成了以中国古代法为中心的中华法系。

二 古罗马的行省制度

古罗马的历史从王政时期(公元前8世纪到公元前6世纪)开始,经过共和国时期(公元前6世纪到公元前1世纪)、帝国时期(公元前1世纪到公元3世纪),直到罗马帝国分裂为东西两个部分,公元476年西罗马帝国被推翻而结束。贵族与平民的斗争,罗马人与非罗马人的斗争相互交织在一起,它们共同构成了古罗马社会和法律发展的两条主线。平民的胜利,贵族不得使平民沦为奴隶,使罗马成为一个由自由人组成的平等社会,罗马社会不再按照等级身份排列,这也是罗马法成为"商品生产者社会的第一个世界性的法律"①的主要原因。但是,平民的胜利又使罗马失去了奴隶劳动力的主要来源,于是只有靠对外不断地发动侵略战争,扩大自己的疆界,来扩充奴隶劳动力的来源。奴隶作为生产力的主要来源创造了古罗马的文明,但是他们却没有独立的身份。也就是说,罗马公民的平等是建立在对被征服的非罗马公民的不平等的奴隶制的基础上,而体现商品生产者社会的第一个世界性法律则以它的对外扩张、对海外行省的赤裸裸的掠夺和原始积累为基础。这与古代中国等级制的法律制度形成了鲜明的对照。在中国,等级间的不平等,不论是对华夏内部从君主到士大夫,从君子到小人的不同等级,还是对"四夷"都是依据同样的原则,等差有序,这是中国构筑古代社会一以贯之的法律和制度原则;而在古罗马,对罗马公民是平等的,对非罗马公民则是不平等的,奴隶根本不具有独立的人格,对内与对外的法律和制度由两个不同的原则支配。

但随着平民通过斗争逐步取得和贵族相当的地位后,罗马扩大了共和国的社会基础,增强了自身的军事实力,进而帮助这一城邦国家通过战争在意大利和地中海地区建立了霸主地位。在平民取得自己平等权利的同时,罗马法律规定不得使罗马公民为奴隶,而是只能依靠发动战争使其他民族的人成为奴隶,以维持罗马的繁荣。

---

① 《马克思恩格斯选集》第4卷,第248页。

在人类历史的大舞台上，罗马民族的迅速崛起与称霸地中海区域令人瞩目。从公元前509年罗马共和国的诞生到公元前167年马其顿战争的胜利，仅三百年间，罗马已由意大利台伯河畔的一个小国跃居成为统治整个地中海区域的霸国。从公元前241年第一个罗马行省——西西里行省的建立到公元476年西罗马帝国的灭亡，罗马对地中海区域的统治整整持续了七百年。

公元前241年，罗马对第一块"海外领土"（即西西里行省）的管理，就俨然是一副大国统治者的模样。它拒绝给予西西里岛"平等盟员"的身份与权利，而是公然宣称，西西里是"罗马国家的领土"，从而开了赤裸裸吞并被征服地区的领土、剥削被征服民族的霸国强权政治的先河，西西里岛成为罗马的第一个行省。公元前227年，罗马国家的首批行省总督上任，标志着罗马行省管理体制正式建立。到公元前1世纪和公元1世纪时，地中海世界的绝大多数地区都建立了罗马行省。行省制度经过长期的实践得以不断地完善与发展，成为罗马统治地中海世界行之有效的政治机制。公元120年时罗马共有54个行省，而到公元3世纪罗马的行省已经扩大到109个，分别为：（1）东方区，18行省；（2）本都区，7行省；（3）亚细亚区，9行省；（4）色雷斯区，6行省；（5）美西亚区，11行省；（6）潘诺尼亚区，7行省；（7）不列颠区，6行省；（8）高卢区，8行省；（9）维也纳区，7行省；（10）意大利区，16行省；（11）西班牙区，7行省；（12）阿非利加区，7行省。[①]

罗马帝国的每个行省都有一名官员即总督管辖。从公元前2世纪中叶起，罗马逐渐形成一套行省的组织管理制度。每当筹建一个行省时，元老院首先对此行省做出原则决定，并派出十人委员会协同征服该地区的军事统帅具体执行，共同制定有关该行省的基本法规，确定行省内城市或公社的行政划分和法律地位。总督拥有该行省的军事、民政和司法全权。其下属人员中，配有一位财务官，负责管理财政和军需供应；另有一位或多位副将，其职位由元老担任，可代理行使总督的部分职权；此外还配备一些副官。因为行省远离罗马，总督实际上不受同僚官员协议性和保民官否决权的限制，在司法方面除了涉及罗马公民的案件，也不受上诉权的束缚，

---

① 资料来源：http://www.no1190.net/bbs/cgi-bin/forums。

所以，他在行省中握有绝对权力。这就为行省总督滥用职权、横行不法、搜刮钱财提供了便利条件。

行省由征服而来，被视为罗马国家的财产，其居民被视作外国投降者。但在行省中各城市地位不一，视它们对待罗马的态度而定。少数对罗马忠实而友好的城市，被列为自由城市。这种城市又分为同盟城市和非同盟城市两类：前者与罗马缔结盟约，其地位较为独立和稳固；后者根据元老院颁布的法令取得地位，随时都有被改变的可能。它们享有全部或部分自治权，居民保有土地，平时免税，战时为罗马提供军队或舰船。此类城市中向罗马降服的城市占据大多数，被列为纳税城市。这些城市虽然保留自治机构和处理一些内部事务的权利，但必须置于行省管辖和监督之下，其居民保有土地，每年须向罗马缴纳赋税。至于对罗马抵抗到底的城市，则被彻底摧毁，土地充作罗马公有地。

行省制度是罗马奴役海外被征服地区人民的一种形式。罗马对行省课征赋税，一般沿袭该地区以前统治者的旧制，所以，各行省税收制度因地而异，不尽相同。税收的主要来源是土地税，由耕地和种植园的所有者负担。在西西里，根据土地每年收入抽取什一税，以实物交付；在亚细亚，什一税折成货币缴纳；在西班牙、马其顿和阿非利加，则征收固定的贡赋。放牧的牲畜按头计算收取年金。港口进出口货物也要征收5%的关税。此外，罗马在行省的官吏和军队的费用，都由该省居民负担。

总之，古罗马的行省制度和中国的朝贡制度给我们提供了两种古代大帝国处理与周边国家关系的模式。与古代中国的朝贡制度相比较，古罗马的行省制度具有以下特点。

第一，军事征服。古罗马的行省制度主要是靠军事征服的方式维持的，每个行省都由罗马派总督统治。而中国的朝贡制度则主要是靠政治上的隶属关系、经济上的朝贡与封赏关系、朝贡形式的贸易、文化上的德治和"怀柔"观念维系，中国很少干涉朝贡国的内部事务，更没有派官吏到朝贡国直接统治或管理。

由于罗马的行省制度建立在武力征服的基础上，历经几个世纪的时间罗马从一个狭小的城邦国家发展到意大利半岛最后形成横跨欧亚非三大洲的大帝国，在短期内靠军队来维持秩序是可能的，但是长期统治所带来的行政管理问题、军队补养问题、经济生活问题以及文化差异，必然使罗马的统治者应接不暇，最后使罗马帝国在野蛮的入侵面前走向崩溃。而中国的朝贡制度虽然也和国力的强盛有关，没有强大的军事、政治、经济资源不可能要求周边国家朝贡，而且在中国的历史上也确实存在过相反的情况，即中国向周边国家或少数民族朝贡；但中国作为一个农业国，它的朝贡制度基本上不是建立在武力征服和掠夺的基础上，而是通过朝贡贸易、礼仪教化，"怀柔四夷"，进而使这种制度在19世纪中叶西方资本主义入侵中国以前实行了几千年。

第二，经济掠夺。罗马的行省制度以军事征服为手段，以掠夺为目的，罗马的繁荣是建立在对海外行省的掠夺的基础上。与之相对照的是，中国的朝贡制度具有互利性，中国皇帝通过朝贡制度满足君临天下、四海臣服的虚荣心和确保边境安宁，有时中国皇帝对朝贡国的赏赐甚至比朝贡的价值还高得多，而朝贡国则通过朝贡体制获得统治的合法性、安全保证和经商的好处。一些与中国相隔遥远的西方国家根本不可能受到中国的威胁，它们之所以也加入朝贡体系中，其原因就在于只有通过这一体系才能获得经商的合法性。

第三，从等级制向平等关系的转变。罗马及其行省之间的关系有一个发展过程，在初期实际类似于宗主国和殖民地之间的关系，即征服者和被征服者之间的关系，只有罗马公民才具有公民权，而非罗马公民则不享有公民权。后来随着罗马化的深入，越来越多的行省居民取得了完全的或不完全的公民权，直到公元212年所有的罗马居民都取得了公民权，这样所有的罗马行省的居民在法律上都是平等的。而在中国的朝贡制度中，中国与朝贡国之间的关系是按照国内的等级制安排的，它们之间没有平等的关系。这种相互间的关系反映在法律上则是，罗马法在市民法和万民法统一以后，逐渐成为以私法为中心的适用于平等主体之间关系的法律；而中国的私法始终不发达，调整进贡和赏赐之间关系的规范、不平等主体之间关系的规范多属于行政管理规范，即礼的范畴，"礼重差等"。

（原文载《法学杂志》2007年第3期）

民族主义视野下的近代"中华法系"学说（1900~1949）

赖骏楠　（2008）

一　引言

本文将从近代中国民族主义的视角，来对清末与民国时期"中华法系"研究进行回顾。通过将这些经典文本置于近代中国民族主义的历史语境之中，我们得以更清晰地理解它们的内容、意义、兴起、衰落与复兴。在我看来，"中华法系"研究实际上正与近现代中国民族国家的建构处于同步状态。更确切地说，"中华法系"研究本身就是"民族建构"（national-building）工程中的一个部分。

正因本文研究的是"中华法系"学说，而非这一"法系"本身，所以，有必要区分"中华法系"这一概念的能指与所指。需要强调的是，诸如"中华法系有两千多年的历史"这类提法，是今人以现代民族国家的眼光去观察其所见两千多年来中国及其附属国的法律制度及思想的结果，亦即"中华法系"概念目前被公认的所指。实际上，"中华法系"四字作为一个概念被明确提出，距今不过70余年。我所关注的，正是这一能指层面上的"中华法系"之诞生、兴盛、衰落、复兴及其意义之流变。

民族主义是近代世界无法阻挡的潮流。一旦某个民族开始"觉醒"，便没有什么力量能够将其排除在政治舞台之外。各种古老的旧帝国突然开始解体，原本在这些帝国内和谐相处的各个群体突然开始诉说各自的独特历史和神圣血缘，并在此基础上为自己的新国家斗争不已。也有一些帝国没有崩溃，因为它们有幸"找到"了自身疆域内共同的历史记忆。于是，它们得以伪装成现代民族国家，与其他伙伴们一道，"共同屹立于世界民族之林"。

然而，不论是何种意义上的民族主义和民族国家，对于它们的确立和持存而言，想象都是一个不可或缺的要素。几乎没有任何一个现代国家是以完全一致的血缘、语言或文化等根基性纽带而自然衍生的共同体，然而它们却异口同声地宣布自己是一个同质的"民族"或"人民"。本尼迪克特·安德森、埃里克·霍布斯鲍姆等人的论断，已经令我们一次又一次地去面对这一事实：不是一个"本质主义"的民族创造了意识形态的民族主义，历史的演变毋宁呈现出相反过程。①

有一个我们无比熟悉的概念，也是从多元主义的前现代帝国向同质的现代民族国家转变的产物，这个概念便是"中华民族"。在100余年前，这是一个无比新颖的事物。它意味着，这块土地上的精英知识分子，开始用一个新的符号来重构它们所代表的群体的历史、现状和未来。在一种想象中，民族得以凝固。在这个想象过程中，另一个概念，亦即"中华法系"，也成为这项工程中的一个子项。

几乎毋庸置疑的是，"跨语际实践"的概念将有助于本文的研究。② 现代意义下的"法系"一词，并未出现在古代汉语中，它无疑是近代史上"西学东渐"的产物。更确切地说，它来自明治维新以后的日本，并很有可能是在日文汉字中先被创造出来，而后才被中国学者采纳并传播到近代中国。与此相伴随的是，与"法系"概念有关的整套学说也被译介进中国。而"中华法系"这一称谓的最早前身——"支那法系"（或"支那法族"），实际上也必须回溯至明治日本。同"国民性""个人主义"这些概念一样，③"法系"这个概念作为翻译的产物，并没有稳定的内涵和外延。然而，这个暧昧的概念，却无疑在近代民族国家内扮演着一定角色。我们只有深入历史的背景与细节中去，同时又从经典文本的字里行间入手，才有可能对"中华法系"话语的真实意义，以及这种意义的复杂性、流变

---

① 参见〔美〕本尼迪克特·安德森《想象的共同体——民族主义的起源与散布》，吴叡人译，上海人民出版社，2005，第6、11页；埃里克·霍布斯鲍姆《民族与民族主义》，李金梅译，上海人民出版社，2006，第9页。
② 参见〔美〕刘禾《跨语际实践——文学、民族文化与被译介的现代性（中国，1900~1937）》，宋伟杰等译，生活·读书·新知三联书店，2002。
③ 〔美〕刘禾：《跨语际实践——文学、民族文化与被译介的现代性（中国，1900~1937）》，宋伟杰等译，生活·读书·新知三联书店，2002，第75~140页。

性，获致更深层次的理解。当然，在考察"中华法系"文献之前，先回顾一下法系研究以及这项研究的背景学科——比较法学在19世纪及20世纪开端的状况，也许不无裨益。

二 "法系"概念的来源

（一）"文明人类的共同法"

对19世纪的比较法学而言，一般情况下，"比较"只存在于"文明"国家的法律之间。如果将"非文明"民族或国家的法律纳入比较的框架中，① 则很容易就能联系上一种"进化"观念。法律的进化观念在亨利·梅因的著名结论中得以清晰展示："所有进步社会的运动，到目前为止，都是一个从身份到契约的运动。"② 在此，身份/契约与野蛮/文明、传统/现代和东方/西方这一系列二元范畴隐隐对应。

在该时期，如果比较法学家的作品仅是对各地法律的民族志式的罗列或荟萃，或者说仅是对各地法律差异性的强调，而不去归纳出一种普遍性的规律和因素，那么这种缺乏"理性"和"真正的科学性"色彩的比较法学将丧失生存空间。因此，不论是在"文明"国家间还是在"文明"与"非文明"国家间的比较，都必须受到理性主义、普世主义这样一些观念的影响。比较的目的是寻找到"最正确的"解决方案。对此，100多年后的意大利法学家鲁道夫·萨科（Rodolfo Sacco）描述道："在1900年比较法大会召开之前，比较法学家认为若一个问题有三种法典上的解决方案，则只有其中之一才是正确的，因为它是理性的，而其他两个则是错误的。"③

在对现代、进步、美丽时代（belle epoque）、欧洲中心以及追求世界统一的乐观信仰的驱动下，1900年，世界博览会、国际高等教育大会以及

---

① 例如，在英国，自19世纪中叶开始，比较法学家就经常将自己的眼光放置在英帝国所属各殖民地国家的法律上，参见李秀清等《20世纪比较法学》，商务印书馆，2006，第239页。
② Henry S. Maine, *Ancient Law, Its Connection with Early History of Society and Its Relation to Modern Ideas* (London: J. Murrary, 1920), p. 174.
③ Rodolfo Sacco, "Centennial World Congress on Comparative Law: One Hundred Years of Comparative Law," 75 *Tul. L. Rev.* 1159, 1165 (2001).

第一届国际比较法大会几乎是在巴黎于同一时间内召开。① 比较法大会中，两名法国学者——来自里昂大学的朗贝尔（Edouard Lambert）与来自巴黎大学的萨莱伊（Reimond Saleilles）分别提出的"立法共同法"（droit commun législatif）和"文明人类的共同法"（droit commun de l'humanité civilisée）理论，就颇为耐人寻味。

朗贝尔的报告清晰地呈现出他对西方文明的无比自信。"立法共同法"是通过对不同国家的法律制度进行研究而得以发现的，但这里的"不同国家"必须是具有"同等文明水平"的不同国家。② 换言之，如果两个国家不处在同一文明水平上，那么，很难通过对它们之间法律的比较研究，来获得这两个国家法律体系的共同基础——"立法共同法"，而"非文明"国家的法律当然就不堪与"文明"（"西方"）国家的法律进行比较了。

萨莱伊则并不绝对排斥非西方世界。他主张一个能够取代超验自然法的人类文明之共同的、实证的法律基础。与朗贝尔不同，萨莱伊主张对无论何时何地的所有法律体系加以考察，以便发现解释法律制度之生成、发展和消失的普遍法则。不过，萨莱伊在具体论及如何形成一个"文明人类的共同法"时，却主张首先使用比较的方法为某一特定的制度设计出一个或多个理想模式，用以指导"社会条件充分类似"的不同国家之法律政策的方向。③ 于是他回归至朗贝尔的观点。结合萨莱伊在理论上的进化论倾向，④ 我们仍然可以导出的一种暗示是：在通向"文明人类的共同法"的道路上，不同民族间显然存在进度快慢的区别，而且西方当然要快于非西方，所以，首先要在西方国家间实现这种"共同法"。同时，在实际的操作层面上，萨莱伊毕生的比较法研究实践，就几乎都局限在对法德两国私法制度进行比较的范围。⑤

---

① David S. Clark, "Nothing New in 2000? Comparative Law in 1900 and Today," 75 *Tul. L. Rev.* 871, 875 (2001).
② David S. Clark, "Nothing New in 2000? Comparative Law in 1900 and Today," 75 *Tul. L. Rev.*, p. 880.
③ David S. Clark: "Nothing New in 2000? Comparative Law in 1900 and Today," 75 *Tul. L. Rev.*, p. 884.
④ David S. Clark: "Nothing New in 2000? Comparative Law in 1900 and Today," 75 *Tul. L. Rev.*, p. 883；又见李秀清等《20世纪比较法学》，商务印书馆，2006，第32页。
⑤ 参见李秀清等《20世纪比较法学》，商务印书馆，2006，第32页。

欧洲中心主义的比较法学无法摆脱自己与19世纪欧美帝国扩张之间的联系。它甚至主动与这一进程结合。"法律东方主义"塑造出不同地区法律的巨大差距的神话，从而在有意无意中为（西方的）法律、权力、武力在全球范围内的扩张披上一件合法化的外衣。

（二）历史主义、进化论、穗积陈重与五大法族说

1879年，日本学者穗积陈重结束在英国的学业，并转入德国柏林大学学习。这一年已是萨维尼《论立法与法学的当代使命》（下文简称《使命》）出版之后的第65年。在萨维尼本人于1862年去世之后，历史法学派（及其各衍生支派）在统一后的德意志民族国家内继续拥有广阔的活动空间。这正如罗斯科·庞德所指出的："在上个世纪（19世纪），历史法学派基本代表了法学思想发展的主流。萨维尼创立的历史法学派的兴衰史虽不构成整个19世纪的法学思想史，但它却是这个历史的核心和最主要的内容。"① 就连在当年穗积赴英留学时途经的美国，萨维尼及其弟子理论的影响也是不容小觑。②

因此，穗积陈重《法律进化论》一书的问世（1924年），有其历史的必然性。历史主义与进化论的交汇，已导致像《古代法》这类名著的产生。而穗积的规划相较梅因则要庞大得多。他原本的计划是要写作总计两部六卷十二册的巨著，遗憾的是他只完成了该书的一小部分。③ 然而，即使只是这一小部分，却也已经使用了三册的篇幅。如果《法律进化论》全部创作完毕，那么仅就篇幅上看，梅因的《古代法》将沦为名副其实的"小册子"。另外就方法论及著作所涉及学科而言，凭借着自梅因著作出版后几十年内社会科学的大量新进展，穗积甚至有些自鸣得意地写道："法律进化论，以此可能性为前提，以各民族、各时代既知之法现象为资料，且借人类学、考古学、社会学、心理学、史学、言语学等之援助，以在动

---

① 〔美〕R.庞德：《法律史解释》，曹玉堂、杨知译，华夏出版社，1989，作者前言，第2页。
② 与1814年在德国发生的那场法学争论相类似，19世纪80年代的美国纽约州也爆发了一场关于"纽约州民法典草案"的争论。最终如同几十年前大洋彼岸的那场争论一样，扮演类似于萨维尼角色的卡特一派获得胜利，草案在1885年遭到了州议会的否决［See Mathias Reimann, "The Historical School Against Codification: Savigny, Carter and the Defeat of the New York Civil Code," 37 *Am. J. Comp. L.* 95, 98 - 107 (1989)］。
③ 参见何勤华《20世纪日本法学》，商务印书馆，2003，第61~62页。

势之法现象为对象，而求进化之理法者也"①，而在梅因的书中则没有出现这种豪言壮语。

值得一提的是，穗积的法律历史主义与萨维尼显得保守的历史主义观念有所不同。萨维尼选择历史主义，是因为他首先是个强调民族特殊性的民族主义者。在18世纪末至19世纪初的德意志历史语境中，在抵制拿破仑对德国领土的占领和分离的爱国本能的驱使下，年轻学者中产生了一种新的意识，这种意识将学者的目光聚集到自己的国家、人民与种族下。Volk一词不仅仅拥有显然每个民族都拥有的历史，而且还具有某种超越民族现有道德及其外部历史事实的神秘本质和价值，"这种民族神秘感在学者中间唤起了真正的历史感和透视并理解德国历史的真挚感情：在学术和文学之间，无坚不摧"。② 于是，萨维尼决心以历史浪漫主义来捍卫"民族精神"，因此历史主义只是民族主义的附庸——法律史只是民族史的一个部分，它不能脱离民族性话语而单独存在。与萨维尼用历史主义话语反对像法国人那样制定一部反映"普世价值"之民法典的行为大相径庭的是，同样是历史主义者的穗积却积极投身于明治民法典的制定之中。③

因此，相形之下，穗积抱持一种普遍主义的看法。在《法律进化论》的总论中，他宣称，"法律学"的目的即为"法现象之普通素之知识"，而"法律进化论"作为"法律学"中"法律动学"的一部分，其目的也在于阐明"法现象变迁中普遍的通素"。④ 然而，这种所谓"通素"果真存在？对此，穗积首先承认，法律现象不仅依国家、民族、人种而表现各异，即使在同一国家、民族、人种内，也是在不断变化着的。不过随后他又乐观地认为"世界人类"虽然各有不同，但"皆为同种之生物，其身体组织，大体不差，所异者，不过身长、骨骼、皮肤毛发等之细目而已"。而且在经历详细观察之后即可发现，"同一环境中之民族"因有着共同的生活需要，常常呈现出许多相似性。而对"文化程度相同之民族"而言，他们的

---

① 〔日〕穗积陈重：《法律进化论》（法源论），黄尊三等译，中国政法大学出版社，1997，第3页。
② 〔爱尔兰〕J. M. 凯利：《西方法律思想简史》，王笑红译，汪庆华校，法律出版社，2002，第306~307页。
③ 何勤华：《20世纪日本法学》，商务印书馆，2003，第56页。
④ 〔日〕穗积陈重：《法律进化论》（法源论），黄尊三等译，中国政法大学出版社，1997，第1~2页。

"法律生活程度"也是大抵相同的。所以,在表面上纷繁芜杂的"法现象"背后,却必然存在着"通素",这一"通素"不仅存在于静态"法现象",而且存在于动态"法现象"中。①

可以断定的是,穗积的普遍主义信仰,更多的是受到达尔文和梅因的进化论的影响。当然,那个时代弥漫于西方比较法学的对有关"法律普世主义"的乐观信仰,对穗积的影响也不容忽视。与萨维尼试图在历史之维度中寻找到特殊性的动机不同,《法律进化论》同这几个英国人的作品一样,则是在努力地从历史维度中论证对普遍性的诉求。按照穗积的理解,法律会随文化的发展而表现出世界化的倾向,②"世界共有法"的理想则始终贯穿于其研究的整个过程。

于是,萨莱伊和朗贝尔的旧梦在这里被重温:在通向"世界共有法"的道路上,各民族法律都将经历统一的、优胜劣汰的生存选择过程。而究竟谁能代表各国法律最终的发展趋势?穗积虽未予明确回答,然而他的研究却在显示:答案只能是西方国家的法律。

现在让我们把时间回溯到《法律进化论》问世的40年前。明治17年(1884年),穗积在日本的《法学协会杂志》第1卷第5号上发表《法律五大族之说》一文。在该文中,他首次提出了"法族"(legal family、family of law)的观念。他认为,世界上的法律制度一般可分为五大家族,即"印度法族、支那法族、回回法族、英国法族、罗马法族"五种,其着眼点在于法律乃是因民族而异的。③ 穗积当时并未意识到,伴随着"跨语际实践"的扩散效应,他的这一学说将在几十年之后的中国学术界产生极其深远的影响:在20世纪的前30年,几乎所有中国学者的"法系"研究论著中,包括"中国法系"("支那"一词被绝大多数中国学者替换成"中国")在内的五大法系说("法族"一词被替换成了"法系")都被奉为权威理论。该学说的地位近乎不可动摇。即使是在此之后,作为与美国学者威格摩尔(John Hr. Wigmore)十六法系说相对立的学说,五大法系说也往往更受到学者的青睐。

---

① 〔日〕穗积陈重:《法律进化论》(法源论),黄尊三等译,中国政法大学出版社,1997,第3页。
② 〔日〕穗积陈重:《法律进化论》(法源论),黄尊三等译,中国政法大学出版社,1997,第279页。
③ 〔日〕穗积陈重:《穗积陈重遗文集》第一集,转引自杨鸿烈《中国法律对东亚诸国之影响》,中国政法大学出版社,1999,第2页。

对于这一学说的产生原因，我们可以从比较法学方法论的角度去阐明。将漫无头绪的各国法律秩序加以划分归类，无疑为比较法学研究提供了方便。如果在划分的大集团中每个集团都有一至两个法律秩序作为这整个集团的代表，那么在一定前提条件下，便可集中力量对这些代表性法律秩序进行研究。① 在这种方法论的引领下，才有可能产生将以某一母国法律秩序为中心的数国法律秩序同归为一个"家族"的念头，穗积正是最早公布这种想法的学者。另外，由于数世纪以来在欧洲人视野中长期只存在一元而不是多元的文明，所以对他们而言以下想法显得不可思议：承认欧洲文明之外还存在"文明"，进而承认其现存法律的合理性，随后将其归为若干个族类而与西方的法律相提并论，并进行等而齐之的互相比较与借鉴。所以，这个任务只能由欧洲之外的学者最先提出。

穗积的五大法族说让人觉察到其将各个"文明"同等对待的观念，这在今天看来无疑更具有"进步"意义。然而，这一法族学说本身却也是其共同法理论的一部分，而该理论在实质上与1900年国际比较法大会的精神是一致的。历史主义、进化论、普遍主义等观念，自穗积早年留学之际，便开始对他此后的创作造成毕生影响，而《法律进化论》无非是这类思想在法学领域的一个系统化应用。所以，穗积在论述五大法族的关系时，才会用进化论的话语来诠释：这五大法族互相竞争、此消彼长，内中的规则正是优胜劣汰，而其中最典型的例子莫过于"支那法族"的解体。作为"支那法族"成员之一的日本，也正面临着这样的威胁，而要摆脱这样的威胁，就必须改革或改良本国法律。② 而改良的方向，则自然是以西方法律为典型代表的"共同法"。最终，法族的划分又将在"共同法"语境下丧失立脚点，五大法族说恰恰内含着自我解构的诱因。

三 从"支那法系"到"中国法系"

（一）"攻法子"与"支那法系"

光绪二十九年（1903年），留日学生编辑的刊物《政法学报》（其

---

① 李秀清等：《20世纪比较法学》，商务印书馆，2006，第327页。
② 参见何勤华《20世纪日本法学》，商务印书馆，2003，第55页。

前身是《译书汇编》）在该年第 2 期上刊载了署名为"攻法子"① 的《世界五大法系比较论》一文，这是我目前所知的将"法系"概念引入中国的最早一篇文献。从该文标题即可看出，作者借鉴了穗积陈重的五大法族说。

在文章中，作者认为"今世之国家"正处于"法治国时代"，并断定"世界未有法之不立，而能完成其为国家者也"。② 这种对"法治"的提倡，在清末呼唤变法革新的语境中并不罕见。无疑，这种对"法治"的推崇，很容易就会导致对传统中国的"礼治""德治"等观念的批判，因此作者在对世界五大法系的形成、沿革、内容、特征与影响等方面做了较为详细论述后，接着对此评价道：

> 综观诸法系之中，其将来足以支配全世界而今日已发施其实力者，惟罗马法系与英国法系……印度及回回二法系，其偏于宗教的性质，与法律之要素不相符合……支那法系惟道德是尚，不讲法律，而不明权利之为何物。故法律之效用，几于无存也……支那法系之存在，特沿革的而已，本无永久存在之要素。③

---

① 关于这位"攻法子"的真实身份，何勤华认为"生平事迹不详"（何勤华：《比较法在近代中国》，《法学研究》2006 年第 6 期，第 129 页）。我所查阅到的当时所有署名为"攻法子"的文章有：《敬告我乡人》（《浙江潮》癸卯年第 3 期）、《论地方自治》（《四川》第 2 号）以及刊载于《译书汇编》与《政法学报》上的一系列法政类文章。其中《浙江潮》是清末浙江籍留日学生在 1903 年创办的一个进步刊物，上面一般仅刊载浙江籍留日学生发表的文章。对于在由浙江籍学生创办、读者亦多为浙江籍人士的刊物上发表名为《敬告我乡人》这一文章的"攻法子"，我们从文章标题本身就可以推断其应是浙江籍贯。文章开头第一句话也印证了这一推想："某谨白：以浙江同乡会会员之一员，借杂志《浙江潮》之余白，窃欲有所贡献于我乡人，思之有日矣。"作者既然化名"攻法子"，则所修专业必然是法科。又，因"攻法子"将五大法系学说介绍给国人，所以受穗积陈重的影响应该比较大。穗积陈重其时任教于东京帝国大学，由此可认为攻法子最有可能就读于东京帝大。综上，笔者推断这位署名"攻法子"的作者必须满足以下条件：一、浙江籍贯；二、1903 年之际正在日本留学；三、其时正就读于东京帝国大学法科。根据笔者所掌握的史料，符合这三个条件的人物有钱承志、吴振麟、章宗祥、王鸿年四人（参见《浙江同乡留学东京题名》，《浙江潮》癸卯年（1903 年）第三期，附录）。至于"攻法子"究竟是这四人中之何位，恕笔者学力疏浅，难以再做进一步考证，因此尚待更有学力之士来完成。
② 攻法子：《世界五大法系比较论》，《政法学报》1903 年第 2 期，第 1 页。
③ 攻法子：《世界五大法系比较论》，《政法学报》1903 年第 2 期，第 7~8 页。

而作者对"支那"走向"法治国"开出的药方是:

> 故法治国之时代,而据一要素不备之法系,欲以应今日社会之用,盖戛戛乎难矣。故吾敢断言曰:支那不言法治则已,欲言法治,则惟舍支那固有之法系,而继受罗马及英国之二新法系,然后国民法律之思想得以渐次发达进步,法典可期其完成也。①

"攻法子"对"支那法系"的前景判断同穗积一样,显然是悲观的。在"攻法子"的另外一些文章中,作者更为明确地指出:唯有输入"文明",学习西方国家的政治与法律,普及国民的政治思想,提高国民的政治能力,才能"新造吾国民";② 只要政府编纂完备的法律,对内实行立宪政治,对外改正条约,中国就可以成为一个独立自存、"完全无缺的国家"。③ 概言之,在"攻法子"看来,"救亡图存""民族振兴"的目标必须通过输入西方的法律和政治制度才能实现,而旧有的"支那法系"则与这些目标的实现格格不入,是必须革除的旧事物。

自"攻法子"首次将"法系"一词引入汉语世界后,该词旋即开始其传播历程。次年,其时亦身处日本,并阅读过《译书汇编》与《政法学报》的梁启超④在《中国法理学发达史论》一文中也使用了"法系"一词。当然梁启超也有可能是受到穗积陈重作品的直接影响。⑤ 不过相较于"攻法子",梁对于"我国法系"之过去的评价,却高出许多:"我以数万万神圣之国民,建数千年绵延之帝国,其能有独立伟大之法系,宜也。"⑥ 当然,梁启超认为处此新时代中,"我国法系"也必须进行改革,其改革的方向,也是"法治主义":"法治主义,为今日救时唯一之主义。立法事业,为今日存国最急之事业。稍有识者,皆能知之。"⑦ 不过在这篇国学味

---

① 攻法子:《世界五大法系比较论》,《政法学报》1903年第2期,第8~9页。
② 攻法子:《论国家》,《译书汇编》1902年第9期,第9页。
③ 攻法子:《论研究政法为今日之急务》(续前稿),《译书汇编》1902年第10期,第3页。
④ 参见吕顺厂《清末浙江与日本》,上海古籍出版社,2001,第36页。
⑤ 梁启超在此时写作的论文中已经出现了对穗积陈重作品的直接引用,见范忠信编《梁启超法学文集》,中国政法大学出版社,2000,第179~180页。
⑥ 范忠信编《梁启超法学文集》,中国政法大学出版社,2000,第69页。
⑦ 范忠信编《梁启超法学文集》,中国政法大学出版社,2000,第71页。

大于西学味的文章中,"法治主义"承载主体被解释成管仲、尹文、韩非与李斯等人。① 而且,虽然"法系"一词出现在其多篇作品中,但是这并不能断定梁启超对法系学说已非常熟悉。实际上,他并没有哪一篇文章系统地阐述了其所谓"我国法系"的定义、沿革、特征和范围等,亦即并没有创建一套完整的关于"我国法系"的学说。在其文章中,"法系"一词的用法明显非常随意,甚至即便我们用"法律"一词代替文中所有出现"法系"之处,实际上也并不会造成理解上的困难。

短短几年后,不仅是学者,甚至较为开明的清廷官员也开始使用"法系"一词,这无疑与该时代的新政背景是无法分离的。例如,为筹备立宪而奉清廷之命出洋考察的五大臣归国后(光绪三十二年,1906年),在其著名的请求立宪奏折中言及各国宪制所规定的中央与地方关系时,即使用了"日耳曼法系"与"罗马法系"的字眼。戴鸿慈认为,就这两大法系而言,前者中央集权的程度弱于后者。② 次年6月,时任大理院正卿的张仁黼在《奏修订法律请派大臣会订折》中也写道:"日本法律本属支那法系,而今取法于德、法诸国,其国势乃日益强。"③ 将日本视为原"支那法系"的一支,以及使用"支那法系"这一极具日本风格的措辞,或许正是受到经由"攻法子"介绍的穗积陈重理论的影响。

(二)"中国法系"

不过,鉴于"支那"一词在19世纪末以来中日关系史中的贬义色彩,"支那法系"的概念无疑对中国人而言略显不合时宜。于是,"中国法系"就成为"支那法系"四字的替代品。1918年3月,卢复在《法政学报》的第1期发表《中国法系论》一文。在创刊号上发表这篇文章,无疑表明了作者对自己理论原创性的高度自信。该文也是我所知的明确使用"中国法系"一语的第一文(梁启超在1904年只使用"我国法系"的字眼)。

该文分别从"中国法系"的沿革、法律的种类、学术、观念以及司法制度等方面,给读者展示了一幅"中国法系"的全景图。作者明显不满于法律界"徒袭取他人之法义,置数千年来圣贤明哲所叙造之宪章于不顾"

---

① 范忠信编《梁启超法学文集》,中国政法大学出版社,2000,第96~119页。
② 《清史稿·卷四百三十九·戴鸿慈列传》。
③ 故宫博物院明清档案部编《清末筹备立宪档案史料》,中华书局,1979,第29页。

的现状,① 并试图为"中国法系"在当前时代的存在和延续努力寻找正当性依据。因此,在法律渊源方面,作者认为"虞书所载象以典刑一节已具成文法之萌芽";② 在法律种类方面,则认为"我国旧时法典虽公私不分、民刑混合,然察其内容则已各具法典之性质矣";③ 接着作者指出古代的令、格、式实际上具有今日的行政法与各种单行法的意味,而对于律,作者更是将其中的各篇详细地做了现代性的解释,其中"名例"篇即是现在的刑法总则,"卫禁"篇则属于违警律与刑法的范围,其他的篇目也被相应地解释进了官吏惩戒条例、税法、民法、诉讼法等范畴;对于法律学术,作者声称"大抵昔日所谓政治家者谓之法律家也亦可,是故周公政治家也,而所著周礼一书实为成周一代之成文法典矣";④ 甚至"司法独立"也首次出现在关于"中国法系"的话语中:

> 我国古制地方法官虽多受行政官之监督,而按律折狱彼亦侵其权。高级法官除关于疑狱聚行政长官取决外,而执行一切司法事务凡百僚固不得越职言事矣。是以古昔执法森严不畏威不徇私者,传籍所载,传为美德。我国之重司法独立也,夫岂一朝一夕之故哉?⑤

在文章末尾,作者使用了当时罕有的"相对主义"语言,来对罗马法系与英国法系的"文明性"与"世界性"提出辩难:

> 夫法律之文明与否以何者为准绳乎? 以理论的编纂为文明呼? 则罗马法系文明英吉利法系为不类矣。抑以不成文法为文明乎? 则英吉利法系文明而罗马法系为不类矣。二者必居于一。胡为法出欧美均属文明法出东亚概为野蛮乎? 此其说之不足恃者一也。所谓世界性者,以欧洲大陆为限乎? 以英美为限乎? 抑以全球为限乎? 罗马法系不能及于海洋诸国,英国法系不能及于大陆诸国,所谓世界的性质者果安

---

① 卢复:《中国法系论》,《法政学报》1918年第1卷第1期,第1页。
② 卢复:《中国法系论》,《法政学报》1918年第1卷第1期,第1页。
③ 卢复:《中国法系论》,《法政学报》1918年第1卷第1期,第2页。
④ 卢复:《中国法系论》,《法政学报》1918年第1卷第1期,第3页。
⑤ 卢复:《中国法系论》,《法政学报》1918年第1卷第1期,第6页。

在哉?此其说之不足恃者又其一也……国与国之习惯各殊,国与国之学说各异,即各国法律有各国法律之精神。文野非以欧亚分,世界非就欧美言。未可轻人而重己,尤不可轻己以重人。①

然而,卢复的这篇文章在很长时间内并未引起民国学术界的共鸣。"法学民族主义"尚未在此刻迎来其成熟时机。而且,卢复将中国传统附会到现代标准中去的做法在当时确实难以被接受。此外,该时期的法学界普遍对中国古代法律缺乏自信,诚如刘广安所言,中国法律史在此时的研究尚处于"奠基工作"阶段。② 正因为大规模的史料挖掘与整理工作尚未全面展开,所以此时的学者尚缺乏足够的证据去支撑对"民族法制史"的信心。

1929年9月,时隔《中国法系论》的刊载11年有余,从日本归国不久的薛祀光发表了《中国法系的特征及其将来》一文。这是一篇法哲学性质的文章。作者的写作目的,是为了研究"中国法系自身有没有可以维持自己生命的要素存在",③ 这看似要比十几年前卢复的作品低调很多。文章从探讨"中国法系"的特征入手,认为"中国法系至少要有两种特征,和别的法系不同,尤其是和罗马法系不同。中国法系的法律,和道德非常接近,这是它的第一种特征,中国法系的刑法非常繁重,这是它的第二种特征"。④ 作者认为这两个特征中或许有一个可以"维系中国法系尔后的生命",⑤ 而这个特征即是"法律与道德接近"。

接着作者对这个特征做了法哲学上的探讨,以便证明"法律与道德接近"不仅是"中国法系"的一个特征,还应该是具有普适性的应然命题。作者得出的结论是:

中国道德思想虽以封建的社会生活做背景的,我们是不能接受

---

① 卢复:《中国法系论》,《法政学报》1918年第1卷第1期,第7页。
② 李贵连主编《二十世纪的中国法学》,北京大学出版社,1998,第68页。
③ 薛祀光:《中国法系的特征及其将来》,《社会科学论丛月刊》1929年第1卷第4期,第34页。
④ 薛祀光:《中国法系的特征及其将来》,《社会科学论丛月刊》1929年第1卷第4期,第34~35页。
⑤ 薛祀光:《中国法系的特征及其将来》,《社会科学论丛月刊》1929年第1卷第4期,第35页。

的，什么礼不下庶人、刑不上大夫的法律思想和旧律上"八议"制度，我们是要推翻的；但是古圣人留给我们几个道德的概念，什么义，什么诚，什么仁，这等范畴，总可以说是永久不变的。中国法系的法律和中国道德处在这等同一范畴之下，道德范畴的内容随民生而变了的时候，法律思想就可以随道德思想而变。这一点应该是中国法系的生命所在，至少应是中国法系的时代适合性。[①]

于是，"中国法系"在这种诠释中便获得了为世界其他法系所不具备的特质。它不仅不应被抛弃，而且"或许还可以贡献于世界"。[②]

四 威格摩尔的影响

（一）《世界法律系统大全》

1928年，时任美国西北大学法学院院长的约翰·亨利·威格摩尔（John Henry Wigmore，下文或简称威氏）出版了三卷本的《世界法律系统大全》（这是民国学者对书名的中文译法）一书。[③] 该作品除了通过将大量有关各个"法系"的，包括照片、司法文书、法典条文等在内的第一手材料展现给读者，从而给读者造成对各个"法系"的深刻感官印象外，其提出的将世界"法系"分为十六个之多的观点也看似空前绝后。这十六个"法系"分别是："埃及法系、美索不达米亚法系、中华法系、印度法系、希伯来法系、希腊法系、海事法系、罗马法系、凯尔特法系、日耳曼法系、教会法系、日本法系、伊斯兰法系、斯拉夫法系、大陆法系和英美法系。"[④] 而其中对于历史悠久、延展至今的"中华法系"的评价，则尤其让

---

① 薛祀光：《中国法系的特征及其将来》，《社会科学论丛月刊》1929年第1卷第4期，第45页。
② 薛祀光：《中国法系的特征及其将来》，《社会科学论丛月刊》1929年第1卷第4期，第45页。
③ John Hr. Wigmore, *A Panorama of the World's Legal Systems*, Washington Law Book Company, 1928. 该书在1936年以简装合订本的形式再次出版，新版本中的图片由原来的彩色变成了黑白模式。中译本即根据该书第二版译出。
④ 〔美〕约翰·H. 威格摩尔：《世界法系概览》，何勤华等译，上海人民出版社，2004，第2页。

中国的学者感到愉快：

> 独具特色的是，它是唯一一个持续留存至今的古老法系——超过4000年的时间；与之相比，今日现行的其他法律体系只不过是孩童般而已。①

> 最早的中国法典传说远远先于哈姆哈伯王（King Harmhab），伟大的埃及立法者，现在仍然可以看到他的雕像，然而埃及的法律制度很久以前已被埋葬于尼罗河谷的泥沙之下了。恺撒和罗马元老院的议员们曾用来自文明中国的丝绸来装扮他们的妻子和女儿们，但罗马帝国很久以前已经消失了——只是历史长河中的一个插曲。然而中国的制度，不管朝代如何重复动荡和更替，仍然在一个拥有4亿人口的强大民族中存活了下来。②

可以肯定的是，至迟到1929年，已有若干中国学者阅读到了威氏的这部著作。上文提到的薛祀光的文章，在其开篇处就已呈现威氏十六法系论的味道。③ 1930年，马存坤在《法律评论》杂志上发表名为《魏穆尔氏世界法律地图之研究》的论文。这是一篇对威氏著作附录部分内容进行检讨的文章，在文中作者提出了一些不同于威氏的观点。④ 而在同年早些时候，李次山也发表了《世界法系中之中华法系》一文，⑤ 虽然从标题上难以看出此文与威氏著作的直接联系，但该文的前半部分介绍的是除"中华法系"之外的世界其他法系的发展历程，而此处采用的正是威氏的十六法系说，这部分内容实际上是威书的精缩版本。而此后民国学界几乎所有与法系有关的论文，都会对威氏的十六法系说有所提及，即使撰文之人未必同

---

① 〔美〕约翰·H. 威格摩尔：《世界法系概览》，何勤华等译，上海人民出版社，2004，第110~112页。
② 〔美〕约翰·H. 威格摩尔：《世界法系概览》，何勤华等译，上海人民出版社，2004，第156~158页。
③ 薛祀光：《中国法系的特征及其将来》，《社会科学论丛月刊》1929年第1卷第4期，第32页。
④ 马存坤：《魏穆尔氏世界法律地图之研究》，《法律评论》1930年第8卷第3期，第8~10页。
⑤ 李次山：《世界法系中之中华法系》，《法学丛刊》1930年第1卷第2~4期。

意威氏的这种划分方法。如果十六法系说在这些文章中确实被置于否定性的位置,那么穗积陈重的五法系说作为与此相对应的更为"正确"的学说也时常会被论及。① 所以,威氏的著作在民国法学界所造成的影响,无论是从正面还是反面来看,都是深远的。

(二) 法系、法律系统与 legal system

上文对威书中的"法系"一词加以引号并非是无所事事的表现。在威书的英文原版中,被中国学者翻译成"法系"的英语词是 legal system。而正是在对该词的理解和翻译上,歧义、暧昧、模糊在循环往复般地产生和消解,"跨语际实践"中的复杂性在此展露无疑。而这种复杂性或者说暧昧性中的某些面向,却正被中国学者在有意无意中加以放大和利用,以致在某一特定语境——民族主义的语境——之中,"跨语际实践"中的某些词汇间的"等值关系"仿佛牢不可破,甚至将这层复杂性本身也掩盖殆尽。实际上,"法系"、legal system、"法律系统"这些中英文词汇的意义,都由于屈就了民族主义的政治和情感需求,以致受到了不同程度的"歪曲"。

Legal system 的外延,究竟应否局限在一国家(或者说一民族)范围之内?威氏对这个问题似乎保持着一种模糊态度。在此书的前言,legal system 似乎是与种族或者民族这类概念紧密相连,而且似乎只有部分民族才"配得上"拥有它:

> 虽然不同的种族和部落为了维持日常生活的秩序,都分别颁布了法令,制定了规则,同时也产生了大量的地方习惯法。可是,这些不断变化的地方习惯法、零零星星的法律规则、不甚严谨的法令,经过时间的洗礼和地方的变迁,最后,只有少数几个民族形成了清晰、完备、系统、连续的法律思想和法律方法体系,这就是本书所指的法系(legal system)。②

---

① 例见杨鸿烈《中国法律对东亚诸国之影响》,中国政法大学出版社,1999,第 2~3 页。
② 〔美〕约翰·H. 威格摩尔:《世界法系概览》,何勤华等译,上海人民出版社,2004,第 1~2 页。

但是，在具体介绍某些 legal system 时（如伊斯兰、海事、教会法系），著者又使得 legal system 的外延超越了单个民族的范围。① 与此类似的是，当时的中国学者在将威氏的 legal system 翻译成"法系"的同时，却又对"法系"产生了不尽相同的理解。杨鸿烈显然将"法系"的外延拓展到了数个国家，在他的构想中，朝鲜、日本、琉球和安南都被包括进了"中国法系"的范围。② 但是更多的学者却呈现出一种暧昧态度，虽然介绍的是"中华法系"（或"中国法系"），但仅有对中国一国的法律发展的历史性回顾。对于当时的很多学者来说，"中华法系"仿佛成为了"中华民族"专有财产。而威氏所给出的"法系"数量之多也加剧了这种想象，全世界共有十六个之多的"法系"，③ 而且往往是以国名或族名来命名。

甚至在威氏本人对"中华法系"的论述中，其空间范围也被限制在中国范围内。而这给人造成的印象就是：各主要民族都有属于自己的一个"法系"，"法系"是一个国家内部所有法律制度的总和。在这里，"法系"和（一国的）"法律体系"之间仿佛画上了一个等号。而巧合的是，这两个词汇的英语对应词也常常正是相同的——legal system。

客观地说，威氏将 legal system 理解成一个生命组织体。④ 这种功能主义的理解表明威氏自始至终是将 legal system 理解为一个结构紧凑的系统，而非现代意义上的法系这种相似法律秩序的松散联合。虽然 legal system，诚如威氏所言，能够"时常扩展到其原生区域之外进而把远无关联的人民也包括进来"⑤，因此在这个时候似乎存在着将该词组翻译成"法系"的可能性，然而《世界法律系统大全》一书中所讨论的 legal system 并非全部都处于这种状况。实际上一个 legal system 既有可能支配着多个民族，也有可

---

① 参见〔美〕约翰·H. 威格摩尔《世界法系概览》，何勤华等译，上海人民出版社，2004，第9、13、14章。
② 杨鸿烈：《中国法律对东亚诸国之影响》，中国政法大学出版社，1999，第17页。
③ 十六法系说还远远不是定论，威氏后来还补充了某些已经消失了的"法系"，如伊朗法系、亚美尼亚 - 佐治亚法系、美洲印第安法系、马达加斯加法系等，see John Hr. Wigmore, "Some Legal Systems that have Dispeared," 2 *La. L. Rev.* 1, 1 - 30 (1939 - 1940)。按照威氏的法系界定标准，这些曾经存在过但已经消失了的法系确实是可以照样被称作"法系"的。
④ 〔美〕约翰·H. 威格摩尔：《世界法系概览》，何勤华等译，上海人民出版社，2004，第950~951页。
⑤ John Hr. Wigmore, "A Map of the World's Law," 19 *The Geographical Review* 114, 114 (1929).

能只支配一个民族。因此，将 legal system 翻译成"法律系统"显然是更为明智的做法。当然，一个"法律系统"不会永远只属于某一个民族，除非它是即将被淘汰掉的那种类型。

1929年1月，威氏将《世界法律系统大全》中的附录的那篇《世界法律地图》（A Map of the World's Law）单独发表在《地理评论》（Geographical Review）上。① 与威氏的那本书形成鲜明对比的是，这篇文章以在当时来说是快得异乎寻常的"跨语际实践"速度在一年后被翻译成中文，并被发表在1930年2月的《东方杂志》上。② 在中译文中，legal system 被刘虎如翻译成了"法律系统"，应该说这是较符合威氏意愿的一种译法。因为与概念应用模糊不清的《世界法律系统大全》一书相比，这篇文章明显讨论的并非是"法系"的划分，而只是讨论"法律系统"（legal system，有时是 system of law）的分类，以及各国法律分别处于何种"法律系统"支配之下。对于什么是"法律系统"，威氏解释道："一个法律系统是包含社会生活根本制度的集合体，伴随着一个职业阶层的思想而发展，并借由一个特定的逻辑和社会连带而联合成一个有形的统一体。"③ 这个定义虽然没有刻意将"法律系统"的概念同民族国家的共同体形式相联系，但也没有明显的试图超越民族国家范畴的念头，所以，"法律系统"的意义与"法系"的"正确"意义间不致产生必然的重合。由此，结合现代的、较为"正确"的对"法系"概念的理解，威氏所指称的"法律系统"并不必然就是"法系"，反之亦然。

然而，由于表示"法系"和"法律系统"这些中文概念之意义的英语词，都可以是 legal system，所以中国学者在理解中往往会产生一种混淆（既可能是有意也可能是无意），亦即将文中的意为"法律系统"的 legal system 理解成了作为"法系"的 legal system，或者相反。而当着手进行译介时，也许还会出现以下更有趣的现象：将 legal system 翻译成了"法系"，但却是在隶属一国一族的"法律系统"的意义（一种被歪曲的意义）上理解它的，或者相反，将这个词翻译成了"法律系统"，却把它理解成了"法系"（现代意义上）的意义，自然后一种情况是非常罕见的。于是，在

---

① John Hr. Wigmore, "A Map of the World's Law," 19 *The Geographical Review*, pp. 114 – 120.
② 〔美〕约翰·H. 威格摩尔：《世界法律地图》，刘虎如译，载何勤华、李秀清编《民国法学论文精粹》第一卷，法律出版社，2003，第464～478页。
③ John Hr. Wigmore, "A Map of the World's Law," 19 *The Geographical Review*, p. 114.

高唱"民族复兴"的时代语境下,即便是把 legal system 译成了"法系",将"法系"理解成一个民族国家内部的法律制度的总和(即某些学者头脑中的"法律系统"或"法律体系")的观念也还是再次受到强化。甚至,抛开英语不谈,中文里"法系"也可以看成是"法律系统"的简称,这更加剧了学者在这两者间画等号的念头。语言以及不同语言之间的多重等值关系——一个英语词实际上有数个中文词与其对应,反之亦然——在这里和我们开了一个大玩笑。

于是,民族(nation, people, folk)、国家(nation, state, country)、法律制度(legal system, legal institution)、法律体系(legal system)、法律系统(legal system)、法系(legal system, legal genealogy, legal family, legal group 甚至 legal tradition)等这些意义模糊的中英文词汇,以及它们相互之间被人为地、偶然性地、历史性地建立起来的暧昧的多重等值关系,正好给中国的译介主体(在这里是指法学家)提供了充分的自主创造空间,从而使汉语阅读者只能看见被精心挑选出来的适合于中国语境的意义关联,而轻易地忽略了其他种种可能性。在经过挑选之后,legal system 被稳定地想象成一个外延缩小了的、变了味的"法系"。久而久之,变质的味道早已散去,这两个语词间的等值想象却依旧存在,并最终体现在威氏著作的一个迟到中译本的名称上——2004 年出版的《世界法系概览》,该书是《世界法律系统大全》一书第二版(简装的图书馆版)的中译本。

五 "中华法系"学说的兴盛

(一)"中华法系"四字端绪

与"中国"相比,"中华"一词不仅是一种地域概念,而且更代表着一种民族与文化类型。因此,当近代中国民族主义话语兴起之后,在采用何种名称来称呼新建构的民族这个问题上,"中华民族"的方案明显胜过了"中国民族"。[①] 而辛亥革命后,"中华民国"的国号的确定,也加深了

[①] 黄兴涛:《现代"中华民族"观念形成的历史考察——兼论辛亥革命与中华民族认同之关系》,《浙江社会科学》2002 年第 1 期,第 129~130 页。

对"中华民族"的认同与想象。"中华"这一兼具国号与族名双重性质的词汇，也开始在各类组织与事物的命名中出尽风头，"中华书局""中华职业教育社""中华银行""中华艺社""中华教育改进社""中华足球联合会""中华工业协会"等此类名称都成为了这次话语浪潮的产物。①

因此，"中华法系"这一称谓的诞生便显得合情合理。正是这一概念，在20世纪三四十年代逐渐取代了"中国法系"的称谓。② 1930年初由中华民国律师协会创办的《法学丛刊》（以下简称《丛刊》）的"使命"之一，如其发刊词所言，正是"树立中华法系"。这个法系，"乃三民主义的中华新法系是已"，而《丛刊》则"愿为树立中华法系之先锋"。③ 为了体现出这一"使命"，《丛刊》连续三期总计使用了近百页的篇幅，来刊载李次山的《世界法系中之中华法系》一文，④ 李次山时任全国律师公会委员以及上海律师公会会长。这是该时期第一篇受到威氏著作影响而写就的文章，当然也是首篇将英语词组Chinese legal system翻译成"中华法系"的文章。如上文所述，虽然李次山在文中并未提及威氏本人及其著作，但他也如威氏那样将世界法系分为十六个。⑤ 与威氏不同的是，李次山认为"日本法系"系由"中华法系"继受而来，因而不能承认其独立地位，但同时又认为新生的"共产法系"则有扩大其影响范围的趋势，因此世界法系的数量仍然被维持在十六个。⑥ 同威氏一样的是，李次山也将"法系"视作一个生命组织体："此十六种法系，各有其生物学的个性，各有其发生长成之历史。"⑦

接着，李次山对除"中华法系"以外的其他各大法系的发展历程进行了大篇幅介绍，这些内容亦多与威氏著作类似。最终，在《丛刊》第4期

---

① 黄兴涛：《现代"中华民族"观念形成的历史考察——兼论辛亥革命与中华民族认同之关系》，《浙江社会科学》2002年第1期，第137页。
② 但这并不意味着"中国法系"的称谓就退出了历史舞台。实际上在这段时期"中华法系"与"中国法系"这两个称谓是并存的，例如程树德、杨鸿烈二人就依然在使用"中国法系"的提法。
③ 程燎原：《中国近代法政杂志的兴盛与宏旨》，《政法论坛》2006年第4期，第11页。
④ "世界法系中之中华法系"这一提法本身就暗示了一种民族性认同，这是一种对本民族/法系在"世界民族/法系之林"中的成员资格之自我肯定。
⑤ 李次山：《世界法系中之中华法系》，《法学丛刊》1930年第1卷第2期，第2~3页。
⑥ 李次山：《世界法系中之中华法系》，《法学丛刊》1930年第1卷第2期，第3页。
⑦ 李次山：《世界法系中之中华法系》，《法学丛刊》1930年第1卷第2期，第4页。

该文的"再续"中,作者将目光聚集在了"中华法系"本身上。他提出,"中华法系"的发生与发达,可大致分为四期:"(一)萌芽期,自伏羲至陶唐;(二)成熟期,自陶唐至商纣;(三)发达期,自周初至战国;(四)因袭期,自汉至今。"① 随后作者按照自己的阶段划分标准给读者做了一遍中国法律史的回顾,接着又探讨了"中华法系"之所以形成的先天与后天背景。在文章的最后,作者给出几点他眼中的"中华法系之特质",② 例如"为农业生活的法系"、"为家庭单位的法系"等。他甚至使用了时髦的词汇来描述其中的几个"特质":"为富有社会主义色彩的法系"与"为国家主义的法系"。③ 这里的"社会主义"与"国家主义"并非是在否定意义上被使用。

在这篇文章对"中华法系"的全部论述中,其空间范围都仅仅局限在中国之内,这似乎也是受到了威氏对"中华法系"研究的影响。令人遗憾的是,李次山的这篇长文仅仅是对"旧中华法系"的介绍,尚缺少对"中华法系"未来走向的关注,因而"树立新中华法系"的宏旨实际上并未达到。

(二)"民族复兴""法系建设"与意识形态

民族主义在中国并非经历着缓慢的原生过程,而是在一场急剧动荡的内外历史变迁中被"激发"出来。在这一过程中,中日关系史上的一系列符号性实践——甲午战争、日俄战争、"二十一条"、五四运动、济南事件、九一八事变乃至八年抗战——无疑起着关键作用。这正如柯博文(Parks M. Coble)所言,"日本问题"对近代中国政治起着巨大而复杂的影响,它甚至在20世纪30年代构成了中国政治活动的框架,这个问题"促成了更加伟大的民族团结"。④ 因此,日本是促进中国民族国家建构的关键因素,无论是作为"楷模"还是作为"敌人"。

---

① 李次山:《世界法系中之中华法系(再续)》,《法学丛刊》1930年第1卷第4期,第1页。
② 李次山:《世界法系中之中华法系(再续)》,《法学丛刊》1930年第1卷第4期,第39~42页。
③ 李次山:《世界法系中之中华法系(再续)》,《法学丛刊》1930年第1卷第4期,第40~41页。
④ 〔美〕柯博文:《走向"最后关头"——中国民族国家构建中的日本因素(1931~1937)》,马俊亚译,社会科学文献出版社,2004,第6、401页。

"民族复兴"的话语,也正是在日本因素的刺激下开始兴盛的。九一八事变前后,面对着日益紧迫的军事威胁,诚如黄兴涛教授所言,"中国人格外需要一种强劲坚韧的生命意识,一种能打败强敌的顽强信念,一种延续历史文化和民族生存的深沉的使命感与担当精神,而'中华民族复兴'观念和话语的播扬,正是对此种现实精神需求的最好响应"。① 所以,暂且不论这次话语实践是否受到,或在多大程度上受到国民党方面的意识形态操纵,这种话语本身确实活跃于 20 世纪 30~40 年代却是一个不争的事实。于是,学术界对"中华法系"的关注也开始不再仅满足于其往昔的辉煌,将"中华法系"冠以"复兴""建设""树立"等字眼,并研究该法系之前途(大量学者更是径称之为"新中华法系"或"新中国法系")的言论也开始出现在各类刊物上。

上文已提及,1930 年创刊的《法学丛刊》在发刊词中就声称,其使命之一是"树立中华法系"。而在此之后,其他法学团体、刊物也开始陆续响应这种"使命"号召。同年底,一批身处南京的官员与学者成立了三五法学社,② 该社宗旨之一便是追求"新中国法系"与"大陆、英美两系鼎立而立于世界"。而成立于 1935 年的中华民国法学会的基本纲领第一条便是:"确认三民主义为法学最高原理,研究吾国固有法系之制度及思想,以建立中国本位新法系。"③

就学术作品而言,1930 年马存坤发表的《建树新中华法系》是这个时期第一篇此类性质的文章。文章中作者依然坚持了五大法系说,而否定了较新的、由日本学者织田万提出的六法系说。④ 对于这五大法系的现状,作者承认道:"吾人观今日世界上之法系,印度回教无论矣,我中华法系亦沉默无闻,惟大陆与英美两法系,则并驾齐驱,驰骋宇内,可谓盛矣,可以豪矣。"⑤ 但是作者认为,这两个法系是"个人主义的法系",维护的是资产阶级的利益,而革命后的苏俄则属于"共产主义的法系",也仅维

---

① 黄兴涛、王峰:《民国时期"中华民族复兴"观念之历史考察》,《中国人民大学学报》2006 年第 3 期,第 136 页。
② "三五"之意即为"以三民主义五权宪法研究法学"。
③ 洪兰友:《本刊之使命》,转引自程燎原:《中国近代法政杂志的兴盛与宏旨》,《政法论坛》2006 年第 4 期,第 9 页。
④ 马存坤:《建树新中华法系》,《法律评论》1930 年第 7 卷第 39 期,第 9 页。
⑤ 马存坤:《建树新中华法系》,《法律评论》1930 年第 7 卷第 39 期,第 13 页。

护无产阶级的利益。这几大西方法系无疑都有失偏狭，难以真正实现法治，"实人类社会之敌耳"。① 在对西方法系进行了意识形态上的批判之后，作者号召建设一个无阶级性、不偏激、具有世界性的公平正直之法系，亦即"三民主义的新中华法系"。② 在结论部分作者驳斥了法律须依靠武力才能扩展的观点，认为罗马法之所以有"千余年之光荣历史"，并非在于罗马帝国的武力，而在于罗马法本身的普遍性、适应性。因此，虽然中国没有强大的军事力量以便强行在世界各处推行其法律，但是作者相信："今吾国以具世界性之三民主义，暨公平正直之道，树一法系，吾人确信将超罗马法而上之，克奏统一世界法律思潮之伟绩，建法治大国之殊勋。"③ 很显然，这篇文章的目的不在于"追忆往昔"，在文中作者一直努力使用意识形态语言去诠释未来的"新中华法系"，并号召法律学者为实现这一"新法系"而"竭全力以赴之"。

实际上，这种意识形态话语不只是存在于此篇文章中，它在整个"法系建设"过程中都有充分体现。在整个"民族复兴"的话语实践领域，国民政府都试图将该话语塑造成带有国家意识形态性质的"霸权话语"，以便服务于其政治军事目的（反共及抗日）。④ 而作为"民族复兴"话语一部分的"法系建设"的话语实践，更是体现了意识形态操纵下的"官方民族主义"（安德森语）倾向。甚至于中华民国法学会的宗旨之一"建立中国本位新法系"的确立，也无疑是受到了当时国民政府提出的"建设中国本位文化"这一口号的影响。因此，在该时期许多"中华法系"文献中，此类意识形态口号都屡见不鲜，将"新中华法系"的立法精神解释成同"三民主义"思想一致也就不足为奇了。为了更好地控制住这个为数不多的官方意识形态占主导地位的话语领域，国民政府的部分官员甚至亲自上马，撰文支持"新中华法系"（或"新中国法系"）建设。例如，时任国民政府司法院院长兼中华民国法学会理事长之职的居正在抗战胜利后发表了作品《为什么要重建中国法系》，在书中居正明确强调，建设"新中国

---

① 马存坤：《建树新中华法系》，《法律评论》1930 年第 7 卷第 39 期，第 13～14 页。
② 马存坤：《建树新中华法系》，《法律评论》1930 年第 7 卷第 39 期，第 14 页。
③ 马存坤：《建树新中华法系》，《法律评论》1930 年第 7 卷第 39 期，第 14 页。
④ 黄兴涛、王峰：《民国时期"中华民族复兴"观念之历史考察》，《中国人民大学学报》2006 年第 3 期，第 130～131 页。

法系"应"以三民主义为最高指导原则"①。

　　当然，意识形态话语的存在，并不意味着作品的学术水平一定大打折扣，也未必意味着这其中民族主义话语的"真实性"就值得怀疑。实际上，正如当代学者所言，这个年代是"中华法系学走向兴盛"的时期。②在该时期，相关论著在数量和质量上都有很明显的提高，而这其中所体现出来的对"中华法系"的自信也是前所未有，甚至于在1933年还出现了这样一篇文章：《受中华法系支配的日本中古民刑事法》③。

　　丁元普在1931年和1937年先后发表了两篇有关"中华法系"的论文，而其各自发表的年份却又巧合般地体现了学说与民族命运的紧密联系。他在1931年发表的《中华法系成立之经过及其将来》一文实际上多为后来的某些文章所模仿，部分学者甚至大幅照搬其中的原话。④ 文章对威格摩尔（原文中为"英国学者魏穆尔"⑤）的理论做了一个简要介绍。与许多同时期学者一样，作者将"法律系统"与"法系"画上了等号："……从世界历史中，追寻出来约有十六个系统。此十六个系统，其中八种，已成过去之时代，如埃及法系、美索波达米亚法系、希伯来法系、希腊法系、罗马法系、色勒特法系、海上法系、教会法系，至现在均已不复存在。"⑥ 作者在文中先后从法哲学原理的演变以及法典的沿革两个方面，对"中华法系之经过"进行了一番介绍，这种写作模式也被此后的一些"中华法系"文献模仿。在将"中华法系"与"罗马法系"的法典进行比较时，作者先是承认"我国之刑法，独臻发达"，而"罗马式之法典，注重于民法"，但又认为两大法系在这方面的差异"各有其历史环境之关系，正不足为诟病也"；⑦ 随后展开一段法哲学的论证，在这次论证中"罗马法系"显然不如"中华法系"：

---

①　居正：《为什么要重建中国法系》，大东书局，1947，第88页。进一步的讨论，参见江照信《中国法律"看不见中国"——居正司法时期（1932~1948）研究》，清华大学出版社，2010，第162~167页。
②　俞荣根、龙大轩：《中华法系学述论》，《法治论丛》2005年第4期，第33页。
③　刘哲：《受中华法系支配的日本中古民刑事法》，《法学丛刊》1933年第2卷第4期。
④　最为典型的一篇文章见王汝琪：《中华法系之复兴》，《复兴月刊》1933年第1卷第10期。
⑤　丁元普：《中华法系成立之经过及其将来》，《现代法学》1931年第1卷第4~5期，第1页。
⑥　丁元普：《中华法系成立之经过及其将来》，《现代法学》1931年第1卷第4~5期，第1页。
⑦　丁元普：《中华法系成立之经过及其将来》，《现代法学》1931年第1卷第4~5期，第23页。

> 且征之法学之阶梯，凡社会幼稚，民智蒙昧，则先助法（即诉讼法）文化进步。人民法律知识完备，则先主法（即实体法），而助法次之。观罗马之十二表法，首载诉讼，而主法之规定列后，至优帝法典，先人法物法而后诉讼，此其进化之阶梯，殊属明显。而我国刑律，具为主法，若捕亡、断狱之关于诉讼法之规定，则皆附于篇末焉，足证中华法系之精神，良由吾民族开化最早，文明最古，不特为东亚首屈一指，且为世界之先导也。①

在文章末尾，作者对"中华法系"的现状与前景也同样充满信心："依据中国国民党之义及党纲所定原则，次第编成法典。其立法之旨趣，不惟中国前此法典所无，即各国法律，亦多未及此（因此作者不赞成威格摩尔"'新中华法系'多取罗马式的元素"的论断）。此则新中华法系之改造，其进步殆未可限量。"②

而丁元普在1937年发表的文章《中华法系与民族之复兴》，其标题本身便清楚地展现了作者眼中"中华法系"与"中华民族"的关系。文章中的一些句子，也明显体现出作者相较于1931年的文章更为强烈的"民族复兴"情结："中华民族之复兴，与中华法系之复兴，实为一贯而不可分"（这句话在文章中先后两次出现）；③"吾中华法系精神之表现，亦即中华民族精神之表现也"④。在文章的最后，与上文相类似的话语再次出现："中华法系之复兴，要惟以三民主义的立法，始克告厥成功。"⑤ 作者接着用儒家的"民本思想"解释三民主义。于是，传统礼治与（由官方操纵的）现代法治在诠释中得以和睦相处，"中华法系"乃至"中华民族"之复兴，便都寄望在"礼治"这一"我国固有之道德"之上。

---

① 丁元普：《中华法系成立之经过及其将来》，《现代法学》1931年第1卷第4～5期，第23～24页。
② 丁元普：《中华法系成立之经过及其将来》，《现代法学》1931年第1卷第4～5期，第24页。
③ 丁元普：《中华法系与民族之复兴》，《中华法学杂志》（新编）1937年第1卷第7期，第36、43页。
④ 丁元普：《中华法系与民族之复兴》，《中华法学杂志》（新编）1937年第1卷第7期，第43页。
⑤ 丁元普：《中华法系与民族之复兴》，《中华法学杂志》（新编）1937年第1卷第7期，第44页。

在 1936~1937 年两年间，为了体现"研究我国固有法系之制度与思想"的宗旨，《中华法学杂志》先后刊载了陈顾远的三篇有关"中国固有法系"的论文。在其中最为重要的《儒家法学与中国固有法系之关系》一文中，陈顾远认为"中国固有法系"的主要思想是儒家思想，而"儒家法学"的内容可以扼要归结为"礼刑合一"。① 因此作者认为"中国固有法系之成立与衰微，其功罪应归于儒家之一家，此固不待言也"。当然，"儒家思想之合于时代者，亦包括于三民主义之中，固非完全摒除外"。② 因此，建立"中国本位新法系"，应当依照包含儒家思想在内的三民主义这一"法学最高原理"来进行。

很明显，在居正、陈顾远、马存坤、丁元普等人的眼中，建设"新中华法系"的依据是三民主义。即便是诉诸传统资源，这些资源也必须接受三民主义的检验，才能获得合法性依据。求助于传统这一行为本身并非是"法系建设"的目的和动力，传统实际上有沦为意识形态附庸的危险。在这种语境中，三民主义被视为超越中国古代家族主义和当时西方个人主义的最佳治国方案，中国文明是主治西方文明缺憾的济世良方，而中国人有可能建立起一个更具包容性也更具普适性的世界文化。因此，想象中的经三民主义改造后的"中华法系"无疑将是未来世界上最优秀的法系。这是生活在民族国家时代的人们常有的自尊理念。③

（三）杨鸿烈的建构

虽然在"中华法系"研究上，包括程树德、陈顾远等人在内的众多知名学者都曾撰文论述，但在这方面花费笔墨最多的，却是其时正在日本留学的杨鸿烈。因此，我们需要单独开辟一个篇幅，来对其著作《中国法律对东亚诸国之影响》（下文或简称《影响》）进行解读。从下文的解读中，我们能够发现，当时的杨鸿烈作为一个身处国外因而远离国内政治喧嚣，并致力于"整理国故"的史学家，其作品中的意识形态色彩明显要少于上

---

① 陈顾远：《儒家法学与中国固有法系之关系》，载范忠信等编校《中国文化与中国法系——陈顾远法律史论集》，中国政法大学出版社，2006，第166页。
② 陈顾远：《儒家法学与中国固有法系之关系》，载范忠信等编校《中国文化与中国法系——陈顾远法律史论集》，中国政法大学出版社，2006，第181页。
③ 参见阮智刚《论杨鸿烈对"中华法系"的学术建构》，硕士学位论文，西南政法大学，2007，第7~8页。

文所述诸人。他所做的，是从"新史学"的角度对"中国法系"做一个完整的学术建构。因此，虽然在是否要建设"新中华法系"问题上与上述学者立场一致，但是在用什么原料来建设"新中华法系"这个问题上，杨鸿烈显然更倾向于依靠传统资源而非时髦的意识形态。

1937 年，上海商务印书馆出版了杨鸿烈的第三部法律史著作《中国法律对东亚诸国之影响》。从书名即可看出，杨鸿烈将在这本书中着力于对中华法系在空间维度上的"横向研究"，书中"全书提要"第一句话也清楚表明了作者的意图："著者九年前曾著《中国法律发达史》一书，为'中国法系'之内包的研究，兹编则从事'中国法系'之外延的研究。"① 这实际上更可能是一个"事后追认"，因为在 1930 年杨鸿烈写作《中国法律发达史》时，其头脑中是否有完整的关于"中国法系"的构想尚且十分值得怀疑，在这部两册共 1248 页的巨著中，"中国法系"四字出现的概率实在是很低。②

在《影响》第一章（导言）中，开篇第一句话即是："中国法系者，世界最大法系之一也。"③ 随后杨鸿烈按照出现的先后顺序分析了若干种法系划分学说，穗积陈重的五大法族说显然最受青睐，"其立说最精当而不移，简而扼要者也"，威格摩尔的十六法系说则受到批判，"大而不当，烦琐至极"。④ 尚有另外几种法系划分学说也受到了批评，因此可以推断出杨鸿烈心目中的法系界定标准应该是："必须以民族性为标志，既具现实存在性，又有独立性。"⑤ 而作为"世界最大法系之一"的"中国法系"在杨鸿烈眼中也正是具备了这种现实存在性和独立性。

杨鸿烈还给"中国法系"下了一个定义："夫所谓'中国法系'者，盖指'数千年来支配全人类最大多数，与道德相混自成一独立系统且其影响于其他东亚诸国者，亦如其在本部之法律制度之谓也。'"⑥ 这也是中国学者首次提出的"中国法系"的完整定义。在论及"中国法系"的范围

---

① 杨鸿烈：《中国法律对东亚诸国之影响》，中国政法大学出版社，1999，全书提要，第 1 页。
② 此书仅在导论部分出现了与"中国法系"有关的文字，见杨鸿烈《中国法律发达史》，上海书店，1990，第 1~2 页。
③ 杨鸿烈：《中国法律对东亚诸国之影响》，中国政法大学出版社，1999，第 1 页。
④ 杨鸿烈：《中国法律对东亚诸国之影响》，中国政法大学出版社，1999，第 2~3 页。
⑤ 阮智刚：《论杨鸿烈对"中华法系"的学术建构》，硕士学位论文，西南政法大学，第 27 页。
⑥ 杨鸿烈：《中国法律对东亚诸国之影响》，中国政法大学出版社，1999，第 11 页。

时,杨鸿烈煞有介事地引用了董康的一段带有夸张意味的话:"尝游英京伦敦,于律师公会,泛论犯罪年龄责任,英分 7 岁、12 岁、16 岁为三时期,与《周官》同,颇疑英之系统亦出东亚,或即所谓东来法之一欤?由是推之,东亚法系固亦横亘世界,与《罗马法》对峙,不可磨灭之物也。"① 当然,重视史料考据的杨鸿烈最终得出的结果是:"中国法系"的空间存在范围应该是中国(母国)、朝鲜、日本、琉球、安南。② 英国当然不在"中国法系"的范围内,或许,引用董康原文只是民族主义情绪一时兴起的表现。

在随后的几章论证中,杨鸿烈显然是用史学家的眼光来研究法学问题。他不厌其烦地罗列大量的史料,甚至于习惯将所论述国家特定时期的法典与《唐律疏议》或者《大明律》逐条进行对比,以证明作者眼中"中国法系"影响的毋庸置疑的存在。③

在第六章(结论)中,面对着西方法律在当时世界难以掩盖的强势,作者只能先替"中国法系"做一个略显软弱的辩护:

> 最后则吾人所应承认之事,则过去为东亚表率之文化,皆属于渐进的。(法律固不能为例外)较欧、美近三四百年之跃进者固有愧色,然若以"中国法系"与所谓"印度法系""回回法系"之"故步自封""完全停滞"者比较,则又稍胜,且现尚保存之中国古代法典与受中国影响摹仿而成立之朝鲜、日本、安南等国诸法典,其自身亦有不可磨灭之价值。④

杨鸿烈显然不甘心于把对"中国法系"的评价停留在这个水平,因此又大篇幅地引用了董康、朱方和薛祀光的作品,来证明《唐律疏议》在现代法制中仍具有合理性的"优点",以及整个"中国法系"能够贡献于世界的"优点"——"法律与道德接近"。⑤ 而对于号称建立在"社会本位"

---

① 董康:《新旧刑律比较概论》,转引自杨鸿烈《中国法律对东亚诸国之影响》,中国政法大学出版社,1999,第 13~14 页。
② 杨鸿烈:《中国法律对东亚诸国之影响》,中国政法大学出版社,1999,第 17 页。
③ 杨鸿烈:《中国法律对东亚诸国之影响》,中国政法大学出版社,1999,第 2~5 章。
④ 杨鸿烈:《中国法律对东亚诸国之影响》,中国政法大学出版社,1999,第 536 页。
⑤ 杨鸿烈:《中国法律对东亚诸国之影响》,中国政法大学出版社,1999,第 536~543 页。

之上的"新中国法系"，杨鸿烈的态度显然并非盲目乐观："然谓现时吾人已臻此理想境界，则未免言之过早。"不过杨鸿烈的构想看似更加宏大："著者惟望我东亚法家回顾数千年来我祖宗心血造诣所贻之宝贵财产，不惟不至纷失，且更进一步，力采欧、美之所长，斟酌损益，以创造崭新宏伟之东洋法系，是则著者区区之微意也。"① 在这里杨鸿烈看似超越了民族主义，实际上仍然是在诉诸民族主义，因为"东洋法系"毕竟是以中国为主导的。不过，一个无论如何会令杨鸿烈失望的事实却是：直至70余年后的今天，"东洋法系"依旧只停留在纸面上——由法学家、法官和律师超越民族国家范围而在话语和行动中构建一种新的法律秩序连带关系这一理想，在（一种较为狭隘的）民族主义话语长盛不衰的当代东亚尤其显得前途渺茫。

六 "中华法系"近代学说史反思

（一）研究模式问题

威格摩尔在《世界法律系统大全》的最后一章，给读者介绍了他那个时代"法系"研究的三种思维模式：首先，"我们会对英美法系之外的其他法系的特征、现状进行考察、描述。……因此我们不妨把比较法学的第一种思维模式（第一分支学科）称作法系界定比较学"；其次，"我们会对不同法律制度的运作模式及相应的优点或特点进行比较，以期影响立法，我们把这一分支学科称作立法比较学"；最后，"我们会根据各个法系产生、发展的年代顺序和产生原因对各个法系的起源和演变进行比较，我们把这一分支称作法系源流比较学"。② 尽管威氏自己把"法系"视作一个生命组织体（如同动物的进化过程一样，"法系"也是自然生成又自我发展起来供法律科学家研究的），从而更青睐于法系源流比较学这一系谱比较方式，③ 但他也不得不承认："当然第一分支——法系界定比较学是为比较

---

① 杨鸿烈：《中国法律对东亚诸国之影响》，中国政法大学出版社，1999，第544页。
② 〔美〕约翰·H.威格摩尔：《世界法系概览》，何勤华等译，上海人民出版社，2004，第950~951页。
③ 〔美〕约翰·H.威格摩尔：《世界法系概览》，何勤华等译，上海人民出版社，2004，第952~954页。

法学的研究提供素材最多的一门分支学科。"举例来说，在法国，1869年成立了以拉伯莱为会长的比较立法学会并发行了《会刊》（Bulletin），其宗旨是通过考察外国立法来革新法国的法律制度和法学研究方法。① 很显然，这种方法论与"法系源流比较学"看来毫不相关。

威格摩尔讨论的是对法系的比较研究所采取的方法，并非是对单个法系的研究方法。对单个法系而言，我们可以归纳出两种基本研究模式，即纵的研究模式与横的研究模式。所谓纵的研究模式，即对法系的形成、演变历程（尤其是该法系母国法律的形成、演变历程）的历史性研究模式。而所谓横的研究模式，即对现处于同一法系支配下的各国法律秩序的比较研究模式。实际上这两种模式并非决然对立，而是在大多数情况下被学者结合起来使用，如艾伦·沃森（Alan Watson）的《民法法系的演变与形成》一书。② 任何一本试图完整介绍大陆法系的著作，即使是从法律史的角度来叙述，也至少需要提及三个国家，即意大利、法国和德国。然而，查诸民国时期的"中华法系"（或"中国法系"）文献，除了杨鸿烈在《影响》一书中自觉地将纵横两种方法有机地结合起来之外，其他学者几乎一致将自己的目光局限在纵的方面——即对于"中华法系"在时间维度上的研究。

这种研究取向上的偏好，或多或少是由于受到了威氏的法系研究方法论的影响，即把法系视作一个生命体，从而应该研究其产生、发展乃至消亡的历史。同时正如上文所言，威氏自身思想上的暧昧不清——legal system在不同的语境下可能有着不同的所指，威氏在使用这个变幻莫测的词汇之时却没有对其多重意义的可能性进行阐明（虽然他可能意识到了这一点）——也加剧了中国学者有关"中华法系"仿佛专属于"中华民族"的印象，从而将自己的目光一致锁定在了单个民族的历史之维。

然而，这种偏好可以有一种更具创见性的解读，这需要将其放置在民族主义语境之中。正如沈松侨所言，现在对民族主义的研究表明了这样一

---

① Marc Accel, *Cent ans de droit comparé en France* (1869 - 1969), *Livre du centenaire de la Société de législation comparé*，转引自李秀清等《20世纪比较法学》，商务印书馆，2006，第29页。于是1869年被许多学者视为比较法学的诞生之年。
② 参见〔美〕艾伦·沃森《民法法系的演变与形成》，李静冰、姚新华译，中国法制出版社，2005。

种吊诡状况，即尽管"民族"有不容否认的现代性色彩，民族主义者对其自身民族的表述与宣示，却几乎毫无例外地指向渺远的过去。所谓"复兴民族""唤醒国魂"等激扬人心的口号，正是民族建构过程中屡见不鲜的叙述策略，①用安德森的话来说，即是："假设如果民族国家确如公众所认的，是'新的'而且是'历史的'，则在政治上表现为民族国家的'民族'的身影，总是浮现在遥远不复记忆的过去之中。"②一个共同体往往是透过对"过去"的选择、重组、诠释，乃至虚构，来创造自身的共同传统，以便界定该共同体的本质，树立共同体的边界，进而维系共同体内部的凝聚。③至此，我们得以理解，为何萨维尼和兰克这样的人物身上具备了民族主义与历史主义的双重性格。同样容易理解的是，"中华法系"，作为民族主义语境下被催生出来的、通行于法学界的民族认同符号，作为一个"发明出来的（法律）传统"，以及作为一种用新的话语建构出来的民族历史的一部分，与其他关于民族传统的美好叙事一道，能够激发起安德森所感叹的一种"深刻的、平等的同志爱"。④于是，民族共同体在这种历史叙事中被反复想象。所以，对于"中华法系"的纵向历史研究便成为大势所趋，以至于从事"中华法系"研究的学者经常同时也是法史学家（如程树德、杨鸿烈、陈顾远等人）。而威氏著作正是由于其部分观点契合于这种民族主义对史学研究的需求，才起到了对"中华法系"纵向研究的催化剂作用。

（二）译介中生成的普遍性及其背后

不过，民族主义话语并不代表着全部话语，追求普遍性，使中国融入世界也是长久以来知识分子的一个追求。刘禾的研究已经揭示，正如传教士/翻译家破天荒地将英语中的 right 一词翻译成中文"权利"（构成这个新词的两个汉字在古代汉语中都带有否定意味）那样，普遍性（在刘的理

---

① 沈松侨：《我以我血荐轩辕——黄帝神话与晚清的国族建构》，《台湾社会研究季刊》1997年第28期，第4页。
② 〔美〕本尼迪克特·安德森：《想象的共同体——民族主义的起源与散布》，吴叡人译，上海人民出版社，2005，第11页。
③ 王明珂：《华夏边缘：历史记忆与族群认同》，台北允晨文化出版公司，1997，第51页。
④ 〔美〕本尼迪克特·安德森：《想象的共同体——民族主义的起源与散布》，吴叡人译，上海人民出版社，2005，第7页。

论中首先是指"等值关系的喻说",即如同双语词典明白无误显示的那样,对于 A 语言中的一个词,一定能够在 B 语言中找到一个词或词组与其相对应)是在历史中得到建构的,而包括翻译在内的"跨语际实践"正是这种普遍性建构的重要工具。①

然而,这种普遍性却呈现出一种单向性。因为在"等值关系的喻说"中,一头是一个西方语言的原词,另一头又是一个西化的(在译介过程中被赋予了新意义的)汉语词汇。而在对西方理论引进的过程中,新产生的学说更是彻头彻尾以"西学"的形式呈现:从语词、句式,到思维方式,直至价值观。刘禾似乎捕捉到了一种译介中的双向性,即反向传递的可能性。比如,她举例说,中文版的《万国公法》出版多年后,传教士丁韪良和他的中国同事编了一个名为"中西字目合璧"的国际法术语中英双语词汇表,并以此作为1903年出版的《公法新编》的附录。在这个词汇表中,和"权利"一词相对应的英语词是 right and privilege。于是,汉语词汇"权利"所含有的超出英语词 right 意义的多余含义("权"所具有的"权力""特权""权势"的意思)被"反向翻译"回英语中,而刘禾对这种现象显然颇感兴趣。② 然而,值得注意的是,这种所谓的"反向翻译"实际上具有空间上的局限性——它仅仅发生在中国的领域内,它的发明者、接受者也都局限在中国范围内,因为这个词汇表是附在一本在中国出版的、提供给中国读者的中文书籍后面。因此,"反向翻译"出来的信息并没有传递到大英帝国或者合众国读者的眼中,它至多只是一种不具有完整形态的意义反向传递。因此,不管在表面上是否显露出来,从事"跨语际实践"的中国学者下意识中对一个"想象中的西方"的依赖心态,依旧没有受到过来自更高权威的挑战。

所以,在普遍性的背后,无可避免地存在着一种单向的优越感和一种单向的自卑感。为了克服这种自卑,这里无疑存在着话语间的斗争。在斗争中,来自西方的显性傲慢(转换到中国那个时代的语境中,便是中国知识分子的显性的自卑)被逐渐排除——对"中华法系"的激烈批判开始减

---

① 〔美〕刘禾:《普遍性的历史建构——〈万国公法〉与十九世纪国际法的传播》,陈燕谷译,载李陀、陈燕谷主编《视界》第1辑,河北教育出版社,2000,第65~84页。
② 〔美〕刘禾:《普遍性的历史建构——〈万国公法〉与十九世纪国际法的传播》,陈燕谷译,载李陀、陈燕谷主编《视界》第1辑,河北教育出版社,2000,第78页。

少，然而，隐性的傲慢（在中国知识分子身上与此对应的便是隐性的自卑）却始终弥散在各类文本的字里行间：在一种"你们有，我们也要有"的要强心态的驱使下，古代圣贤和政客被诠释成法学家，儒家思想成为了中国的"自然法学"，皇权在事务上的分工变成了分权制衡。然而，很明显的是，即便是对自己的传统进行描述，也需要借助译介而来的新的权威参照系（例如，一个"好"的"法系"必须有一个发达的法律职业阶层，必须要有完善的现代宪政制度），并努力把自己的过去解释成与西方的现在是一致的，这依旧是一种以现代西方标准来审视自己的眼光。

所以，从某种意义上说，"中华法系"学说难以摆脱"自我殖民"的窠臼，西方成为法学家赖以确定中国法律与中国法学之意义的终极权威。"法系"这一译介中生成的外来词本身即说明了这点，而只有证明一个符合西方参照系的"中华法系"的存在，才能使中国过去和现在的法律在新的时代语境下获得存续之意义。当1918年的卢复在《中国法系论》一文中做出如下论断，即：（1）中国自上古之际就拥有完备的成文法典；（2）诸法混合的法典中实际上其内容各具刑法、民法、行政法等现代各部门法的性质；（3）周公是中国最早的法律家，孔孟等虽为儒家，但其要旨却仍与法家相通和；（4）中国自古以来即有司法独立之时，① 以及当后来的诸多学者将中国古代各家法律思想解释成"神权法学""自然法学""理性法学"等流派之时，旧传统就被重新整合进新的（西方式的）话语框架中，这些"翻译过来的"法学研究范式就被给予了经典化，并使得这样一种想法成为了现实，亦即彻底颠覆中国自身的经典作为中国法律与中国法学的意义合法性源泉。在新的想象里，中国的法律（包括古代的和现代的）不再是由律、令、格、式、典、科、比构成，取而代之的，是诸如宪法、民法、商法、行政法等这些被译介的新范畴。后来被视为中国法律史这一学科的开山人物之一的杨鸿烈在其几部著作中，如《中国法律发达史》《中国法律对东亚诸国之影响》等，使用的也正是这类新的范畴。然而，这些新的范式却使我们永远无法真正去理解中国法律传统本身。由于我们已经丧失了对这个传统的真正理解能力，我们也就丧失了真正对其予以继承或批判的能力。

---

① 卢复：《中国法系论》，《法政学报》1918年第1卷第1期，第1~6页。

(三) 言说中的法律与民族

法律与语言一样，伴随着民族之生长而生长，体现着民族特性或者说"民族精神"，这种萨维尼式的说教在今日中国法学界几近老生常谈。然而，在20世纪初，情况并非如此明显。血缘民族主义对除血缘之外的其他认同标志的排斥，使得法律这一"后天"建构物自然难以被接纳为民族特征之一。法律话语主体（清末法制转型毕竟是由清廷主导）与民族主义话语主体（大部分是汉族革命党人）的分离，更使得有关将"法律"与"民族"联系在一起的想象难以获得生存空间。更有甚者，"法律"成为了民族主义者的攻讦目标之一。实际上，在我掌握的"中华法系"文献中，首次对萨维尼言论的直接引用已经是1930年的事情。① 只有进入了民国时期，伴随着血缘民族主义向更为包容的文化民族主义的转换，以及法律话语主体与民族主义话语主体的归一（两者都被想象成了一个名为"中华民族"的巨大共同体），萨维尼式的话语才得以生成并渐趋稳固。

于是我们可以看到，在"中华法系"的学说建构过程中，民族主义的潜台词逐步弥漫。从"攻法子"对"支那法系"的"本无永久存在之要素"的悲观论调，到杨鸿烈所说的"中国法系者，世界最大法系之一也"，人们可以感觉到一种增长着的"自信"，亦即一种对中国法律在世界各国法律中所处重要地位的自信——即使中国的法律不是"高于"西方法律，也至少还是可以同它们相提并论。反过来，伴随着"中华法系"话语实践的逐步兴盛，对"中华民族"的想象也渐趋稳固——中国民族国家的建构正在成型（尽管多是在话语层面上），抗日战争尤其使这种民族意识获得了空前的强化。"想象的共同体"终于不再仅仅是纯粹的想象，它至少在社会行动层面获得了"实体化"（reification），在一种"深刻的、平等的同志爱"的驱使下，数以千万计的人们甘愿为"中华民族"——这一有限的想象——从容赴死。

1945年正值抗战胜利之际，张天权在《中华法学杂志》上发表了一篇名为《论中华法系》的文章，文章的内容相较以前有关"中华法系"的研究成果并无太多新意，然而在"民族复兴"呈现出曙光的年份发表这样一

---

① 马存坤：《建树新中华法系》，《法律评论》1930年第7卷第39期，第12页。

篇文章，无疑显得用心良苦与意味深长。作者在文章中非常清楚地写下了这样的话："建立中华新法系，以法制思想训练民族之精神，更为不得缓焉。"① 在作者眼中，"中华法系"已经不再单纯是对"中华民族"这个符号的反射，它本身就变成了一个符号，反过来能够有力促进民族性的养成与民族国家的建设。而居正更是将借"重建中国法系"之机来促进民族国家进一步整合的场景清楚淋漓地展现出来：由于法律是经纬万端，社会与人事又是繁杂纷纭，公务人员则需要遵照法律条文来执行公务和自治事务，而广大民众生息于法律规范之内，必须受到法律的约束，所以重建中华法系的"伟业"，需要的是全国学者、公教人员甚至全国国民的共同不断的努力。"这样切身的问题，我们岂容漠不关心？"②

七 结语

在历经近 30 年的学术冷冻期后，自 20 世纪 80 年代起，"中华法系"研究再度兴盛于中国大陆学术界。该阶段最早出现的与此有关的一篇文献，是陈朝璧在《法学研究》1980 年第 1 期上发表的《中华法系特点初探》。在文章第一段中，作者写道：

> 我们伟大的中华民族早在公元前二十一世纪已经从原始社会过渡到以夏王朝为代表的阶级社会。已出土的大量文物，特别是商代遗留下来的以十万计的甲骨文字以及汗牛充栋的历代文献，充分证明：它在四千多年的历史长河中创造了无比丰富多彩的古代文化；我们伟大的祖国以一个大国巍然屹立于世界文明古国之林；其法律制度和法律思想各自保持着独特的内在联系和不断发展的连贯性，因而形成了一个自成体系而富有民族特色的中华法系。③

接下来作者讨论了法系的划分标准。随后，他使用马克思主义的方法论，叙述了"中华法系"在最近一百多年来的遭遇和演变。然后，在说明

---

① 张天权：《论中华法系》，《中华法学杂志》1945 年第 4 卷第 8 期，第 69 页。
② 居正：《为什么要重建中国法系》，大东书局，1947，第 58 页。
③ 陈朝璧：《中华法系特点初探》，《法学研究》1980 年第 1 期，第 48 页。

"中华法系"的三个特点之前,① 作者又做了一段与上述引文相类似的表述:

> 由于我们伟大祖国具有悠久的历史,她以一个多民族的统一国家,数千年来巍然屹立在世界的东方,对人类文化宝库做出了宝贵的贡献。在上层建筑方面,劳动人民的血汗在哲学、伦理学、文学艺术等园地中,培育出大量独特的珍贵的花木,结出丰富多彩的果实,在法学园地中也不乏例外。我们现有的大量古籍都是中国古代法相当完备的铁证,也是对中国法律采取虚无主义的有力驳斥。历史地对待古代文化,就必须承认中国古代法相当完备,且有不少值得借鉴的特点,供后人参考。②

这里让人感兴趣的,不仅仅是"中华民族""伟大祖国""中华法系"等词汇的同时出现,从而给我们清楚地展现出,一个现代中国民族国家是如何在话语中被历史性地重复建构出来的;更值得注意的是,在作者的口吻中,"中华法系"俨然成为"中华文化"或者说"民族文化"的一个子项,"中华法系"似乎已经完美地融进民族国家的建构事业,而有关"中华法系"的美好想象最终被载入我们的神圣民族史册。一切都是如此理所当然。这不禁使我们怀疑:这位作者是否知晓本文所讲述的故事?这位作者是否知晓本文所呈现的这个巨大的、有关"中华法系"的复杂而又曲折的话语建构事业?实际上,我们无须对此怀疑。因为他是一位"民国老法学家"。他几乎见证了本文所讲述的故事的一切情节。他知道这个故事中各主人公所经历的迷惘、挫折、期待和振奋。他知道这一切的来之不易。他也知道这一切之中所可能包含的永恒悖论与困惑。

[此文在《建构中华法系——学说、民族主义与话语实践(1900~1949)》(北大法律评论2008年第2期)基础上修改而成]

---

① 这三个特点分别是:一、重视成文法典;二、以"天理"作为法的理论依据;三、礼、法并重。(参见陈朝璧《中华法系特点初探》,《法学研究》1980年第1期,第50~52页。)
② 陈朝璧:《中华法系特点初探》,《法学研究》1980年第1期,第50页。

中华法系生命力的重新认识

刘广安　（2011）

近年来，讨论中华法系的论著较多。论者对中华法系的概念、特点和意义等问题的认识很不一致。学术史表明，学者对重要概念、重要命题、重要史料的认识，是经过多角度的反复的认识之后，才能获得更为准确、更为深刻、更为全面的认识的。为深化对中华法系这一重要概念及其相关命题和重要史料的认识，我分析了中华法系的两类概念，对贯穿中华法系全部发展过程的含有较多积极意义的仍有生命力的因素，进行了新的分析和总结。现将这方面的心得体会，简要论述如下，提供给学界同人参考。

一　两类概念导致对中华法系生命力的不同认识

学界对中华法系的概念表述很多，归纳起来主要有两类。一类是从成文法传统的角度认识中华法系的概念。如沈宗灵先生认为：中华法系一般是指以《唐律疏议》为代表的中国封建王朝的法律以及毗邻国家仿照这种法律而制定的法律的总称。[①] 沈先生的这一认识，与《法学词典》（增订版）[②] 和《中国大百科全书·法学》[③] 中的相关解释是一致的。这样认识中华法系的概念，突出了唐律在中华法系中的代表性地位，突出了唐律对东亚诸国古代法律影响的特点，但难以包含唐以前特别是先秦时期的法律传统，难以衔接清末以来的近现代法律传统，特别是难以衔接具有中国特

---

① 沈宗灵：《比较法总论》，北京大学出版社1987年版，第43页。
② 参见《法学词典》，上海辞书出版社1984年版，第100页："中华法系"条目。
③ 参见《中国大百科全书·法学》，中国大百科全书出版社1984年版，第770页："中华法系"条目。

色的当代法律传统。这一概念也导致了中华法系在清朝末年引进大陆法系后解体，随封建王朝灭亡而消亡的观点的形成。这一概念及其影响，从法律传统的角度否定了中华文明数千年承袭发展未曾中断的历史，与史学界的通识产生了难于吻合的冲突。

另一类是从民族文化传统的角度认识中华法系的概念。以陈顾远先生有关中国文化与中国法系的论述为代表。陈先生在1952年撰写的《中国固有法系与中国文化》一文中，谈到了华夏族文化对认识中华法系的意义，并进行了简要的论述。他认为：

> 中国文化在其起源上即为多元，且不是以某一部族的文化为主体，而吸收他族文化。因为中国的文化最早形态就是华夏民族的华夏文化，而华夏民族并非由一部族为主而逐渐扩大，乃系融合各部族而交错其文化，形成早期的华夏民族的华夏文化。……因为出自多元，便有诸夏之称。……华夏文化创立后，由周至秦，更与东夷文化，荆蛮文化，吴越文化，北狄文化，西戎文化互相融合成为秦汉统一后的汉族文化。自汉以后，匈奴、东胡、南蛮、百越、氐、羌渐次加入汉族的队伍。中经五胡乱华的结果，又接受了鲜卑、柔然等族的文化，构成了隋唐时代中华民族再次形成，而增加了文化方面的新血液。唐又吸收了西域各邦的文化，而宋代并将印度佛教的文化吸入儒说之内。契丹、女真、蒙古、满洲入据中国，加入中国文化圈不算，明代西方基督教东来，又与西方的文化开始接触而至今日。总之，始终多元的中国文化，影响到中国固有的法系方面，无论其创始，其建立，其延续，也是同样情形。①

在陈先生论述的启发之下，我从中华法系产生的根源的角度，从民族文化传统的视角，认识了中华法系的概念，认为："中华法系是在华夏族文化基础之上产生发展起来的一种法律传统。"② 从华夏族文化传统的角度认识中华法系的概念，使中华法系的概念具有了更大的包容性和开放性，

---

① 陈顾远："中国固有法系与中国文化"，载《中国文化与中国法系——陈顾远法律史论集》，中国政法大学出版社2006年版，第8~9页。
② 刘广安：《中华法系的再认识》（前言），北京法律出版社2002年版。

既能包含先秦至明清时期的整个古代法律传统，又能衔接清末以来的近现代法律传统，也为深入认识具有中国特色的当代社会主义法律传统的形成和发展，提供了更为广阔的解释空间。这样确认中华法系的概念，有助于深化认识中华法系发展的各种特点和意义，也拓展了思路，丰富了一个有过历史影响力并继续有历史解释力的重要概念。

陈顾远先生在1952年曾提出过在中国文化的基础之上建立中国本位新法系的一些设想，认为："无论为建设中国本位新法系，或在法学研究及法律实务上能得更多的助益，中国固有法系，非毫无一顾的价值。"① 他在1966年撰写的《中华法系之回顾及其前瞻》一文中，认识到建立中国本位新法系的不切实际，转而认为：

> "法系"云云法律之系统也，乃旧时代之产物。今日世界有望大同，法律趋向统一，尤以商事法之国际化为甚，而国际刑法亦为课题之一。国人曾在抗战前，提倡建立中国本位新法系，拟将固有法系之不合时代成为僵石者去之，将其仍有价值而得适用者保留之，发扬之，光大之。微论法系观念已有改变，欲恢复固有法系之全盛地位殊不可能。且在事实上欧美法律体系已成天之骄子，我国清末变法随同之。无论在学说上，在政策上，在条文上大部分仍为此种势力所笼罩，不得自拔，能否断然建立中国本位新法系尤有困难。……是故吾人之称"中华法系"者系就旧有之名词而言，并非今后仍以中国为本位，反对欧美之法制形态，致将现有之法律体系亦排斥之。②

尽管认识到建立中国本位新法系已势所不能，但他仍认为，将孙中山"综合古今中外学说而创造之三民主义五权宪法精神，因势利导灌注于现行法制中，则中华法系之前途更为伟大无尽矣"。③ 陈顾远先生对中华法系生命力的研究时间较长，认识较深，但也存在前后不尽一致的论述。

---

① 陈顾远："中国固有法系与中国文化"，载《中国文化与中国法系——陈顾远法律史论集》，中国政法大学出版社2006年版，第36页。
② 陈顾远："中华法系之回顾及其前瞻"，载《中国文化与中国法系——陈顾远法律史论集》，中国政法大学出版社2006年版，第550页。
③ 陈顾远："中华法系之回顾及其前瞻"，载《中国文化与中国法系——陈顾远法律史论集》，中国政法大学出版社2006年版，第550页。

从一定的文化传统的角度认识法系的概念，也是有的比较法学名家的观点。王名扬先生在论述"法律的传统和法系"的问题时，认为"法系的产生是由于不同的文化传统，所以每种文化都可能产生不同的法系"。"几个国家具有共同的文化传统，所以产生相同的法律传统，因此他们的法律构成一个法系。""一个国家内部某一地区或某一民族，由于其独特的文化背景和历史传统，产生独特的法律模式。例如少数民族的法律可能成为一个法系。"① 前辈学者从文化传统的角度认识法系的概念，是我从华夏族文化的角度认识中华法系概念的理论依据。在华夏族文化基础之上形成的法律传统，在其产生、发展、演变的过程中，融合了多个民族的法律传统，包含了中国历代成文法传统的主体，也包含了中国历代习惯法传统的主体，同时包含了中国历代法观念传统的主流。所以，我对中华法系概念的重新认识，既考虑成文法传统的因素，也考虑习惯法传统的因素和法观念传统的因素。也就是说，我对中华法系生命力的重新认识，是将成文法传统、习惯法传统和法观念传统综合思考后提出的。

二 中华法系发展中具有生命力的因素的重新认识

新中国建立后，法系理论和中华法系的研究被视为资产阶级法学流派的组成部分，不受重视，长期没有相应的研究成果。1980年后，中华法系的研究成果重新出现，受到法史学界的关注。② 在这些成果的影响之下，我在家法族规、民族法规、民间调解等专题研究中，都有意识地与中华法系的特点和意义联系起来思考。③ 在这些专题研究中，我认识到中华法系仍有不少具有生命力的因素。贯穿中华法系全部发展过程的含有较多积极意义的因素，主要表现在以下几个方面：

1. 重视亲情关系的法律调整。亲情关系是中国传统社会构建和发展的

---

① 王名扬：《比较行政法》，北京大学出版社2006年版，第2页。
② 主要论文有陈朝璧："中华法系特点初探"，载《法学研究》1980年第1期；张晋藩："中华法系特点探源"，载《法学研究》1980年第4期。
③ 参见刘广安："论明清的家法族规"，载《中国法学》1988年第1期；"简论清代民族立法"，载《中国社会科学》1989年第6期；"民间调解与权利保护"，载夏勇主编：《走向权利的时代》，中国政法大学出版社1995年版；"中华法系特点的发展"，载《美中法律评论》2006年第8期。

基础，也是对中国现代社会的构建和发展仍有重大影响力的因素。我们的祖先很早就建立了调整亲情关系、维护社会稳定和发展的习惯法制度和成文法制度。维护亲情关系的亲亲之道，在夏商西周时期就已成为礼的基本原则，不孝罪成为习惯法的核心内容。在法家思想影响突出的春秋战国时期和法家思想占统治地位的秦王朝，族刑、连坐、非公室告等制度，也是以亲情关系为基础建立的。在汉唐至明清时期，维护亲情关系的亲属相隐、服制量刑、存留养亲、诸子均分、族人先买权等重大原则，都先后实现了法律化、制度化。清末民初以来的法律现代化运动，冲击了传统法律维护亲情关系的重大原则，但在婚姻制度、继承制度等法律制度中，仍然重视了亲情关系在稳定社会基础方面的重要性。近年来，在刑法、诉讼法中如何吸收亲属相隐的有利因素，成为有关专家讨论的热门问题。在近期《南方周末》的记者采访中，有影响力的刑法专家和诉讼法专家都表示了对中国历史上的"亲亲相隐"制度的重新认识和部分恢复的意见。①

需要指出的是，重视亲情关系的法律调整，在家族本位的传统中国，曾是社会建立和发展的最重要的基础问题。但在社会本位逐渐代替家族本位的现代中国，重视契约关系的法律调整已成为社会建立和发展最重要的基础问题。如何处理亲情关系与契约关系发生冲突的各种具体问题，值得在实践中不断认识和总结。

2. 重视民族关系的法律调整。民族关系在中华文明史上源远流长。在华夏族－汉族成为中国人口主体民族的过程中，其他各少数民族同时生存在中华大地之上。各民族如何相处、如何生存、如何发展，成为中国历代政权无法回避的重大问题。无论是占人口多数的主体民族掌握国家的统治权，还是少数民族掌握国家的统治权，都不能不重视民族关系的法律调整问题。当代中国对民族立法的重视，对少数民族习惯法的重视，都是中华法系具有生命力的表现。

3. 重视民间纠纷的调处解决。在中华文明史上，我们的祖先很早就重视用调处的方式解决各种民间纠纷。《史记·五帝本纪》记载了舜调解民间纠纷取得成功的传说事例。《周礼》记载了调解民间纠纷的专门机构。调解民间纠纷的习惯法存在于中华文明史的整个发展过程中。调解民间纠

---

① 参见《南方周末》2010年10月14日法治版报道。

纷的成文法，自明清以来，不断系统化、制度化，在民国时期，已制定了专门的调解法规。新中国建立之后，调解法规受到更高程度的重视，调解制度建设和调解理论探索，都形成了新的特点。传统中国重视民间调解的原因主要是，传统社会的民间纠纷多发生在亲族之间、乡邻之间和同行业之间，用调解的方式处理纠纷，不会严重伤害当事人之间的相互关系，即使有所损伤，事后也容易修复。历代统治者支持民间调解，有利于维护基层社会的稳定，巩固统治的基础。当代中国重视民间调解的主要原因是，民间调解受理纠纷、解决纠纷的程序简易，方便群众，容易为群众接受，当事人不用花钱，也没有大的风险担心。民间调解广泛存在于民众生活之中，有悠久的历史传统，有深厚的群众基础，具有普遍性的优点。民间调解根据纠纷的性质和具体情况，或依情理，或依法律，或情理与法律兼用进行，具有较大的灵活性。而且民间调解不受国家行政机关、司法机关的直属领导，独立处理民间纠纷，具有较强的自治性。因为民间调解具有简易性、普遍性、灵活性和自治性等优点，所以它是当代中国解决民间纠纷的重要方式，也是中华法系具有生命力的重要表现。①

上文总结的三方面的法律传统，含有积极因素的良法，如亲属相隐的部分制度、因族制宜的部分制度、民间调解的部分制度；也含有消极因素的恶法，如族刑和连坐制度。各种积极因素和消极因素的认识，是一个不断深入、不断发展的过程，需要对各种法律传统进行细致的分析研究，方能做出经得住历史检验的评论。

三 重新认识中华法系生命力的几点意义

1. 有助于深化对中华文明发展史的连续性的认识

我们常常听到中华文明有数千年未曾中断的历史的说法，这种说法背后，人们对未曾中断的中华文明史的具体内容的认识很不相同。如果从社会关系方面认识，我认为：中华文明史未曾中断的具体内容主要表现在历代都十分重视亲情关系和民族关系。华夏族先民很早就形成了重视亲情关

---

① 刘广安：《民间调解与权利保护》，载夏勇主编：《走向权利的时代》，中国政法大学出版社1995年版。

系、重视民族关系的文化传统：在重视亲情关系的基础之上，产生了"亲亲"的观念和重孝的思想，先后出现了维护孝道、"以孝治天下"的一系列法律制度；在重视民族关系的基础之上，产生了"华夷"的观念和天下一家、四海之内皆兄弟的思想，提出了"和亲"的政策、互市的政策、因俗制宜的政策，先后制定了一系列调整民族关系的法律制度。维护孝道的法律制度和调整民族关系的法律制度，构成了中华法系形成和发展过程中最有特色的法律制度。清末变法以来，维护孝道的传统法律，随着家族关系的不断弱化，再加上西方强调个人权利的思想和法律的冲击，失去了在法律体系中的重要地位。但家族关系的基础亲情关系，仍然发生着建构社会秩序的基本作用。重在维护亲属关系的婚姻家庭法、继承法和宪法等法律中的相关原则，一直受到国家政权的高度重视。清末以来，随着民族关系的不断发展，再加之民族自治思想的强大影响，调整民族关系的法律越来越受到国家政权的重视，在改造、继承传统民族法规的同时，国家制定了更为严密、更为系统、更有现代精神的民族区域自治法律。在重视亲情关系、重视民族关系的基础之上形成的中华法系，其产生、发展、演变的历史，是中华文明数千年未曾中断的历史的重要组成部分。深入认识中华法系发展中仍有生命力的因素，有助于深化对中华文明发展史的连续性的认识。

2. 有助于深化对中国法律传统递嬗的生命力的认识

在华夏族文化基础之上形成的中华法系，跨越了十多个朝代变迁的历史，跨越了数种社会形态变化的历史。在其形成、发展、演变的过程中，有的特点变异了，有的特点消亡了，有的特点新生了。而重视亲情关系的特点，重视民族关系的特点，重视民间调解的特点，贯穿了中华法系的全部发展过程。这对深化认识中国旧的法律传统向新的法律传统的转变，特别是对认识当代中国法律传统的形成过程中，如何利用本土的良好的有效资源，具有不可忽视的意义。中国传统法律中若干经过历史检验的良好的制度，如恤刑制度、保辜制度、法官责任制度、任官回避制度等，都是中华法系中仍有生命力的制度，需要法史学者细心地分析总结，为新的更好的法律传统的形成和发展提供宝贵的历史资源。

3. 有助于深化对改革开放以来中国法史学的主要变化的认识

1978年中国改革开放以来，中国法史学的变化主要表现在四个方面：

一是突破了五种社会形态理论的局限性；二是突破了阶级分析方法的局限性；三是突破了认为法史学只是历史学分支学科的局限性；四是突破了成文法史料和正史材料的局限性。五种社会形态理论是指导新中国学者进行法史研究的基本理论。20世纪80年代之前的法史学论著是在五种社会形态理论的支配下写作的。这在大学法史学教材体例的安排上表现最为突出。五种社会形态理论对揭示不同历史时期法律的本质和特点，有其深刻之处。但难以解释不同历史时期法律的继承性和相同性。被认为是中国奴隶社会成果的礼的基本原则、刑法的主要原则、婚姻继承制度的主要原则，在中国封建社会里形式上变化不大，也没有本质的变化。五种社会形态理论割裂了不同历史时期法律的连续性，并造成了很多法律史论著以论代史的缺陷。法系理论、比较法理论在法史研究中的运用和兴盛，突破了五种社会形态理论的局限性。被认为是有本质区别的不同社会形态的法律，可以纳入同一法律传统中进行整体分析，具体评价；也可以置于不同法律传统中进行比较分析，综合评价。中华法系研究的展开，为中国法史学研究突破五种社会形态理论的局限性起到了一定的作用。

阶级分析方法是20世纪80年代之前新中国学者进行法史研究的基本方法。阶级分析方法对认识中国传统法制维护的等级关系，对认识中国传统法制的某些本质特征，具有很强的论证力，但运用过度，容易造成研究方法简单化，观点结论绝对化的缺陷。中华法系研究的展开，从家族关系、民族关系等方面认识中华法系的特点，在突破阶级分析方法的局限性方面发挥了一定的作用。

长期以来，学界认为法史学只是历史学的分支学科。中华法系研究和比较法研究的展开，加深了学界对法史学独立品格的认识，促使法史学逐渐成为与法理学、法社会学并列的法学领域的基础学科。学界对法学的法律史与史学的法律史的区别，有了明确的认识。[①] 学界对中国法律史的研究长期局限于成文法史料和正史材料的运用，而运用习惯法史料、案例史料、档案史料和文学作品中的法律史料，认识中华法系的特点，突破了成文法史料和正史材料的局限性，丰富和深化了学界对法史学材料的认识。

---

① 参见梁治平："法律史的视界：方法、旨趣与范式"，载《中国文化》2002年第19~20期；刘广安："中国法史学基础问题反思"，载《政法论坛》2006年第1期。

改革开放以来，中华法系研究的展开，中华法系特点的重新认识和总结，对突破上述四个方面的局限性起到了较为突出的作用。这是重新认识中华法系的生命力所不可忽视的。

4. 有助于深化对当代中国法制特点的认识

近代中国的法律受大陆法系的影响很大，六法体系接受了大陆法系的立法模式和主要内容；但在宪法制度、刑法制度、民法制度和诉讼法制度等方面，仍有体现中国特色的法律精神和制度，如民国时期宪法方面的五权分立制度、刑法方面的亲属相隐制度、民法方面的典权制度、诉讼法方面的调解制度等。当代中国的"一国两制"体制、民族区域自治制度、人民调解制度及其蕴含的深刻思想和文化精义，当代中国特别重视对家庭关系、民族关系的法律调整，重视人民调解的制度建设和理论总结，都是有别于其他法系的重要制度。上述举例，只是中国近现代法制的部分特点，但已为从中华法系的角度认识当代中国法制的特点，提出了值得继续研究的问题。

运用中华法系的概念，认识当代中国法制的特点，在我看来，不是为了重建中国本位新法系，也不是为了复兴旧的中华法系，而是为了应对全球化时代的到来，贡献中华法系有生命力的元素，贡献中华民族有特色的文化元素。同时，这也促使人们思考，在未来世界的发展中，哪些是人类必须共同遵循的普适性的制度，应当在国际间统一；哪些是有特色又无损普适性原则的制度，应当尊重各民族的文化传统，以避免人类生活的单一化，保证人类在丰富多彩的文化形态中健康发展。

（原文载于《政法论坛》2011 年第 2 期）

论中华法系的社会成因和发展轨迹

武树臣 （2012）

中华法系是个老题目，数十年来学界同人对此多有论述，且不绝如缕，对笔者亦每多启迪。但是从所概括的特征来看或有遗漏，或有散碎之感，有的亦非中华法系所独有者。同时，在对中华法系形成的社会原因和历史发展轨迹的研究方面尚觉存在较大空间。今天的社会主义法制建设是在中华法系的历史传统中进行的，因此，深入探讨中华法系的历史遗产对当今法制的影响和价值，汲取中国古代法律实践活动的有益经验，对于当今的法制建设无疑具有重要意义。故不揣冒昧，故事重提，以乞教大方。

一 中华法系的社会成因

中华法系所具有的总体精神和宏观样式，取决于中国古代社会的基本特征。那么，是哪些社会背景和环境决定着中华法系的内容和形式呢？

（一）农耕社会与游牧社会的外部冲突和文化浸润

在形成统一民族大家庭之前，我们的祖先就已经分别在不同的地域、不同的自然地理条件下，休养生息了漫长的岁月。正是在这样的社会历史条件下，形成了两大地域性文化。它们构成了中国传统法律文化的两大文化基因。这就是中原地区的农耕文化和西北地区的游牧文化。土质松软气候宜人的中原大地培植了农耕经济，孕育了亲亲的宗法社会并在此基础上构建了宗法家族制度和宗法贵族政体。中原文化就是在这种社会条件下形成的。其基本精神是亲亲、尊尊、长长、男女有别的宗法家族秩序和行为规范，这也就是礼。礼是亲亲爱人的熟识人群的规矩。这种礼强调运用调和感化的措施来处理君臣关系和亲属关系，人们虽然各居于差异性的社会地位，但由于各自履行相对应的差异性道德规范而相互认同，以保障全体人群真正像"人"一样地生存和衍续。气候寒冷草木丰茂的西北高原养育了群处徙居、以牧猎为生的游牧群体。无时不在游动之中的生活条件大大冲淡了人们的血缘纽带。人们为了共同的放牧、获猎或战争，不能靠宗法家族式的脉脉温情而得靠强有力的行为规范，也就是法。法是好利恶害的陌生人群的规矩。游牧文化就是在这种社会条件下形成的。法肯定个人是作为社会的一员而存在，而这个社会实即按地域（而非依血缘）来划分居民并实行按个人后天的功劳贡献来获得相应权利的超血缘的国家。

战国时期两种地域文化发生了冲突和交融。以秦人为代表的游牧文化战胜中原的农耕文化的漫长过程，就伴随着社会上层建筑领域的深刻变革，比如以土地私有制取代土地贵族所有制，以地域性官僚集权专制政体取代世卿世禄的宗法贵族制度。这种政治变革还兼有以农耕文化改造游牧文化的"文化革命"的色彩。当年商鞅变法，改变"父子同穿庐卧"的习俗，"令民父子兄弟同室内息者为禁"，"为男女之别，大筑冀阙，营如鲁卫"就是证明。[①]"法治"的推行实际上充当了政治变革兼文化革命的杠杆。而秦人的刀剑则自觉不自觉地充当了旧式血缘国家历史掘墓人的角色。

自西汉至唐代两种地域文化进一步交融。这种交融主要发生在政治思想和法律制度方面，它既非根源于土地所有制和生产方式的变革，也非伴随着民族战争。此间农耕文化逐渐完成了历史性转变，由依附宗法贵族政体转而依附中央集权的专制政体，宗法家族制度的恢复与发展又为此提供了社会支撑。中央集权政体不仅被延续下来而且得到宗法家族的拱卫。于是集权政体与宗法家族结成神圣同盟以共同抵御商品经济的侵扰。中国古代社会后期少数民族入主中原，军事上的胜利与文化上的被"同化"携手并行，从而大大稀释了实质意义上的文化冲突与交融。

（二）农耕经济、宗法家族、中央集权"三合一"的社会结构

中国古代社会的总体特征是土地私有制自然经济、宗法家族社会、中

[①] 《史记·商君列传》。

央集权专制政体的有机结合。这一特征从根本上决定了中华法系的总体精神和宏观样式。

农耕生产活动天然要求稳定的社会环境和条件。先民们经过长期对时（四季变化）与空（经度纬度）的体验与比较，最终定居于远离猛兽、近靠水源、气候温和、土壤适宜的土地上。因为农业生产是长周期的活动，生产者对时令的摸索、耕作技术的总结和传递，都需要经历很长的时间，从而显现了年长者的优越性。加之农业生产有极强的时令性，如播种、收割、兴修水利等都需要一种绝对权威把所有劳动人口集中起来，便加强了男性长者的领导权威。伴随着生产力的提升，个体家庭逐渐取代家族而成为基本生产单位。此间农业生产的目的是满足自己消费而不是将产品变为商品。以积蓄农产品为终极目的的生产方式必然带有内向的封闭性。它的功能表现在：第一，它对内要求把劳动人口牢牢固着在狭小的土地之上，既限制劳动人口流出又阻止社会人口的流进，限制土地、劳动力和农产品变为商品；第二，它对外要求抵御商品经济因素的浸润。任何商品的输入都意味着交换关系和平等价值的侵蚀并最终将打破农业社会的安宁。于是，一方面，宗法家族式的社会组织成为基本细胞并形成了一整套以礼为内容的行为规范；另一方面，彼此孤立隔绝的家族或家庭，既然不能通过平等的经济交换和政治参与手段来实现自己的权利并进而走向"市民社会"，不能通过横向联合共同抵御游牧民族的侵扰，那么只有仰望凌驾于社会之上的绝对权威，希望从那里获得阳光雨露。自然经济是酿造宗法社会结构和专制王权的基本土壤。

宗法家族在封闭式的自然经济那里找到最适宜生存发展的土壤。身兼数职的宗法家族或家庭，既是物质生产和人类自身再生产的基本细胞，也是社会保障、社会保险的基本单位。在整个古代社会中的个人，正如在原始社会不能离开氏族那样，无法超越宗法家族而离群索居。在宗法家族的领域里，一般个人的权利和利益既不能因为据有独立的私有财产而获得，又不可能通过交换被社会所认可。经过王朝的授权，家族首长在王权鞭长莫及的领域充当皇帝的半官僚、半立法司法者以帮助皇帝管理民众。家族首长的一系列特权也得到了王朝的确认。这一切都使被称为礼的宗法伦理行为规范具有普遍的社会价值。礼在西周、春秋泛指以刑罚为后盾的法律规范，它在秦汉以后则作为立法、司法的指导精神，它在立法领域不断被法典化、条文化，同时在司法领域能被作为创制和适用判例的法理渊源。可以说中国古代社会中的以成文法典与判例制度相结合为特征的"混合法"运行方式，正是在礼的指导下完成的。

中国古代文明并非氏族内部经济发展贫富分化导致社会分裂的必然结局，而是源于一个部族对另一个部族的政治统治。由于战争的胜败决定着双方在国家中的地位，从而使不妥协的你死我活、胜者王侯败者贼成为最高的政治原则。国家政治权力的强大，使经济发展的内在规律性和正当要求很难变成合理的政策。国家政治权力、政治行为却总是以自己的特殊方式去干预、支配经济运行。这种干预从西周的禁酒、战国的"强本抑末"、汉武帝的盐铁官营等都可略见一斑。国家权力对经济的高度支配，致使政治价值高于经济价值、权力高于财力。于是民间采矿、冶炼金属、煮盐、烧炭、长途贩运和边关交易等纯属经济性质的活动常常被贬为"啸聚山林""滋扰一方""资敌"等而严加禁绝。同时王朝不允许在权势之外存在与之对抗的民间财势集团，时刻防止民间财势集团恃财而藐视官府或因其富足而"行诸侯之贿"，[①] 商鞅的"虽富无所芬华"法令的立意也在于此。[②] 当然，王朝既担心民间财势集团会助长地方割据势力，又担心财富的集中导致土地的集中而造成流民和社会动荡。于是"平均"主义既是农民的美好理想也是封建朝廷的政治原则。在这里我们似乎看到了重农抑商政策的政治价值。集权专制政体作为自然经济和宗法家族社会的产物又反过来维护它们的安全。一切行之有效的行政行为、法律制度、道德教化等都从不同方向将个人附着在土地上、束缚在家族里。自然经济、专制政体、宗法社会的"三结合"构筑了足以抵御商品经济侵袭的天然壁垒。中国古代社会也才一再错过飞跃的机缘，而仅仅只是缓慢发展。

（三）宗法伦理主义道德观念

农耕经济、宗法社会、集权政体的有机结合，使宗法伦理规范和道德观念居于统治地位。这种古老道德观念的培育者和传播者就是民间生活和

[①] 《国语·晋语八》。
[②] 《史记·商君列传》。

民间教育，其影响力足以支配人们的行为和思考。这种教育在向民众普及伦理知识的同时，还为朝廷培养年轻后备力量。宗法伦理道德观念的强力支配，决定了中国古代法律的基本风格。在西方，由于私有财产和交换关系的发达，赎金和损害赔偿熄灭了血亲复仇的怒火和神圣义务，"不法行为法"或"侵权行为法"便发达起来。在中国，金钱的魅力无法减弱血亲复仇的神圣情感，家族之间的侵害行为既然不能通过双方的协议以经济赔偿而化解，就只有仰仗官府用刑罚手段平息受害者心中的不平，刑法和刑事诉讼便发达起来。宗法伦理精神使中国传统法律浸透着尊卑、长幼、男女之间的差异性。一切违犯国法的行为兼而具有悖逆伦常的恶性色彩，国家对这种禽兽行径进行严厉制裁既正当又合理。与此同时，社会上的违法犯罪或争讼又被视为一种"不幸"的现象，是由于人们生活贫穷或朝廷官吏过分盘剥、"德教不彰"造成的，足以引为警诫。这正是"灾异遣告"说的价值所在。所以，我们回顾中国古代的法律史，既能够看到严刑峻罚之酷烈，又能够看到恤刑恤狱之宽容。以仁为根基的温情主义在客观上充当了推动中国古代法不断从野蛮走向文明的文化杠杆。

二 中华法系形成的历史轨迹

中华法系历史悠久，其起源可以上溯到史前的传说时代。由于史料的原因，虽然我们可以通过甲骨文来窥见殷商社会生活的诸多方面，但是真正能够详细叙述的法律文化史应当从西周开始。自西周至唐代，是中华法系形成和最终确立的历史时期。如何描述这一过程，可以有多种角度和方式。比如，可以从法律思想史的角度，法律制度史的角度，进而从立法史和司法史的角度，进行描述。本文采用法律思想和法律制度相结合的描述方法。

（一）自西周至清末宗法伦理主义之礼一以贯之

中国古代法律的价值基础是确立并维护社会阶级的等级性和宗法家族的伦理秩序，这也是中国古代法律一以贯之的总体精神和中华法系的最重要特征。正如瞿同祖先生所说："家族主义及阶级概念始终是中国古代法律的基本精神和主要特征，它们代表法律和道德伦理所共同维护的社会制度和价值观念。"① 这种精神最早甚至可以追溯到古代文明初起的时代，并且一直延续到清末而未曾中绝。春秋战国时代，儒家的"礼治"和法家的"法治"曾经发生严重的对立。前者依附于宗法贵族政体之上靠风俗习惯和世袭法官的判例法来维持，后者依附于集权政体之上靠官僚法官的成文法来保障。在表现形式上，礼通过风俗习惯的熏陶、教育和先例故事来维系，法则通过国家正式制定的成文法和司法活动来体现；礼注重人们内心的感情，法则注重人民外在的行为。法家始终以世袭的贵族政体为首要敌人，而未曾一般地否定宗法家族的伦理秩序。甚至法家亦非从根本上否定儒家的"仁政""德治"和"人治"思想，只是认为这些美好的说教早已不能适用于变化了的新形势。不仅如此，《商君书·画策》说的"所谓义者，为人臣忠，为人子孝，少长有礼，男女有别，非其义者，饿不苟食，死不苟生，此乃有法之常也"或许表达了最初的法家将礼上升为成文法的宏伟设计。因为，当道德风俗变成成文法条时，合法的行为也就同时符合道德风俗。而经过法律的设计，人们行为的合法与否成为客观的看得见摸得着的。可见，儒家和法家在实质上都维护礼的精神，只不过侧重点和方法不同而已。西汉以降，儒学被提升为官方正式学术，儒家所推崇的礼通过宗法家族的恢复与发展找到社会根基，立法领域"纳礼入律"，司法领域"引经注律""春秋决狱"。唐代"一准乎礼"的《唐律疏议》则标志着民间之礼的完全成文法化。此后，宋、元、明、清历朝皆沿用之。

（二）孔孟与古代法律传统的理论诠释

礼不是孔孟儒家所创造的制度或理念。礼的差异性精神也不是孔孟儒家所构建的。孔孟儒家的作用是在"仁"的思想指导下对周礼进行改造，形成新的"礼治"思想。周礼注重外在仪式、血缘身份和物质条件并带有神权色彩，孔子之礼则注重理论感情，从而把礼的精神植入人们的内心世界。这种礼治已经打破了以往狭隘的先天血缘界限和神权思想的束缚，一方面重视统治者个人后天的品质和能力，另一方面主张用礼即宗法道德伦理观念对劳动人民进行教化，从而把礼及其相关知识普及到寻常百姓中间。孔孟常常运用礼的规范和原则来束缚统治者的手脚，让他们的施政行

---

① 瞿同祖：《中国法律与中国社会》，中华书局1981年版，第327页。

为更像个君子仁人,而不要"望之不似人君"。孔孟在仁的基础上形成系统的"礼治""德治""人治"思想,这些思想产品最终演变成"贵族精神",它是对西周春秋贵族政体和判例法的理论阐述和精神锻炼。"礼治"思想的延伸就是"德治""人治"思想。要实行"礼治",就必须实行"德治",缓和阶级矛盾,减轻剥削压迫,这就必然要求各级贵族以身作则并抑制自己的过分言行,也就必然重视统治者个人的人格修养。西周的贵族政体和判例法是"人治"思想的坚实基础。孔孟并不一般地否定法律和刑罚的作用,但他们的侧重点始终是"德治""人治",而不是"刑政"。至此,儒家的法律理论就基本上形成了。这一理论宣布:第一,法律的价值标尺不是指向个人,而是指向人的特定集体——宗法家族;第二,法律不是神的意志,而是从现实社会生活中产生,又施之于社会的行为准则;第三,在道德规范与法律规范两者之间,强调前者是第一性的,后者是第二性的;第四,在君主与民众的关系上,认为两者相互依存并可以互相转化,故主张"德治";第五,在君主与大臣的关系上,主张限制君主专横并给大臣以更多发言权,实行君臣共治;第六,在"法"与"人"的关系上,偏重"人"的作用,主张将"法"与"人"结合起来。孔孟儒家对古代法律传统做出新的理论诠释,标志着古代法律精神的首次"儒家化"。

(三) 判例法的衰落与成文法的确立

西周春秋的法律样式是"议事以制"的判例法。判例法是宗法贵族政体的产物。一个历史悠久、内容广博、无所不包的礼(风俗习惯)和一个世卿世禄、知识渊博、具有威信的法官群体,是判例法存在的重要前提。到了春秋末期,新的生产关系的发展推动着社会变革,法家的"法治"洪水冲决儒家的"礼治"堤岸。官僚制逐渐取代世袭制,成文法日益削弱着判例法。新兴地主阶级的"法治"不仅要求用按地域划分居民来取代用血缘划分身份,还要求打破宗法等级和政治等级的一元化,将土地所有权和地方统治权分开。法家"法治"思想的核心是建立中央集权的君主专制政体,集权政体靠庞大的官僚机器来运转。"法治"要求法律在时间和空间上保持一致,于是就需要一种详细、明确、统一的成文法。秦朝重视法制建设乃至社会生活的各个领域"皆有法式","事皆决于法"。当时的法律已十分详细，使执法者运用法律如做加减法一样便捷而准确。判例法时代造就了一批善于思考和在司法中立法的法律大家，成文法时代则培养了一批博闻强记、长于操作的执法工匠。

成文法的确立标志着先秦法律样式的"法家化"。不仅如此，成文法的发达在不经意之间还将礼的某些原则上升为成文法条。《睡虎地秦墓竹简》中有"非公室告"的规定，即"子告父母，臣妾告主，非公室告，勿听"，"而行告，告者罪"；"免老告人以为不孝，亟执勿失"，等等。① 这些规定与儒家提倡的"君臣无狱""父子无讼"的古老原则毫无二致。这实际上完成了礼的局部成文法化。礼在西周春秋靠判例法来拱卫，而在战国秦朝则靠成文法来维护。这说明，在法家主导的政治变革当中，他们既不曾从整体上否定体现宗法伦理差异精神的礼制，也不曾从整体上构筑人人平等的法，更不曾从整体上割断历史传统另起炉灶。

（四）汉代以降司法官吏群体的专业化和"儒法化"

西汉定儒学为一尊并实行"通经入仕"选用儒家知识分子，这不仅实现了孔子"先进于礼乐""学而优则仕"的理想，还改变了当时官吏队伍的构成，出现了"儒生"与"文吏"、"循吏"与"酷吏"的分野。"儒生"与"文吏"、"循吏"与"酷吏"是汉代官僚队伍中出身不同、素质有别、施政风格迥异的两种官僚。他们分别体现了贵族政体和集权政体培养出来的官员的不同的形象和风格。他们分别是先秦儒家、法家政治法律思想的忠实实践者。前者是民之父母、社会教师，后者是民之长吏、朝廷鹰隼；前者施政以"富而后教"为圭臬，后者施政以"严刑峻法"为特征。从中央到乡村，他们各自发挥不可或缺的作用。伴随着儒生官吏对立法司法活动的持续介入，并通过"春秋决狱""引经注律"等渠道不断浸润原先由法家缔造的成文法领域，于是，子继父业的文吏开始学习儒家经典，儒家知识分子也开始熟悉日常司法事务。理论和实践的深层次结合，促成了司法官吏群体的专业化，法家式的文吏向儒家学术靠拢，儒家知识分子向深层次司法领域靠拢，终于完成了司法群体的专业化即"儒法化"。此过程是法家精神与儒家精神深层次融合的一个缩影。

---

① 《睡虎地秦墓竹简》，文物出版社1978年版，第195、196、260、261页。

（五）《唐律疏议》与古老礼制的全面成文法化

西汉以后，儒学被定为官方学术。此时的儒学已是经过荀子加工改造的新儒学。它终于告别久仰的贵族政体转而颂扬集权政体，并以空前未有的热情去构筑新的法律知识体系。这样一来，儒学所主张的礼治思想和古老的民间之礼便有机会登上政治法律舞台，从而导致礼的精神和原则不断制度化。这个过程即所谓"纳礼入律"。自汉代开始，通过国家立法的渠道，诸如"以服制论罪""子孙违犯教令""犯罪存留养亲""父母在禁止别籍异财""同姓不婚""义绝""七出""三不去""八议""官当""十恶"等体现儒家伦常精神的内容逐渐入律，直至"一准乎礼"的唐律出现，刑礼合一，"出礼则入刑"，这个进程才大功告成。唐律"一准乎礼"的特征不仅表现在"名例"的规定中，而且还充斥于律文的字里行间。比如，据礼，子孙应服从父母祖父母之教令，而唐律有"子孙违犯教令"之罚；据礼，子孙对父母祖父母"以其饮食忠养之"，而唐律有"供养有缺"之罚；据礼，"闻丧即须哭泣"，而唐律有闻父母夫丧"匿不举哀"之罚。"纳礼入律"实际上就是古老礼制的成文法化。

（六）汉至唐的判例制度和"混合法"的完善

荀子是儒法合流的先行者。他不仅从理论上实现了礼法合一，而且还提出"人法并重"的"混合法"理论，即《荀子·王制》所说的"有法者以法行，无法者以类举，听之尽也"。荀子的混合法理论，既是对战国成文法弊端的修正，又是对西周春秋判例法价值的重新发现。西汉以后的法律样式正是沿着这一思路发展的。西汉是判例法和混合法的草创阶段，此间"春秋决狱"和"决事比例"经过朝廷批准而成为实际上的法律渊源。它们对以后同类案件的审判具有重要参照价值。此后，成文法的律与判例的例一起构成两类最基本的法律渊源。不仅如此，《唐律疏议》还创造了律例合典的科学编纂方式。至宋元两朝又复兴了判例法，"断例"成为最重要的法律渊源。"在中国历史上，只有宋元两朝把断例确认为国家的重要的法律形式。"[①] 明清又恢复了唐代的律与例相结合的形式。中国古

---

① 杨一凡、刘笃才：《历代例考》，社会科学文献出版社2009年版，第124页。

代的法律样式从宋元到明清的发展，正巧与汉魏到隋唐的发展过程有着惊人的相似之处。两者都是从相对独立的判例发展到抽象化的判例，并完成了判例的成文法化。总之，律与例的结合便是中国古代的混合法。古代的混合法除了成文法与判例相结合这层含义之外，还包含法律规范与非法律规范相结合。大量非法律规范在国家政权鞭长莫及的社会领域发挥着实际作用。

三　中华法系的积极成果与当今法律文化建设

今天，我们正在努力建设社会主义小康社会和社会主义法治国家。当今社会的基本特征是市场经济、市民社会、民主政治的"三合一"，与古代社会的农耕经济、宗法社会、集权政体的"三合一"已大异其趣。但是，历史文化传统很难隔断。今天，我们仍然在浓烈的中国国情和传统精神的氛围中举步前行。我们能够从古老的中华法系汲取有益营养。

（一）"仁"与"以人为本"

中华法系留给我们的一项重要精神财产就是"仁"。在甲骨文中，被学界识别为"化"字的字形，[①] 实即为"仁"字。"仁"字字形表示两个人背靠背地躺在床上，相亲以热，抵足而眠。这正是东夷人的风俗，即所谓"夷人仁"。《说文解字》："仁，亲也，从人从二。"《礼记·中庸》："仁者，人也。"郑玄注："仁，人也，读如相人偶之人，以人意相存问之言。""相人偶"即彼此彼此，你和我一样，你如何待我，我便如何待你。故孔子说"仁者爱人"，"己所不欲，勿施于人"。在中国古代社会，"仁"是最普遍、最深层次的价值观，它是标志着古代社会从野蛮走进文明的一面旗帜。"仁"与古代的"民为帮本"和今天的"以人为本"都有着某种内在联系。在构建和谐社会建设法治国家的今天，"仁"的思想尤其值得继续发掘和弘扬。

（二）"混合法"传统与当今的案例指导制度

以成文法与判例相结合、法律规范与非法律规范相结合为主要特征的

[①] 参见徐仲舒主编：《甲骨文字典》，四川辞书出版社1989年版，第912页。

混合法，是中华法系具有生命力的另一宗宝贵财富。混合法传统不仅贯彻于古代社会，而且还延续到近现代。民国大理院曾经把判例法发展到极致，民国的"六法全书"本身就包含大量判例。这都是混合法存在的证明。中华法系所独有的混合法，是人类法律实践活动内在规律的反映，它代表着人类法律实践活动的未来发展方向。2010年，我国社会主义成文法体系的形成，以及最高人民法院推出的案例指导制度，向我们昭示着当今中国重新塑造判例制度和混合法样式的伟大社会工程的启航。重新塑造混合法这一伟大工程，不仅对于提升国家法治权威，而且对于激活古老中华法系的生命力，具有重大的理论及实践价值。

（原文载于《华东政法大学学报》2012年第1期）

律、律义与中华法系关系之研究

马小红　（2013）

自近代"法系"之说形成后，"律"就成为中华法系研究中的重点。更有学者将律视为中华法系之核心，并将《唐律疏议》视为中华法系或中华法系成熟时期的代表作。[①] 笔者认为，问题也就由此产生：一是，尽管学界对"中华法系"的定义并不一致，但没有人否认中华法系是以"礼"为主导，以"德"为皈依的，中华法系的价值取向几乎完全与儒家一致。而作为"刑书"之一的律，起于法家，为什么在中华法系的研究中却被学者如此青睐？二是，中国古代自秦以后，几乎历代王朝皆颁行律文，[②] 但完整流传于今的旧律，却以唐律为最古。而唐代之前，十余王朝的律皆佚。近代法史学家程树德"欲尽搜罗唐以前散佚诸律"，而做《九朝律考》。然而令人深思的是，《九朝律考》始于汉律，而奠定了律之基础的秦律却只"附见于汉律中"。[③] 众所周知，在1975年湖北睡虎地云梦秦简发现之前，学界对秦律一直是语焉不详。因为在浩瀚的历史典籍中，有关秦律一直为史家所避讳，或阙文不载，或语焉不详。既然律之于中华法系如此重要，而中国又是一个如此重视文化与典章制度传承的国度，为什么律的完整流传却始于唐代，而发"律"之端的秦朝的律文，在史籍中又是如此难以寻觅？

[①] 参见王启富、陶髦主编《法律辞海》，吉林人民出版社，1998，"中华法系"条；沈宗灵主编《法理学》，北京大学出版社，2004，第10页。
[②] 读沈家本《历代刑法考·律令考》可知，唯北朝东魏、西魏、五代晋、汉、辽、元未颁行本朝之律，但东魏、西魏沿用后魏之律，五代晋、汉沿用晋律，辽、元以汉制治汉人，律一直被沿用。方龄贵先生《通制条格校注》（中华书局，2001，"前言"）考证，元之"断例"篇目一如唐律与金《泰和律》。
[③] 参见程树德《九朝律考》，中华书局，1963。程氏言"九朝"者，谓汉、曹魏、晋、南朝梁、陈，北朝北魏、北齐、北周及隋。秦律为汉所沿袭者，则于"汉律中附见之"。

上述问题反映出律在中华法系中的特殊性，而其地位也并非自始至终一成不变，简单地将律视为中华法系的核心，将《唐律疏议》视为中华法系的代表作则不免有失偏颇。这也说明，律与中华法系的关系，律在中华法系中的地位，尚有待于进一步的研究。这一研究的深入，对我们全面地理解中华法系，准确地把握中华法系的特征，理解儒家思想对中华法系之重要有深刻的意义。

本文试图通过定义"律"与"中华法系"的概念，通过论述律从重"制"到重"义"的发展演变以及律在中华法系中逐渐取得的重要地位，说明中华法系与儒家法律价值观的关系，说明中华法系的内涵和特征，以就教于各位前辈与方家。

一 律与中华法系的概念

律与中华法系是两个出现于不同历史时期的概念。拙作曾在《礼与法：法的历史连接》中对"古代法"与"传统法"的概念做过区分，认为古代法是历史的客观存在，是已经静止了的过去；而传统法则是后人对古代法的阐释，是流动的，对现实有影响的。① 按此划分，律属于前者，即古代法的范畴；而中华法系则属于后者，即传统法的范畴。

1. "律"：形成于法家之学的中国古代"刑典"②

对于"律"，古人多有论述。将律作为法律制度的名称，始于先秦。《康熙字典》释"律"："又军法，律《易·师卦》：师出以律；又刑书，律《前汉书·刑法志》：萧何捃摭秦法，取其宜于时者，作律九章；《晋

---

① 参见马小红《礼与法：法的历史连接》，北京大学出版社，2004，第60~63页。
② 或称"刑书"，这种名称皆为古人在论述律时，所用之原文。如《唐律疏议》言李悝《法经》为"集诸国刑典"；《新唐书·刑法志》言"唐之刑书有四，曰律、令、格、式"。然近代以来，亦有学者认为律并非现代意义上的刑法，如居正认为："历代的所谓律，我们不可误认其范围为如今之刑法，例如《唐律疏议》卷一名例，不仅为关于刑法之总则，同时亦为关于一般法律的适用法；卫禁、职制、厩库、擅兴，则属于行政法规；户婚属于民事法规；贼盗、斗讼、诈伪、杂律，乃可谓实质刑法；捕亡、断狱，则属于诉讼法规、监狱法规及关于法官违法失职之惩戒法规；又如杂律之中，有属于行政性质者，如关于河防的规定是；有属于民事性质者，如关于钱债的规定是；有属于商事性质者，如关于市廛的规定是。"参见《居正文集》下册，华中师范大学出版社，1989，第488页。

书·刑法志》：秦汉旧律起自李悝。"《韩非子·饰邪》在叙述各国变法状况时言："当赵之方明《国律》、从大军之时，人众兵强，辟地齐、燕。"可见，先秦诸侯国中，律已经成为法律的名称之一。据《史记·律书》《汉书·律历志》记载，"律"字最原始的含义是以声音表达自然界的变化规律，也就是我们今天所说的"音律"。由音律演变为法律之"律"，从甲骨文中看，商代就已经开始了，甲骨文中的"师惟律用"① 正与《易》经中的"师出以律"的记载相印证。由此可知《康熙字典》中将"律"释为"军法"是律作为法规或法典时最初的状况。②

律最早是军法的名称，通过东汉许慎《说文》，我们可以比较当时专门适用于军队的"律"与适应于一般人的"法"是有所不同的。法，在先秦的典籍中常常写做"灋"，右边的"廌"与"去"表示以具有神性且能断曲直的神兽"廌"进行裁断，"去其不直"；左边的三点水表示"平之如水"的结果。而律，作为军法，则更强调"均布""划一"和不可抗拒。律强调的是颁行的制度或条文具有权威性、普遍性。军法——律的特点，是令出必行，赏罚分明。而这一点正是战国时期法家所推崇的君主治国之道。于是，在秦国推行"什伍制"，全民皆兵的过程中，便有了商鞅"改法为律"的变革，律由此成为对所有人（不仅仅是军人）皆有普遍约束力的"刑书"。我们应该注意的是，商鞅的"改法为律"只是"移军法之律作刑典之称"，而不是将所有的法统统纳于律中。③ 可以说，自商鞅之后，律便成为刑典，也就是《康熙字典》中所言的"刑书"的专名词。汉人继承了秦朝的这一变革的成果，律在汉初立法时仍然为刑典之名称，《汉书·刑法志》记："汉兴，高祖初入关，约法三章：'杀人者死，伤人及盗抵罪。'蠲削烦苛，兆民大说（悦）。其后四夷未附，兵革未息，三章之法，不足以御奸。于是，相国萧何捃摭秦法，取其宜于时者，作律九章。"可见，《九章律》是汉初之刑书，其目的在于"御奸"，即惩罚犯罪。《汉书》之后，北齐时成书的《魏书》、唐贞观时成书的《晋书》分别在各自

---

① 考古研究所：《小屯南地甲骨》，中华书局，1980，第119页。
② 律由音律之意拓展为纪律、法律的过程，见拙作《礼与法：法的历史连接》，北京大学出版社，2004。
③ 参见吴建璠《商鞅改法为律考》，载韩延龙主编《法律史论集》第4卷，法律出版社，2002，第39~45页。

的《刑法志》或《刑罚志》中记述了作为"罪名之制"的律。由此，我们知道商鞅所做的"律"，条文大致出于战国时期魏国李悝的《法经》。《唐律疏议》总结了战国以来律的发展："魏文侯师于里（李）悝，集诸国刑典，造《法经》六篇。商鞅传授，改法为律。""汉相萧何，更加悝所造户、兴、厩三篇，谓九章之律。魏因汉律为一十八篇，改汉《具律》为《刑名》第一……"① 关于汉之后，历代律典的篇目，学者多有考证与研究，不再赘言。

归纳古人对律的记载和今人对律的论述，我们可以为律做这样一个定义：作为统一的国家刑法，律形成于春秋战国的变法之际，是法家之学的产物；作为历代王朝统一颁行的刑典之名称，律一直沿用到清朝，与秦以后的中国古代社会相终始。

律的内容与作用类似于现代社会中的"刑法"。其有这样几个方面的内容：第一，它明确规定了何种行为属于犯罪，并规定了相应的"罪名"。因此，古人常将律称为"罪名之制"。第二，它规定了国家法定的"常刑"种类，比如《唐律疏议》中的笞、杖、徒、流、死。因此，古人也常将律称为"刑名之制"。第三，与三代刑书不同，它明确规定了何种行为构成何种犯罪，应该受到何种刑罚，且公之于众。第四，它规定了加重处罚与减轻处罚的刑罚适用原则。

在此应该交代的是，上述引用古人对律的概括与总结，多是从制度、作用或表现形式方面描述的。我们据此定义"律"，毋宁说是归纳了"律制"的概念更为恰当。而与"律制"相对的"律义"，与本文主题的关系更为密切，笔者将在下文中详述。

2. 中华法系：以儒家思想为灵魂，以内容儒家化为追求

"法系"是一个近代比较法研究中出现的概念。由于不同学者划分法系的标准不尽相同，所以关于世界究竟有多少"法系"的论断也不尽相同。1937 年中国法律史学家杨鸿烈在《中国法律在东亚诸国之影响》一书中对当时法系划分的情况做了介绍，② 综合比较各种观点，杨鸿烈取五大

---

① 《唐律疏议·名例律》
② 杨鸿烈言：日本学者穗积陈重先将法系分为印度、中国、回回、英国、罗马五种，后又加日耳曼、斯拉夫两种，共七种；德国学者柯勒尔、温格尔将世界法系分为原始民族、东洋民族、希腊罗马民族三种；东洋民族又分为半文明民族法及文明民族法二种，（转下页注）

法系之说，即将世界法系划分为印度、中国、回回、英国、罗马五大种类，并以为"'中国法系'在'世界法系'中有其不可磨灭之价值存在，即'发生最早'、'传播最广'，足与其他四大法系分庭抗礼也。"①"中华法系"又有"中国法系"或"中国固有法系"等多种说法。

"中华法系"既然是近代以来比较法研究的成果，其概念就必然带有"比较法"研究视角的特征。"中华法系"不同于其他法系的表现形式、内容及其精神特征一直是近代以来学界研究的焦点。

西方学界在对中华法系进行批判时，有两种观点在国际法学界流行甚广并也为中国学界所接受：一是中国法律"以刑为主"，因而中国社会是半开化的"静止的社会"。这一观点源自英国法律史学家梅因的《古代法》。尽管梅因的《古代法》对中国法律的论述甚少，但其在这一著作中确立的"静止社会"与"进步社会"的法律标准却为学界奉为圭臬。梅因认为，与世界其他国家和地区"静止的社会"不同，"进步的社会"主要指欧洲，其标志是民法发达，公民财产多受到法律的保护，法律促进了，而不是限制了社会的发展。而中国的法律虽然较处在原始状态下的印度有所进步，但这一进步是有限并中止了的，"因为在它的民事法律中，同时又包括了这个民族所可能想象到的一切观念"。②梅因思想东传之际，正是中国反思自身传统，向西方寻求强国良方之时，戊戌变法的政治领袖，近代中国学界翘楚梁启超对此深以为然。1904 年梁启超发表《中国法理学发达史论》虽认为"我之法系，其最足以自豪于世也"；但在同年的《论中

（接上页注②）中国法系属文明民族法。美国韦格穆尔教授将法系分为埃及、巴比伦、中国、希伯来、印度、希腊、罗马、日本、日耳曼、斯拉夫、穆罕默德、海洋、大陆、寺院、英美、爱尔兰等十六法系。参见杨鸿烈《中国法律对东亚诸国之影响》之《全书提要》，中国政法大学出版社，1999。20 世纪初，"法系"之说为中国学界普遍接受，如梁启超 1904 年《中国法理学发达史论》言"近世法学者称世界四法系，而吾国与居一焉。"参见梁启超《饮冰室合集》第二册，中华书局，1989。

① 杨鸿烈《中国法律对东亚诸国之影响》之《全书提要》，中国政法大学出版社，1999，第 2 页。另：杨鸿烈没有更详细地说明取"五大法系"之说的原因，但在中国法史学界这一观点可以说是不刊之论。这一观点为学界普遍接受的原因，笔者认为应该有两点：一是这种划分清晰地表明"凡属于具有某种共性或传统的法律就构成一个法系"。（沈宗灵主编《法理学》，北京大学出版社，2003，第 130 页。）二是法系同时还必须具有"清晰、完备、系统、连续的法律思想和法律方法体系"。（参见倪正茂《比较法学探析》，中国法制出版社，2006，第 156~158 页。）这两个标准应该是学界对法系划分的共识。

② 参见〔英〕梅因《古代法》，沈景一译，商务印书馆，1984，第二、五章。

国成文法编制之沿革得失》中却毫不迟疑地认为："我国法律界，最不幸者，则私法部分全付阙如之一事也。罗马法所以能依被千祀，擅世界第一流法系之名誉者，其优秀之点不一，而最有价值者，则私法之完备也。"①这种反思和批判，在 20 世纪初期中国法的反思中始终居于国内外学界的主流地位，② 尽管在 20 世纪 30 年代以后，中国法律史学界便开始对这一误解进行纠正，③ 但由于"比较"深陷误区，即使现在，这种观点在学界也颇为普遍。④ 正是出于这种"比较"带来的偏见，"以刑为主"成为所谓中华法系的特点。二是中华法系深受儒学的影响，儒家的价值观是中华法系之灵魂。在对中华法系的研究中，无论是以清代法律为主要资料的国际学界，还是已然将中国历代法之内容纳入中华法系研究的中国学界，对中华法系以儒家思想为皈依都无异议。1947 年由商务印书馆出版，在国内外法学界影响深远的瞿同祖先生的《中国法律与中国社会》总结道："法律儒家化是中国法律发展史上一个极为重要的过程。""自儒家化的过程完成以后，如本书各章所显示的，中国古代法律便无重大的、本质上的变化，至少在家族和阶级方面是如此。换言之，家族主义及阶级概念始终是中国古代法律的基本精神和主要特征，它们代表法律和道德、伦理所共同维护的社会制度和价值观念，亦即古人所谓纲常名教。"⑤

对于近代学界通过比较而归纳的中华法系的两大特点，笔者认为第一个特点是误解的产物，是亟须纠正的。而第二个特点，即中华法系的精神

---

① 《饮冰室合集》第 2 册，《文集之十六》，中华书局，1989，第 52 页。
② 参见杨鸿烈《中国法律发达史》，商务印书馆，1930，"导论"。
③ 如 1932 年上海法学编译社出版的丁元普的《中国法制史》之《绪言》曰："刑之一门，要不足概括法制也。"持此观点者，亦有不少有影响力的学者，如杨鸿烈、陈顾远、居正等。1959 年中国学者李祖荫在中译本的《古代法》之《小引》中批判道：梅因认为"一个国家文化的高低，看它的民法和刑法比例就能知道。大凡半开化的国家，民法少而刑法多，进化的国家，民法多而刑法少"。日本的一些学者据此"说中国古代只有刑法而无民法"实为无稽之谈，因为"古代法律大抵都是诸法合体，并没有什么民法刑法的分别，中国古代是这样，外国古代也是这样"。（参见〔英〕梅因《古代法》，沈景一译，商务印书馆，1984，"小引"。）
④ 如美国学者 D. 布迪、C. 莫里斯认为："中国法律注重于刑法，表现在比如对于民事行为的处理要么不作任何规定（例如契约行为），要么以刑法加以调整（例如对于财产权、继承、婚姻）。"（参见〔美〕D. 布迪、C. 莫里斯《中华帝国的法律》，朱勇译，江苏人民出版社，1995，第 2 页。）而中国一些 20 世纪 50 年代后的"中国法制史"教科书也持此观点。
⑤ 瞿同祖：《瞿同祖法学论著集》，中国政法大学出版社，1998，第 360 页。

以儒家的思想为核心,法律的发展有一个儒家化的过程则是符合客观事实的。但,我们说中国法律儒家化的过程,应该注意两点:一是法律儒家化不只是律的儒家化;二是律的儒家化是法律儒家化的难点和重点。如陈顾远在《中华法系之回顾及其前瞻》中言:"论其(儒家)思想之表现于法律者,以礼为本,以刑为辅,刑事法之要除刑官外,固归之于律统、刑书、刑狱方面,而政事法、民事法则见之于礼书、礼制方面,并有先王成宪、开国祖训为不成文法之信条,居于无字天书之崇高地位,与真正不成文的柔性宪法相当。然无论为无字天书,为律统、刑书及刑官、刑狱,为政事法、民事法之见于礼书、礼制者,皆属于中华法系之范围,舍其一端则非中华法系之全貌,必有扞格不通之虞。"①

近来亦有学者对中国古代法律儒家化提出异议,认为法家的学说才是中国历代法律的指导思想;②又有学者认为魏晋南北朝时期法律条文与儒家思想的暗合"并不意味着前者是后者影响的结果,或者可以说,后者并非前者出现的主要条件"。③但分析两位具有代表性论者所征引的数据,尚不足以动摇汉魏以来由于律的儒家化进程的发展,而导致中国古代法律儒家化的结论。以为中华法系"法典的法家化"的郝铁川教授,对中华法系的论证,几乎没有涉及"律"以外的法律规范,远不是上述陈顾远所言"中华法系"之范围,是一种对中华法系狭隘的理解或误解。另外,论者在举例说明唐律对秦律的继承时,颇有"断章取义"之嫌,因为作者没有对《唐律疏议》中大量的以经注律的"疏议"进行解释。④认为魏晋以来法律与儒家思想只是"暗合"的韩树峰教授,将现实社会的需要视为魏晋法律儒家化的动因,本身就承认了这一时期法律的儒家化现象。但应该注意的是,汉魏以

---

① 陈顾远:《中国文化与中国法系——陈顾远法律史论集》,范忠信、尤陈俊、翟文喆编校,中国政法大学出版社,2006,第540~541页。
② 参见郝铁川《中华法系研究》,复旦大学出版社,1997。
③ 韩树峰:《汉魏法律与社会——以简牍、文书为中心的考察》,社会科学文献出版社,2011,第250页。
④ 参见郝铁川《中华法系研究》,复旦大学出版社,1997,上编《中华法系的特点》第二章《法典的法家化》。该章分为三节:一、法家创立的《法经》《秦律》是后世封建法典的基础;二、法家学说是历代法典的指导思想;三、汉唐间法律未曾儒家化。郝铁川教授对中华法系特征具有新意的论点在学界有着广泛的影响,对拓展研究思路有着积极的作用,但是正如作者自己所说的那样,许多观点有些"片面地深刻"。笔者对中华法系整体式的研究时日尚浅,不揣冒昧,提出商榷。

来，儒家思想与现实法律绝非是"暗合"，用儒家的思想置换法家在法制体系中的地位，使法制尽可能地体现儒家的理念，甚至将礼制的条文直接作为法律的"规范"，法律的内容不断地儒家化，是立法者明确提出的目的，是主流思想家的主动追求。"一准乎礼"的唐律出现，正是这种追求的结果。

通过梳理有关"中华法系"研究的论点，笔者认为我们可以为"中华法系"做这样一个定义：第一，"中华法系"是近代比较法研究中提出的概念，它以中国古代法律为主要研究范围，同时也包括受其影响的东、南亚古代法律。就地域而言，中华法系以中国为主，但又不限于中国。第二，就时代而言，中华法系主要指汉法律儒家化以来的中国古代法律，截至清末变法修律之前。但是，儒家的思想成于春秋战国，是在总结夏、商、西周，尤其是西周历史经验基础上而成的。所以，汉以前的历史，可以视为中华法系的准备期。第三，中华法系的特点，在于其价值观以汉代形成的"纲常名教"的儒家思想为核心，以法律内容的儒家化为追求，与社会普遍认可的伦理道德相辅相成。

二 律学：律义的阐释由法而儒的转变

如上所述，"律"与"中华法系"就概念的形成而言，存在着一个时间差。

律作为法律的名称出现，最迟不过商代，因为甲骨文中有"师用惟律"的记载。被认为保存了大量夏商西周史实的《易》中亦有"师出以律"的记载，自汉以来的经学家大都将此处的"律"释为军队出征时的纪律，"师律"，也就是军中的法律，[①] 因此，律为商周时期的军法应无疑义。

---

① 《周易正义》卷二："初六，师出以律。否臧凶。"魏晋王弼注："为师之始，齐师者也。齐众以律，失律则散，故师出以律，律不可失。失律以臧，何异于否。失令有功，法所不赦。故师出不以律，臧否皆凶也。"唐孔颖达疏："师出以律者，律，法也。初六，为师之始，是整齐师众也。既齐整师众，以师出之时当须有其法制整齐之。故云师出以律也。否臧凶者，若其失律行师，无论否之与臧，皆为凶也。否谓破败，臧为有功。"另，参见《易学精华》，齐鲁书社，1990。此书汇编了唐、宋、元、明、清治《易》成就颇为卓著的学者的著作。如：唐李鼎祚的《周易集解》，宋张载的《横渠易记》、程颐的《伊川易传》、朱震的《汉上易传》、朱熹的《原本周易本义》、朱元升的《三易备选》，元吴澄的《易纂言》《易纂言外翼》、黄泽的《易学滥觞》，明来知德的《周易集注》，清毛奇龄的《仲氏易》、惠栋的《周易述》、张惠言的《周易虞氏易》《周易虞氏易消息》、焦循的《易通释》。以上学者在其著作中皆将"师出以律"之"律"释为法律意义上的律。

将律推而广之,作为定罪量刑的国家刑典,则始于战国时期法家商鞅在秦国的变法。

而今人在研究中提出的中华法系,应始于汉代儒家的纲常名教成为王朝的主导思想、法律开始儒家化之时。中华法系是一个与汉以来儒家居于主导地位的中华文化相匹配、儒家价值观为核心、礼法融合的法律体系。将从时间到内容看似格格不入的律与中华法系连接在一起的关键词是"律义"。

1. "法家之律,犹儒者之经"

前文所言"律"之定义,实为"律制"之定义。战国时期,商鞅将用于军队中的律,推广而成为具有普遍约束力的国家刑典,必有着丰富的法律实践经验的总结与理论阐释。这种总结与阐释,是律由军法转变为刑典的理论依据,这种理论依据也就是律之"义"。春秋战国时期律的"制"与"义"是统一的,律之制是在法家思想指导下而形成的,律之义则是法家的刑罚主张。

就法律实践而言,春秋战国时期各诸侯国的政治、法律改革,为商鞅在秦实行"改法为律"积累了丰富的经验。春秋时期,齐桓公任用管仲"作内政而寄军令",将军队的组织方式用于地方的管理,使"卒伍整于里,军旅整于郊",① 由此广开兵员,增强国家的战斗力以应付连年不息的诸侯兼并战争,终成霸业。这正是三百年后商鞅在秦国实行"什伍制"的历史渊源。所不同的是,管仲"作内政而寄军令"时,法律尚处在习惯法时代,而商鞅实行什伍制时,距公元前536年的"郑人铸刑书"② 为开端的中国法典时代到来已有近二百多年的历史了。更值得一提的是,在商鞅入秦前,魏国李悝集各国变法之大成,著成《法经》六篇,更是为商鞅的"改法为律"提供了制度上的方便。

仅有制度的基础,尚不足以使律成为自秦以后中国古代史上唯一贯彻始终的王朝颁行的统一刑典之名称,律制之发达、成文法之风行、《法经》之出现,必有其"学"阐释其义。先秦及秦代虽未有"律学"之名,但法家对"法"的阐述与传授,随着各诸侯国的变法而影响广泛。众所周知,法家注重刑罚在治国中的作用,强调"刑无等级",正是在法家思想的指

---

① 《国语·齐语》。
② 《左传·昭公六年》。

导下，春秋战国时期的刑典才有了突破性的发展，即从习惯法时代的"刑名之制"进入法典时代的"刑名""罪名"合一的制度。① 春秋以前，三代刑书只言"刑名"，或以"刑名"为主，没有"罪名"。如《尚书·吕刑》言墨、劓、刖、宫、大辟"五刑"；《左传·昭公六年》《左传·文公十八年》记周有《九刑》，而《九刑》据汉人言为"正刑五，加之流宥、鞭、扑、赎刑"。② 许多中国法制史的教科书，将《尚书》中记载的"不敬上天""不吉不迪"等对"罪行"的描述，误定为当时的"罪名"，因此而抹杀了中国古代刑事法律制度在春秋战国时所取得的巨大进步。其实，"罪名"的出现，其历史意义并不亚于子产第一次将刑法公之于众的"铸刑书"。因为，从法律的发展规律看，刑名确定而罪名不确定，正是习惯法时代的特征，因为罪名不确定，方可"议事以制"，即由裁断者综合各方面的情况"议"而量刑，③ 这是习惯法时代，贵族阶级的法律特权。这种只有确定刑名的"刑名之制"，显然无法达到春秋战国时期法家"刑无等级""罪刑相抵""赏罚分明"的法律诉求。正是在法家学说的阐释下，才有了李悝《法经》一改以刑名作为刑典之篇名的做法，而改为以"罪名"为篇目。《法经》六篇，其中《盗》《贼》《杂》对罪名做了明确的规定，《晋书·刑法志》记："（李）悝撰次诸国法，著《法经》。以为王者之政，莫急于盗贼，故其律始于《盗》《贼》。盗贼须劾捕，故著《网》《捕》二篇。其轻狡、越城、博戏、借假不廉、淫侈、逾制以为《杂律》一篇，又以《具律》具其加减。"在介绍了《法经》篇名后，《晋书·刑法志》画龙点睛地指出："是故所著六篇而已，然皆罪名之制也。"

商鞅携带着李悝的《法经》入秦，并"改法为律"，实为由刑名之制转向罪名、刑名之制合一。④ 这一重大变革的深化，无论是从字义还是从

---

① 有关习惯法时代与法典时代的区别，参见〔英〕梅因《古代法》，沈景一译，商务印书馆，1984，第一章。
② ［清］孙诒让：《周礼正义·秋官·司刑》，中华书局，1987，第2840页。
③ 参见杨伯峻编著《春秋左传注》之《昭公六年》，中华书局，1981，第1274～1276页。
④ 关于《法经》成书时间及性质，关于商鞅"改法为律"的有无在学界一直存在着争论。关于《法经》的问题，参见何勤华《中国法学史》第一册，法律出版社，2006，第66～84页；参见李学勤《秦玉牍索引》，《故宫博物院院刊》2000年第2期。笔者亦以为《法经》应为战国时期李悝总结各国刑制变革之著作，而商鞅携之入秦，以其为基础制定了秦律。关于商鞅"改法为律"的问题，参见吴建璠《商鞅改法为律考》，载韩延龙主编《法律史论集》第4卷，法律出版社，2002。笔者赞同作者的观点。

内容上看，"律"都更能体现法家的用刑原则：均布、划一、不可违抗。① 将刑的作用发挥到极端，是法家学派的特征。大到富国强兵，小到民间的纠纷，刑的作用可以说是无所不在。《管子·七臣七主》言："律者，所以定分止争也。"1975年出土的湖北云梦秦简，证明了作为刑典的"律"，在秦统一前已经十分发达。而阐述律义的法家之学在秦统一后，更是被秦统治者视为不容置疑的王朝核心价值观。从《史记》《汉书》的描述中，可以看出，秦始皇为政的特点是"贵治狱之吏"，"专任刑罚"。而秦王朝的"学"，其目的也在于统一官吏高度重视刑罚的作用，告诫天下人必须绝对服从于"律"的规定。为树立律的权威，充分发挥刑的震慑作用，商鞅提出在中央与地方均设"法官"或"主法之吏"，并奉他们"为天下师"，② 而韩非进一步明确提出"明主之国，无书简之文，以法为教；无先王之语，以吏为师"。③ 秦始皇统一后，采纳了丞相李斯的建议，禁绝天下私学，焚烧《诗》《书》及法家之外的各家书籍，昭告天下："若欲有学法令，以吏为师。"④ 这种文化教育的专制，到秦二世时法家之学已经演变为"非斩、劓人，则夷人三族也"⑤ 的极端刻薄寡恩之说。

正如元代儒生柳赟所言："法家之律，犹儒者之经。"⑥ 秦自孝公用商鞅变法，中经七世，至秦王政，一百五十余年，推崇法家。统一后，秦始皇更是以法家思想与方法统一法令，完善律制。学在官府，恪守律令，经过秦政，已成社会风习。汉代秦后，统治者深知严刑峻罚荼毒天下，是秦覆灭的原因，所以汉初便屡屡发布诏令，废除秦朝苛法，逐渐恢复私学，但秦"以吏为师"、重视刑律之风尚存。汉高祖曾布告天下，郡守须按朝廷要求选拔"明法者"或"明德者"，上报朝廷，举荐书上要写明被荐者的形状年纪，年老有病者不在举荐范围中。审核合格者，郡守亲自前往勉励，并送至丞相府学习。若有此人才而郡守不举荐者，免官。⑦ 汉景帝时，

---

① 参见拙作《礼与法：法的历史连接》，北京大学出版社，2004，第71~76页。
② 《商君书·定分》。
③ 《韩非子·五蠹》。
④ 《史记·秦始皇本纪》。
⑤ 《汉书·贾谊传》。
⑥ ［元］柳赟：《唐律疏议序》，载《唐律疏议》，刘俊文点校，中华书局，1983，第664页。
⑦ ［唐］杜佑：《通典·选举一》："其有称明法者，御史中执法、郡守必身劝勉，遣诣丞相府，署其行、义及年，有其人而不言者，免官。"《汉书·高祖纪》记："御史大夫昌下相国……御史中执法下郡守，其有意称明德者，必身劝，为之驾，遣诣相国府，署行、义、年。有而弗言，觉，免。年老癃病，勿遣。"

蜀地郡守文翁，为改造蜀地的"蛮夷风"，"乃选郡县小吏开敏有材者张叔等十余人，亲自饬厉，遣诣京师，受业博士，或学律令"。①

律，作为法家青睐的治国工具在战国至秦得以充分地发展，并成为王朝教育的中心内容。以严刑峻罚统一人们的言行和思想，任何人不得违背——这就是法家对律义的阐释。

2. 律的儒家化

（1）经学成为官学

对律义阐释的转变，始于汉初私学的恢复。汉初，虽然"以吏为师""以法为教"的秦风犹存，但国家对私学的控制已经大大松动，儒家之学此时也悄然兴起。随着儒家的恢复，法律之学私相授受也不再受到严格的限制。汉中期，武帝定儒学为一尊，以法家之学阐释律义被正式废止。《汉书·武帝纪》记载，建元元年，汉武帝诏天下举荐贤良方正、直言极谏之士，在所举荐的贤良中，有以习申不害、商鞅、韩非（皆为法家）及苏秦、张仪（为纵横家）之学的人，丞相卫绾上书言法家与纵横家之学"乱国政"，建议废除。这一建议被武帝认可。其后，武帝又诏贤良上治国之策，决意效法先王，改变秦以刑钳制天下，而使天下人怨望反叛的局面。诸位儒生，尤其是董仲舒在对策中主张的儒家"大一统"之学深合武帝之意，于是脱颖而出。② 建元五年（公元前136年），汉置"五经博士"。所谓"博士"，是秦时学官的名称，其任职的资格是"通古今"。但秦时博士"备员弗用"，并无多少发言权。③ 而武帝所置"五经博士"则不同于秦之博士，五经博士的任职要求是"通儒家之学"。所谓五经，有时又称"六经"，据章太炎考证，"六经"之名为孔子所定，其中"诗""书""礼""乐"是周代官方教学的课本，"周易""春秋"亦为孔子所赞，这六类典籍皆经过孔子修订，故称为"六经"，而"乐"有谱无经，所以武帝"罢黜百家，表彰六经"，而所设学官却称为"五经博士"。④

---

① 《汉书·循吏传》。
② 《汉书·武帝纪》："（元光元年）五月，诏贤良曰：'朕闻昔在唐虞，画像而民不犯，日月所烛，莫不率俾。周之成、康，刑错不用，德及鸟兽，教通四海……贤良明于古今王事之体，受策察问，咸以书对，着之于篇，朕亲览焉。'于是，董仲舒、公孙弘等出焉。"
③ 参见《史记·秦始皇本纪》。
④ 参见章太炎《国学讲演录》，华东师范大学出版社，1995，第46~47页。关于儒家经书由"五经"到"十三经"的演变，参见顾颉刚《汉代学术史略》，东方出版社，1996，第十章。

五经博士的设立，确立了儒学的官学地位。武帝又采纳了董仲舒的建议，兴太学，置博士弟子员。五经博士各以本人所擅长的经授徒。而通晓经义者，擢拔为官。与董仲舒同样受到武帝青睐的公孙弘"以治春秋为丞相，封侯"。① "以儒学为利禄之途，始于此。"② 武帝之后，儒学定于一尊，经学成为汉学的核心。因通经而走向仕途的人越来越多。

（2）律学使律义皈依儒家

如前所述，律源于刑，是在法家思想指导下形成的罪刑名合一之制，而先秦及秦统一后的律义，也是法家之意。法家之所以重律，是因为强调国家的利益至上，而刑罚的震慑和划一功能实为维护国家利益的利器。作为罪名、刑名合一之制的律，在实践中当然要"法中求罪"，通过严厉惩罚犯罪来彰显律的权威。

汉代儒生，继承了先秦儒家的传统，其不仅看到了刑罚震慑作用的有限，而且看到了秦朝"专任刑罚"，二世而亡的教训及过度用刑的危害。汉武帝时确立的官方主导学说——经学，高扬的是儒家仁义教化的旗帜，与以刑立威的律不免矛盾。但是，无论是武帝，还是当时及后来通过习儒通经而受到朝廷重用的儒生，没有任何人提出过废除律制的建议，因为他们都明智地认识到"汉承秦制"是一个历史的必然，是他们无法更改的选择。无论法家对律的阐释，与儒家思想有着怎样的冲突，律制在现实国家与社会的治理中都是无法废除的，成书于东汉儒生之手的《汉书·刑法志》对此说得透彻："鞭扑不可弛于家，刑罚不可废于国，征伐不可偃于天下。"③ 与秦始皇以刑钳制天下人言行，甚至焚书尊法而统一天下人的思想不同，汉统治者面向实际做出了以官爵利禄为诱导，以发展经学而扬儒抑法统一人们思想的聪明决策。在刑典方面，以儒家思想阐述律制，将儒家对刑的诉求注入律中，成为汉武帝罢黜百家后的不二之选。于是用儒家的思想解释律制，阐述律义成为汉中期以后经学的重要内容之一，律学因此而兴。以儒家经典注释律文、阐释律义的律学之兴起与发展，终于使法家思想指导下形成的律在宗旨和精神上逐渐皈依儒家。

开以经注律，以儒家学说阐述律义之先河者，是汉代董仲舒。清代张

---

① 《汉书·儒林传》。
② 邓之诚：《中华两千年史》卷一，中华书局，1983，第146页。
③ 《汉书·刑法志》。

鹏一作《两汉律学考》，从《史记》《汉书》《后汉书》本传及表、志中集律家，作表，述其人名、世业、官阶、事迹与所著。董仲舒之前列萧何、叔孙通、张欧、张释之、贾谊、晁错、宋孟、刘礼、田叔、吕季主、彭祖十一人。唯文帝时贾谊有儒学背景"年十八能诵诗、书"。而其余人或为文吏，有"学"无派，如萧何、叔孙通等；或学法家，好法律，如晁错、彭祖等。而武帝后，情况改观。董仲舒通晓《春秋》，史载"治《公羊春秋》"，景帝时期为博士，武帝时举贤良，为诸侯国相，后因病而免。董仲舒最为世人知晓是因"天人三策"而获得武帝赏识，儒学因此而成为汉之"国学"。其实，在刑典由法而儒的转变方面，董仲舒也是功不可没。从史书的记载看，董仲舒没有直接参加汉律的修订，但是在致仕家居期间，王朝主管刑狱的最高长官廷尉张汤则屡受武帝派遣，亲自至董仲舒所居的陋巷中请教。董仲舒总是以经剖析，集二百三十二事，给后人留下了《春秋决狱》。程树德考证，此书直到宋时尚存。① 武帝派张汤所问之事，主要是"狱事"。而董仲舒"动以经对"，这种折狱方式，所改变的首先是律之目的，即刑典虽是为政者必备的治理手段，但确立律的权威，以刑罚的震慑、恐吓作用而建立王朝所需要的秩序并不是刑典的最终目的，刑典的目的在于维护《春秋》等儒家经典中所提倡的人伦，比如《通典》引董仲舒以《诗》与《春秋》决狱的例子：养父甲包庇犯有杀人罪的养子乙，问"甲当何论？"董仲舒认为"《诗》云：螟蛉有子，蜾蠃负之。《春秋》之义，父为子隐。甲宜匿乙而不当坐。"②

可以说，董仲舒的《春秋决狱》为改造律义提供了思路。其影响较亲自参加律的修订更为深远。董仲舒后，虽然亦有以法家、纵横家释律，如晁错、主父偃等，但依据儒家经典裁决重大或疑难案件蔚然成风。有许多著名的经学家，经律两通，像董仲舒那样"表《春秋》之义，稽合于律。"③ 亦有先好刑名之学，而后又学习儒家经典者。④ 虽然许多学者指出，汉武帝罢黜百家是表面文章，终汉之世，就律的阐释而言，儒家也没

---

① 参见程树德《九朝律考》，中华书局，1988，第163页。
② ［唐］杜佑：《通典·礼志五六》。有关更多的《春秋决狱》事例，参见程树德所著《九朝律考》之《汉律考》及高恒所著《论"引经决狱"》《董仲舒的法律思想》两文，载高恒《秦汉法制论考》，厦门大学出版社，1994。
③ ［东汉］王充：《论衡·程材篇》。
④ 参见［清］张鹏一《两汉律学考》。

能一统天下，而是王、霸并存。就历史现象的描述来说，这样的论点无可非议。但是，就历史的走向来说，我们可以看到，自汉初始，法家作为王朝确立的唯一的统治学说，地位动摇。自武帝起，律义唯法家之学是从的局面也不复存在。不同的律义阐释淡化了法家对刑的强调，也淡化了作为刑典的律与儒家仁义思想的冲突。以经决狱的律学虽然与释律诸家并存，但其已经取代法家，成为王朝的统治学说，并逐渐为社会大多数人所认可。如张鹏一总结的那样："汉以经术施诸政治一事，实自董仲舒发之，当时人君向用其说，古汉世律法多洗秦旧，流风所被，浸为俗尚。"

董仲舒后，两汉律学的发展，史籍多有记载，学界也多有论述。如《晋书·刑法志》记："叔孙宣、郭令卿、马融、郑玄诸儒章句十有余家，家数十万言。"而出自东汉大儒班固之手的《汉书·刑法志》中所表达的法律观，也说明儒家的刑法主张经过律学的阐释至西汉末基本成为律之灵魂。《刑法志》总结了自黄帝以来刑罚的发展，引儒家之经与孔子之言告诫统治者，王者应该有为天下人父母的慈悲之心，对民众的统治应以教化为主，刑罚只是一种迫不得已而用之的工具。因此，用刑之道的根本在于"省刑"，而不是如法家那样用繁刑峻罚将天下人置于法网之中。《刑法志》引孔子言："今之听狱者，求所以杀之，古之听狱者，求所以生之。"由此区别了儒法两家用刑目的的不同：法家于"法中求罪"，儒家于"法中求仁"。其又引孔子言："古之知法者能省刑，本也；今之知法者不失有罪，末也。"由此区别了儒法两家对刑罚作用认识的不同：法家只是将刑作为惩罚犯罪的工具，而儒家则将刑视为社会教化的一种特殊手段，即用刑不仅要树立法律的权威，更要树立是非善恶观。儒家用刑之道的效果是"省刑"而缓和社会矛盾，法家用刑之道的效果则是法繁而刑苛，激化社会矛盾。而《刑法志》的结论是："礼教不立，刑法不明"，是如《尚书》所言"伯夷降典，悊民惟刑"，即"制礼以止刑"。

《汉书》为官修史书，其表现出的价值观在当时社会中居于主流地位自不待言，《刑法志》充分体现出的儒家刑观念证明，法家对律的阐释已经逐渐退出历史舞台，而儒家通过对律的重新解释，为律注入了新的灵魂。

三 礼的拟制：律制日益简约，律义日益深邃

汉武帝之后，王朝的统治者逐渐为法家思想指导下形成的律注入了儒学的价值观。作为刑典的名称，律自秦王朝始历代沿用不变（只有元朝除外），而内容也多有沿革，这种一以贯之的延续性几乎可以与儒家崇尚的礼相比。实际上，自汉武帝后，律的发展历程，与礼有诸多相似处，甚至可以说其正是礼的拟制。

众所周知，周公"制礼作乐"及周礼之发达，是中国古人以"礼仪之邦"而自豪的缘由。"克己复礼"是孔子的毕生理想。但身处春秋"礼崩乐坏"之时的孔子也知道周的礼制、礼仪过于繁琐，礼的完全实施，几乎是无法达到的。因此，在强调"复礼"时，相对于制度、仪式而言，孔子更强调恢复与弘扬礼义，即礼所维护的人伦道德——孝、忠、节、义与礼义所体现的仁、义、礼、智、信的宗旨。简单地说，孔子对礼制的改良并不反对，但他旗帜鲜明的反对抛弃礼义，所以阐述礼义，在儒家体系中远比礼制的恢复和改革重要。《礼记·大传》中强调："立权度量，考文章，改正朔，易服色，殊徽号，异器械，别衣服，此其所得与民变革者也。其不可得变革则有之矣：亲亲也，尊尊也，长长也，男女有别。此其不可得与民变革者也。"战国以来，作为一种制度，礼制越来越简化，影响远不如西周宗法制下广泛，而汉之后，礼制仪式更是常常只具象征意义，如陈寅恪所言"自汉以来史官所记礼制止用于郊庙朝廷，皆有司之事"。[①] 礼制简约化的同时，礼的价值观经过不同时期儒生们不间断地阐释，却成为了社会主流价值观。忠、孝、节、义及仁、义、礼、智、信成为社会的共识和各项"制度"的根本，合乎礼义与否，大到关涉王朝的合法性，细微至个人言行的准则。

律，自汉中期以来的发展，也经过了律制日益简约，律义（儒家之说）日益深邃这样一个类似战国至汉时的礼的发展的过程。秦汉时期，律制的形式主要有律、令两种。律是王朝颁行的基本刑典；令则是王朝根据时势发布的单行法规，涉及王朝制度的各个方面，其中刑事方面的令，主

---

① 陈寅恪：《隋唐制度渊源略论稿》，中华书局，1977，第4页。

要用来弥补律之不周或根据案情具体情况加重或减轻处罚。汉初萧何对律进行了"简化",原因在于战国至秦政的"泛刑罚"治理,将许多不是或不应纳入刑法领域解决的问题也纳入律中。根据湖北云梦出土的秦简看,汉人对秦法"繁于秋荼而密于凝脂"的评价并不为过。但简化律制并不是一件简单的事情,其不仅需要长时间实践经验的积累,更需要理论的指导。萧何的《九章律》虽为后世奉为律宗,但其简化律制的工作并未达到理想的状态。程树德在《九朝律考·汉律考》中列出了许多汉律中律令不分、律礼不分的例子。但此时的律礼不分,是因为律令定义尚不明确,体系尚不完善以及秦之尊法任刑的思想尚有广泛的影响而造成的,其与汉武帝后的礼法有机地融合有着本质的不同。

关于律的儒家化过程,学界论述甚详,不再赘述。笔者关注的是,在律儒家化的过程中,发生的律制日益简约和律义日益深邃这一现象,并试图加以解释。

(1) 律制日益简约

先说律制日益简约。汉之后,修律基本是在王朝统一之初进行,从律之篇目上看,汉律60篇;① 曹魏《新律》18篇;晋《泰始律》20篇;北齐律12篇949条;② 北周《大律》25篇1537条;③ 隋《开皇律》12篇500条,《大业律》18篇500条;唐《武德律》《贞观律》12篇500条,《永徽律疏》12篇502条;《宋刑统》依唐律,12篇502条;明《大明律》7篇460条;清乾隆《大清律例》7篇436条。

自汉至唐,律的篇目、条文总体呈减少的趋势,魏晋律学兴盛之际,也正是这一进程迅速而稳定发展之时。唐初制律以北齐、开皇律12篇为宗,更是对律简约化的一种历史的肯定。唐之后,元代制定《大元通制》,其中"断例"部分的篇目一如唐律。故其《序言》中说元之刑典"于古律暗用而明不用,名废而实不废"。④ 律在发展过程,除总体呈现简约的发展趋势外,还有一个特征,即有极强的延续性。不仅"律"作为刑典名称相

---

① 《晋书·刑法志》:"萧何定律……,合为九篇,叔孙通益律所不及,《傍章》十八篇,张汤《越宫律》二十七篇,赵禹《朝律》六篇,合六十篇。"
② 参见《隋书·刑法志》。
③ 参见《隋书·刑法志》。
④ 关于唐、金、元律篇名之比较,详见方贵龄校注《通制条格校注》,中华书局,2001,第13~15页。

沿二千余年，甚至一些篇章条文也二千年一脉相承，如《大清律例》叙述"名例"之沿革："李悝造《法经》，其六曰《具律》，魏改为《刑名》，晋分为《刑名》《法例》。沿至北齐，乃曰《名例》。隋唐以后因之，至今不改。"

（2）律义日益深邃

与律制发展日益简约同步的是，对律义的阐释日益深邃。甚至可以说，正是律义的深邃，使律制在修订时有了儒家理论的指导，因而体例更为规范，条文更加规范，解释也更加准确。《晋书·刑法志》记载，曹魏时期制定《新律》，律学家对已往的律进行了学理上的分析：第一，对当时通行的律的解释，以"应经合义"为标准进行统一，加强儒家价值观的地位。第二，就体例而言，指出了《九章律》的缺点：阐发刑之宗义的篇目《具律》在律典中"既不在始，又不在终"，因而不能显示其重要性。于是《新律》"集罪例以为《刑名》（代替《具律》），冠于律首"，并指出律"当慎其变，审其理"。第三，对一些罪名、刑名进行了更为精确的解释。比如，对律、令的解释，汉人言"前主所是著为律，后主所是疏为令"，① 而魏晋时杜预则言："律以正刑名，令以存事制。"② 杜预的解释显然较汉杜周的解释更具有学理性。③

汉以来的经验与学理的积累，使得律逐渐"经"化，文颖注《汉书》，在解释《宣帝纪》中的"令甲"时言："萧何承秦法所作律令。律，经是也。天子诏所增损，不在律上者为令。"唐代，律完成了官方的统一解释，从魏晋时期的"应经合义"而达到"一准乎礼"的地步，后世的立法者无不奉为圭臬。从纪晓岚作《四库全书总目》对唐、清两朝律之评价，可以看出，律自唐以来，修订审慎，改动极少，已然成为刑之"经"："高宗即位，又命长孙无忌等偕律学之士撰为义疏行之，即是书也。论者为唐律一准乎礼，以为出入得古今之平。宋时多采用之，元时断狱，亦每引为据。明洪武初，命儒学同刑官进讲唐律。后命刘惟谦等详定明律，其篇目一准于唐。至洪武二十二年，刑部请编类颁行，始分礼、户、礼、兵、刑、工

---

① 《汉书·杜周传》。
② 《太平御览》卷六三八。
③ 关于晋代律学的重大发展与律之篇章体例、术语解释的进步，见高恒《张斐的〈律注要略〉及其法律思想》，载高恒《秦汉法制论考》，厦门大学出版社，1994。

六律，而以名例冠于律首。本朝折中往制，垂宪万年。钦定《大清律例》。"①

自汉武帝尊儒，作为刑典的律就被赋予了多重历史使命。首先，惩罚犯罪，维护王朝秩序，是律义不容辞的职责。其次，律体现并维护王朝的主导思想。比如，体现儒家关于刑的主张；培养官吏"刑为盛世所不尚"的价值观；等等。经过近八百年的发展，"一准乎礼"的唐律终于达到了这样一个境界。也许唐律及其疏义的得以流传，也正是因为自唐始，律就已经不只是量刑定罪，根据时势不同而代有改变的法律实践中的适用之典，它更是一部"刑理"之典。就刑罚而言，唐时的格令、宋时的编敕、明清时的例皆可以因时因势而变通轻重，但律却是相对稳定的、不可变的，因为唐之后，律重在律义，律义所体现的律之理，与"经"并无二致。如薛允升在《唐明律合编》的《例言》中所言"律与经相辅而行"。

（3）律制、律义演化之因

汉之后，律的儒家化过程、表现与原因，前辈学者陈寅恪、程树德、杨鸿烈等从不同角度有着精彩的论述，被视为不刊之论，已成学界通识：汉中期董仲舒开法律儒家化之先河，此后律学的发展，使礼的一些条文入于律中，如八议、准五服以制罪等；晋律则是一部尤为儒家化的法典。

笔者认为，上述表述基本符合客观历史，但有一点需要进一步说明，即据《汉书·刑法志》记载，法律之儒家化在汉初就已有端倪。比如，文帝废肉刑，诏书引《诗》文作为依据："恺弟君子，民之父母。"肉刑不仅施刑手段残酷，而且绝人自新之路，"何其刑之痛而不德也"。为体现儒家君主为民之父母的仁慈心，文帝除肉刑，"具为令"，后定律以城旦舂、髡钳城旦舂、笞三百、笞五百、弃市分别代替完、黥、劓、斩左趾、斩右趾。虽然有关肉刑废、复争论，一直持续到魏晋方告一段落，但是无论是肉刑的废除论者，还是肉刑的恢复论者，均以儒家仁义之说阐明自己的论点。又记景帝时，令"狱疑者谳"，与五听、三宥之法相近；而令"年八十以上，八岁以下，及孕者未乳、师、侏儒，当鞠系之，颂系之"，与周之三赦之法相近。

学界之所以将武帝时董仲舒"春秋决狱"视为法律儒家化之始，忽视

---

① 《四库全书总目·史部·政书类二》。

了汉初的过渡性因素也许是因为：第一，学界所言的法律儒家化主要指的是刑律之儒家化，所以对"具于令"的儒家化缺乏关注。如陈顾远以为"最使礼与律相合而为一者，莫若以经义折狱一事"。① 瞿同祖认为儒家之有系统修改法律始自曹魏，其所举资料多是曹魏时期修律的记载。② 陈寅恪以为"（晋）司马氏以东汉末年之儒学大族创建晋室，统制中国，其所制定之刑律尤为儒家化"。③ 随着律的儒家化，政治家、思想家、学者开始从注重律制的完善到注重律义的阐释。曹魏时，尚书卫觊上书言："九章之律，自古所传，断定刑罪，其意微妙。百里长吏，皆宜知律。刑法者，国家之所贵重，而私议之所轻贱；狱吏者，百姓之所悬命，而选用之所卑下。王政之弊，未必不由此也。请置律博士，转相教授。"④《三国志》中记载的被朝廷所采纳了的卫觊这短短的上书，给我们透漏了丰富的历史信息，使我们可以窥探到魏晋之后，律制与律义的演化之因。

首先，与汉武帝置五经博士，使经学成为国学而研习日深相同，魏晋时律博士的设置，确立了律学的官学地位，对律的研究如同对经的研究一样受到了王朝重视。这也是魏晋至唐，作为刑典的律，体例日益完备而简约的原因。

其次，卫觊提出的置律博士的建议，被历代统治者所接纳，一直到宋。《通典·职官九·国子监》记："律学博士，晋置。""东晋以下因之。"《选举二》记："四曰律学，生徒五十人。""诸学皆有博士、助教，授其经义。"沈家本在《法学盛衰说》中对律博士的作用给予充分肯定，其言："盖自魏置律博士一官，下及唐宋，或隶大理，或隶国学，虽员额多寡不同，而国家既设此一途，士人讲求法律者宜视为当学之务，传授不绝于世。"其实，律博士的设立对于律的意义，就如同汉武帝置五经博士之于儒学的意义。五经博士使儒家经典的研究日益深入，而律博士对律的研习与传授，为律义的深度阐发提供了基础。

最后，卫觊上书中言"百里长吏，皆宜知律"，沿用了秦"以吏为师"

---

① 陈顾远：《儒家法学与中国固有法之关系——关于中国法系回顾之一》，载陈顾远《中国文化与中国法系——陈顾远法律史论集》，范忠信、尤陈俊、翟文喆编校，中国政法大学出版社，2006。
② 参见瞿同祖《中国法律之儒家化》，载瞿同祖《瞿同祖法学论著集》，中国政法大学出版社，1998。
③ 陈寅恪：《隋唐制度渊源略论稿》，中华书局，1977，第100页。
④ 《三国志·魏书·卫觊传》。

"以法为教"的律之传授形式,但秦对官员习律强调的是对律条文的熟记,而魏晋后更强调官员对律义的理解。律学博士的职掌之一就是"教文武官八品以上及庶人子之为生者"。① 如前文所引,律博士所授为律之"经义"所在。沈家本在《法学盛衰说》中进一步论到,元废律博士,而法学衰。此论或有偏颇。因为,唐永徽年间制定律疏议,有两个目的:一是为生徒的"以经注律"的考试提供标准答案;② 二是防止因官员对律文理解的不同而产生"同罪异罚"的现象。③ 自"疏义"完成后,官员在断狱中"皆引疏分析之"。④ 元人柳赟合刊《唐律疏议》,表明律义自唐以来,已经统一且成为官员必备之知识,律博士对律义的研习传授似乎已没有了太大的必要,这也许是废除律博士的原因。而唐之后,官吏读律,对律的统一理解似乎更为重要。故明清两代的律文中,皆设有"讲读律令"条。明律学家雷梦麟言:"讲者,解晓其意;读者,记诵其辞。若不能讲解,不晓律意,虽能记诵,引用犹差,何以剖解事务?"⑤

卫觊针对"刑法者,国家之所贵重,而私议之所轻贱;狱吏者,百姓之所悬命,而选用之所卑下"的"王政之弊"所提出的"置律博士"与"百里长吏,皆亦知律"的建议,可以说适应了汉以来律之儒家化发展的需要,也促成了律与礼相似的发展历程。这一历程,至唐代告一段落。

四 对本文开篇提出问题的解答

通过定义"律"与"中华法系",梳理律义由法而儒的发展历程及解释律在发展中逐渐"经"化的现象,我们基本可以对本文开篇提出的问题做一个解答。

第一,律与中华法系的关系问题。可以说,律只是中华法系中的有机组成部分。由于律源于"刑",中经战国与秦法家的指导而发达,其与儒家"胜残去杀",提倡礼教而限制刑罚的理念殊为不符。汉中期,王朝主

---

① 《册府元龟·学校部》。
② 参见《册府元龟·刑法部》。
③ 参见《唐律疏议·名例律》。
④ 《旧唐书·刑法志》。
⑤ [明]雷梦麟:《读律琐言》,法律出版社,2000,第95页。

导思想由法家转变为儒学后，起于刑制，深受法家及秦统治者青睐的律，较其他制度的转变显得更为困难。因为中华法系的价值观是"经"，制度核心是礼，其既不是"以刑为主"的，也不是以律为核心的。但是，汉中期以后律义由法而儒的转变，则确实是中华法系之说成立的关键。从这一方面说，学界对律的重视也不无道理。

第二，律在中华法系中的地位。唐以前注重律在体例与条文上的完善，而且也更重实用。唐以后，律不仅仅只是适宜于一朝一代的实用的制度，而是有着深刻学理、与经并行的刑之"经"。而且明清时期，律作为一种刑罚轻重的"矫正器"，作为一种"经"化的刑制，其意义远远大于其实用价值。如沈家本所言："律设大法，其随时纂入之例，苟与本律违忤，或律外加重者，盖从删并。"① 律的"经"化，正是自唐以后，律典得以完整地流传于后世的原因。但即使"经"化了的律，在中华法系中仍然不具有主要地位，因为对刑（而不是法）的副作用始终抱有戒心，才是中华法系，也是儒家思想的特点。

（台湾大学国际儒学与中华法系研究研讨会论集）

---

① ［清］沈家本：《历代刑法考》第 4 册，中华书局，1985，第 2134 页。

中华法系论文研究目录索引

1. 梁启超：《中国法理学发达史论（1904）》，《饮冰室合集》，中华书局，1936；《梁启超法学文集》，中国政法大学出版社，2004。
2. 梁启超：《论中国成文法编制之沿革得失（1904）》，《饮冰室合集》，中华书局，1936；《梁启超法学文集》，中国政法大学出版社，2004。
3. 杨鸿烈：《中国法律发达史》，商务印书馆，1930；上海书店，1990；中国政法大学出版社，2009。
4. 杨鸿烈：《中国法律思想史》，商务印书馆，1936；中国政法大学出版社，2004。
5. 杨鸿烈：《中国法律对东亚诸国之影响》，商务印书馆，1937；中国政法大学出版社，1999。
6. 卢复：《中国法系论》，《法政学报》第1卷第1期，1918。
7. 高维廉：《建设一个中国法系》，《法学季刊》，第2卷第8期，1926。
8. 薛祀光：《中国法系的特征及其将来》，《社会科学论丛》第1卷第4期，1929。
9. 李次山：《世界法系中之中华法系》，《法学丛刊》第1卷第2~4期，1930。
10. 马存坤：《建树新中华法系》，《法律评论》第7卷第39期，1930。
11. 焦易堂：《新中国法系与世界大同》，《法学季刊》第1卷第1期，1930。
12. 丁元普：《中华法系成立之经过及其将来》，《现代法学》第1卷第4~5期，1931。

13. 王汝琪：《中华法系之复兴》，《复兴月刊》第 1 卷第 10 期，1933。
14. 刘哲：《受中华法系支配的日本中古民刑事法》，《法学丛刊》第 2 卷第 4 期，1933。
15. 程树德：《论中国法系》，《法律评论》第 11 卷第 19 期，1934。
16. 蒋澧泉：《中华法系立法之演进》，《中华法学杂志》第 6 卷第 7 号，1935。
17. 陈鹏：《中国法系之权利思想与现代》，《法律评论》第 13 卷第 40 期，1936。
18. 刘陆民：《建立中国本位新法系的两个根本问题》，《中华法学杂志新编》第 1 卷第 1 号，1936。
19. 陈顾远：《儒家法学与中国固有法系之关系》，《中华法学杂志新编》第 1 卷第 3 号，1936。
20. 陈顾远：《家族制度与中国固有法系之关系》，《中华法学杂志新编》第 1 卷第 7 号，1937。
21. 陈顾远：《天道观念与中国固有法系之关系》，《中华法学杂志新编》第 1 卷第 9 号，1937。
22. 丁元普：《中华法系与民族之复兴》，《中华法学杂志新编》第 1 卷第 7 期，1937。
23. 居正：《为什么要重建中国法系》，《中华法学杂志》，1944，大东书局，1946。
24. 张天权：《论中华法系》，《中华法学杂志》第 4 卷第 8 期，1945。
25. 蒋光德：《中华法系刍议》，《中华法学杂志》第 4 卷第 9 期，1945。
26. 曹德成：《中国法系研究发微——研究的对象与任务》，《中华法学杂志》第 7 卷第 4 期，1948。
27. 尚爱荷：《新中国法系的重建与三民主义》，《中华法学杂志》第 7 卷第 6 期，1948。
28. 陈顾远（台湾）：《中国固有法系之简要造像》，载《中国文化与中国法系》，台湾三民书局，1969。
29. 陈朝璧：《中华法系特点初探》，《法学研究》1980 年第 1 期。
30. 张晋藩：《中华法系特点探源》，《法学研究》1980 年第 4 期。
31. 赵长生：《浅谈中华法系的重刑轻民特点》，《法学季刊》1982 年第 1 期。

32. 王绍棠、陈鹏胜：《社会主义中国法系初探》，《法学》1982年第2期。
33. 陈顾远（台湾）：《中国固有法系与中国文化》，载《陈顾远法律论文集》，台湾联经出版事业公司，1982。
34. 刘海年、杨一凡：《中华法系的形成及其特点》，《人民司法》1983年第1期。
35. 乔伟：《论中华法系的基本特点——礼法结合问题》，载《法史研究文集》（上），1983。
36. 张晋藩：《再论中华法系的若干问题》，《中国政法大学学报》1984年第2期。
37. 李钟声（台湾）：《中华法系》（上、下册），台湾华欣文化事业中心，1985。
38. 乔伟：《中华法系的基本特征》，《文史哲》1986年第2期。
39. 曾慧：《中华法系封闭性的现实危害》，《政治与法律》1987年第1期。
40. 王占通：《论违礼是唐律的刑事责任依据——兼论中华法系的特点》，《社会科学战线》1987年第4期。
41. 徐晓光：《"蒙古法系"质疑——兼论中国古代北方少数民族法律制度与中华法系的关系》，《比较法研究》1989年第3~4期。
42. 李曙光：《西方法律文化的输入及其对中华法系的冲击》，《民主与科学》1991年第1期。
43. 张耀明：《略论中华法系的解体》，《中南政法学院学报》1991年第3期。
44. 李均明、刘军：《研究中华法系的珍贵史料》，《中国文物报》1992年第10期。
45. 高鸿钧：《论划分法系的方法与标准》，《外国法译评》1993年第2期。
46. 马小红：《中华法系特征的再探讨》，《中外法学》1994年第2期。
47. 陈光国、徐晓光：《从中华法系的罚赎到藏区法制的赔命价的历史发展轨迹》，《青海社会科学》1994年第4期。
48. 李昕：《中华法系的封闭性及其成因》，《法律科学》1994年第6期。
49. 武树臣：《走出"法系"——论世界主要法律样式》1995年第2期。
50. 南玉泉：《先秦思想文化与中华法系之源流》，《政法论坛》1996年第3期。

51. 侯文富、张立波、贾国发：《简论中华法系的特色与价值》，《东北师大学报》1997年第3期。
52. 杨振洪：《论中华法系的形成和发展条件》，《法学研究》1997年第4期。
53. 郝铁川：《中华法系研究》，复旦大学出版社，1997。
54. 范忠信：《中华法系法家化驳议——中华法系研究之商榷》，《比较法研究》1998年第3期。
55. 彭凤莲：《论中华法系"重礼轻法"特征的形成》，《安徽师范大学学报》1999年第2期。
56. 李罡：《中华法系的解体与中国现代法律制度的初步形成》，《北京行政学院学报》1999年第4期。
57. 张晋藩：《重塑中华法系的几点思考——三论中华法系》，《南京大学法律评论》1999年春季号。
58. 王绍棠：《法系、中国法系的再议论》，《南京大学法律评论》1999年春季号。
59. 张中秋：《回顾与思考：中华法系研究散论》，《南京大学法律评论》1999年春季号。
60. 范忠信：《中华法系的亲伦精神——以西方法系的市民精神为参照系来认识》，《南京大学法律评论》1999年春季号。
61. 徐忠明：《中华法系研究的再思》，《南京大学法律评论》1999年春季号。
62. 饶艾：《中华法系新论——兼与西方两大法系比较》，《西南交通大学学报》（社会科学版）2000年第1期。
63. 郭成伟、马志刚：《历史境遇与法系构建：中国的回应》，《政法论坛》2000年第5期。
64. 范中信：《小农经济与中华法传统的特征》，《河南省政法管理干部学院学报》2000年第6期。
65. 杨峥嵘：《中华法系与大陆法系比较研究》，《当代法学》2001年第1期。
66. 张希坡：《中国共产党开创了社会主义中国法系的新纪元》，《法学家》2001年第4期。

67. 王立民：《也论中华法系》，《华东政法学院学报》2001年第5期。
68. 任延平：《中华法系要览及其发展趋势》，《重庆三峡学院学报》，2001年增刊第17卷。
69. 王旭伟：《中国法系土地用益制度的演进》，《沈阳师范学院学报》2002年第5期。
70. 杨一凡：《中华法系研究中的一个重大误区——"诸法合体、民刑不分"说质疑》，《中国社会科学》2002年第6期。
71. 刘广安：《中华法系的再认识》，法律出版社，2002。
72. 袁开宇、家与群：《张力下的法律体系——法史学名著读书札记》，《清华法治论衡》2003年第3期。
73. 吕世伦、邓少岭：《天人合一境界中的中华法系之美》，《现代法学》2003年第3期。
74. 俞荣根：《罪刑法定与非法定的和合——中华法系的一个特点》，《中西法律传统》2003年第3期。
75. 曾代伟：《民族法文化与中华法系——以金代为例》，《现代法学》2003年第5期。
76. 唐俊杰：《中华法系的寻根之作——读〈中国法律传统的基本精神〉》，《中西法律传统》2003年第三卷。
77. 陈颖：《由五大法系的命运看世界文明的进程》，《贵州社会科学》2003年第6期。
78. 艾永明：《中华法系并非"以刑为主"》，《中国法学》2004年第1期。
79. 柏桦：《重新认识中华法资源的价值——从胡适的"老英雄悲剧"谈起》，《北京行政学院学报》2004年第2期。
80. 陈鸿彝：《〈尚书〉：为中华法系提供原型构架》，《江苏警官学院学报》2004年第2期。
81. 张晋藩：《综论独树一帜的中华法文化》，《法商研究》2005年第1期。
82. 史广全：《陈顾远中华法系研究初探》，《学术探索》2005年第2期。
83. 何勤华：《新中华法系的诞生——从三大法系到东亚共同体法》，《法学论坛》2005年第4期。
84. 俞荣根、龙大轩：《中华法系学述论》，《法治论丛》2005年第4期。
85. 徐祥民等：《大陆法系与中华法系的相近性》，《中国海洋大学学报》

（社会科学版）2005年第5期。

86. 张晋藩：《中国古代监察法的历史价值——中华法系的一个视角》，《政法论坛》2005年第6期。
87. 张晋藩：《中华法系特点再议》，《江西社会科学》2005年第8期。
88. 张晋藩：《人本主义——中华法系特点之一》，《河北法学》2005年第9期。
89. 龙大轩：《和合：中华法系的总体特征》，《法律文化研究》2005年第一辑。
90. 张晋藩：《张晋藩提出了"重塑中华法系"的新命题》，《北京日报》2005年5月16日。
91. 陈顾远：《中国文化与中国法系——陈顾远法律史论集》，范忠信、尤陈俊、翟文喆编校，中国政法大学出版社，2006。
92. 徐晓庄：《〈大明律〉与中华法系"自首"制度》，《中天学刊》2006年第3期。
93. 卜志勇：《中华法系对当代立法之借鉴探析——以唐律为例》，《中共山西省委党校学报》2006年第5期。
94. 张晋藩：《中华法系研究的回顾与前瞻》，《中华法系国际学术研讨会文集》2006年第9期。
95. 顾元：《法律史的开拓、发展与中华法系的复兴——张晋藩先生学术访谈录》，《史学月刊》2006年第9期。
96. 刘广安：《中华法系特点的发展》，《中华法系国际学术研讨会文集》2006年第9期。
97. 苏基朗：《现代法学诠释中的"中华法系"——以产权与合约为中心》，《中华法系国际学术研讨会文集》2006年第9期。
98. 刘德福、朱文瑜：《论中华法系和谐社会思想与当代法律的发展》，《求索》2006年第10期。
99. 张中秋：《从中华法系到东亚法——东亚的法律传统与变革及其走向》，《中华法系国际学术研讨会文集》2006年第9期，《南京大学学报》（哲学·人文科学·社会科学版）2007年第1期。
100. 高明士：《也谈中华法系的特质》，《中华法系国际学术研讨会文集》2006年第9期。

101. 屈超立：《论宋代法律在中华法系中的地位》，《中华法系国际学术研讨会文集》2006年第9期。
102. 徐晓庄：《〈大明律〉与中华法系"自首"制度》，《中华法系国际学术研讨会文集》2006年第9期，《天中学刊》2006年第3期。
103. 王宏治：经学：《中华法系的理论基础——试论〈唐律疏议〉与经学的关系》，《中华法系国际学术研讨会文集》2006年第9期。
104. 李青：《中华法系为何成为东亚各国的母法》，《中华法系国际学术研讨会文集》2006年第9期。
105. 张明新：《法律文化的国际视野历史传统的现代思考——中华法系国际学术研讨会综述》，《中华法系国际学术研讨会文集》2006年第9期，《政法论坛》2006年第6期。
106. 潘丽萍：《中华法系的和谐理念》，法律出版社，2006。
107. 孙璎珞：《从法文化视角看中华法系的形成与影响》，《山东大学法律评论》2007年第1期。
108. 张晋藩：《中华法系研究新论》，《南京大学学报》（哲学·人文科学·社会科学版）2007年第1期。
109. 廖宗麟、汪树民：《从〈唐律疏议〉的局限性看中华法系发展的特点》，《河池学院学报》2007年第1期。
110. 韩秀桃、徐伟勇：《中华法系思想内涵与基本特点再探》，《华东政法学院学报》2007年第2期。
111. 朱景文：《古代中国的朝贡制度和古罗马的海外行省制度——中华法系和罗马法系形成的制度基础》，《法学杂志》2007年第3期。
112. 马小红：《中国法律史研究之目的——读〈唐令与中华法系研究〉有感》，《法律文化研究》2007年第三辑。
113. 李玉年：《大札撒——对元朝立法的影响及其在中华法系中的地位》，《史林》2007年第3期。
114. 邵方：《儒家中道及其对中华法系的影响》，《上海财经大学学报》2007年第3期。
115. 张翅：《追寻民族法制之旅 重塑中华法系之魂——〈中国少数民族法制通史〉（多卷本）出版首发暨研讨会》，《政法论坛》2007年第5期。

116. 周子良、王华：《中华法系伦理法特质衍生的社会基础》，《山西大学学报》（哲学社会科学版）2007年第5期。

117. 余甬帆：《〈万国公法〉的译入对中华法系的影响：补充抑或瓦解？》，《宿州教育学院学报》2007年第5期。

118. 张晋藩：《中华法系研究的回顾与前瞻》，载张中秋编《2007中华法系国际学术研讨会文集》，中国政法大学出版社，2007。

119. 李米佳、生陈红：《中华法系解体下的日本因素》，《法制与社会》2007年第10期。

120. 陈新宇、许亚敏：《中华法系法律儒家化的法理分析》，《科教文汇》（上旬刊）2007年第12期。

121. 钱颖：《简论中华法系》，《法制与社会》2007年第12期。

122. 苏哲：《2007中华法系国际学术研讨会文集》，《江苏警官学院学报》2008年第1期。

123. 李青：《简论中华法系的价值——以中日法文化交流为取向》，《安徽师范大学学报》（人文社会科学版）2008年第1期。

124. 赖骏楠：《建构中华法系——学说、民族主义与话语实践（1900~1949）》，《北大法律评论》2008年第2期。

125. 冯曙霞：《中华法系伦理量刑制度的立法表现》，《社科纵横》（新理论版）2008年第2期。

126. 马腾：《中华法系价值论综述》，《中山大学研究生学刊》（社会科学版）2008年第4期。

127. 夏新华：《混合法系发展的前沿》，《法律文化研究》2008年第四辑。

128. 冯曙霞：《中华法系伦理量刑的核心意蕴——"孝道"规范的历史沿革》，《郑州大学学报》（哲学社会科学版）2008年第5期。

129. 冯曙霞：《中华法系伦理量刑理论的历史演进》，《湖湘论坛》2008年第6期。

130. 郭世佑、李在全：《"中华法系"话语在近代中国的建构》，《江苏社会科学》2008年第6期。

131. 李世福：《中国传统国格之正义立国及中华法系之正义法系初探》，《太原师范学院学报》（社会科学版）2008年第6期。

132. 冯红：《中华法系罪行相适应原则探源——试论西周中刑原则》，《河北大学报》(哲学社会科学版) 2009 年第 2 期。
133. 冯曙霞：《中华法系量刑标准分类问题初步探讨》，《福建论坛》(社科教育版) 2009 年第 4 期。
134. 葛之蕤：《论中华法系之复兴》，《法制与社会》2009 年第 23 期。
135. 孟爽：《中华法系的立法思想》，《法制与社会》2009 年第 28 期。
136. 徐爱国：《大陆法系与中国传统法的转型》，《社会科学辑刊》2010 年第 1 期。
137. 蒋澧泉、张婧：《中华法系立法之演进》，《法律文化研究》2009 年第五辑。
138. 刘卉：《"中华法系复兴"意指何处》，《检察日报》2009 年 11 月 5 日。
139. 俞荣根：《正本清源折中融西——重建新的中华法系》，《中国政法大学学报》2010 年第 2 期。
140. 武树臣：《中国"混合法"引论》，《河北法学》2010 年第 2 期。
141. 张中秋：《中华法系与罗马法的原理及其哲学比较——以〈唐律疏议〉与〈法学阶梯〉为对象的探索》，《政法论坛》2010 年第 3 期。
142. 陈朝璧：《试论社会主义的新中华法系的形成和发展》，本文完成于 1981 年，李琦校订，《厦门大学法律评论》2010 年第 6 期。
143. 张晋藩：《解读中华法系的本土性》，《政法论坛》2010 年第 5 期。
144. 冯曙霞：《中华法系伦理量刑制度形成探析》，《中州学刊》2010 年第 5 期。
145. 恽艳茹、张倩：《走出法系，研究法体——中国法史教授武树臣访谈》，《检察风云》2010 年第 5 期。
146. 杨师群：《中华法系"刑法"主体形成原因辨析》，《探索与争鸣》2010 年第 6 期。
147. 张晋藩：《中华法系的特有内涵：民族法史》，《中国社会科学报》2010 年 11 月 30 日。
148. 邵方：《西夏法典对中华法系的传承与创新——以〈天盛律令〉为视角》，《政法论坛》2011 年第 1 期。
149. 刘广安：《中华法系生命力的重新认识》，《政法论坛》2011 年第 2 期。

150. 张中秋：《中华法系道德文化精神及对未来大中国法的意义》，《法学》2011 年第 5 期。
151. 郑显文：《中华法系与古代罗马法之"暗合"》，《北京航空航天大学学报》（社会科学版）2011 年第 4 期。
152. 王涛：《中华法系研究的后现代话语检视》，《政法论坛》2011 年第 4 期。
153. 张晋藩：《多元一体法文化：中华法系凝结少数民族的法律智慧》，《民族研究》2011 年第 5 期。
154. 武树臣：《齐鲁文化与中华法系的精神原点》，《法学论坛》2011 年第 6 期。
155. 武建敏：《孔子思想的法哲学意蕴——关于中华法系理论基础的几点思考》，《法学论坛》2011 年第 6 期。
156. 李功国：《复兴中华法系是时代的需要》，《政府法制》2011 年第 35 期。
157. 武树臣：《论中华法系的社会成因和发展轨迹》，《华东政法大学学报》2012 年第 1 期。
158. 武树臣：《中华法系的原生形态发展轨迹和基本特征》，《法学杂志》2012 年第 1 期。
159. 武树臣：《儒家法律传统与中华法系》，《政法论丛》2012 年第 3 期。
160. 武建敏：《儒学与古希腊思想相通性的法哲学阐释——兼及中华法系复兴的理论前提》，《法学杂志》2012 年第 3 期。
161. 杨密：《论中国传统文化的特质对中华法系的影响》，《哈尔滨学院学报》2012 年第 3 期。
162. 刘艺工：《试论中华法系的基本特征》，《文化学刊》2012 年第 4 期。
163. 王喆、罗涛：《中华、伊斯兰法系法典编纂比较分析——以明〈大诰〉与〈布哈里圣训实录〉为例》，《黑龙江省政法管理干部学院学报》2012 年第 4 期。
164. 李东明：《论中华法系中的温情与人性关怀》，《法制博览》（中旬刊）2012 年第 5 期。
165. 黄震：《中华法系与世界主要法律体系——从法系到法律样式的学术史考察》，《法学杂志》2012 年第 9 期。

166. 胡兴东：《判例法传统与中华法系》，《法学杂志》2012 年第 5 期。
167. 李力：《从另一角度审视中华法系：法家法律文化的传承及其评判》，《法学杂志》2012 年第 6 期。
168. 阮智刚：《中国法律史研究中的文化保守情结——评张晋藩的"重塑中华法系"主张》，《法制博览》（中旬刊）2012 年第 10 期。
169. 武树臣：《论中华法系的多元性格与时代意义》，《人民论坛·学术前沿》2013 年第 1 期。
170. 邓长春、俞荣根：《儒家法思想与中华法系——俞荣根教授访谈录》，《当代儒学》2013 年第 1 期。
171. 马小红：《律、律义与中华法系关系之研究》，《台湾大学国际儒学与中华法系研究研讨会论集》2013 年 3 月。
172. 杜路：《中华法系"重刑轻民"成因研究》，《西北农林科技大学学报》（社会科学版）2013 年第 5 期。
173. 尤陈俊：《中国法系研究中的"大明道之言"——从学术史角度品读杨鸿烈的中国法律史研究三部曲》，《中国法律评论》2014 年第 3 期。

编辑部章程

第一章 总则

第一条 《法律文化研究》是由中国人民大学法律文化研究中心与北京市法学会中国法律文化研究会组织编写、曾宪义法学教育与法律文化基金会资助、社会科学文献出版社出版的学术集刊。

第二条 《法律文化研究》编辑部（以下简称编辑部）负责专题的策划、征稿、审定、编辑、出版等事宜。

第三条 《法律文化研究》为年刊或半年刊，每年出版一或二辑。

第二章 组织结构

第四条 编辑部由编辑部主任一名、副主任两名、编辑若干名组成。编辑部主任负责主持编辑部的日常工作，统筹《法律文化研究》刊物的总体策划与协调。

第五条 《法律文化研究》实行各辑主编责任制，负责专题的拟定、申报（或推荐）和稿件编辑工作。每辑主编采取自荐或者他人推荐的方式，经编辑部讨论后确定。

第六条 编辑部成员须履行下列义务：1. 遵守编辑部章程；2. 积极参加编辑部的各项活动，连续两年不参加活动者视为自动退出。

第七条 编辑部每年召开一次编务会议，审议稿件并讨论第二年的工作计划。

第三章　经费使用

第八条　编辑部经费来源于曾宪义法学教育与法律文化基金会。

第九条　编辑部给予每辑主编一定的编辑费用，由各辑主编负责编辑费用的管理、支配和使用，并按照主办单位的财务要求进行报销。

第十条　本刊不向作者收取任何费用，也不支付稿酬。作品一旦刊发，由编辑部向主编赠送样刊30本，向作者赠送样刊2本。

第四章　附则

第十四条　本章程由《法律文化研究》编辑部负责解释。

第十五条　本章程自2014年4月1日起施行。

征稿启事

《法律文化研究》发刊于2005年,是由曾宪义教授主编,中国人民大学法律文化研究中心、曾宪义法学教育与法律文化基金会组织编写的学术集刊。自创刊以来,承蒙学界同人的支持,至2010年已出版六辑,并获得学界的肯定,在此向支持本刊的各位专家学者致以诚挚的感谢。

自2014年度起,本刊改版续发,每年年底由中国人民大学法律文化研究中心、北京市中国传统法律文化研究会组织,编辑部审议所申报的选题,并决定次年的出版专题。文集由曾宪义法学教育与法律文化基金会资助,社会科学文献出版社出版,每年出版一或二辑。选题来源于各位同人的申报以及编辑部成员的推荐,申报者自任主编,实行主编负责制。

改版后的《法律文化研究》,向海内外学界同人诚恳征稿。

注释体例

一 中文文献

(1) 专著

标注格式：责任者及责任方式，文献题名/卷册，出版者，出版时间，页码。

示例：

侯欣一：《从司法为民到人民司法——陕甘宁边区大众化司法制度研究》，中国政法大学出版社，2007，第24~27页。

桑兵主编《各方致孙中山函电》第3卷，社会科学文献出版社，2012，第235页。

(2) 析出文献

1) 论文集、作品集及其他编辑作品

标注格式：析出文献著者，析出文献篇名，文集责任者与责任方式/文集题名/卷册，出版者，出版时间，页码。

示例：

黄源盛：《民初大理院民事审判法源问题再探》，李贵连主编《近代法研究》第1辑，北京大学出版社，2007，第5页。

2) 期刊

标注格式：责任者，文章篇名，期刊名/年期（或卷期、出版年月）。

示例：

林建成：《试论陕甘宁边区的历史地位及其作用》，《民国档案》1997

年第 3 期。

3) 报纸

标注格式: 责任者, 文章篇名, 报纸名/出版年、月、日, 版次。

示例:

鲁佛民:《对边区司法工作的几点意见》,《解放日报》1941 年 11 月 15 日, 第 3 版。

* 同名期刊、报纸应注明出版地

(3) 转引文献

无法直接引用的文献, 转引自他人著作时, 须标明。

标注格式: 责任者, 文献题名, 转引文献责任者与责任方式, 转引文献题名/卷册, 出版者, 出版时间, 页码。

示例:

章太炎:《在长沙晨光学校演说》(1925 年 10 月), 转引自汤志钧《章太炎年谱长编》下册, 中华书局, 1979, 第 823 页。

(4) 未刊文献

1) 学位论文

标注格式: 责任者, 文献题名, 类别, 学术机构, 时间, 页码。

示例:

陈默:《抗战时期国军的战区—集团军体系研究》, 博士学位论文, 北京大学历史学系, 2012 年, 第 134 页。

2) 会议论文

标注格式: 责任者, 文献题名, 会议名称, 会议地点, 召开时间。

示例:

马勇:《王爷纷争:观察义和团战争起源的一个视角》, 政治精英与近代中国国际学术研究会会议论文, 杭州, 2012 年 4 月, 第 9 页。

3) 档案文献

标注格式: 文献题名, 文献形成时间, 藏所, 卷宗号或编号。

示例:

《席文治与杜国瑞土地纠纷案》, 陕西省档案馆藏, 档案号: 15/1411。

(5) 电子、网上文献

1) 光盘 (CD - ROM) 图书

引证光盘文献除了标示责任者、作品名称、出版信息外，还应标示出该文献的出版媒介（CD - ROM）。

2）网上数据库

标注格式：责任者，书名/题名，出版者/学术机构，时间，页码，数据来源。

示例：

邱巍：《吴兴钱氏家族研究》，浙江大学博士论文，2005 年，第 19 页。据中国优秀博硕士学位论文全文数据库：http://ckrd.cnki.net/grid20/Navigator.aspxID = 2。

3）网上期刊等

网上期刊出版物包括学术期刊、报纸、新闻专线等，引用时原则上与引用印刷型期刊文章的格式相同，另需加上网址和最后访问日期。

示例：

王巍：《夏鼐先生与中国考古学》，《考古》2010 年第 2 期，http://mall.cnki.net/magazine/Article/KAGU201002007.htm，最后访问日期：2012 年 6 月 3 日。

（6）古籍

1）刻本

标注格式：责任者与责任方式，文献题名/卷次，版本，页码。

示例：

张金吾编《金文最》卷一一，光绪十七年江苏书局刻本，第 18 页 b。

2）点校本、整理本

标注格式：责任者与责任方式，文献题名/卷次，出版地点，出版者，出版时间，页码。

示例：

苏天爵辑《元朝名臣事略》卷一三《廉访使杨文宪公》，姚景安点校，中华书局，1996，第 257~258 页。

3）影印本

标注格式：责任者与责任方式，文献题名/卷次，出版地点，出版者，出版时间，（影印）页码。

示例：

杨钟羲：《雪桥诗话续集》卷五上册，辽沈书社，1991年影印本，第461页下栏。

4）析出文献

标注格式：责任者，析出文献题名，文集责任者与责任方式，文集题名/卷次，版本或出版信息，页码。

示例：

《清史稿》卷二三〇《范文程传》，中华书局点校本，1977，第31册，第9352页。

5）地方志

唐宋时期的地方志多系私人著作，可标注作者；明清以后的地方志一般不标注作者，书名其前冠以修纂成书时的年代（年号）。

示例：

民国《上海县续志》卷一《疆域》，第10页b。

同治《酃县志》卷四《炎陵》，收入《中国地方志集成·湖南府县志辑》第18册，江苏古籍出版社影印本，2002，第405页。

6）常用基本典籍，官修大型典籍以及书名中含有作者姓名的文集可不标注作者，如《论语》、二十四史、《资治通鉴》《全唐文》《册府元龟》《清实录》《四库全书总目提要》《陶渊明集》等。

7）编年体典籍，可注出文字所属之年月甲子（日）。

示例：

《清太祖高皇帝实录》卷一〇，天命十一年正月己酉，中华书局，1986年影印本。

＊卷次可用阿拉伯数字标示。

二　外文文献

引证外文文献，原则上使用该语种通行的引证标注方式。兹列举英文文献标注方式如下。

（1）专著

标注格式：责任者与责任方式，文献题名（斜体）（出版地点：出版社，出版年代），页码。

示例：

StewartBanner, *How the Indians Lost Their Land: Law and Power on the Frontier* (Cambridge: Harvard University Press, 2005), p. 89.

引用三位以上作者合著作品时，通常只列出第一作者的姓名，其后以"et al."省略其他著者姓名。

示例：

Randolph Quirk et al., *A Comprehensive Grammar of the English Language* (New York: Longman Inc., 1985), p. 1143.

（2）译著

标注格式：责任者及责任方式，文献题名，译者（出版地点：出版者，出版时间），页码。

示例：

M. Polo, *The Travels of Marco Polo*, trans. by William Marsden (Hertfordshire: Cumberland House, 1997), pp. 55, 88.

（3）析出文献

1）论文集、作品集

标注格式：责任者，析出文献题名，编者，文集题名（出版地点：出版者，出版时间），页码。

示例：

R. S. Schfield, "The Impact of Scarcity and Plenty on Population Change in England," in R. I. Rotberg and T. K. Rabb, eds., *Hunger and History: The Impact of Changing Food Production and Consumption Pattern on Society* (Cambridge, Mass: Cambridge University Press, 1983), p. 79.

同一页两个相邻引文出处一致时，第二个引文可用"Ibid."代替。

2）期刊

标注格式：责任者，析出文献题名，期刊名，卷册（出版时间）：页码。

示例：

Douglas D. Heckathorn, "Collective Sanctions and Compliance Norms: A Formal Theory of Group Mediate Social Control," *American Sociological Review* 55 (1990): 370.

(4) 未刊文献

1) 学位论文

标注格式：责任者，论文标题（Ph. D. diss. /master's thesis，提交论文的学校，提交时间），页码。

示例：

Adelaide Heyde, The Relationship between Self‐esteem and the Oral Production of a Second Language (Ph. D. diss., University of Michigan, 1979), pp. 32–37.

2) 会议论文

标注格式：责任者，论文标题（会议名称，地点，时间），页码。

示例：

C. R. Graham, Beyond Integrative Motivation: The Development and Influence of Assimilative Motivation (paper represented at the TESOL Convention, Houston, TX, March 1984), pp. 17–19.

3) 档案资料

标注格式：文献标题，文献形成时间，卷宗号或其他编号，藏所。

示例：

Borough of Worthing: Plan Showing Consecration of Burial Ground for a Cemetery, 1906–1919, H045/10473/B35137, National Archives.

C. R. Graham, Beyond Integrative Motivation: The Development and Influence of Assimilative Motivation (paper represented at the TESOL Convention, Houston, TX, March 1984), pp. 17–19.

图书在版编目(CIP)数据

法律文化研究. 第7辑, 中华法系专题/马小红, 刘婷婷主编.
—北京: 社会科学文献出版社, 2014.11
ISBN 978-7-5097-6652-1

Ⅰ.①法… Ⅱ.①马… ②刘… Ⅲ.①法律-文化-研究-丛刊
②法律体系-研究-中国 Ⅳ.①D909-55
中国版本图书馆 CIP 数据核字(2014)第 242157 号

法律文化研究 第七辑:中华法系专题

主　　编 / 马小红　刘婷婷

出 版 人 / 谢寿光
项目统筹 / 芮素平
责任编辑 / 汪　珍　关晶焱

出　　版 / 社会科学文献出版社·社会政法分社 (010) 59367156
　　　　　　地址: 北京市北三环中路甲 29 号院华龙大厦　邮编: 100029
　　　　　　网址: www.ssap.com.cn
发　　行 / 市场营销中心 (010) 59367081　59367090
　　　　　　读者服务中心 (010) 59367028
印　　装 / 三河市尚艺印装有限公司
规　　格 / 开本: 787mm × 1092mm　1/16
　　　　　　印张: 23.75　字数: 387 千字
版　　次 / 2014 年 11 月第 1 版　2014 年 11 月第 1 次印刷
书　　号 / ISBN 978-7-5097-6652-1
定　　价 / 88.00 元

本书如有破损、缺页、装订错误,请与本社读者服务中心联系更换

▲ 版权所有 翻印必究